曾棗莊・曾　濤編

蘇詩彙評

（二）

文史哲出版社印行

紀昀評蘇文忠公詩集卷十四

立春日病中邀安國仍請率禹功同來僕雖不能飲當請成伯主會某當杖策倚几於其間觀諸公醉笑以撥滯悶也二首

孤燈照影夜漫漫，拈得花枝不忍看。白髮敧簪羞彩勝，黃耆煮粥薦春盤。東方烹狗陽初動，南陌爭牛卧作團。老子從來興不淺，向隅誰有滿堂歡。

紀昀評《蘇文忠公詩集》卷一四：五句滯笨，六句鄙俚。

齋居卧病禁煙前，辜負名花已一年。此日使君不強喜，早春風物爲誰妍。青衫公子家千里，白髮先生杖百錢。曷不相將來問病，已教呼取散花天。

查慎行《初白庵蘇詩補注》卷一四：禹功即喬太博，成伯即趙郎中，皆先生密州僚屬也。次章有「辜負名花已一年」之句。先生於甲寅冬赴密，閱乙卯爲一年，故知此二詩爲丙辰作。

紀昀評《蘇文忠公詩集》卷一四：結處言有官妓耳。然截去「女」字，似不成文。

答李邦直

美人如春風，著物物未知。羈愁似冰雪，見子先流澌。子從徐方來，吏民舉熙熙。扶病出見之，驚我一何衰。知我久慵倦，起我以新詩。詩詞如醇酒，盎然熏四支。徑飲不覺醉，欲和先昏疲。西齋有蠻帳，風雨夜紛披。放懷語不擇，撫掌笑脫頤。別來今幾何，春物已含姿。柳色日夜暗，子來竟何時。徐方雖云樂，東山禁游嬉。又無狂太守，何以解憂思。聞子有賢婦，華堂詠螽斯。曷不倒囊橐，賣劍買蛾眉。不用教絲竹，唱我新歌詞。

袁宏道評閱譚元春選《東坡詩選》卷三譚元春評：首四語太妙。「美人如春風」、「羈愁似冰雪」，淡宕不可言。中又添一句「詩詞如醇酒」云云，不惟取喻三見，有累詩法，而「醇酒」、「熏四支」、「徑飲」、「先昏疲」，此豈可作佳喻耶？恨不起坡公一談也。

趙克宜《角山樓蘇詩評注彙鈔》卷五：（「美人如春風」四句）取譬于極不倫處生情，最見筆妙。（「詩詞如醇酒」二句）亦是佳語，惜調複耳。（「柳色日夜暗」）摹寫入神。玩篇中詩意，乃是別後寄詩答之也。

和文與可洋川園池三十首

湖　橋

朱欄畫柱照湖明，白葛烏紗曳履行。橋下龜魚晚無數，識君拄杖過橋聲。

王世貞《寄文與可絕句三十首》（《弇州四部稿》卷一三六）：公（蘇軾）此書不甚假腕力，而遒婉秀媚，有筆外意。詩亦多清麗可喜，豈公以此君故瓣香洋州使君耶。

紀昀評《蘇文忠公詩集》卷一四：暗用「堂堂」、「策策」事，寫出閒逸。

橫　湖

貪看翠蓋擁紅粧，不覺湖邊一夜霜。卷卻天機雲錦段，從教匹練寫秋光。

袁文《甕牖閑評》卷八：余向欲鑿一池種荷花，築小亭其上，榜曰「雲錦」，取蘇東坡詩中

「卷卻天機雲錦段」。「雲錦」二字極佳，本出韓退之詩云「撑舟昆明度雲錦」。東坡愛此二字，故于《和文洋州三十絶》中用之。今余老不事事，竟不能榜之于亭，未嘗不惋恨。在江陰時，見曹氏新辟一堂，植荷花滿池，已榜爲「清香」，余偶道及前二字，答曰：「請易之。」既而余歸，亦未知其果易否。

袁宏道評閲譚元春選《東坡詩選》卷三譚元春評：袁（宏道）賞後二句，其實前二句有韻。

《御選唐宋詩醇》卷三四：荷盡而水益光明，寫得景色澄靜，不似老杜「斫卻月中桂，清光應更多」，徒豪語耳。

紀昀評《蘇文忠公詩集》卷一四：就原唱翻入一層。

張道《蘇亭詩話》卷五《補注類》：「卷卻天機雲錦段，從敎匹練寫秋光。」唐施肩吾《惜花詩》：「今朝芳徑裏，惆悵錦機空。」注中未引。

趙克宜《角山樓蘇詩評注彙鈔》卷五：言霜落，荷花已盡，而湖光自佳也。

書 軒

雨昏石硯寒雲色，風動牙籤亂葉聲。庭下已生書帶草，使君疑是鄭康成。

趙克宜《角山樓蘇詩評注彙鈔》卷五：次句入微。

冰池

不嫌冰雪繞池看，誰似詩人巧耐寒。記取羲之洗硯處，碧琉璃下黑蛟蟠。

袁宏道評閱譚元春選《東坡詩選》卷三譚元春評：雖有妙想，亦少風雅。

竹塢

晚節先生道轉孤，歲寒惟有竹相娛。麤才杜牧眞堪笑，喚作軍中十萬夫。

紀昀評《蘇文忠公詩集》卷一四：頗作意，然亦無味。

荻蒲

雨折霜乾不耐秋，白花黃葉使人愁。月明小艇湖邊宿，便是江南鸚鵡洲。

袁宏道評閱譚元春選《東坡詩選》卷三譚元春評：選後二首（按：指《蓼嶼》、《望雲樓》）又不如存此一首。

蓼嶼

秋歸南浦蟪蛄鳴，霜落橫湖沙水清。臥雨幽花無限思，抱叢寒蝶不勝情。

望雲樓

陰晴朝暮幾回新，已向虛空付此身。出本無心歸亦好，白雲還似望雲人。

紀昀評《蘇文忠公詩集》卷一四：純用宋格，然較勝唐裝而空調。

天漢臺

漾水東流舊見經，銀潢左界上通靈。此臺試向天文覓，閣道中間第幾星。

紀昀評《蘇文忠公詩集》卷一四：（「舊見經」）字腐。

待月臺

月與高人本有期，挂簷低戶映蛾眉。只從昨夜十分滿，漸覺冰輪出海遲。

紀昀評《蘇文忠公詩集》卷一四：寫「待」字好，惟嫌不似寄題耳。

二樂榭

此間眞趣豈容談，二樂並君已是三。仁智更煩訶妄見，坐令魯叟作瞿曇（自注：來詩云：二見因妄生）。

紀昀評《蘇文忠公詩集》卷一四：此則宋格之惡者。

薾泉亭

聞道池亭勝兩川，應須爛醉答雲煙。勸君多揀長腰米，消破亭中萬斛泉。

王文誥《蘇文忠公詩編注集成》卷一四：（「消破亭中萬斛泉」）句足「爛醉」之意。

吏隱亭

縱橫憂患滿人間，頗怪先生日日閑。昨夜淸風眠北牖，朝來爽氣在西山。

王文誥《蘇文忠公詩編注集成》卷一四：同一太守也，與可無時不樂，而公以爲憂，蓋其趣向不同故也。

霜筠亭

解籜新篁不自持，嬋娟已有歲寒姿。要看凛凛霜前意，須待秋風粉落時。

無言亭

殷勤稽首維摩詰，敢問如何是法門。彈指未終千偈了，向人還道本無言。

紀昀評《蘇文忠公詩集》卷一四：氣機一片，此宋格而不嫌宋格者。《無言亭》先是宋題，則不得不作宋詩矣。

露香亭

亭下佳人錦繡衣，滿身瓔珞綴明璣。晚香消歇無尋處，花已飄零露已晞。

紀昀評《蘇文忠公詩集》卷一四：三句針對原唱末句意。

涵虛亭

水軒花榭兩爭妍，秋月春風各自偏。惟有此亭無一物，坐觀萬景得天全。

舊題王十朋《集註分類東坡先生詩》卷一〇：軒在水之旁，榭在花之上，所見者水之景、花之景而已。故在「秋月春風」，各爲偏也。若涵虛則不著一物，非天全之景而何。

王文誥《蘇文忠公詩編注集成》卷一四：（「惟有此亭無一物」二句）空即是色，莫不有是理也。如必謂之禪，則大可笑矣。

谿光亭

決去湖波尙有情，卻隨初日動簷楹。谿光自古無人畫，憑仗新詩與寫成。

舊題王十朋《集註分類東坡先生詩》卷一〇：「決去湖波尙有情」二句）詩意謂已決此溪之水爲橫湖，而其波隨日以動，在檐楹間，戀戀不去，此爲有情。

袁宏道評閱譚元春選《東坡詩選》卷三譚元春評：「谿光」二字，袁（宏道）極賞之，何也？

紀昀評《蘇文忠公詩集》卷一四：（後二句）本色語，卻極清楚。

過溪亭

身輕步穩去忘歸，四柱亭前野彴微。忽悟過溪還一笑，水禽驚落翠毛衣。

紀昀評《蘇文忠公詩集》卷一四：末句渲染有神。

王文誥《蘇文忠公詩編注集成》卷一四：（「水禽驚落翠毛衣」）詳玩此語，實從虎號奪胎，可謂變化無遺迹矣。

披錦亭

煙紅露綠曉風香，燕舞鶯啼春日長。誰道使君貧且老，繡屏錦帳咽笙簧。

《永樂大典》卷八二二一引袁文《甕牖閒評》：「煙紅霞綠曉風香」，此蘇子瞻《披錦亭》詩也。煙焉得紅，霞焉得綠，詩家故作此語，亦「枕流漱石」之意耳。

禊亭

曲池流水細鱗鱗，高會傳觴似洛濱。紅粉翠蛾應不要，畫船來往勝於人。

菡萏亭

日日移牀趁下風，清香不斷思何窮。若爲化作龜千歲，巢向田田亂葉中。

荼蘼洞

半雨半晴寒食夜，野荼蘼發暗香來。分無素手簪羅髻，且折霜蕤浸玉醅。

王文誥《蘇文忠公詩編注集成》卷一四：曉嵐論和洋州詩，每謂寄題詩不便全着自己，此固哉高叟之說也。一題作三十首，非一題作二三首者可比，尚何死法之足論乎？且與可只有老妻，並無姬侍，亦蜀人也。此詩本意，就與可論，亦恐道治平末同與可在蜀之事，不可死看也。彼以爲理法細密，我以爲眼界窄塞，識者辨之。

篔簹谷

漢川修竹賤如蓬，斤斧何曾赦籜龍。料得清貧饞太守，渭川千畝在胸中。

蘇軾《文與可畫篔簹谷偃竹記》：篔簹谷在洋州，與可嘗令予作《洋州三十詠》，《篔簹谷》其一也。予詩云：「漢川修竹賤如蓬，斤斧何曾赦籜龍。料得清貧饞太守，渭濱千畝在胸中。」與可是日與其妻游谷中，燒筍晚食，發函得詩，失笑噴飯滿案。

胡仔《苕溪漁隱叢話》後集卷二六《東坡一》：苕溪漁隱曰：東坡《題伯時畫馬》，云「龍眠胸中有千駟」，議者謂譏其無德而稱。余意其不然。如文與可善作墨竹，故《和篔簹谷》云：「料得清貧饞太守，渭濱千畝在胸中。」豈亦是譏之耶？又山谷詠伯時《虎脊天馬圖》，亦云：「筆端那有此，千里在胸中。」蓋言畫馬之妙，得之於心，應之於手，若輪扁之斲輪。

紀昀評《蘇文忠公詩集》卷一四：（「料得清貧饞太守」）粗獷。

趙克宜《角山樓蘇詩評注彙鈔》卷五：字句太笨，有傷風雅。

陳衍《宋詩精華錄》卷二：坡詩名句多可作典故用，此類殆不勝數。

寒蘆港

溶溶晴港漾春暉，蘆筍生時柳絮飛。還有江南風物否，桃花流水紫魚肥。

陳善《捫蝨新話》上集卷六：東坡又嘗作《文與可洋州園池》詩云：「溶溶晴港漾春暉（略）。」（略）桃花、肥紫，似此景致，亦豈北人所有？

舊題王十朋《集註分類東坡先生詩》卷一〇：方在田畝，所見者青山，以爲可厭；及爲官，則思野樂。

紀昀評《蘇文忠公詩集》卷一四：寄題亦須一見。

潘德輿《養一齋詩話》卷九：容齋取張文潛愛誦杜公「溪回松風長」五古，坡公「梨花淡白柳深青」七絕，以爲美談。二詩何嘗有一字求奇，何嘗有一字不奇。僕少年不學，鹵莽于詩，不謂容齋鉅手，久已爲此。必知容齋述文潛之意，方于詩學有少分相應耳。予又考坡公七絕甚多，而合作頗少。其才高博學，縱橫馳驟，自難爲弦外之音。「梨花淡白」一章，允爲傑出。文潛所賞，足稱隻眼。然坡之七絕高唱，猶有數章，漫識于此，供愛者之諷誦焉。（略）「溶溶晴港漾春暉（略）。」

野人廬

少年辛苦事犂鋤，剛厭青山遶故居。老覺華堂無意味，却須時到野人廬。

紀昀評《蘇文忠公詩集》卷一四：淺語卻眞。

此君菴

寄語菴前抱節君，與君到處合相親。寫眞雖是文夫子，我亦眞堂作記人。

舊題王十朋《集註分類東坡先生詩》卷一〇：名竹爲抱節君，先生之新語也。

紀昀評《蘇文忠公詩集》卷一四：（後二句）波峭多姿。

趙克宜《角山樓蘇詩評注彙鈔》卷五：灑落語不必求工，而意致殊勝。

香橙徑

金橙縱復里人知，不覺鱸魚價自低。須是松江煙雨裏，小船燒薤擣香虀。

陳善《捫蝨新話》上集卷六：東坡又嘗作《文與可洋州園池》詩云：「金橙縱復里人知（略）。」（略）橙蘁、鱸鱠（略），似此景致，亦豈北人所有？

南園

不種夭桃與綠楊，使君應欲候農桑。桑疇雨過羅紈膩，麥壠風來餅餌香。

惠洪《冷齋夜話》卷五：東坡曰：「桑疇雨過羅紈膩，麥壠風來餅餌香。」如《華嚴經》舉因知果，譬如蓮花，方其吐華而果具蕊中。

舊題王十朋《集註分類東坡先生詩》卷一〇：（「桑疇雨過羅紈膩」二句）此格謂之言山不言山，言水不言水之格，最爲巧妙。舊《眉山集》一本云「桑疇」、「麥壠」，今云「春疇」、「夏壠」。言春則知其爲桑，況下又有「羅紈膩」字；言夏則知其爲麥，況下又有「餅餌香」字乎？此必先生後來手自定詩集時易之耳。

紀昀評《蘇文忠公詩集》卷一四：此詩乃勸農體也，暗切太守，味下句（「桑疇雨過羅紈膩」）自知。子由和云「官是勸農官」可證。

趙克宜《角山樓蘇詩評注彙鈔》卷五：（「桑疇雨過羅紈膩」二句）「春疇」、「夏壠」更晦于「桑疇」、「麥壠」，然「麥壠」句尚有情思，「桑疇」句則牽強矣。

陳衍《宋詩精華錄》卷二：《南園》後二句，即「長江繞廓」（《初到黄州》）一聯作法。

北園

漢水巴山樂有餘，一麾從此首歸塗。北園草木憑君問，許我他年作主無。

紀昀評《蘇文忠公詩集》卷一四：三十首各自爲意。然《湖橋》一首確是總起，此首確是總結，而又各自還本位，不著痕迹，此布局之妙。

又卷一六《虔州八境圖》紀昀評：此首（第八首）確是末章。此八首起結，與洋川三十首同法。

王文誥《蘇文忠公詩編注集成》卷一四：南園、北園非游覽地，知州勸農處也。每三月至園，散父老酒食，謂之開園。故二題獨殿後。曉嵐未通全部，而所論近是（按：指紀昀評《北園》），已仁至義盡矣。

寄題刁景純藏春塢

白首歸來種萬松，待看千尺舞霜風。年抛造物陶甄外，春在先生杖履中。楊柳長齊低戶暗，櫻桃爛熟滴階紅。何時卻與徐元直，共訪襄陽龐德公。

阮閱《詩話總龜》前集卷九引《王直方詩話》：東坡作《藏春塢》有云：「年抛造物陶甄外，春在先生杖屨中。」而秦少游作《俞充哀詞》乃云：「風生使者旌旄上，春在將軍俎豆中。」余以爲依倣太甚。

陳善《捫蝨新話》上集卷六：東坡《藏春塢》詩有「年抛造物甄陶外，春在先生杖屨中」之句。其後秦少游作《俞待制挽詞》遂云：「風生使者旌麾上，春在將軍俎豆中。」人已謂其依仿太甚。今人只見周美成《蔡相生辰》詩云：「化行禹貢山川外，人在周公禮樂中。」相傳競以爲佳，不知前輩已疊用之矣。人之易欺如此。

吳曾《能改齋漫錄》卷八《春在先生杖履中》：《西清詩話》記周邦彥祝壽詩：「化行禹貢山川外，人在周公禮樂中。」余以爲此乃模寫東坡《〔寄題〕刁景純藏春塢》詩「年抛造物甄陶外，春在先生杖履中」是也。

查愼行《初白庵詩評》卷中：「年抛造物陶甄外」二句）詩意亦得游行自在之趣。

《御選唐宋詩醇》卷三四：三、四聯，句法獨創。後人效之，未免學步邯鄲。至二、六一聯，軾乃脫化張謂《春園家宴》詩「櫻桃解結垂簷子，楊柳能低入戶枝」之句。今注詩者乃引白居易《夢游春》五言云「門柳暗全低，簷櫻紅半熟」，而不引張詩。既爲未諳源委，且奈何捨盛唐而述

句渾成。

趙克宜《角山樓蘇詩評注彙鈔》卷五：（「年拋造物陶甄外」二句）出句有安排之迹，不及對中唐也？

玉盤盂二首

東武舊俗，每歲四月大會于南禪、資福兩寺，以芍藥供佛，而今歲最盛，凡七千餘朵，皆重跗累萼，繁麗豐碩。中有白花正圓如覆盂，其下十餘葉稍大，承之如盤，姿格絕異，獨出於七千朵之上，云得之於城北蘇氏園中，周宰相莒公之別業也。而其名甚俚，乃爲易之。

李之儀《跋東坡玉盤盂詩後》（《姑溪居士文集》卷三八）：東坡守東武，得異花於芍藥品中，既已名之，又即席賦二詩以誌其事。異時聞其語並得其詩，花則未之見也。崇寧四年冬至後七日，陽翟人傅君仲訓偶出花圖相示，而東坡小楷二詩於其下，蓋當日本也。予得此花，又見其字，泫然流涕，因次其韻。

吳可《藏海詩話》：極似樂天。

雜花狼籍占春餘，芍藥開時掃地無。兩寺粧成寶瓔珞，一枝爭看玉盤盂。佳名會作新翻曲，絕品難逢舊畫圖。從此定知年穀熟，姑山親見雪肌膚。

袁宏道評閱譚元春選《東坡詩選》卷三袁宏道評：（「雜花狼籍占春餘」二句）好起。花不能言意可知，令君痛飲更無疑。但持白酒勸佳客，直待瓊舟覆玉彝。負郭相君初擇地，看羊屬國首吟詩。吾家豈與花相厚，更問殘芳有幾枝。

查愼行《初白庵詩評》卷中：（「負廓相君初擇地」二句）拈蘇字痕迹不化。

和潞公超然臺次韻

我公厭富貴，常苦勳業尋。相期赤松子，永望白雲岑。淸風出談笑，萬竅爲號吟。吟成超然詩，洗我蓬之心。嗟我本何人，麋鹿強冠襟。身微空志大，交淺屢言深。囑公如得謝，呼我幸寄音。但恐酒錢盡，煩公揮橐金。

紀昀評《蘇文忠公詩集》卷一四：次句欠妥。

聞喬太博換左藏知欽州以詩招飲

今年果起故將軍，幽夢清詩信有神。馬革裹屍眞細事，虎頭食肉更何人。陣雲冷壓黃茅瘴，羽扇斜揮白葛巾。痛飲從今有幾日，西軒月色夜來新。

紀昀評《蘇文忠公詩集》卷一四：（「馬革裹屍眞細事」）古人不忌諱，今用此語，則駭矣。（「痛飲從今有幾日」二句）招飲說得眞至。

趙翼沈德潛《宋金三家詩・東坡詩選》卷上：（「虎頭食肉更何人」）強對。

喬將行烹鵝鹿出刀劍以飲客以詩戲之

破匣哀鳴出素虯，倦看鴟鴟聽呦呦。明朝只恐兼烹鶴，此去還須卻佩牛。便可先呼報恩子，不妨仍帶醉鄉侯。他年萬騎歸應好，奈有移文在故邱。

紀昀評《蘇文忠公詩集》卷一四：（「破匣哀鳴出素虬」）「哀鳴」字不妥。（「倦看鵶鵶聽呦呦」）次句湊。（「明朝只恐兼烹鶴」二句）有不滿於喬之意，其語太直。

奉和成伯兼戲禹功

金錢石竹道傍秋，翠黛紅裙馬上謳。無限小兒齊拍手，山公又作習池遊。

寄黎眉州

膠西高處望西川，應在孤雲落照邊。瓦屋寒堆春後雪，峨眉翠掃雨餘天。治經方笑《春秋》學，好士今無六一賢（自注：君以《春秋》受知歐陽文忠公，公自號六一居士）。且待淵明賦《歸去》，共將詩酒趁流年。

葉矯然《龍性堂詩話初集》：老杜「水落魚龍夜，山空鳥鼠秋」，即岑參「魚龍川北磐溪雨，鳥鼠山西洮水雲」。「魚龍」、「鳥鼠」皆地名，解魚龍以秋爲夜者，鑿矣。此與「無風雲出塞，不夜月臨關」同解。子瞻「瓦屋寒堆春雪後，峨眉翠掃雨餘天」亦倣此，皆借地名以起義也。

紀昀評《蘇文忠公詩集》卷一四：懸空擲筆而下，起勢極爲超拔。三四接得有力。後半亦沉着。

趙克宜《角山樓蘇詩評注彙鈔》卷五：前四語爲寄字腦，後半方入本位。

和趙郎中捕蝗見寄次韻

麥穗人許長，穀苗牛可沒。天公獨何意，忍使蝗蟲發。驅攘著令典，農事安可忽。我僕既胼胝，我馬亦款矻。飛騰漸云少，筋力亦已竭。苟無百篇詩，何以醒睡兀。初如疏畎澮，漸若決瀨渤。往來供十吏，腕脫不容歇。平生輕妄庸，熟視笑魏勃。愛君有逸氣，詩壇專斬伐。民病何時休，吏職不可越。慎毋及世事，向空書咄咄。

紀昀評《蘇文忠公詩集》卷一四：（起處）不免有努力之狀。（「詩壇專斬伐」）「斬伐」趁韻。（「向空書咄咄」）結亦露。

登常山絶頂廣麗亭

西望穆陵關，東望琅邪臺。南望九僊山，北望空飛埃。相將呼虞舜，遂欲歸蓬萊。嗟我二三子，狂飲亦荒哉。紅裙欲僊去，長笛有餘哀。淸歌入雲霄，妙舞纖腰回。自從有此山，白日封蒼苔。何嘗有此樂，將去復徘徊。人生如朝露，白髮日夜催。棄置當何言，萬劫終飛灰。

張戒《歲寒堂詩話》卷上：杜子美《登慈恩寺塔》云：「回首叫虞舜，蒼梧雲正愁。惜哉瑤池飲，日宴崑崙丘。」此但言其窮高極遠之趣耳，南及蒼梧，西及崑崙，然而「叫虞舜」、「惜瑤池」，不爲無意也。《白帝城最高樓》云：「扶桑西枝對斷石，弱木東影隨長流。」使後來作者，如何措手？東坡《登常山絕頂廣麗亭》云（下引「西望穆陵關」六句），襲子美已陳之迹，而不逮遠甚。

紀昀評《蘇文忠公詩集》卷一四：篇幅不長，而氣脈極闊。一起從老杜「熊羆咆我東」四句化出，好在作起筆，若在中間，則凡語矣。

趙克宜《角山樓蘇詩評注彙鈔》卷五：起勢兀戛。觀中數語，此必當日燕于亭中，兼有歌舞也。（「人生如朝露」）入議論亦簡淨。

薄薄酒二首

膠西先生趙明叔，家貧好飲，不擇酒而醉。常云：「薄薄酒，勝茶湯，醜醜婦，勝空房。」其言雖俚，而近乎達，故推而廣之，以補東州之樂府。旣又以爲未也，復自和一篇，聊以發覽者之一噱云爾。

薄薄酒，勝茶湯，麤麤布，勝無裳，醜妻惡妾勝空房。五更待漏靴滿霜，不如三伏日高睡足北窗涼。珠襦玉柙，萬人相送歸北邙，不如懸鶉百結，獨坐負朝陽。生前富貴，死後文章，百年瞬息萬世忙，夷齊盜跖俱亡羊，不如眼前一醉，是非憂樂兩都忘。

薄薄酒，飲兩鍾，麤麤布，著兩重，美惡雖異醉暖同。醜妻惡妾壽乃公，隱居求志義之從，本不計較東華塵土北窗風。百年雖長要有終，富死未必輸生窮，但恐珠玉留君容。千載不朽遭樊崇，文章自足欺盲聾，誰使一朝富貴而發紅？達人自達酒何功，世間是非憂樂本來空。

黄庭堅《薄薄酒引》（《山谷外集》卷五）蘇密州爲趙明叔作《薄薄酒》二章，憤世嫉邪，其言甚高。以予觀趙君之言，近乎知足不辱，有馬少游之餘風。故代作二章，以終其意。

樓鑰《跋李伯和所藏書畫》（《攻媿集》卷七〇）：《薄薄酒》二篇，「兩頭纖纖」終不如「月初生」，「虛飄飄」終不如「花飛不到地」。《薄薄酒》後作者，寖不及前。詞人務以相勝，似不若別出機杼。

王若虛《滹南詩話》卷二：東坡《薄薄酒》二篇，皆安分知足之語，而山谷稱其憤世嫉邪，過矣。或言山谷所擬勝東坡，此皮膚之見也。彼雖力加奇險，要出第二，何足多貴哉？且東坡後篇自破前說，此乃眼目，而山谷兩篇，只是東坡前篇意，吾未見其勝之也。

紀昀評《蘇文忠公詩集》卷一四：此種究是野調，以近俗易解，故傳誦者衆耳。

王文濡《宋元明詩評注讀本》卷二：借他人酒杯，澆自己塊壘，自號達人，正恐未必能達耳。

同年王中甫挽詞

先帝親收十五人（自注：仁宗朝賢良十五人，今惟富鄭公、張宣徽、錢純老及余與舍弟在耳），四方爭看擊鵬鶤，如君事業眞堪用，顧我衰遲不足論。出處升沉十年後，死生契闊幾人存。他時京口尋遺跡，宿草猶應有淚痕。

查愼行《初白庵蘇詩補注》卷二四：施氏原注：「中父名介，常山人，事見《中父挽詞》注。子沆之，字彥魯，少從王介甫學。彥魯之得罪，因太學生虞蕃上書。付御史，舒亶、何正臣治其獄，踰年方使追遍四方。彥魯時在國子直講，潁州團練推官，坐受大學生章公弼請囑補上舍不以實除名，故云「東藁端能廢謝鯤」。先生作《中父挽詞》，有「他時京口尋遺蹟，宿草猶應有淚痕」之句。則中父蓋葬於潤州，而與其子複相遇於此也。」

紀昀評《蘇文忠公詩集》卷一四：其言沉著，非他挽詩有文無情之比。

王文誥《蘇文忠公詩編注集成》卷一四：（「如君事業眞堪用」）通篇惟此句挽中甫，餘皆于十五人悼嘆不已。其後更作挽詞，亦此意也。

趙克宜《角山樓蘇詩評注彙鈔》卷五：公七言律醞釀不及唐人，而筆勢排宕，別闢一種境界，故自不磨。（「宿草猶應有淚痕」）翻用《檀弓》語，更進一層。

奉和成伯大雨中會客解嘲

樂事難並眞實語，坐排用意多乖誤。興來取次或成歡，瓦鉤卻勝黄金注。我生禍患久不擇，肯爲一時風雨阻。天公變化豈有常，明月行看照歸路。

袁宏道評閱譚元春選《東坡詩選》卷一〇袁宏道評：率爾之言有趣。又譚元春評：後四語卻非率爾，「久不擇」三字亦下得細。

七月五日二首

避謗詩尋醫，畏病酒入務。蕭條北窗下，長日誰與度。今年苦炎熱，草木困薰煮。况我早衰人，幽居氣如縷。秋來有佳興，秫稻已含露。還復此微吟，往和糟牀注。

黃朝英《靖康緗素雜記》卷一〇《俗語入詩》：《西清詩話》言王君玉謂人曰：「詩家不妨間用俗語，尤見工夫。雪止未消者，俗謂之待伴，嘗有雪詩：『待伴不禁鴛瓦冷，羞明常怯玉鈎斜。』待伴、羞明，皆俗語，而采拾入句，了無痕纇，此點瓦礫爲黃金手也。」余謂非特此爲然，東坡亦有之：「避謗詩尋醫，畏病酒入務。」此亦用俗語也。

《娛書堂詩話》卷四：詩有以法家吏文語爲對，如東坡云：「避謗詩尋醫，畏病酒入務。」□先子亦有云：「架閣酒無債，編脩詩未工。」

紀昀評《蘇文忠公詩集》卷一四：不作古音，而自有古意。

翁方綱《石洲詩話》卷三：《娛老堂詩話》謂詩有以法家史文語爲對者，如東坡《七月五日》作「避謗詩尋醫，畏病酒入務」之類。後來陸放翁亦時有之，然究非雅道也。

又：《洞庭春色》詩：「應呼釣詩鈎，亦號掃愁帚。」頗不雅，與「詩尋醫」、「酒入務」相類。

何處覓新秋，蕭然北臺上。秋來未云幾，風日已清亮。雲間聳孤翠，林表浮遠漲。新棗漸堪剝，晚瓜猶可餉。西風送落日，萬竅含悽愴。念當急行樂，白髮不汝放。

紀昀評《蘇文忠公詩集》卷一四：（「風日已清亮」）何不用清曠？（「西風送落日」二句）警切。

趙克宜《角山樓蘇詩評注彙鈔》卷五：清曠必兼地勢言之，專就風月言，只合云清亮耳。

趙郎中見和戲復荅之

趙子吟詩如潑水，一揮三百六十字。奈何效我欲尋醫，恰似西施藏白地。趙子飲酒如淋灰，一年十萬八千杯。若不令君早入務，飲竭東海生黃埃。我衰臨政多繆錯，羨君精采如秋鶚。頗哀老子今日飲，爲君坐嘯主畫諾。

紀昀評《蘇文忠公詩集》卷一四：亦是滑調。

次韻周邠寄雁蕩山圖二首

指點先憑采藥翁，丹青化出大槐宮。眼明小閣浮煙翠，齒冷新詩嚼雪風。二華行看雄陝右，九仙今已壓京東（自注：將赴河中，密邇太華，九仙在東武，奇秀不減雁蕩也）。此生的有尋山分，已覺溫台落手中。

《御選唐宋詩醇》卷三四：雁蕩爲自古圖牒所記，祥符中，因採官木始見之。此雖覽圖，未歷其地，故但以「小閣浮煙翠」一語形容其妙，以所得見之二華、九仙作陪。

紀昀評《蘇文忠公詩集》卷一四：（「齒冷新詩嚼雪風」）「齒冷」字欠自然。

西湖三載與君同，馬入塵埃鶴入籠。東海獨來看出日，石橋先去踏長虹。遙知別後添華髮，時向尊前說病翁。所恨蜀山君未見，他年攜手醉郫筒。

《御選唐宋詩醇》卷三四：按周邠生于西湖，而官于雁蕩；軾生于蜀山，而官于西湖。次作稱西湖同游，蓋因其所見，以致未見之思。結更以「蜀山君未見」爲恨，匪自矜以傲人，蓋交誼反復纏綿，盎然言表。

紀昀評《蘇文忠公詩集》卷一四：此首卻排宕。然二首相連，不能割取此首。凡詩有可刪取者，有必不可刪取者。竟陵笑選詩之惜群，非知詩之言也。

和魯人孔周翰題詩二首

孔周翰嘗爲仙源令，中秋夜以事留於東武官舍中，時陳君宗古、任君建中皆在郡。其後十七年中秋，周翰持節過郡而二君已亡，感時懷舊，留詩於壁。又其後五年中秋，軾與客飲於超然臺上，聞周翰乞此郡。客有誦其詩者，乃次其韻二篇，以爲他日一笑。

紀昀評《蘇文忠公詩集》卷一四：二詩皆淺而有致。

壞壁題詩已五年，故人風物兩依然。定知來歲中秋月，又照先生枕麴眠。

王文誥《蘇文忠公詩編注集成》卷一四：「壞壁題詩」截清感舊一層，下句出落周翰，細密之甚。

更邀明月說明年，記取孤吟孟浩然。此去宦遊如傳舍，揀枝驚鵲幾時眠。

送碧香酒與趙明叔教授

聞君有婦賢且廉，勸君慎勿爲楚相。不羨紫駝分御食，自遣赤腳沽村釀。嗟君老狂不知愧，更吟醜婦惡嘲謗。諸生聞語定失笑，冬暖號寒卧無帳。碧香近出帝子家，鵝兒破殼酥流盎。不學劉伶獨自飲，一壺往助齊眉餉。

紀昀評《蘇文忠公詩集》卷一四：亦滑調。

趙既見和復次韻答之

長安小吏天所放，日夜歌呼和丞相。豈知後世有阿瞞（自注：曹公自言參之後），北海尊前捉私釀。先生未出禁酒國，詩語孤高常近謗。幾回無酒欲沽君，卻畏有司書簿帳（自注：近制，公使酒過數，法甚重）。酸寒可笑分一斗，日飲無何足袁盎。更將險語壓衰翁，只恐自是臺無餉。

紀昀評《蘇文忠公詩集》卷一四：此首差可，然亦不佳。

趙郎中往莒縣逾月而歸復以一壺遺之仍用前韻

東鄰主人游不歸，悲歌夜夜聞春相。門前人鬧馬嘶急，一家喜氣如春釀。王事何曾怨獨賢，室人豈忍交謫謗。大兒踉蹡越門限，小兒咿啞語繡帳。定教舞袖掣伊涼，更想夜庖鳴甕盎。題詩送酒君勿誚，免使退之嘲一餉。

蘇潛聖挽詞

妙齡馳譽百夫雄，晚節忘懷大隱中。悃愊無華眞漢吏，文章爾雅稱吾宗。趨時肯負平生志，有子還應不死同。惟我閒思十年事，數行老淚寄西風。

和晁同年九日見寄

仰看鸞鵠刺天飛，富貴功名老不思。病馬已無千里志，騷人長負一秋悲。古來重九皆如此，別後西湖付與誰。遣子窮愁天有意，吳中山水要淸詩。

袁宏道評閱譚元春選《東坡詩選》卷四譚元春評：游止山水好景，每尋替人不得。况坡老開濬西湖，何等關情，決不忍交付與俗人矣。

賀裳《載酒園詩話》卷一《譚評蘇詩》：《和晁同年九日見寄》曰：「仰看鸞鵠刺天飛（略）。」譚云：「遊止山水好景，每尋替人不得。況坡老開濬西湖，何等關情，決不忍交付與俗人矣。」此評亦好，但作詩時子瞻自杭州通守轉密州，西湖尚未開也。此與伯敬硬斷老杜西枝村尋置草堂地爲成都草堂同病。

查愼行《初白庵詩評》卷中：（「古來重九皆如此」二句）淡而彌旨，知此者鮮矣。《御選唐宋詩醇》卷三四：（「古來重九皆如此」二句）以「西湖」對「重九」，一時湊泊，其妙不當于字句求之。

紀昀評《蘇文忠公詩集》卷一四：沈著排宕。

王文誥《蘇文忠公詩編注集成》卷一四：永叔謂公必名世，使美叔訂交，兩公亦頗自負，此在嘉祐極盛時也。詩前半皆寓此慨，後之本事，乃順流而下，合成一局者也。

趙克宜《角山樓蘇詩評注彙鈔》卷五：對法活潑。結語雖本樂天，卻是滑調。

王文濡《宋元明詩評註讀本》卷六：大好山水，必得詩人以表彰之，慰人正所以自慰也。（「仰看鸞鵠刺天飛」）喻在朝之臣。（「病馬已無千里志」）軾自喻。

延君壽《老生常談》：七律之對仗靈便不測，雖不必首首如是，然此法則不可不會用。（略）又東坡《和晁同年九日》云：「古來重九皆如此，別後西湖付與誰。」此等緣故，不是有心去學，讀得古人多了，自有不知不覺之妙。得此可以類推。

又：嘗論東坡七律，固是學問大，然終是天才迥不猶人，所以變化開合，神出鬼沒，若行乎其所無事。如《和晁同年九日見寄》後半首云（略）。

送喬施州

恨無負郭田二頃，空有載行書五車。江上青山橫絕壁，雲間細路躡飛蛇。雞號黑暗通蠻貨（自注：胡人謂犀爲黑暗），蜂鬧黃連採蜜花。共怪河南門下士，不應萬里向長沙（自注：喬受知於吳丞相，而施州風土，大類長沙）。

查慎行《補注東坡先生編年詩》卷一四：《賈誼傳》：「河南守吳公聞其秀才，召置門下，後爲長沙王傅」。公詩（「共怪河南門下士，不應萬里嚮長沙」。自注：「喬受知於吳丞相，而施州風土，大類長沙。」）用事親切如此。

《御選唐宋詩醇》卷三四：善談風土，衮衮可喜，頗似宗元在柳州諸詩。

雪夜獨宿柏仙庵

晚雨纖纖變玉霙，小庵高卧有餘凊。夢驚忽有穿窗片，夜靜惟聞瀉竹聲。稍壓冬温聊得健，未濡秋旱若爲耕。天公用意眞難會，又作春風爛漫晴。

延君壽《老生常談》：嘗論東坡七律，固是學問大，然終是天才迥不猶人，所以變化開合，神出鬼沒，若行乎其所無事。（略）又有一意翻爲一聯，用筆用氣直貫至尾，魄力雄健者。（略）又《雪夜獨宿柏山庵》云「晚雨纖纖變玉霙（略）」，純以質勁之氣，作閃爍之筆，遂能于尋常蹊徑中，得此出沒變化之妙。

紀昀評《蘇文忠公詩集》卷一四：絕勝尖叉韻詩，而人多稱彼，故險韻爲欺人之巧策。

趙克宜《角山樓蘇詩評注彙鈔》卷五：一氣卷舒，無意不透。

和孔郎中荆林馬上見寄

秋禾不滿眼，宿麥種亦稀。永愧此邦人，芒刺在膚肌。平生五千卷，一字不救饑。方將怨無襦，忽復歌緇衣。堂堂孔北海，直氣凜羣兒。朱輪未及郊，淸風已先馳。何以累君子，十萬貧與贏。滔滔滿四方，我行竟安之。何時劍關路，春山聞子規。

黃徹《䂬溪詩話》卷一〇：子建稱孔北海文章多雜以嘲戲，子美亦戲傚俳諧體，退之亦有寄詩雜詼俳，不獨文舉爲然。（略）大體材力豪邁有餘，而用之不盡，自然如此。（略）坡集類此不可勝數。（略）「平生五千卷，一字不救饑。」（略）皆斡旋其章而弄之，信恢刃有餘，與血指汗顏者異矣。

王文誥《蘇文忠公詩編注集成》卷一四：（「何以累君子」）「君子」二字，下得扼要，不但能添宗翰身價，且通首神韻皆此句領起也。自起句至此（「十萬貧與贏」）一節，所謂舊令尹之政，必以告新令尹者，言無數句，而和盤托出，明切曉暢。其仁愛惻怛之意，自然流露于齒頰，諷之而意味無窮，此非他集之所有也。（「滔滔滿四方」）二句別有寄託，自此入結，灑落之甚。

別東武流杯

莫笑官居如傳舍，故應人世等浮雲。百年父老知誰在，惟有雙松識使君。

留別雩泉

舉酒屬雩泉，白髮日夜新。何時泉中天，復照泉上人。二年飲泉水，魚鳥亦相親。還將弄泉手，遮日向西秦。

留別釋迦院牡丹呈趙倅

春風小院初來時，壁間惟見使君詩。應問使君何處去，憑花說與春風知。年年歲歲何窮已，花似今年人老矣。去年崔護若重來，前度劉郎在千里。

查慎行《初白庵詩評》卷中：此詩刻吳山紫陽庵石壁間，乃先生眞蹟，余三十年前猶及見之。又《初白庵蘇詩補注》卷一四：按陳後山《登鳳凰山懷子瞻》詩云：「數篇曾見使君詩，前後登臨各一時。妙舞新聲難得繼，清風明月卻相宜。」「朱欄行遍花間路，看盡當年題壁處。更有何人問使君？青春欲盡花飛去。」自注引子瞻「應問使君何處去？憑花說與春風知」云云。鳳凰山在杭州。又按田汝成《西湖遊覽志》：「吳山寶成寺，晉天福中建，名釋迦院。石壁刻先生手書。」合觀二處，東坡此詩當是杭州作，訛入密州卷中者。但題中有「呈趙倅」三字，趙倅即成伯也。姑依施氏原本，俟考。

紀昀評《蘇文忠公詩集》卷一四：前四句運意奇幻，後四句出以曼聲，亦情思惘然不盡。

趙克宜《角山樓蘇詩評注彙鈔》卷五：輕倩之筆，在集中最爲變調。（「去年崔護若重來」二句）崔護喻趙倅，劉郎自喻也。

董儲郎中嘗知眉州與先人游過安邱訪其故居見其子希甫留詩屋壁

白髮郎潛舊使君，至今人道最能文。隻鷄敢忘橋公語，下馬來尋董相墳。冬月負薪雖得免，鄰人吹笛不堪聞。死生契闊君休問，灑淚西南向白雲。

《御選唐宋詩醇》卷三四：「死生契闊」四字，括盡上六句意。無語不典核，而出以便利，情味灑然。

紀昀評《蘇文忠公詩集》卷一四：殊有情思，語亦清穩。（「死生契闊君休問」二句）補出「與先人遊」意，好。

紀昀評蘇文忠公詩集卷十五

除夜大雪留濰州元日早晴遂行中途雪復作

除夜雪相留，元日晴相送。東風吹宿酒，瘦馬兀殘夢。葱曨曉光開，旋轉餘花弄。下馬成野酌，佳哉誰與共。須臾晚雲合，亂灑無缺空。鵝毛垂馬駿，自怪騎白鳳。三年東方旱，逃戶連敬棟。老農釋耒歎，淚入饑腸痛。春雪雖云晚，春麥猶可種。敢怨行役勞，助爾歌飯甕。

程大昌《演繁露》續集卷四《騎白鳳》：東坡《雪》詩：「鵝毛垂馬駿，自怪騎白鳳。」《北夢瑣言》五卷曰：沈詢侍郎除山北節使，誦曹唐《游仙詩》云：「不知今夜游何處，自怪身騎白鳳凰。」

楊慎《升菴詩話》卷一〇《梅谿注東坡詩》：王梅谿注東坡詩，世稱其博。予偶信手繙一冊，《除夜大雪留濰州》詩云：「敢怨行役勞，助爾歌飯瓮。」山東民謠云：「霜淞打霧淞，貧兒備飯瓮。」淞音宋，積雪也，以爲豐年之兆。坡詩正用此。而注云：「山東人以肉埋飯下，謂之飯瓮。」何異小兒語耶？

又卷一二《劉駕詩》：劉駕詩體近卑，無可採者，獨「馬上續殘夢」一句，千古絕唱也。東坡改之，作「瘦馬兀殘夢」，便覺無味矣。

王世貞《藝苑卮言》卷四：劉駕「馬上續殘夢」，境頗佳，下云「馬嘶而復驚」，遂不成語矣！蘇子瞻用其語，下云：「不知朝日昇」，亦未是。至復改爲「瘦馬兀殘夢」，愈墜惡道。

《御選唐宋詩醇》卷三五：即雪霽以致重粟勤民之意，壯厲忼慨。

紀昀評《蘇文忠公詩集》卷一五：（「鵝毛垂馬騣」）「鵝毛」字本俚語，得下五字，便成奇采，於此悟點化之妙。（「淚入饑腸痛」）「淚入」五字慘。收處波瀾壯闊，立言亦極得體。

趙翼批沈德潛《宋金元三家詩選·蘇東坡詩選》上卷：結有力。

陸鎣《問花樓詩話》卷一：詩有一字之差，工拙迥別。劉駕在晚唐，詩格最卑，東坡大才也。駕詩「馬上續殘夢」一句，妙絕一世，坡老易作「瘦馬兀殘夢」，了無意趣矣。

趙克宜《角山樓蘇詩評注彙鈔》卷五：入後辭意深厚。

大雪青州道上有懷東武園亭寄交代孔周翰

超然臺上雪，城郭山川兩奇絕。海風吹碎碧琉璃，時見三山白雲闕。蓋公堂前雪，綠窗朱戶相明滅。堂中美人雪爭妍，粲然一笑玉齒頰。就中山堂雪更奇，青松怪石亂瓊絲。惟有使君游不歸，五更馬上愁斂眉。君不是淮西李侍中，夜入蔡州縛取吳元濟。又不是襄陽孟浩然，長安道上騎驢吟雪詩。何當閉門飲美酒，無人毀譽河東守。

王文誥《蘇文忠公詩編注集成》卷一五：「君不是」以下六句，皆公自謂也。

香巖批《紀評蘇詩》卷一五：隔四句押一韻，自是創格。

至濟南李公擇以詩相迎次其韻二首

敝裘羸馬古河濱，野闊天低糝玉塵。自笑餐氈典屬國，來看換酒謫仙人。宦遊到處身如寄，農事何時手自親。乘作新詩與君和，莫因風雨廢鳴晨。

胡仔《苕溪漁隱叢話》後集卷二八：又《濟南和李公擇》詩云：「敝裘羸馬古河濱，野闊天氏糝玉塵。自笑餐氈典屬國，來看換酒謫仙人。」爲蘇、李也。東坡作詩，用事親切如此，他人不及也。

紀昀評《蘇文忠公詩集》卷一五：（「自笑餐氈典屬國」二句）此事屢用，皆不妥。金龜換酒是賀監，非李白。

林國贊《讀蘇詩絕句》：敝車羸馬古河傍，換酒歸來樂未央。忘卻謫仙《將進酒》，遺文多恐誤雌黃。（坡公《至濟南次韻李公擇》詩：自笑餐氈典屬國，來看換酒謫仙人。」紀文達公云：「金龜換酒是賀監事，非李白。」按李白《將進酒》有「呼兒將出換美酒」之句，文達偶忘耳。）

夜擁笙歌霅水濱，回頭樂事總成塵。今年送汝作太守，到處逢君是主人。聚散細思都是夢，身名漸覺兩非親。相從繼燭何須問，蝙蝠飛時日正晨。

紀昀評《蘇文忠公詩集》卷一五：（「聚散細思都是夢」）五句太率易。結亦輕薄。

和孔君亮郎中見贈

偶對先生盡一尊，醉看萬物洶崩奔。優游共我聊卒歲，骯髒如君合倚門。只恐掉頭難久住，應須傾蓋便深論。固知嚴勝風流在，又見長身十世孫（自注：戣字君嚴，弟戡字君勝。退之志其墓云：「孔世卅八，吾見其孫白而長身。」今君亮，四十八世矣）。

查慎行《初白庵詩評》卷中：（「只恐掉頭難久住」二句）使事無痕，可以爲法。

紀昀評《蘇文忠公詩集》卷一五：（「只恐掉頭難久住」二句）此切姓氏卻好，以句有意故耳。

初白但稱其「使事無痕」，淺矣。

王文誥《蘇文忠公詩編注集成》卷一五：（「只恐掉頭難久住」二句）（紀昀）懂得切姓氏，亦非容易之事。（「固知嚴勝風流在」二句）孔宗翰即君亮之弟，公先與宗翰交代，至此又遇其兄君亮，故引戣、戡爲比，有「又見長身」之句，謂已見宗翰而又見君亮也。又自孔世三十八至君亮已四十八世，故云「十世孫」。其引用親切如此，斷無有誤其世次者。

顏樂亭詩

顏子之故居，所謂陋巷者，有井存焉，而不在顏氏久矣。膠西太守孔君宗翰始得其地，浚治其井，作亭於其上，命之曰顏樂。昔夫子以簞食瓢飲賢顏子，而韓子乃以爲哲人之細事，何哉？蘇子曰：古之觀人也，必於小者觀之，其大者容有僞焉。人能碎千金之璧不能無失聲於破釜，能搏猛虎不能無變色於蜂蠆，孰知簞食瓢飲之爲哲人之大事乎？乃作《顏樂亭詩》以遺孔君，正韓子之說，且用以自警云。

天生蒸民，爲之鼻口。美者可嚼，芬者可嗅。美必有惡，芬必有臭。我無天游，六鑿交鬬。騖而不返，跬步商受。偉哉先師，安此微陋。孟賁股栗，虎豹卻走。眇然其身，中亦何有。我求至樂，千載無偶。執瓢從之，忽焉在後。

紀昀評《蘇文忠公詩集》卷一五：語自脫灑。

王文誥《蘇文忠公詩編注集成》卷一五：（「中亦何有」）以上「正韓」，其下則「自警」也。

送范景仁游洛中

小人眞闇事，閑退豈公難。道大吾何病，言深聽者寒。憂時雖早白，駐世有還丹。得酒相逢樂，無心所遇安。去年行萬里，蜀路走千盤。投老身彌健，登山意未闌。西游爲櫻筍，東道盡鵷鸞。杖屨攜兒去，園亭借客看。折花斑竹寺，弄水石樓灘。鬻馬衰憐白，驚雷怯笑韓。蘚書標洞府（自注：歐陽永叔嘗游嵩山，日暮於絕壁上見苔蘚成文，云神淸之洞。明日復尋不見），松蓋偃天壇。試與劉夫子，重尋靖長官（自注：劉几云：曾見人嵩山幽絕處，眼光如貓，意其爲靖長官也）。

朋九萬《烏臺詩案·送范鎭往西京詩》：熙寧十年二月三日，范鎭往西京，軾作詩送之。軾昨知密州，得替，到京城外，借得范鎭園安泊。鎭，鄉里世舊也。其詩除無譏諷外，云：「小人眞闇事，閑退豈公難？」意以諷今時小人，以小才而享大位，闇於事理，以進爲榮，以退爲辱。范鎮前爲侍郎，難進易退，小人不知也。又云：「言深聽者寒。」軾謂鎮舊日多論時事，其言深切，聽者爲恐。意言鎮當時所言，皆不便事也。

查愼行《初白庵詩評》卷中：（「小人眞闇事」二句）痛快。

《御選唐宋詩醇》卷三五：景仁能累疏詆王安石，致安石持其疏而手顫，固是豪傑之士。而通篇乃盛稱洛中之勝，舉仙蹤神境以導之，語値玄微，然正是詩人溫柔敦厚遺意。

紀昀評《蘇文忠公詩集》卷一五：大段疏暢。起四句太激。初白以爲痛快，非也。（「憂時雖早白」）去「髮」字，則「白」者何物？（「試與劉夫子」二句）對結恰住。凡對結患不似住語。

次韻景仁留別

公老我亦衰，相見恨不數。臨行一杯酒，此意重山嶽。歌詞白紵清，琴弄黃鍾濁。詩新眇難和，飮少僅可學。欲參兵部選，有力誰如犖。且作東諸侯，山城雄鼓角。南游許過我，不憚千里邈。會當聞公來，倒屣髮一握。

查愼行《初白庵詩評》卷中：（「公老我亦衰」四句）沉着。

紀昀評《蘇文忠公詩集》卷一五：「欲參」二句太激。用圉人舉事，亦趁韻。

趙克宜《角山樓蘇詩評注彙鈔》卷六：發端深摯，便爲通篇增色。

京師哭任遵聖

十年不還鄉，兒女日夜長。豈惟催老大，漸復成凋喪。每聞耆舊亡，涕泫聲輒放。老任況奇逸，先子推輩行。文章得少譽，詩語尤清壯。吏能復所長，談笑萬夫上。自喜作劇縣，偏工破豪黨。奮髯走猾吏，嚼齒對姦將。哀哉命不偶，每以才得謗。竟使落窮山，青衫就黃壤。宦遊久不樂，江海永相望。退耕本就君，時節相勞餉。此懷今不遂，歸見纍纍葬。望哭國西門，落日銜千嶂。平生惟一子，抱負珠在掌。見之齠齔中，已有食牛量。他年如入洛，生死一相訪。惟有王濬沖，心知中散狀。

費袞《梁谿漫志》卷四《東坡識任德翁》：蜀人任孜字遵聖，以學問氣節雄鄉里，兄弟皆從老蘇游。（略）其後在京師，有哭遵聖詩云：「老任況豪俊，先子推輩行。」又云：「平生惟一子，抱負珠在掌。見之齠齔中，已有食牛量。」其子後立朝，果著大節，即德翁也。東坡眼目高，觀人于齠齔間已能如此，妙矣夫！

紀昀評《蘇文忠公詩集》卷一五：（起處）先寫情懷。次入任遵聖，倍加悽惘。（「老任況奇逸」以下）筆筆作起落之勢，無一率句。中有眞情，故語語深至。（「哀哉命不偶」四句）一落千丈強。（「宦遊久不樂」以下）拓得開。（「此懷今不遂」以下）合得緊。（「他年如入洛」以下）又饜餘波，收得滿足。

趙翼《甌北詩話》卷五：坡公熟於莊、列、諸子及漢、魏、晉、唐諸史，故隨所遇，輒有典故，以供其援引，此非臨時檢書者所能辦也。如（略）《哭任遵聖》，望其子成立，則云：「他年如入洛，生死一相訪。惟有王濬冲，心知中散狀。」用《晉書》嵇康死後，其子紹入洛，王戎特推奬之故事也。（略）以上數條，安得有如許切合典故，供其引證？自非博極羣書，足供驅使，豈能左右逢源若是！想見坡公讀書，眞有過目不忘之資，安得不嘆爲天人也。

王文誥《蘇文忠公詩編注集成》卷一五：（「宦遊久不樂」）公自謂也。

趙克宜《角山樓蘇詩評注彙鈔》卷六：通首情文相生，語語沈痛。（「每聞耆舊亡」）虛虛引入。（「文章得少譽」）敘任生平。（「哀哉命不偶」）四語，敘遵聖之卒，檃括無窮，行間有淚。（「宦游久不樂」）追敘平時相憶，小作波瀾。（「望哭國西門」）醒哭字。（「「平生惟一子」以下）後路有此一層，亦極痛時意想所必至，而語意洗鍊，嵇紹事尤用得面面圓徹。

書韓幹牧馬圖

南山之下，汧渭之間，想見開元天寶年。八坊分屯隘秦川，四十萬匹如雲煙。騅駓駰駱驪騮騵，白魚赤兔騂皇驈。龍顱鳳頸獰且妍，奇姿逸德隱駑頑。碧眼胡兒手足鮮，歲時翦刷供帝閑。柘袍臨池侍三千，紅粧照日光流淵。樓下玉螭吐清寒，往來蹙踏生飛湍。衆工舐筆和朱鉛，先生曹霸弟子韓。廄馬多肉尻脽圓，肉中畫骨誇尤難。金羈玉勒繡羅鞍，鞭箠刻烙傷天全，不如此圖近自然。平沙細草荒芊綿，驚鴻脫兔爭後先。王良挾策飛上天，何必俛首服短轅。

朋九萬《烏臺詩案·與王詵往來詩賦》：次日，王詵送韓幹畫馬十二匹，共六軸，求軾跋尾。不合作詩云：「王良挾矢飛上天，何必俯首求短轅？」意以騏驥自比，譏諷執政大臣無能盡我之才，如王良之能馭者，何必折節干求進用也。

王士禛《帶經堂詩話》卷一五：《柏梁詩·大官令》云「枇杷橘栗桃李梅」，語本可笑，而後人多效之。如韓文公《陸渾山火》云「鴉鴟鵰鷹雉鵠鵾」，蘇文忠公《韓幹牧馬圖》「騅駓駰駱驪騮騵」，然皆施于歌行耳，（略）用之律則非矣。

又：韓、蘇七言詩學《急就篇》句法，如（按下引以上二句）（略）。此種句法，間作七言可耳，五言即非所宜，解人當自知之。

《御選唐宋詩醇》卷三五：馬詩有杜甫諸作，後人無從著筆矣。千載獨有軾詩數篇，能別出一奇于浣花之外，骨幹氣象，實相等埒。篇中「騅駓駰駱驪騮騵」，蓋本昌黎《陸渾山火》詩「鴉鴟鵰鷹雉鵠鵾」之句，王士禛謂並是學《急就篇》句法，由其氣大，故不見其累重之迹。即如此詩，本是則傚少陵，而此二句乃全似昌黎，亦不覺也。

紀昀評《蘇文忠公詩集》卷一五：（「南山之下，汧渭之間，想見開元天寶年」）若第二句去一「之」字，作一句，神味便減。通首旁襯，只結處一着本位，章法奇絕。放翁《嘉陵驛折枝海棠》詩，似從此得法。（「碧眼胡兒手足鮮」）「鮮」字趁韻。（「不如此圖近自然」以下）到末又拖一意，變化不測。

方東樹《昭昧詹言》卷一二：起跳躍而出，如生龍活虎。「先生」句逆出，「金羈」三句，提筆再入題。以眞事襯，以衆工襯，以先生襯，以廐馬襯。「不如」一句入題，筆力奇橫，渾雄遒切，放翁《折海棠》從此得法。大約句法以下三字寫上四字，如「隘秦川」是也，諸家皆同。如下章「攢八蹄」三字寫上四字，不可勝言。渾雄遒妙，大約坡勝太白。

（日本）賴山陽《東坡詩鈔》卷三：馬詩，老杜至多，後來雖東坡不得不由之。（「南山之下」三句）此詩起手，出自老杜「國初以來」之起，而喪其面目者。起手平直正大，自是大局面手法。「汧渭」下加「之」字，句便雄傑，是亦大局面手法。（「騅駓駰駱驪騮騵」二句）二句雄傑。「驪」字若作「與」字，「騂」作「雜」等字句，便平弱。（「龍顱鳳頸獰且妍」）雄傑，公本色。（「奇姿逸德隱駑頑」）是亦雄傑，而微露後案。（「碧眼胡兒手足鮮」）二句取姿。（「柘袍臨池侍三千」）牧者之所衣。（「紅粧照日光流淵」）御馬從幸之處。（「衆工舐筆和朱鉛」）轉筆，敏。（「廐馬多肉尻脽圓」）自老杜《丹青引》來，而變其面目者。（「王良挾策飛上天」）學老杜天育驃騎詩，結得此二句，全篇飛動，非此，何足爲東坡。二句出題外，奇拔。

（日本）賴山陽《東坡詩鈔》附《書韓蘇古詩後》：世服蘇之廣長舌，不知其收舌不盡展者更好。（「略」）《韓幹牧馬》（略）皆豐約合度，姿態可觀。

趙克宜《角山樓蘇詩評注彙鈔》卷六：句法本之《急就章》。（「先生曹霸弟子韓」）斡旋杜少陵詩語。（「金羈玉勒繡羅鞍」數句）筆筆捻縱，題中牧字不略。

高步瀛《唐宋詩舉要》卷三：（「柘袍臨池侍三千」四句）並寫宮人，才思横溢。別出一意作結，總不肯使一平筆。

又見卷一七《百步洪二首》方東樹評、卷四九《申王畫馬圖》方東樹評。

送魯元翰少卿知衛州

冗士無處著，寄身范公園。桃李忽成陰，薺麥秀已繁。閉門春晝永，惟有黃蜂喧。誰人肯攜酒，共醉榆柳村。髯卿獨何者，一月三到門。我不往拜之，髯來意彌敦。堂堂元老後，亹亹仁人言。憶在錢塘歲，情好均弟昆。時於冰雪中，笑語作春溫。欲飲徑相覓，夜開叢竹軒。搜尋到篋笥，鮓醢無復存。每愧煙火中，玉腕親炮燔。別來今幾何，相對如夢魂。告我當北渡，新詩侑清尊。坡陁太行麓，洶湧黃河翻。仕宦非不遇，王畿西北垣。斯民如魚耳，見網則驚奔。皎皎千丈清，不如尺水渾。刑政雖首務，念當養其源。一聞襦袴音，盜賊安足論。

吳曾《能改齋漫錄》卷八《三詩皆用清渾字》：東坡《送魯元翰》詩：「皎皎千丈清，不如尺水渾。」陳後山次韻東坡詩：「信有千丈清，不如一尺渾。」參寥詩：「乍爲含垢千尋濁，不作驚人一掬清。」

查慎行《初白庵詩評》卷中：（「斯民如魚耳」四句）仁人之言，藹然如春風被物。

《御選唐宋詩醇》卷三五：始述近事，中叙舊游，末段「見網驚奔」等語本指新法言之，亦是元翰本事，然卻隱而不言，但以作贈行者勸勉之詞，氣味深厚如此。而《龜山語錄》乃謂坡詩只是譏誚怒駡，何耶？

紀昀評《蘇文忠公詩集》卷一五：（起六句）先作頓宕便入得不突。（「憶在錢塘歲」以下）插一事，便生動有情。（「別來今幾何」以下）轉得捷。（「坡陁太行麓」以下）接得緊。（「斯民如魚耳」以下）一結立言得體，不以理路爲嫌。觀此數語，知東坡得志，必不爲荆公。晦翁所云，左袒洛黨之故耳。

趙克宜《角山樓蘇詩評注彙鈔》卷六：（「斯民如魚耳」以下）從《班超傳》化出此段議論，再以廉范事證成之，曲折盡致。

次韻子由送蔣夔赴代州學官

功利爭先變法初，典型獨守老成餘。窮人未信詩能爾，倚市懸知繡不如。代北諸生漸狂簡，牀頭雜說爲爬梳。歸來問雁吾何敢，疾世王符解著書。

紀昀評《蘇文忠公詩集》卷一五：語太激切。

宿州次韻劉涇

我欲歸休瑟漸希，舞雩何日著春衣。多情白髮三千丈，無用蒼皮四十圍。晚覺文章眞小技，早知富貴有危機。爲君垂涕君知否，千古華亭鶴自飛（自注：涇之兄汴，亦有文，死矣）。

紀昀評《蘇文忠公詩集》卷一五：（起處）沉著。

趙翼《甌北詩話》卷五：詩人遇成語佳對，必不肯放過。坡公尤妙于翦裁，雖工巧而不落纖佻，由其才分之大也。如（略）「多情白髮三千丈，無用蒼皮四十圍。」（《宿州次劉涇韻》）（略）此等詩雖非坡公著意之作，然自然湊泊，觸手生春，亦見其學之富而筆之靈也。

趙克宜《角山樓蘇詩評注彙鈔》卷六：（「晚覺文章眞小技」二句）刻露語，極流動。

和李邦直沂山祈雨有應

高田生黃埃，下田生蒼耳。蒼耳亦已無，更問麥有幾。蛟龍睡足亦解慙，二麥枯時雨如洗。不知雨從何處來，但聞呂梁百步聲如雷。試上城南望城北，際天菽粟青成堆。饑火燒腸作牛吼，不知待得秋成否。半年不雨坐龍慵，共怨天公不怨龍。今朝一雨聊自贖，龍神社鬼各言功。無功日盜太倉穀，嗟我與龍同此責。勸農使者不汝容，因君作詩先自劾。

朋九萬《烏臺詩案·與李清臣寫超然臺記並詩》：熙寧十年，軾知徐州日，六月內，李清臣因沂山龍祠祈雨有應，作詩一首寄軾。其詩曰：「南山高峻層，北山亦嶒崒。坐自兩山雲出沒，雲行如驅歸若呼，始覺山中有靈物。鬱鬱其焚蘭，罩罩其擊鼓。祝屢祝，巫屢舞，我民無罪神所憐，一衣雷風三尺雨。嶺木兮蒼蒼，溪水兮央央。雲散諸峰互明滅，東阡西陌農事忙，廟閉山空音響絕。」軾後作一首與李清臣，其詩云（略）。此詩除無譏諷外，有不合言本因龍神慵懶不行雨，卻使人心怨天公，以譏諷大臣不任職，不能燮理陰陽，卻使人怨天子。以天公比天子，以龍神社鬼比執政大臣及百執事。軾自言無功竊祿，與大臣無異。當時送與李清臣，來相謁，戲笑言：「承見示詩，只是勸農使者不管恁地事。」

吳曾《能改齋漫錄》卷一一《東坡和李邦直祈雨詩》：東坡熙寧十年知徐州，李邦直因沂山龍祠祈雨有應，作詩寄東坡，東坡和之。末云：「半年不雨坐龍慵，但怨天公不怨龍。今來一雨何足道，龍神社鬼各言功。無功日盜太倉粟，嗟我與龍同此責。勸農使者不汝容，因君作詩先自劾。」李邦直來謁東坡，因戲笑言：「承見示詩，只是勸農使者不管恁地事。」元豐二年，東坡下御史臺獄，嘗供此詩云：「本因龍神慵惰不行雨，卻使人心怨天公。以譏諷大臣不任職，不能燮理陰陽，卻使人心怨天子。以天公比天子，以神龍社鬼比執政大臣及百執事也。」邦直嘗答蘇子由詩：「匕飯盤蔬強少留，相逢何物可消憂？緣君未得酒中趣，與我漫爲方外游。草亂不容移馬迹，山雄全欲逼城樓。濟時異日須公等，莫狎翩翩海上鷗。」東坡和云：「五斗塵勞尙足留，閉門卻欲治幽憂。羞爲毛遂囊中穎，未許朱雲地下游。無事會須成好飲，思歸時欲賦登樓。羨君幕府如僧舍，日向城西看浴鷗。」此詩集所不載，故見于此。

查愼行《初白庵詩評》卷中：（「無功日盜太倉穀」二句）一轉入題，筆力挺健。

《御選唐宋詩醇》卷三五：每于轉接處見其筆力之奇矯，如「二麥枯時雨如洗」以下，忽接「不知雨從何處來」；「際天菽粟」以下，忽接「饑火燒腸作牛吼」；神鬼「言功」以下，忽接「無功日盜太倉穀」。波詭雲屬，殆是莫可思議。昌黎云「不待彈劾還耕桑」，此詩云「因君作詩先自劾」，賢者惟時深食祿之耻，所以政事多卓然可觀。

紀昀評《蘇文忠公詩集》卷一五：（起處）憤語，卻極奇矯。以借比，故不甚覺其訐。查云：「一轉入題」，然結四句卻是餘波作收，非本題正意也。

趙克宜《角山樓蘇詩評注彙鈔》卷六：堯卿謂此即韓退之「不待彈劾還耕桑」之意。

又見卷一六《起伏龍行》紀昀評。

徐州送交代仲達少卿

此身無用且東來，賴有江山慰不才。舊尹未嫌衰廢久，清尊猶許再三開。滿城遺愛知誰繼，極目扁舟挽不回。歸去青雲還記否，交遊勝絕古城隈。

紀昀評《蘇文忠公詩集》卷一五：（「古城隈」）三字趁韻。

和孔密州五絶

見邸家園留題

大旆傳聞載酒過，小詩未忍著磚磨。陽關三疊君須秘，除卻膠西不解歌（自注：來詩有渭城之句）。

春步西園見寄

歲歲開園成故事，年年行樂不辜春。今年太守尤難繼，慈愛聰明惠利人。

紀昀評《蘇文忠公詩集》卷一五：（「慈愛聰明惠利人」）不成句法。

東欄梨花

梨花淡白柳深青，柳絮飛時花滿城。惆悵東欄一株雪，人生看得幾清明。

洪邁《容齋隨筆》卷一五：（張文潛）好誦東坡《（東欄）梨花》絶句，（略）每吟一過，必擊節賞嘆不能已，文潛蓋有省于此云。

陸游《老學庵筆記》卷一〇：東坡絕句云：「梨花澹白柳深青（略）。」紹興中，予在福州，見何晉之大著，自言嘗從張文潛遊，每見文潛哦此詩，以爲不可及。余按，杜牧之有句云：「砌下梨花一堆雪，明年誰此凭闌干。」東坡固非竊牧之詩者，然竟是前人已道之句，何文潛愛之深也，豈別有所謂乎？聊記之以俟識者。

蔡正孫《詩林廣記》後集卷三《蘇東坡》：愚謂此絕亦有前詩（按：指蘇軾《中秋月》「暮雲收盡溢清寒」一詩）感慨之意。

陸文圭《清明》（《牆東類稿》卷一九）：花開花落總無情，贏得詩人百感生。今日東闌看梨雪，坡仙去後幾清明？

俞弁《逸老堂詩話》卷下：「梨花淡白柳深青（略）。」陸放翁謂東坡此詩，本杜牧之「砌下梨花一堆雪，明年誰此憑闌干」。余愛坡老詩渾然天成，非模仿而爲之者，放翁正所謂「洗瘢索垢」者矣。

王士禛《帶經堂詩話》卷九：可追蹤唐賢。

《御選唐宋詩醇》卷三五：濃至之情，偶于所見發露，絕句中幾與劉夢得爭衡。

袁枚《隨園詩話補遺》卷三：（「惆悵東欄二株雪」二句）此偷杜牧之「砌下梨花一堆雪，明年誰倚此闌干」句也。然風調自別。

查愼行《初白庵詩評》卷中：（「惆悵東南二株雪」二句）「二」，意當作「一」。

紀昀評《蘇文忠公詩集》卷一五：此首較有情致。

潘德輿《養一齋詩話》卷九：容齋取張文潛愛誦杜公「溪回松風長」五古，坡公「梨花淡白柳深青」七絕，以爲美談。二詩何嘗有一字求奇，何嘗有一字不奇。僕少年不學，鹵莽于詩，不謂容齋鉅手，久已爲此。必知容齋述文潛之意，方于詩學有少分相應耳。予又考坡公七絕甚多，而合作頗少。其才高博學，縱橫馳驟，自難爲弦外之音。「梨花淡白」一章，允爲傑出。文潛所賞，足稱隻眼。

又：張文潛愛誦坡公「梨花淡白柳深青」一絕，而放翁譏之曰：「杜牧之有句云：『砌下梨花一堆雪，明年誰此凭闌干？』東坡故非竊人詩者，然竟是前人已道之句，何文潛愛之深也？豈別有所謂乎？」愚按坡公此詩之妙，自在氣韻，不謂句意無人道及也。且玩其句意，正是從小杜詩脫化而出，又拓開境地，各有妙處，不能相掩，放翁所見亦拘矣。

趙克宜《角山樓蘇詩評注彙鈔》卷六：辭句雖與小杜略同，而筆意淒婉欲絕，張文潛愛之誠是。

俞樾《湖樓筆談》卷五：此詩妙絕，而明郎仁寶（瑛）以爲旣云「淡白」，又云「一株雪」，恐重言相犯，欲易「梨花淡白」爲「桃花爛漫」。此眞強作解事者。首句「梨花淡白」即本題也，次句「花滿城」正承「梨花淡白」而言，若易首句爲「桃花爛漫」，則「花滿城」當屬桃花，與「惆悵東欄一株雪」，了不相屬，且是詠桃花，非復詠梨花矣。此等議論，大是笑柄。王文濡《宋元明詩評註讀本》卷四：人生如寄，莫要辜負韶光。（「惆悵東欄一株雪」）梨白，故以雪喻。

和流杯石上草書小詩

蜂腰鶴膝嘲希逸，春蚓秋蛇病子雲。醉裏自書醒自笑，如今二絶更逢君。

堂後白牡丹

城西千葉豈不好，笑舞春風醉臉丹。何似後堂冰玉潔，遊蜂非意不相干（自注：孔頫有聲妓，而客無見者）。

紀昀評《蘇文忠公詩集》卷一五：非自注，則此詩不可解，故解詩最難。

和趙郎中見戲二首

燕子人亡三百秋，捲簾那復似揚州。西行未必能勝此，空唱崔徽上白樓。

查慎行《初白庵蘇詩補注》卷一四：先生在密州，就差知河中府。未赴，而改知徐州。蓋徐在密之東南，河中在密之東北。故前詩云「此身無用且東來」（《徐州送交代仲達少卿》：「此身無用且東來，賴有江山慰不才。」），此云「西行未必能勝此」，言嚮使赴河中，亦未必便勝徐州也。

紀昀評《蘇文忠公詩集》卷一五：頗有風致。

（「空唱崔徽上百樓」）崔徽，河中娼妓，故借作解嘲語。

我擊藤牀君唱歌，明年六十奈君何（自注：趙每醉歌畢，輒曰明年六十矣）。醉顛只要裝風景，莫向人前自洗磨。

次韻子由與顏長道同遊百步洪相地築亭種柳

平明坐衙不暖席，歸來閉閤閒終日。卧聞客至倒屣迎，兩眼蒙籠餘睡色。城東泗水步可到，路轉河洪翻雪白。安得青絲絡駿馬，蹙踏飛波柳陰下。奮身三丈兩蹄間，振鬣長鳴聲自乾。少年狂興久已謝，但憶嘉陵繞劍關。劍關大道車方軌，君自不去歸何難。山中故人應大笑，築室種柳何時還。

紀昀評《蘇文忠公詩集》卷一五：（「安得青絲絡駿馬」以下四句）突插一波，便有生動之致。此避平避板之意。（「築室種柳何時還」）言似爲久住計。

次韻李邦直感舊

騶騎傳呼出跨坊，薄書塡委入充堂。誰敎按部如何武，只許淸尊對孟光。婉娩有時來入夢，溫柔何日聽還鄉。酸寒病守尤堪笑，千步空餘僕射場。

查愼行《初白庵詩評》卷中：李時爲京東提刑，將出巡靑州。前六句皆說邦直，結處則先生自謂。

紀昀評《蘇文忠公詩集》卷一五：語自流利，然無出色之處。

與梁先舒煥泛舟得臨釀字二首

彭城古戰國，孤客倦登臨。汴泗交流處，淸潭百丈深。故人輕千里，繭足來相尋。何以娛嘉客，潭水洗君心。

查愼行《初白庵詩評》卷中：（「故人輕千里」）故人謂梁先。

紀昀評《蘇文忠公詩集》卷一五：（「汴泗交流處」二句）十字渾成。

老守厭簿書，先生罷函丈。風流魏晉間，談笑羲皇上。河洪忽已過，水色綠可釀。君無輕此樂，此樂清且放。

紀昀評《蘇文忠公詩集》卷一五：出手太快，結二句尤率。

次韻答邦直子由五首

簿書顚倒夢魂間，知我疏慵肯見原。閒作閉門僧舍冷，臥聞吹枕海濤喧。忘懷杯酒逢人共，引睡文書信手翻。欲吐狂言喙三尺，怕君嗔我卻須呑（自注：邦直屢以此見戒）。

黄徹《䂬溪詩話》卷六：坡有「欲吐狂言喙三尺，怕君嗔我卻須呑」。嘗疑其語太怪，及觀杜集，亦有「臨風欲慟哭，聲出已復呑」。韋蘇州云「高秋長安酒，中憤不可呑」。又卷八：白云「趁涼行繞竹，引睡臥觀書」，坡「引睡文書信手翻」，書引睡魔，誠人人所同也。

袁宏道評閱譚元春選《東坡詩選》卷四譚元春評：袁宏道甚賞之，亦可刪。

城南短李好交遊，箕踞狂歌不自由。尊主庇民君有道，樂天知命我無憂。醉呼妙舞留連夜（自注：邦直家中舞者甚多），閒作淸詩斷送秋。瀟灑使君殊不俗，尊前容我攬鬚不。

朋九萬《烏臺詩案・與李淸臣寫超然臺記並詩》：軾又用弟轍韻，與李淸臣六首。內一首云：「城南短李好交遊（略）。」淸臣字邦直，再次元韻，有一首云：「東來嘗恨少朋遊，得遇高人蘇子由。自誓不言天下事，相看俱遣世間憂。新詩定及三千首，曩別幾成二十秋。南省郡臺風雪夜，問君還記劇談不？」轍字子由。

王鳴盛《娥術編》卷七八：《次韻答邦直子由》云：「城南短李好交游，箕踞狂歌總自由。」（略）同紐字連用二韻，似全無知識之人所爲。集中如此逞筆亂寫者甚多，略舉數章以明之。古人韻本如《廣韻》、《集韻》，皆于同紐字另作一圈，以爲識別，界限甚嚴。若如東坡，則何不概去其圈，混而爲一？蓋在東坡當日，初不知其爲病，一時後生小子，從風而靡，同紐連用。東坡見之，亦不以爲病，且和其韻，存之集中。識既粗極，心又不虛，貽誤千古矣。鶴壽按：古人作詩不避重韻，况同紐乎？（略）同字尙連用之，况同紐乎？（略）然古人不以爲意，今人則嫌其重複矣。東坡之文如萬斛泉源，隨地湧出，未可以用同紐韻少之。

王文誥《蘇文忠公詩編注集成》卷一五：（「尊主庇民君有道」）邦直非「尊主庇民」者，覼下句似有諷意。

老弟東來殊寂寞，故人留飲慰酸寒。草荒城角開新徑，雨入河洪失舊灘。車馬追陪迹未掃，唱酬往復字應漫。此詩更欲憑君改，待與江南子布看。

查愼行《初白庵詩評》卷中：子由來徐，有《李邦直見邀終日卧南城亭》詩，與邦直唱和共八首，故有「留飲」、「唱酬」之句。

紀昀評《蘇文忠公詩集》卷一五：末句指邦直。

君雖爲我此遲留，別後凄凉我已憂。不見便同千里遠，退歸終作十年游。恨無揚子一區宅，懶卧元龍百尺樓。聞道鵷鸞滿臺閣，網羅應不到沙鷗。

邵博《邵氏聞見後錄》卷一六：又《和李邦直》詩：「恨無揚子一區宅，懶卧元龍百尺樓。」按陳登字元龍，許汜與劉備在劉表坐，表與備共論天下人。汜曰：「陳元龍湖海之士，豪氣不除。」備問汜寧有事邪？汜曰：「昔過下邳見元龍，元龍無客主之意，久不相與語，自上大牀卧，使客卧下牀。」備曰：「君有國士之名，今天下大亂，無救世之意，而求田問舍，言無可采，是元龍所諱也，何當與君語？如小人欲卧百尺樓上，卧君於地，何止上下牀之間邪？」表大笑。則百尺樓者劉備，非元龍，亦誤也。（略）東坡信天下後世者，寧有誤邪？予應之曰：「東坡累誤千百，尙信天下後世也。」童子更曰：「有是言，凡學者之誤亦許矣。」予曰：「爾非東坡，奈何？」

紀昀評《蘇文忠公詩集》卷一五：（「聞道鵷鸞滿臺閣」二句）此卻蘊藉。

袁宏道評閱譚元春選《東坡詩選》卷四譚元春評：亦可刪。但「不見便同千里遠」境事眞全耳。

《御選唐宋詩醇》卷三五：自寫疏慵潦倒，令人意惻。

五斗塵勞尙足留，閉關卻欲治幽憂。羞爲毛遂囊中穎，未許朱雲地下遊。無事會須成好飲，思歸時欲賦登樓。羨君幕府如僧舍，日向城南看浴鷗。

朋九萬《烏臺詩案·與李淸臣寫超然臺記並詩》：李淸臣答弟轍二首，於詩後批云：「可求子瞻和。」云：「匙飯盤蔬強少留，相逢何物可消憂？緣君未得酒中趣，與我謾爲方外遊。草亂不容移馬迹，山雄全欲逼城樓。濟時異日須公等，莫狎翩翩海上鷗。」軾卻作詩二首和李清臣，其內一首云：「五斗塵勞尚足留（略）」。朱雲，漢成帝時乞斬張禹，漢成帝欲誅之。朱雲曰：「臣得下從龍逢、比干遊，足矣！」龍逢，夏桀臣。比干，商紂臣。皆因諫而死。軾爲屢言新法不便，不蒙施行，以朱雲自比，意言至明之世無誅戮之事，故軾未許與朱雲地下遊。王粲是魏武時人，因天下亂離，故粲在荆州依託，作《登樓賦》，賦中有懷鄉思歸之意。軾爲屢言新法不便，不蒙施行，有罷官懷鄉思歸之意，亦欲作此賦也。

紀昀評《蘇文忠公詩集》卷一五：（「羞爲毛遂囊中穎」二句）二句有體。（「羨君幕府如僧舍」二句）語雖稍露，而未至激訐。

司馬君實獨樂園

青山在屋上，流水在屋下。中有五畝園，花竹秀而野。花香襲杖屨，竹色侵杯斝。樽酒樂餘春，棋局消長夏。洛陽古多士，風俗猶爾雅。先生卧不出，冠蓋傾洛社。雖云與衆樂，中有獨樂者。才全德不形，所貴知我寡。先生獨何事，四海望陶冶。兒童誦君實，走卒知司馬。持此欲安歸，造物不我捨。名聲逐吾輩，此病天所赭。撫掌笑先生，年來效瘖啞。

朋九萬《烏臺詩案・寄題司馬君實獨樂園》：熙寧十年，司馬光任端明殿學士，提舉西京崇福宮，在西洛葺園號獨樂。軾於是年五月六日，作詩寄題。除無譏諷外，云：「先生獨何事？四方望陶冶。兒童誦君實，走卒知司馬。撫掌笑先生，年來效喑啞。」言四海蒼生，望司馬執政，陶冶天下，以譏諷見在執政不得其人。又言兒童走卒皆知姓字，終當進用。司馬光字君實，曾言新法不便，與軾意合。既言終當進用，亦是譏諷朝廷新法不便，終當用司馬光，光卻喑啞不言，意望依前攻擊。

葛立方《韻語陽秋》卷一三：元次山結屋浯溪之上，有三吾焉：因水而吾之，則曰浯溪；因屋而吾之，則曰庴亭；因石而吾之，則曰峿臺：蓋取吾所獨有之義。故自爲銘曰：「命之曰吾，旌吾獨有。」噫，次山何其不達之甚邪。且身非我有，是天地之委形；生非我有，是天地之委和；性命非我有，是天地之委順；子孫非我有，是天地之委蛻。而次山乃區區然認山川叢薄之微，惑其靈臺，認爲我有，抑可哀也已。《莊子》曰：「獨往獨來，是謂獨有。獨有之人，是謂至貴。」次山儻知此乎？司馬溫公有園名獨樂，嘗爲記云：「叟之所樂者，寂寞固陋，皆衆所鄙笑，雖推以予人，人且不取，安得強之乎。必也有人肯同此樂，則再拜而獻之，豈能專哉。」故東坡爲賦詩云：「雖云與衆樂，中有獨樂者。才全德不形，所貴知我寡。」惟溫公獨有之道，蘊于胸中，故東坡獨樂之章，形于筆下，與次山所見，殆霄壤矣。

阮閱《詩話總龜》前集卷九引《王直方詩話》：東坡爲溫公作《獨樂園》詩，只從頭四句，便已都說盡。云：「青山在屋上，流水在屋下。中有五畝園，花木秀而野。」此便可以圖畫。

黄徹《䂬溪詩話》卷一：溫公治第洛中，闢園曰獨樂，其心憂樂未始不在天下也。其自作記有云：「世有人肯同此樂，必再拜以獻之矣。」東坡賦詩云：「兒童誦君實，走卒知司馬。」蓋言其得人心也。又云：「撫掌笑先生，年來效喑瘂。」疑未盡命名之意。

王闢之《澠水燕談錄》卷二：（「先生獨何事」四句）蓋紀實也。

周密《齊東野語》卷二〇《溫公重望》：坡公《獨樂園》詩云：「兒童誦君實，走卒知司馬。」京師之貪汙不才者，人皆指笑之，曰：「你好個司馬家。」文潞公留守北京日，嘗遣人入遼偵事。回見遼主大宴群臣，伶人劇戲作衣冠者，見物必攫取懷之，有從其後以物仆之，云：「汝司馬端明邪？」是雖夷狄亦知之，豈止兒童走卒哉！宣和間，徽宗與蔡攸輩在禁中自爲優戲，上作參軍趨出。攸戲上曰：「陛下好個神宗皇帝。」上以杖鞭之云：「你也好個司馬丞相。」是知公論在人心，有不容泯者如此。

胡應麟《詩藪》外編卷五：（「青山在屋上」四句）此樂天聲口耳，而坡學之不已。

《（康熙）御製樂善堂全集定本》卷六《讀蘇子瞻題司馬君實獨樂園詩即用原韻》：插架萬卷書，隨手自拈下。披覽結遐心，似遊霄霓野。當時獨樂園，溫公開樽斝。清吟薄雲天，曠談述虞夏。洛中九老人，來往涉風雅。事同東山遊，跡非白蓮社。東坡生花筆，自是天假者。題詩盤硬語，曲高和者寡。獨樂悅性情，衆樂看陶冶。惟公入朝時，衛卒擁其馬。惟公入園時，一切浮榮捨。蕭然物外遊，不似歌渥赫。猗歟匡濟才，閒情寄嘔啞。

《御選唐宋詩醇》卷三五：言景如畫，言情如話，令人神游其地，想見其人。時錢公輔在鄞縣建衆樂亭，司馬光贈以詩曰：「使君如獨樂，衆庶必深顰。」蓋獨樂之與衆樂，道本同然。此詩云：「雖云與衆樂，中有獨樂者。」是得其意。（「兒童誦君實」二句）二句以姓、字對，唐賢所未有，然非無本也。劉越石詩云：「宣尼悲獲麟，西狩泣孔某。」謝惠連云：「雖好相如達，不學長卿慢。」正此詩所則傚。其他史傳所載，如「萬事不理問伯始，天下中庸有胡公」，「甑中生塵范史雲，釜中生魚范萊蕪」之類，尤不勝數矣。

紀昀評《蘇文忠公詩集》卷一五：（「青山在屋上」四句）直起脫灑。「兒童」二句乃互文，非惠連用相如長卿，越石用宣尼孔某之比。末二句終是太露。

宋長白《柳亭詩話》卷三《烏臺詩案》：種豆爲萁之歌，韓亡秦帝之詠，楊則詞尚隱約，謝則徑情直行，而皆足以賈禍。甚矣，言之者無罪，聞之者足以爲戒之難也！東坡《獨樂園》詩，（略）朋九萬《烏臺詩案》尚不能免其箋註，況其他乎。

王文誥《蘇文忠公詩編注集成》卷一五：詩無攻擊之意，其時僅能「瘖啞」，無可再供。若更望之，是常夢不醒人語矣。此乃（舒）亶、（李）定欲陷君實于誅，特坐實之，其坐公不藉此詩也。

趙克宜《角山樓蘇詩評注彙鈔》卷六：頗似香山語，雖平易，不傷淺率。（「中有獨樂者」）頓清題目。(「才全德不形」)以下翻出議論。(「兒音誦君實」二句)切文正生平。

陳衍《宋詩精華錄》卷二:東坡五七古,遇端莊題目,不能用禪語、詼諧語者,則以對偶排戛出之。

王文濡《宋元明詩評註讀本》卷一:寫獨樂園,寓有殷殷勸駕意,自與泛詠風景有别。

送顏復兼寄王鞏

彭城官居冷如水,誰從我遊顏氏子。我衰且病君亦窮,衰窮相守正其理。胡爲一朝捨我去,輕衫觸熱行千里。問君無乃求之與,答我不然聊爾耳。京師萬事日日新,故人如故今有幾。君知牛行相君宅,扣門但覓王居士。清詩草聖俱入妙,别後寄我書連紙。苦恨相思不相見,約我重陽嗅霜蘂。君歸可喚與俱來,未應指目妨進擬。太一老仙閒不出(自注:張安道爲中太一宮使),蹕門問道今時矣。因行過我路幾何,願君推挽加鞭箠。吾儕一醉豈易得,買羊釀酒從今始。

王鳴盛《蛾術編》卷七八:《送顏復兼寄王鞏》:「我衰且病君亦窮,衰窮相守正其理。胡爲一朝舍我去,輕衫觸熱行千里。」(略)同紐字連用二韻,似全無知識之人所爲。集中如此逞筆亂寫者甚多,略舉數章以明之。古人韻本如《廣韻》、《集韻》,皆于同紐字另作一圈,以爲識别,界限甚嚴。若如東坡，則何不概去其圈，混而爲一？蓋在東坡當日，初不知其爲病，一時後生小子，從風而靡，同紐連用。東坡見之，亦不以爲病，且和其韻，存之集中。識旣粗極，心又不虛，貽誤千古矣。鶴壽按：古人作詩不避重韻，況同紐乎？（略）同字尚連用之，況同紐乎？（略）然古人不以爲意，今人則嫌其重複矣。東坡之文如萬解泉源，隨地湧出，未可以用同紐韻少之。

紀昀評《蘇文忠公詩集》卷一五：順筆直走，以波瀾縈繞，故不覺其滑。（「願君推挽加鞭箠」）句不醒豁。

蝎虎

黃鷄啄蝎如啄黍，窗間守宮稱蝎虎。闇中繳尾伺飛蟲，巧捷功夫在腰膂。跂跂脈脈善緣壁，陋質從來誰比數。今年歲旱號蜥蜴，狂走兒童鬧歌舞。能銜渠水作冰雹，便向蛟龍覓雲雨。守宮努力搏蒼蠅，明年歲旱當求汝。

馮應榴《蘇文忠詩合註》卷一五引何焯評：（「能銜渠水作冰雹」二句）亦有諷意。

紀昀評《蘇文忠公詩集》卷一五：寓刺之意，與後山蠅虎詩略同。

趙克宜《角山樓蘇詩評注彙鈔》卷六：守宮與蜥蜴同類異種，蜥蜴能致雨，守宮則不能，此蓋爲無實用而妄思濫竽者諷也。

子由將赴南都與余會宿於逍遥堂作兩絶句讀之殆不可爲懷因和其詩以自解余觀子由自少曠達天資近道又得至人養生長年之訣而余亦竊聞其一二以爲今者宦游相别之日淺而異時退休相從之日長既以自解且以慰子由云。

貝瓊《送魏文芳序》(《清江貝先生文集》卷二二):昔蘇文忠公與弟黄門會于彭城之逍遥堂,夜窗聽雨,賦詩唱和,奚翅塤箎之迭奏也?大抵天下之情,聚而樂,别而悲,見之朋友且然,况于兄弟之親而厚者哉。余每讀其詩,以爲有棠棣之遺意,能使人益重同氣之恩。

《御選唐宋詩醇》卷三五:二詩惟語語解慰,乃益見别恨之深,低回欲絶。

翁方綱《石洲詩話》卷三:其將赴南都也,與先生會宿逍遥堂,作兩絶句,先生有和作二首,時子由從張文定簽書南京判官也。

别期漸近不堪聞,風雨蕭蕭已斷魂。猶勝相逢不相識,形容變盡語音存。

釋惠洪《冷齋夜話》卷一：用事琢句，妙在言其用，不言其名耳。此法唯荆公、東坡、山谷三老知之。（略）東坡別子由詩：「猶勝相逢不相識，形容變盡語音存。」此用事而不言其名也。

袁宏道評閱譚元春選《東坡詩選》卷四譚元春評：兄弟飄泊，風雨別離，讀之感人，非爲詩也。

紀昀評《蘇文忠公詩集》卷一五：（「猶勝相逢不相識」二句）寬一步，更沉著。

宋長白《柳亭詩話》卷一二：較諸「繞夢雲山」（按：見蘇軾《予以事繫御史臺獄》之句，上詩猶蘊藉也。

趙克宜《角山樓蘇詩評注彙鈔》卷六：（「猶勝相逢不相識」二句）慰語轉益淒惘。

但令朱雀長金華，此別不同一轉車。五百年間誰復在，會看銅狄兩咨嗟。

紀昀評《蘇文忠公詩集》卷一五：此亦刺當日小人營營，終歸于盡，而語意渾然不露。

趙克宜《角山樓蘇詩評注彙鈔》卷六：此首本序中「養生長年」意立說。

留題石經院三首

王文誥《蘇文忠公詩編注集成》卷一五：「蔥蒨門前路」、「夭矯庭中檜」、「窈窕山頭井」，特有意，句法一式，而淺深則別。

蔥蒨門前路，行穿翠密中。卻來堂上看，巖谷意無窮。

王文誥《蘇文忠公詩編注集成》卷一五：（「蔥蒨門前路」二句）是第一起法。

夭矯庭中檜，枯枝鵲踏消。瘦皮纏鶴骨，高頂轉龍腰。

紀昀評《蘇文忠公詩集》卷一五：（「枯枝鵲踏消」）「消」字未詳。覲子由和詩，又非誤字。

窈窕山頭井，潛通伏澗清。欲知深幾許，聽放轆轤聲。

過雲龍山人張天驥

郊原雨初足，風日清且好。病守亦欣然，肩輿白門道。荒田咽蛩蚓，邨巷懸梨棗。下有幽人居，閉門空雀噪。西風高正厲，落葉紛可掃。孤童臥斜日，病馬放秋草。墟里通有無，垣牆任摧倒。君家本冠蓋，絲竹鬧鄰保。脫身聲利中，道德自濯澡。躬耕抱羸疾，奉養百歲老。詩書膏吻頰，菽水媚翁媼。饑寒天隨子，杞菊自擷芼。慈孝董邵南，雞狗相乳抱。吾生如寄耳，歸計失不蚤。故山豈敢忘，但恐迫華皓。從君好種秫，斗酒時自勞。

查愼行《初白庵詩評》卷中：（「賴我同年友」）同年友指家漢公。

《御選唐宋詩醇》卷三五：「垣牆任摧倒」以上，村落園林摹繪如見。昔人謂詩中有畫，畫猶有所不能到，詩則無所不到也。然非具四通六明之力，亦豈能以達之？

紀昀評《蘇文忠公詩集》卷一五：（起處）洒然而來。（「虛里通有無」二句）言鄰里皆交契忘形，故可不設牆垣之限。然語不醒豁。後幅稍嫌曼衍。

趙克宜《角山樓蘇詩評注彙鈔》卷六：先寫山人之居，次叙山人生平，合到自己作結。（「西風高正厲」數句）語意高爽。（「詩書膏吻頰」）此聯極洗鍊。

贈王仲素寺丞

養氣如養兒，棄官如棄泥。人皆笑子拙，事定竟誰迷。歸耕獨患貧，問子何所齎。尺宅足自庇，寸田有餘畦。明珠照短褐，陋室生虹霓。雖無孔方兄，顧有法喜妻。彈琴一長嘯，不答阮與嵇。曹南劉夫子，名與子政齊。家有鴻寶書，不鑄金褭蹄。促膝問道要，遂蒙分刀圭。不忍獨不死，尺書肯見梯。我生本強鄙，少以氣自擠。孤舟倒江河，赤手攬象犀。年來稍自笑，留氣下暖臍。苦恨聞道晚，意象颯已凄。空見孫思邈，區區賦病梨。

俞琰《月下偶談》卷下：又詩云：「曹南劉夫子，名與子政齊。家有鴻寶書，不鑄金褭蹄。促席問道安，遂蒙分刀圭。不忍獨不死，尺書肯見梯。」趙次翁注云：劉夫子豈劉宜翁乎？先生在惠州，有書與宜翁云：「或有外丹已成，可助梨棗者，望不惜分惠。」其書具在。《毗陵後集》趙堯卿注云：劉安世待制，字器之，曹南人，得養生煉丹術，公嘗師之。

紀昀評《蘇文忠公詩集》卷一五：起二句不甚雅。（「雖無孔方兄」一句）對得工緻。然古詩對偶，太工則礙格。（「留氣下暖臍」）太俚。

陽關詞三首

蘇軾《記陽關第四聲》（《蘇文忠公全集》卷六七）：舊傳陽關三疊，然今歌者，每句再疊而已，通一首言之，又是四疊。皆非是。或每句三唱，以應三疊之說，則叢然無復節奏。余在密州，有文勛長官以事至密，自云得古本陽關，其聲宛轉凄斷，不類向之所聞，每句皆再唱，而第一句不疊。乃知唐本三疊蓋如此。及在黃州，偶讀樂天《對酒》詩云：「相逢且莫推辭醉，新唱陽關第四聲。」注：「第四聲：『勸君更盡一杯酒。』」以此驗之，若第一句疊，則此句爲第五聲矣，今爲第四聲，則第一不疊審矣。

舊題王十朋《百家註分類東坡先生詩》卷一八引次公曰：三詩各自說事，（略）先生皆以陽關歌之，乃聚爲一處。

翁方綱《石洲詩話》卷三：《東坡集》中《陽關詞三首》：一《贈張繼愿》，一《答李公擇》，一《中秋月》。《詩話總龜》謂「坡作彭城守時，過齊州李公擇，中秋席上作絕句。其後山谷在黔南，以《小秦王》歌之」。初白《補注》云：「按玉局文及《風月堂詩話》云：東坡中秋詩，紹聖元年自題其後：『予十八年前中秋與子由觀月彭城時作。』此詩以《陽關》歌之，此段正與詩合。其在李公擇席上所賦，即前篇《答李公擇》者是也。《詩話總龜》混兩詩爲一時事，訛也。」據此，則三詩不必其一時所作，特以其調皆《陽關》之聲耳。《陽關》之聲，今無可考。第就此三詩繹之，與右丞《渭城》之作，若合符節。今錄於此以記之。（下引王維詩及此三詩）其法以首句平起，次句仄起，三句又平起，四句又仄起，而第三句與四句之第五字，各以平仄互換。又第二句之第五字，第三句之第七字，皆用上聲，譬如塡詞一般。漁洋先生謂「絕句乃唐樂府」，信不誣也。

王文誥《蘇文忠公詩編註集成》卷一五引江藩語：《陽關詞》，古人但論三疊，不論聲調，以王維一首定此詞平仄。此三詩，與摩詰毫髮不爽。

受降城下紫髯郎，戲馬臺前古戰場。恨君不取契丹首，金甲牙旗歸故鄉。右《贈張繼愿》

王文誥《蘇文忠公詩編注集成》卷一五《陽關詞三首·贈張繼愿》：王注次公曰：三詩各自說事，先生皆以陽關歌之，乃聚爲一處，標其題曰《陽關三絕》。誥案：別本題止《軍中》二字，施本題作右《贈張繼愿》，列于詩後。其《答李公擇》、《中秋月》二題並同。

濟南春好雪初晴，行到龍山馬足輕。使君莫忘霅溪女，時作陽關腸斷聲。右《答李公擇》

胡仔《苕溪漁隱叢話》後集卷三九《長短句》：苕溪漁隱曰：唐初歌詞多是五言詩，或七言詩，初無長短句。自中葉以後，至五代，漸變成長短句。及本朝則盡爲此體。今所存止《瑞鷓鴣》、《小秦王》二闋是七言八句詩並七言絕句詩而已。《瑞鷓鴣》猶依字易歌，若《小秦王》必須雜以虛聲，乃可歌耳。「濟南春好雨初晴（略）。」此《小秦王》也。皆東坡所作。

王士禎《帶經堂詩話》卷九：可追蹤唐賢。

又卷一七《注家類》三：坡公《陽關》三絕，其二云：「濟南春好雪初晴。」龍山在濟南郡城東七十里，章邱城西南四十里，古平陵城，唐之全節也。次公注云：龍山，桓溫九日所登之山。按此龍山在今江南之太平府，與濟南了不相涉，詩意何緣及此？可見注詩不易，信如陸務觀語周益公云云也。

又：東坡濟南詩云：「濟南春好雪初晴（略）。」亦《小秦王調》也。注蘇者誤以爲孟嘉落帽之龍山，不思彼在姑孰，與濟南何涉？注家之可笑如此。

又：濟南郡城東七十里龍山鎮，即《水經注》巨合城也，漢耿弇討費敢，進兵先脅巨里，即此。東坡《陽關詞》「濟南春好雪初晴，行到龍山馬足輕」，舊注引孟嘉落帽事，固大謬，施注竟略之，以此知注書之難，而陸務觀、任淵皆不敢注蘇，有以也。

王文誥《蘇文忠公詩編注集成》卷一五《陽關詞三首・答李公擇》引施注：李公擇先知湖州，自湖移濟南，故東坡以霅溪女戲之。

鄧廷楨《雙硯齋詞話・瑞鷓鴣編入律詩》：「濟南春好雪初晴（略）。」東坡《小秦王》詞也，今乃編入詩集。

鄭文焯《手批東坡樂府》：是闋第三句第五字，以入聲爲協律，蓋昉于「勸君更進一杯酒」也。又：「不」字律，妙句天成。

暮雲收盡溢清寒，銀漢無聲轉玉盤。此生此夜不長好，明月明年何處看。右《中秋月》

蘇軾《書彭城觀月詩》（《蘇文忠公全集》卷六八）：「暮雲收盡溢清寒（略）。」余十八年前中秋夜，與子由觀月彭城，作此詩，以《陽關》歌之。今復此夜宿於贛上，方遷嶺表，獨歌此曲，聊復書之，以識一時之事，殊未覺有今夕之悲，懸知有他日之喜也。

胡仔《苕溪漁隱叢話》後集卷二三：古人賦中秋詩，例皆詠月而已，少有著題者，惟王元之云：「莫辭終夕看，動是隔年期。」蘇子瞻云（略）。蓋庶幾焉。

楊萬里《誠齋詩話》：五七字絕句最少，而最難工，雖作者亦難得四句全好者。（略）東坡云（略）。四句皆好矣。

劉克莊《二蘇中秋月詩跋》：二蘇公彭城中秋月倡和七言，可拍謫仙之肩。坡五言清麗者似鮑、庾，閑雜者似韋、柳。前人中秋之作多矣，至此一洗萬古而空之。詩既高妙，行書又妙絕一世，諸家所收坡帖，皆在下風。子善其深藏之，十五城勿易也。吳才老猶以二公所用韻平仄反切爲疑，前人亦以此議昌黎公。才老以字學名家，未免爲沈約四聲束縛。余謂韓、蘇大儒也，語出流傳，入人肝膽，萬世珍誦，豈若場屋舉人，規規然《禮部韻略》，惟恐其不合格乎？

《後村詩話》後集卷一：（「此生此夜不長好」二句）與高適「今年人日空相憶，明年人日知何處」之句暗合。

蔡正孫《詩林廣記》後集卷三《蘇東坡》：愚謂東坡此詩之意，又有《十月十五日觀月黃樓席上次韻》云：「爲問登臨好風景，明年還憶使君無？」又《和子由山茶盛開》云：「雪裏盛開知有意，明年開後更誰看。」王元之《黃州竹樓記》云：「未知明年，又在何處。」近世有賦《賞春》詞，末句云：「不知來歲牡丹時，再相逢何處。」噫，好景不常，盛事難再。讀此語，則令人有歲月飄忽之感云。

范晞文《對牀夜語》卷三：高適《九日》詩云：「縱使登高祇斷腸，不如獨坐空搔首。」老杜有「羞將短髮還吹帽，笑倩旁人爲整冠」，亦反其事也。結句云「明年此會知誰健，醉把茱萸仔細看」，與劉希夷「今年花落顏色改，明年花開復誰在」之意同。氣長句雅，俱不及杜。戴叔倫《對月》云：「明年此夕游何處，縱有清光知對誰。」欲脫其胎而不可，蓋才力不逮也。東坡用其意，作《中秋月》詩云：「此生此夜不長好，明月明年何處看。」遂成絕句。

方回《瀛奎律髓·月類序》：着題詩中，梅、雪、月最難賦，故特以爲類。中秋月尤難賦，「此夜一輪滿，清光何處無」，僧貫休句也；「此生此夜不長好，明月明年何處看」，東坡句也；「萬山不隔中秋月」，山谷一句尤奇。

查慎行《初白庵蘇詩補注》卷一四：《詩話總龜》謂東坡作彭城守時，過齊州李公擇。中秋席上作絶句「暮云收盡溢清寒」云云。其後山谷在黔南，以《小秦王》歌之云云。此詩與前一首似是同時作。以愚考之，先生過濟南，在本年正月，有詩載卷首（《至濟南，李公擇以詩相迎，次其韻二首》）。四月，赴徐州，未嘗在齊州過中秋也。按玉局文及《風月堂詩話》云：「東坡中秋詩，紹聖元年自題其後云：『予十八年前中秋，與子由觀月彭城時作此詩，以《陽關》歌云』。」此段正與詩合。其在李公擇席上所賦，即前篇《答李公擇》者是也。《詩話總龜》混兩詩爲一時事，訛也。

鄭文綽《大鶴山人詞話》：「不」字律妙句天成。

和周孔翰二絶

再觀邸園留題

小園香霧曉蒙籠，醉守狂詞未必工。魯叟録詩應有取，曲收彤管《邶》《鄘風》。

觀淨觀堂效韋蘇州詩

弱羽巢林在一枝，幽人蝸舍兩相宜。樂天長短三千首，卻愛韋郎五字詩。

答任師中家漢公

先君昔未仕，杜門皇祐初。道德無貧賤，風采照鄉閭。何嘗疏小人，小人自闊疏。出門無所詣，老史在郊墟。門前萬竿竹，堂上四庫書。高樹紅消梨，小池白芙蕖。常呼赤腳婢，雨中擷園蔬。矯矯任夫子，罷官還舊廬。是時里中兒，始識長者車。烹雞酌白酒，相對歡有餘。有如龐德公，往還葛與徐。妻子走堂下，主人竟誰歟。我時年尚幼，作賦慕相如。侍立看君談，精悍實起予。歲月曾幾何，耆老逝不居。史侯最先歿，孤墳拱桑樗。我亦涉萬里，清血滿襟袪。漂流二十年，始悟萬緣虛。獨喜任夫子，老佩刺史魚。威行烏白蠻，解辮請冠裾。方當入奏事，淸廟陳璠璵。胡爲厭軒冕，歸意不少紓。上蔡有良田，黃沙走清渠。罷亞百頃稻，雍容十年儲。閒隨李丞相，搏射鹿與豬。蒼鷹十斤重，猛犬如黃驢。豈比陶淵明，窮苦自把鋤。我今四十二，衰髮不滿梳。彭城古名郡，乏人偶見除。頭顱已可知，幾何不樵漁。會當相從去，芒鞋老菑畬。念子瘴江邊，懷抱向誰攄。賴我同年友，相歡出同輿。冰盤薦文鮪（自注：鮪，鮥也，戎瀘常有），玉斝傾浮蛆。醉中忽思我，清詩綴瓊琚。知我少所諧，教我時卷舒。世事日反覆，翩如風中旗。雀羅弔廷尉，秋扇悲婕妤。升沉一何速，喜怒紛衆狙。作詩謝二子，我師甯與蘧。

袁宏道評閱譚元春選《東坡詩選》卷四譚元春評：長詩無處處觸人痛癢語，此結構之疏也，意亦欲删去之。但前半序先友往還一段，甚有少壯存歿之感，談之戟耳。

紀昀評《蘇文忠公詩集》卷一五：此體創自王無功，而盛於杜工部，以詩序事，而不散不冗，全由筆力不同。無大力以運之，即爲長慶潦倒語。（「老史在郊墟」）牽一人作波瀾，好。（「我時年尚幼」以下）又插入自己，生波縈繞。（「侍立看君談」以下）轉落脈理秩然，筆力亦極沈鬱頓挫之致。「清血」二字不雅。（「念子瘴江邊」以下四句）搭入家漢公，天然湊泊。（「醉中忽思我」）以下清出答意。

翁方綱《石洲詩話》卷三：《答任師中家漢公》五古長篇，中間句法，於不整齊中，幻出整齊。如「豈比陶淵明」一聯，與上「閒隨李丞相」一聯，錯落作對，此猶在人意想之中。至其下「蒼鷹十斤重」一聯，「我今四十二」一聯，與上「百頃稻」、「十年儲」一聯，乃錯落遙映，亦似作對，則筆勢之豪縱不羈，與其部伍之整閒不亂，相輔而行。蘇詩最得屬對之妙，而此尤奇特，試尋其上下音節，當知此說非妄也。

趙克宜《角山樓蘇詩評注彙鈔》卷六：篇中詳于叙任師中，家漢公只用輕帶，意分主從。

初別子由

我少知子由，天資和而清。好學老益堅，表裏漸融明。豈獨爲吾弟，要是賢友生。不見六七年，微言誰與賡。常恐坦率性，放縱不自程。會合亦何事，無言對空枰。使人之意消，不善無由萌。森然有六女，包裹布與荆。無憂賴賢婦，藜藿等大烹。使子得行意，青衫陋公卿。明日無晨炊，倒牀作雷鳴。秋眠我東閣，夜聽風雨聲。懸知不久別，妙理難細評。昨日忽出門，孤舟轉西城。歸來北堂上，古屋空峥嵘。退食悞相從，入門中自驚。南郡信繁會，人事水火爭。念當閉閣坐，頽然寄聾盲。妻子亦細事，文章固虛名。會須掃白髮，不復用黄精。

查慎行《初白庵詩評》卷中：（「妻子亦細事」二句）玩「亦」字、「固」字，文法自是倒句。《御選唐宋詩醇》卷三五：轍爲軾題像贊則云：「人曰吾兄，我曰吾師。」軾此詩亦云：「豈獨爲吾弟，要是賢友生。」想見兄弟間自相師友，極天倫之樂事也。至于不見而恐「放縱不自程」，既見而使「不善無由萌」，讀之令人凜然。若無此數句，而但有後幅叙述家常之詞，即與凡俗何異？紀昀評《蘇文忠公詩集》卷一五：（「表裏漸融明」）「表裏」句腐。（「不善無由萌」）「不善」句亦腐。

翁方綱《石洲詩話》卷三：熙寧十年丁巳，先生以四月赴徐州任，是秋子由至徐，留月餘赴南都，有《初別子由》五言古一首。

次韻呂梁仲屯田

雨葉風花日夜稀，一杯相屬竟何時。空虛豈敢酬瓊玉，枯朽猶能出菌芝。門外呂梁從迅急，胸中雲夢自逶遲。待君筆力追靈運，莫負南臺九日期。

王鞏屢約重九見訪既而不至以詩送將官梁交且見寄次韻答之交頗文雅不類武人家有侍者甚惠麗

知君月下見傾城，破恨懸知酒有兵。老守亡何惟日飲，將軍競病自詩鳴。花枝不共秋敧帽，筆陣空來夜斫營。愛惜微官將底用，他年只好寫銘旌。

查慎行《初白庵詩評》卷中：（「花枝不共秋攲帽」二句）豪健。

紀昀評《蘇文忠公詩集》卷一五：（「愛惜微官將底用」二句）語意不倫。

臺頭寺雨中送李邦直赴史館分韻得憶字人字兼寄孫巨源二首

霜林日夜西風急，老送君歸百憂集。清歌窈眇入行雲，雲爲不行天爲泣。紅葉黃花秋正亂，白魚紫蟹君須憶。憑君說向髯將軍，衰病相逢應不識。

紀昀評《蘇文忠公詩集》卷一五：短章而邊幅不狹，尚有唐人格意。

珥筆西歸近紫宸，太平典策不緣麟。付君此事寧論晉，載我當時舊過秦。門外想無千斛米，墓中知有百年人。看君兩眼明如鏡，休把春秋坐素臣。

朋九萬《烏臺詩案·與李清臣寫超然臺記並詩》：清臣差修國史，軾賦詩二首送清臣，其詩內一首云：「珥筆西歸近紫宸（略）。」謂軾於仁廟朝，曾進論二十五首，皆論往古得失。賈誼，漢文帝時人，追論秦之得失，作《過秦論》，《史記》載之。軾妄以賈誼自比，意欲李清臣於國史中載軾所進論，故將詩與李清臣。

紀昀評《蘇文忠公詩集》卷一五：（「太平典策不緣麟」）句拙。

趙翼《甌北詩話》卷五《蘇東坡詩》：坡詩有云「清詩要鍛鍊，方得鉛中銀」。然坡詩實不以鍛鍊爲工，其妙處在乎心地空明，自然流出，一似全不著力而自然沁入心脾。此其獨絕也。今第就七言律論之，如（略）「門外想無千斛米，墓中知有百年人。」（略）此數十聯乃是稱心而出，不假雕飾，自然意味悠長。即使事處，亦隨其意之所欲出，而無牽合之迹。此不可以聲調、格律求之也。

王文誥《蘇文忠公詩編注集成》卷一五：（「門外想無千斛米」二句）活畫出一惟利是圖、不顧分義之小人。蓋他事不足以誡勉修史，故以鬼恐嚇之也。使公當國，雖一枝筆尙信不過，肯畀以國是乎？可見日後呂大防、劉摯輩務欲召之之愚。

代書答梁先

此身與世眞悠悠，蒼顏華髮誰汝留。强名太守古徐州，忘歸不如楚沐猴。魯人豈獨不知邱，蹻藉夫子無罪尤。異哉梁子淸而修，不遠千里從我遊。瞭然正色懸雙眸，世之所馳子獨不。一經通明傳節侯，小楷精絕規摹歐。我衰廢學嬾且媮，畏見問事賈長頭。別來紅葉黃花秋，夜夢見之起坐愁。遺我駮石盆與甌，黑質白章聲琳球。謂言山石生澗溝，追琢尙可王公羞。感子佳意能無酬，反將木瓜報珍投。學如富賈在博收，仰取俯拾無遺籌。道大如天不可求，修其可見致其幽。願子篤實愼勿浮，發憤忘食樂忘憂（自注：梁生學歐陽公書）。

紀昀評《蘇文忠公詩集》卷一五：（起處）殊乏精采。（「魯人豈獨不知邱」二句）二句俱不倫。（「發憤忘食樂忘憂」）結句尤腐。

九日邀仲屯田爲大水所隔以詩見寄次其韻

無復龍山對孟嘉，西來河伯意雄夸。霜風可使吹黃帽（自注：舟人黃帽，土勝水也），樽酒那能泛浪花。漫遣鯉魚傳尺素，卻將燕石報瓊華。何時得見悲秋老，醉裏題詩字半斜。

送楊奉禮

譜牒推關右，風流出靖恭。時情任險陂，家法故雍容。南去河千頃（自注：大水中相別），餘惟酒一鍾。更誰哀老子，令得放疏慵。

河復

熙寧十年秋，河決澶淵，注鉅野，入淮、泗，自澶、魏以北皆絕流而濟。楚大被其害，彭門城下水二丈八尺，七十餘日不退，吏民疲於守禦。十月十三日，澶州大風終日，既止而河流一枝已復故道，聞之喜甚，庶幾可塞乎。乃作《河復》詩，歌之道路，以致民願而迎神休，蓋守土者之志也。

君不見西漢元光、元封間，河決瓠子二十年。鉅野東傾淮泗滿，楚人恣食黃河鱣。萬里沙回封禪罷，初遣越巫沉白馬。河公未許人力窮，薪芻萬計隨流下。吾君盛德如唐堯，百神受職河神驕。帝遣風師下約束，北流夜起澶州橋。東風吹凍收微淥，神功不用淇園竹。楚人種麥滿河淤，仰看浮槎棲古木。

錢謙益《徐州雜題》（《牧齋初學集》卷一）：彭城十日水奔流，太守行呼吏卒愁。《河復》詩成無一事，羽衣吹笛坐黃樓。

查慎行《初白庵詩評》卷中：（「楚人種麥滿河圩」）彭城，項羽所都，故稱楚。

《御選唐宋詩醇》卷三五：賦古事以證時事，不更加論斷，而于中間入題處題曰「吾君仁聖如帝堯」，則知《瓠子》築宮，有不足道矣。更挽一筆云「神功不用淇園竹」，以與前文相叫應。其沉雄雅健，要與《瓠子》二歌，不同其音調而同其氣骨。

趙克宜《角山樓蘇詩評注彙鈔》卷六：（「河公未許人力窮」）反襯頓得足。（結處）回應河決，古雅。

登望谼亭

河漲西來失舊谼，孤城渾在水光中。忽然歸壑無尋處，千里禾麻一半空。

韓幹馬十四匹

二馬並驅攢八蹄，二馬宛頸騣尾齊。一馬任前雙舉後，一馬卻避長鳴嘶。老髯奚官騎且顧，前身作馬通馬語。後有八匹飲且行，微流赴吻若有聲。前者既濟出林鶴，後者欲涉鶴俛啄。最後一匹馬中龍，不嘶不動尾搖風。韓生畫馬眞是馬，蘇子作詩如見畫。世無伯樂亦無韓，此詩此畫誰當看。

蔡正孫《詩林廣記》後集卷三引《王直方詩話》：歐公《盤車圖》詩云：「古畫畫意不畫形，梅詩詠物無隱情。忘形得意知者寡，不若見詩如見畫。」東坡《韓幹畫馬》詩云：「韓生畫馬眞是馬，蘇子作詩如見畫。世無伯樂亦無韓，此詩此意誰當看。」（略）余以爲若論詩畫，于此盡矣。每誦數過，殆欲常以爲法也。

陳模《懷古錄》卷上：今之言詩者，皆知尊杜工部，而杜詩之所以好者，則未必能知之。夫有是物可見而能詠狀之者已難矣，至于物之不可見者，而能詠狀口意者則尤難也。只如詠馬，東坡賦《韓幹馬》云（下引「後有八匹飲且行」六句），已自奇拔，然不過與工部「是何意態雄且傑，駿尾蕭捎朔風起」，「可憐九馬爭神駿，顧視清高氣深穩」，「毛爲綠縹兩耳黃，眼有紫焰雙瞳方」等句相馳騁耳。

洪邁《容齋五筆》卷七《韓蘇杜公叙馬》：韓公《人物畫記》，其叙馬處云：「馬大者九匹，於馬之中又有上者下者焉，行者，牽者，奔者，涉者，陸者，翹者，顧者，鳴者，寢者，訛者，立者，齕者，飲者，溲者，陟者，降者，癢磨樹者，噓者，嗅者，喜而相戲者，怒相踶齧者，秣者，騎者，驟者，走者，載服物者，載狐兔者，凡馬之事二十有七焉。馬大小八十有三，而莫有同者焉。」秦少游謂其叙事該而不煩，故仿之而作《羅漢記》。坡公賦《韓幹十四馬》詩云（略）。詩之與記，其體雖異，其爲布置鋪寫則同。誦坡公之語，蓋不待見畫也。予《雲林繪鑑》中有臨本，略無小異。杜老《觀曹將軍畫馬圖》云（略）。其語視東坡，似若不及，至於「斯須九重眞龍出，一洗萬古凡馬空」，不妨獨步也。

查愼行《初白庵詩評》卷中：（「前身作馬通馬語」）中簇一波，前後叙致便錯落。（「後有八匹飲且行」）後半此句是總挈。（「不斷不動尾搖風」）掉尾亦健。

葉矯然《龍性堂詩話初集》：少陵詠馬及題畫馬諸詩，寫生神妙，直空千古，使後人無復着手處。如《驄馬行》云「五花散作雲滿身，萬里方看汗流血」，「赤汗微生白雪毛，銀鞍卻覆香羅帕」，「畫洗須騰涇渭深，朝趨可刷幽並夜」。《畫馬引》云「曾貌先帝照夜白，龍池十日飛霹靂」，「斯須九重眞龍出，一洗萬古凡馬空」等語，皆筆奪化工。後子瞻《題韓幹畫馬》詩，知其獨步，便不復摹寫，第云「老髯奚官騎且顧，前身作馬通馬語」，只於馬廝身上放一奇語，亦可謂補子美之所不及矣。

汪師韓《蘇詩選評箋釋》卷二：韓子《畫記》，只是記體，不可以入詩。杜子《觀畫馬圖詩》，只是詩體，不可以當記。杜、韓開其端，蘇乃盡其極，叙次歷落，妙言奇趣，觸緒橫生。嘹然一吟，獨立千載。

紀昀評《蘇文忠公詩集》卷一五：杜公「韋諷宅觀畫馬」詩，獨創九馬分寫之格。此詩從彼處得法，更加變化耳。（起句）直起老横。東坡慣用此法。（「二馬任前雙舉後」）「任」當作「在」。（「微流赴吻若有聲」）「微流」句傳神。（「最後一匹馬中龍」）「最後」句有寓託。

（日本）賴山陽《東坡詩鈔》卷三：韓幹所畫十四匹馬圖，當時人之所能知，故書題如此。此詩詼諧，不如前詩之嚴正可法，而今撰之者，徒取其本色耳。此詩無一句淵源古人之作者，是東坡自我作古之意。（「二馬並驅攢八蹄」）單刀直入。此詩比前詩，雖句數稍齊，自是小品局面，故起亦用單刀直入法。（「二馬任前雙舉後」）韓非子云：馬之能走者，任前舉後。（「老髯奚官騎且顧」）二字（老髯）取姿。（「微流赴吻若有聲」）東坡本色。是畫。（「後者欲涉鶴俛啄」）新奇。

趙翼批沈德潛《宋金元三家詩選·蘇東坡詩選》上卷：馬十五匹錯落叙來，何等簡淨。

王文誥《蘇文忠公詩編注集成》卷一五：（「前者既濟出林鶴」二句）「前者」、「後者」貫下「最後」，皆祥叙「飲（且）行」也。（「最後一匹馬中龍」二句）此一匹即八匹之一，非十五匹也。此用《飲中八仙》法，以其板滯，特下「最後一匹」句，變其法也。

方東樹《昭昧詹言》卷一二：（歐陽修）《盤車圖》先寫逆捲，題畫老法。坡公喻此，作《韓幹十五馬》。

又：叙十五馬如畫，尚不爲奇，至于章法之妙，非太史公與退之不能知之。故知不解古文，詩亦不妙。放翁所以不快人意者，正坐此也。起四句分叙寫，「老髯」二句一束夾，此爲章法。「微流」句欲疾，「前者」二句，總寫八匹，「最後」二句補遒足。「韓生」句，前叙後議。收自道此詩。直叙起，一法也。序十五馬分合，二也。序夾寫如畫，三也。分合叙參差入妙，四也。夾寫中忽入「老髯」二句議，閒情逸致，文外之文，弦外之音，五妙也。夾此二句，章法變化中，又加變化，六妙也。後「八匹」，「前者」二句忽斷，七妙也。橫雲斷山法，此以退之《畫記》入詩也。後人能學其法，不能有其妙。章法之說，山谷亦不能解，卻勝他人。

趙克宜《角山樓蘇詩評注彙鈔》卷六：前無引端，後無議論，分寫既畢，詩亦竟住。自是有意避杜，然力量遜杜亦在此。起用分寫。（「老髯奚官騎且顧」）分寫之中橫插此聯，所以避直致也。（「後有八匹飲且行」）八匹先總後分，叙法變化。

又見本卷《書韓幹牧馬圖》方東樹評、卷一七《百步洪二首》方東樹評、卷二九《書鄢陵王主簿所畫折枝二首》王直方、汪師韓評。

有言郡東北荆山下可以溝畎積水因與吳正字王户曹同往相視以地多亂石不果還遊聖女山山有石室如墓而無棺槨或云宋司馬桓魋墓二子有詩次其韻二首

側手區區豈易遮，奔流一瞬卷千家。共疑智伯初圍趙，猶有張湯欲漕斜。已坐迂疏來此地，分將勞苦送生涯。使君下策眞堪笑，隱隱驚雷響踏車。

茫茫淸泗遶孤岑，歸路相將得暫臨。試著芒鞵穿犖确，更然松炬照幽深。縱令司馬能鑱石，奈有中郎解摸金。強寫蒼崖留歲月，他年誰識此時心。

胡仔《苕溪漁隱叢話》後集卷二七引《藝苑雌黃》：陳孔章《爲袁紹檄豫州文》又言曹操之罪云：「特置發邱中郎、摸金校尉，所過隳突，無骸不露。」《游聖女山》詩云：「縱令司馬能鑱石，奈有中郎解摸金。」則誤以校尉爲中郎矣。

洪邁《容齋四筆》卷一六《嚴有翼詆坡公》：嚴有翼所著《藝苑雌黃》，該洽有識，蓋近世博雅之士也。然其立說頗務譏詆東坡公，予嘗因論玉川子《月蝕詩》，誚其輕發矣。又有八端，皆近于蚍蜉撼大木，招後人攻擊。如《正誤篇》中，（略）發丘中郎將爲「校尉解摸金」，（略）如此甚多。坡詩所謂抉雲漢，分天章，萬斛泉源不擇地而出。（略）用校尉爲中郎，（略）不失爲名語，于理何害？公豈一一如學究書生，案圖索駿，規行矩步者哉！

葉大慶《考古質疑》卷五：大慶因而觀坡詩，錯誤尤多，前輩嘗論之矣，今總序于此。（略）又《游聖女山》詩：「縱令司馬能鑱石，奈有中郎解摸金。」按陳琳爲袁紹檄曹公之罪云：「特置發丘中郎、摸金校尉，所過隳突，無骸不露。」則又誤以校尉爲中郎矣。

李冶《敬齋古今黈》卷八：東坡先生，神仙中人也。其篇什歌詠，冲融浩翰，庸何敢議爲。然其才大氣壯，語太峻快，故中間時時有少隉杌者。如牏廁、廁牏之倒，滹沱河、蕪蔞亭之誤皆是也。今聊疏其一二，可以爲峻健者之戒。（略）《桓魋墓》云：「縱令司馬能鑱石，奈何中郎解摸金。」

陳琳爲袁紹檄曹操云：「曹又特置發丘中郎將，摸金校尉。」則摸金乃校尉，非中郎也。

陳善《捫蝨新話》卷八：東坡詩用事多有誤處，（略）又詩云：「縱令司馬能鑱石，奈有中郎解摸金。」而袁紹檄曹操，蓋云發丘中郎將、摸金校尉。（略）此類非一，蓋惟才大可以闊略，餘人正不可學。

紀昀評《蘇文忠公詩集》卷一五：（「共疑智伯初圍趙」）「共疑」句拙。

王文誥《蘇文忠公詩編注集成》卷一五：（「更然松炬照幽深」）此暗用溫嶠燃犀事，謂察知水中有亂石也。故下有「鑱石」句，因現成石槨，就便過脈。前註多不知本集手法，而專事尋撦，故其註字面者多也。

又見卷二四《次韻段縫見贈》嚴有翼、洪邁、袁枚、潘德輿評，卷二六《次韻徐積》葉大慶評。

贈寫御容妙善師

憶昔射策干先皇，珠簾翠幄分兩廂。紫衣中使下傳詔，跪奉冉冉聞天香。仰觀眩晃目生暈，但見曉色開扶桑。迎陽晚出步就坐，絳紗玉斧光照廊。野人不識日月角，彷彿尚記重瞳光。三年歸來眞一夢，橋山松檜凄風霜。天容玉色誰敢畫，老師古寺晝閉房。夢中神授心有得，覺來信手筆已忘。幅巾常服儼不動，孤臣入門涕自滂。元老侑坐須眉古，虎臣立侍冠劍長。平生慣寫龍鳳質，肯顧草間猿與麞。都人踏破鐵門限，黄金白璧空堆牀。爾來摹寫亦到我，謂是先帝白髮郎。不須覽鏡坐自了，明年乞身歸故鄉。

許顗《許彦周詩話》：東坡作《妙善師寫御容詩》，美則美矣，然不若《丹青引》云「將軍下筆開生面」，又云「褒公鄂公毛髮動，英姿颯爽來酣戰」。後説畫玉花驄馬，而曰「至尊含笑催賜金，圉人太僕皆惆悵」。此語微而顯，《春秋》法也。

黄徹《䂬溪詩話》卷二：李商隱《詠淮西碑》云：「言訖屢頷天子頤。」雖務奇崛，人臣言不當如此。乘輿軒陛，自不敢正斥，如老杜「天顔有喜近臣知」，虬髮似太宗，可謂知體矣。東坡《贈寫御容》詩云：「野人不識日月角，彷佛尚記重瞳光」，「天容玉色誰敢畫，老師古寺晝閉房」，蓋遵此法。

劉克莊《後村詩話》前集卷一：李遠《贈寫御容李長史》云：「初分龍準山河秀，再點重瞳日月明。」極工。及坡公（下引「仰觀眩晃目生暈」六句）之篇一出，光焰萬丈，視遠所作，眞小兒語。

吴曾《能改齋漫錄》卷一〇《林子中論坡詩失爲臣體》：東坡《贈傳眞妙善大師惟眞》詩，先言「平生慣寫龍鳳質」，後言「爾來傳寫亦及我」。林子中謂失爲臣體。予以爲論詩豈當爾耶。

查愼行《初白庵詩評》卷中：（「夢中神授心有得」二句）隨手揭過，着意在前後際。（「爾來摹寫亦到我」二句）迴策如雲。

汪師韓《蘇詩選評箋釋》卷三：許顗論詩似深實淺。詩以「射策干先皇」起，以「先帝白髮郎」結。考嘉祐辛丑，軾應制科，其冬赴鳳翔簽判任。及治平甲辰還朝，不得復見仁宗。故中有「三年歸來眞一夢」之語。詩雖爲妙善而作，而意則眷戀先皇，無句不是惓惓忠愛之誠。此即軾所謂「發乎情止乎忠孝」，而不僅「止乎禮義」者也。

紀昀評《蘇文忠公詩集》卷一五：題目本大，詩亦極用意，然卻是借題寓慨，用意不在本位上。（「憶昔射策干先皇」二句）如此起，方切實，一篇之骨在此。（「肯顧草間猿與麞」）此句趁韻。且猿麞太賤，亦襯不起。（「謂是先帝白髮郎」）「謂是」句綰合得好。（「明年乞身歸故鄉」）結句回映起處「射策」句（「憶昔射策於先皇」），多少感慨。

（日本）賴山陽《東坡詩鈔》附《書韓蘇古詩後》：《贈寫御容》者，最莊雅精鍊。

張道《蘇亭詩話》卷五《補注類》：《清波別志》：「煇頃從友人葛慶長于都城，過畫史葉德明，葉求葛詩，葛因言東坡嘗贈傳眞妙善大師詩，先言「平生慣寫龍鳳質」，次有『邇來傳寫亦到我』之句，林子中見之，謂失臣體。或曰：使李定、舒亶輩知之，得無又生一重公案。而子中草責坡詞，詆之不遺餘力，顧獨略此，何耶？」

趙克宜《角山樓蘇詩評注彙鈔》卷六：前路先安頓御容，莊肅有禮。後村謂「仰觀眩晃」云云，光焰萬丈，視唐李遠所作，眞小兒語，洵然。結得輕便有情。

哭刁景純

讀書想前輩，每恨生不早。紛紛少年場，猶得見此老。此老如松柏，不受霜雪槁。直從毫末中，自養到合抱。宏才乏近用，千歲自枯倒。文章餘正始，風節貫華皓。平生爲人爾，自爲薄如縞。是非雖難齊，反覆看愈好。前年旅吳越，把酒慶壽考。扣門無晨夜，百過迹未掃。但知從德公，未省厭邱嫂。別時公八十，後會知難保。昨日故人書，連年喪翁媼（自注：景純妻先亡）。傷心范橋水，漾漾舞寒藻。華堂不見人，瘦馬空戀皁。我欲江東去，匏尊酌行潦。鏡湖無賀監，慟哭稽山道。忍見萬松岡，荒池沒秋草。

查愼行《初白庵詩評》卷中：（「讀書想前輩」四句）景純長東坡四十二歲，而相與爲友。

汪師韓《蘇詩選評箋釋》卷二：老成凋謝爲世之憂，不僅一人交情而已，故此詩言之最爲眞切沉痛。然刁約齒長於軾者四十二年，而相與爲友，忘年之義，不同流俗。前有《寄題景純藏春塢》詩云「白首歸來種萬松」，又《和岡字韻贈景純》詩有「爲翁栽插萬松岡」，即在所居藏春塢前。是詩稱「此老如松柏」，而結之以「忍見萬松岡」，非但不忘其居，亦緣其人實有卓爾貞松之操，故足悼也。

紀昀評《蘇文忠公詩集》卷一五：（「直從毫末中」四句）寫出偉人氣象胸次。（「是非雖難齊」二句）相契之深，盡此十字。（「我欲江東去」以下）收得滿足。

趙翼《甌北詩話》卷五《蘇東坡詩》：坡詩不尚雄傑一派，其絕人處在乎議論英爽，筆鋒精鋭，舉重若輕，讀之似不甚用力而力已透十分，此天才也。試即其詩，略爲舉似。五古如：「讀書想前輩，每恨生不早。紛紛少年場，猶得見此老。」（《哭刁景純》）（略）此皆坡詩中最上乘，讀者可見其才分之高，不在功力之苦也。

梁章鉅《退庵隨筆》：李文貞不喜蘇詩，謂東坡詩殊少風韻音節，逐句俱填典故，亦不是古法。此非篤論也。蘇詩清空如話者，集中觸處皆有。如（略）《哭刁景純》曰：「讀書想前輩，每恨生不早。紛紛少年場，猶得見此老。」（略）此豈得以少風韻、填典故概之？文貞意在講學，于詩詣力未深。其于唐詩，只取張曲江及燕、許、李、杜、韓、柳數家，宋詩只取歐陽文忠、王荆公、朱子三家。講學與論詩，自是兩事，學者不必爲所惑也。

趙克宜《角山樓蘇詩評注彙鈔》卷六：施謂東坡此詩將刁氏平生形容殆盡，信然。起得鬱勃。（「宏才乏近用」）四句多少曲折，多少包孕，此爲大筆。（「是非雖難齊」）二語逼杜。（「扣門無晨夜」）寫出親情。

答呂梁仲屯田

亂山合沓圍彭門，官居獨在懸水邨（自注：呂梁地名）。居民蕭條雜麋鹿，小市冷落無雞豚。黄河西來初不覺，但訝清泗奔流渾。夜聞沙岸鳴甕盎，曉看雪浪浮鵬鯤。呂梁自古喉吻地，萬頃一抹何由吞。坐觀入市卷閭井，吏民走盡餘王尊。計窮路斷欲安適，吟詩破屋愁鳶蹲。歲寒霜重水歸壑，但見屋瓦留沙痕。入城相對如夢寐，我亦僅免爲魚黿。旋呼歌舞雜詼笑，不惜飲釂空缾盆。念君宫舍冰雪冷，新詩美酒聊相溫。人生如寄何不樂，任使絳蠟燒黄昏。宣房未築淮泗滿，故道堙滅瘡痍存。明年勞苦應更甚，我當畚鍤先黥髡。付君萬指伐頑石，千鎚雷動蒼山根。高城如鐵洪口快，談笑卻掃看崩奔。農夫掉臂免狼顧，秋穀布野如雲屯。還須更置軟腳酒，爲君擊鼓行金樽。

查慎行《初白庵詩評》卷中：（「付君萬指伐頑石」四句）言伐石作堤以捍水也。

汪師韓《蘇詩選評箋釋》卷二：全詩分列三段，「黄河西來」以下紀河決也，「歲寒霜重」以下紀河復也，「宣房未築」以下則言將伐石築城，爲民捍禦，尤爲淋灕盡致。或疑詩有「歌舞詼笑」之句，謂不於此時殷憂惻怛而以行樂爲言，似爲失體。然此語乃在河復之後，幸得免爲魚黿，因而飲釂，固是人情所有。正見其率眞不作妄語，豈比後之矯情自飾者，對人作悽愴之詞，而實於民事漠不加意者耶？

紀昀評《蘇文忠公詩集》卷一五：一氣縱橫，筆筆老健。結一段（「明年勞苦應更甚」以下）淋漓滿足。論文不如此不振，論事不如此亦不合。若水來即吟詩破屋，水退即歌舞飲酺，成何政體？

方東樹《昭昧詹言》卷一二：經濟成算，從旁裕如，故可飲樂。今人非荒宴，即震驚忙迫耳。此等可想其人之氣象，不獨詩美也。「歲寒」四句亦逆法。

趙克宜《角山樓蘇詩評注彙鈔》卷六：次聯便見慣經水患景況。（「坐觀入市卷閭井」）稱美仲屯田句有力量。大篇最忌入後語竭，看此何等興會。

答孔周翰求書與詩

身閒曷不長閉口，天寒正好深藏手。吟詩寫字有底忙，未脫多生宿塵垢。不蒙譏訶子厚疾，反更刻畫無鹽醜。征西自有家雞肥，太白應驚飯山瘦。與君相從知幾日，東風待得花開否。撥棄萬事勿復談，百觚之後那辭酒。

紀昀評《蘇文忠公詩集》卷一五：「吟詩」句（「吟詩寫字有底忙」）太率。

紀昀評蘇文忠公詩集卷十六

送李公恕赴闕

君才有如切玉刀，見之凜凜寒生毛。願隨壯士斬蛟蜃，不願腰間纏錦絛。用違其才志不展，坐與胥吏同疲勞。忽然眉上有黃氣，吾君漸欲收英髦。立談左右皆動色，一語徑破千言牢。我頃分符在東武，脫略萬事惟嬉遨。盡壞屏障通內外，仍呼騎曹爲馬曹。君爲使者見不問，反更對飲持雙螯。酒酣箕坐語驚衆，雜以嘲諷窮詩騷。世上小兒多忌諱，獨能容我眞賢豪。爲我買田臨汶水，逝將歸去誅蓬蒿。安能終老塵土下，俯仰隨人如桔槔。

汪師韓《蘇詩選評箋釋》卷二：選詞琢句，多出昌黎，激宕豪奇，得骨得髓，不可皮相，亦無以目論。

紀昀評《蘇文忠公詩集》卷一六：（起處）一往英銳，鋒不可當。賴骨力蒼健，故不覺其剽。（「世上小兒多忌諱」）語太輕薄便非詩品。

方東樹《昭昧詹言》卷一二：遒轉奇縱，熟此可得下筆之法。奇快。「用違」句倒入，「忽然」句奇，「君爲」句倒入，「獨能」句倒入。通身用逆。

又：贈人寄人之詩，如此首暨（略）《送李公恕赴闕》皆入妙。

趙克宜《角山樓蘇詩評注彙鈔》卷七：劓疾之中，須有此堅峭語。

高步瀛《唐宋詩舉要》卷三引吳汝綸評：（「一語徑破千言牢」）以上先敍公恕爲人。（「獨能容我眞賢豪」）以上敍彼此交誼。英俊之氣見于眉宇，此長公天姿颯爽處也。

張寺丞益齋

張子作齋舍，而以益爲名。吾聞諸夫子，求益非速成。譬如遠遊客，日夜事征行。今年適燕薊，明年走蠻荆。東觀盡滄海，西涉渭與涇。歸來閉戶坐，八方在軒庭。又如學醫人，識病由飽更。風雨晦明淫，跛躄瘖聾盲。虛實在其脈，靜躁在其情。榮枯在其色，壽夭在其形。苟能閱千人，望見知死生。爲學務日益，此言當自程。爲道貴日損，此理在既盈。願言書此詩，以爲益齋銘。

汪師韓《蘇詩選評箋釋》卷二：如記如銘，核其大旨，只是《老子》「爲學日益，爲道日損」二句而已，卻先以遠游譬之，又以學醫譬之，此文章離合變化之法。

紀昀評《蘇文忠公詩集》卷一六：香山門徑，別自一格，自是佳處，而不可立制。若從此種入手，則性理諸詩矣。查云：「老子本意謂學問愈多，去道愈遠。與先生引用（「爲學務日益，此言當自程，爲道貴日損，此理在既盈」），各自一解。

春菜

蔓菁宿根已生葉，韭芽戴土拳如蕨。爛蒸香薺白魚肥，碎點青蒿涼餅滑。宿酒初消春睡起，細履幽畦掇芳辣。茵陳甘菊不負渠，鱠縷堆盤纖手抹。北方苦寒今未已，雪底波稜如鐵甲。豈如吾蜀富冬蔬，霜葉露芽寒更茁。久抛松菊猶細事，苦筍江豚那忍說。明年投劾徑須歸，莫待齒搖並髮脫。

魏慶之《詩人玉屑》卷一七引《陵陽室中語》：子瞻作詩，長于比喻。（略）如一句即「雪底波稜如鐵甲」之類，不可勝紀。

紀昀評《蘇文忠公詩集》卷一六：（起處）駿利，無冗漫之氣。（「北方苦寒今未已」以下）勢須生一波作結，不然，即可不作。

王文誥《蘇文忠公詩編注集成》卷一六：（「鱠縷堆盤纖手抹」）自首句至此，具數蜀中春菜，意謂江北苦寒，春時菜不可食。若如蜀中冬蔬，則至春且如此也。但詩不裝頭，凸然而至，讀者往往不喻其故。而次公謂自「北方苦寒」句至終篇，皆懷鄉里物。如依次公解，則前段春菜，既非北方苦寒所有，又係何處物耶？熟讀當自知之。

趙克宜《角山樓蘇詩評注彙鈔》卷七：因春菜而動思鄉之情，與泛然賦物者有別。

送鄭户曹

遊遍錢塘湖上山，歸來文字帶芳鮮。羸童瘦馬從吾飲，陋巷何人似子賢。公業有田常乏食，廣文好客竟無氈。東歸不趁花時節，開盡春風誰與妍。

吳聿《觀林詩話》：贈人詩多用同姓事，如東坡《贈鄭戶曹》云：「公業有田常乏食，廣文好客竟無氈。」又《贈蔡子華》云：「莫尋唐舉問封侯，但遣麻姑爲爬背。」

紀昀評《蘇文忠公詩集》卷一六：三四（「羸童瘦馬從吾飲，陋巷何人似子賢？」）究竟不對，而文非平行，便兩不合格。

張道《蘇亭詩話》卷一：東坡博通群籍，故下語精切，每有故實，供其驅使。如《送鄭戶曹》，則用鄭姓故事。（略）周益公所云「初若豪邁天成，其實關鍵甚密」者也。

趙翼《甌北詩話》卷五：坡公熟於莊、列、諸子及漢、魏、晉、唐諸史，故隨所遇，輒有典故，以供其援引，此非臨時檢書者所能辦也。如《送鄭戶曹》詩：「公業有田常乏食，廣文好客竟無氈。」則皆用鄭姓故事。（略）以上數條，安得有如許切合典故，供其引證？自非博極羣書，足供驅使，豈能左右逢源若是！想見坡公讀書，眞有過目不忘之資，安得不嘆爲天人也。

虔州八境圖八首

《南康八境圖》者，太守孔君之所作也。君既作石城，即其城上樓觀臺榭之所見而作是圖也。東望七閩，南望五嶺，覽羣山之參差，俛章貢之奔流，雲煙出沒，草木蕃麗，邑屋相望，雞犬之聲相聞。觀此圖也，可以茫然而思，粲然而笑，嘅然而嘆矣。蘇子曰：此南康之一境也，何從而八乎？所自觀之者異也。且子不見夫日乎，其旦如槃，其中如珠，其夕如破璧，此豈三日也哉？苟知夫境之爲八也，則凡寒暑朝夕、雨暘晦冥之異，坐作行立、哀樂喜怒之接於吾目而感於吾心者，有不可勝數者矣，豈特八乎？如知夫八之出乎一也，則夫四海之外，詼詭譎怪，《禹貢》之所書，鄒衍之所談，相如之所賦，雖至千萬，未有不一者也。後之君子必將有感於斯焉，廼作詩八章，題之圖上。

蘇軾《八境圖後叙》（《蘇文忠公全集》卷一〇）：南康江水，歲歲壞城。孔君宗翰爲守，始作石城，至今賴之。軾爲膠西守，孔君實見代，臨行出《八境圖》求文與詩，以遺南康人，使刻諸石。其後十七年，軾南遷過郡，得遍覽所謂八境者，則前詩未能道其萬一也。南康士大夫相與請於軾曰：「詩文昔嘗刻石，或持以去，今亡矣。願復書而刻之。」時孔君既沒，不忍違其請。紹聖元年八月十九日，眉山蘇軾書。

坐看奔湍遶石樓，使君高會百無憂。三犀竊鄙秦太守，八詠聊同沈隱侯。

紀昀評《蘇文忠公詩集》卷一六：此首確是開端，而語則不工。

濤頭寂寞打城還，章貢臺前暮靄寒。倦客登臨無限思，孤雲落日是長安。

紀昀評《蘇文忠公詩集》卷一六：此首純是唐音。

趙克宜《角山樓蘇詩評注彙鈔》卷七：戀闕之思，自然流露。

白鵲樓前翠作堆，縈雲嶺路若爲開。故人應在千山外，不寄梅花遠信來。

紀昀評《蘇文忠公詩集》卷一六：忽入情語，便覺生動。

朱樓深處日微明，皁蓋歸時酒半醒。薄暮漁樵人去盡，碧溪青嶂遶螺亭。

紀昀評《蘇文忠公詩集》卷一六：從無人處著筆，蹊徑不俗。

趙克宜《角山樓蘇詩評注彙鈔》卷七：指點實境，得上句託出便佳。

使君那暇日參禪，一望叢林一悵然。成佛莫教靈運後，著鞭從使祖生先。

紀昀評《蘇文忠公詩集》卷一六：此則純是宋格，語亦少味。

卻從塵外望塵中，無限樓臺煙雨濛。山水照人迷向背，只尋孤塔認西東。

趙與虤《娛書堂詩話》卷下：歐陽文忠公詩：「山浦轉帆迷向背，夜江看斗辨西東。」東坡亦云：「山水照人迷向背，只尋孤塔認西東。」身游山水間，果有兹理，二公善于形容矣。

紀昀評《蘇文忠公詩集》卷一六：實景寫來如話。

趙克宜《角山樓蘇詩評注彙鈔》卷七：直而不率，得訣在第三句開宕生姿。

雲煙縹緲鬱孤臺，積翠浮空雨半開。想見之罘觀海市，絳宮明滅是蓬萊。

紀昀評《蘇文忠公詩集》卷一六：此首字句鮮華，而中無一物，所謂「金玉其外而敗絮其中」者。

趙克宜《角山樓蘇詩評注彙鈔》卷七：鬱孤臺乃八境之一，若用實賦，易與「碧溪青嶂」一首犯複，故以比例出之，何至如紀氏所譏。

回峰亂嶂鬱參差，雲外高人世得知。誰向空山弄明月，山中木客解吟詩。

吳曾《能改齋漫錄》卷八《還山弄明月》：東坡《虔州八境圖》：「回峰亂嶂鬱參差，雲外高人世得知。誰向空中弄明月，山中木客解吟詩。」徐鼎臣《搜神記》云：「鄱陽山中有木客，秦時采木者，食木實，遂得不絕，時就民間飲酒。爲詩一章云：『酒盡君莫沽，壺傾我當發。城市多囂塵，還山弄明月。』」東坡蓋用此也。然唐劉長卿有《龍門八詠》，其七《渡水》詩云：「日暮下山來，千山暮鐘發。不如波上棹，還弄山中月。伊水連白雲，東南遠明滅。」乃知「還山弄明月」，唐人已言之矣。

紀昀評《蘇文忠公詩集》卷一六：此首確是末章。此八首起結，與洋川三十首同法。

趙克宜《角山樓蘇詩評注彙鈔》卷七：拈一瑣事入詩，頗有餘味，確切南康，不同泛賦。

讀孟郊詩二首

袁宏道評閱譚元春選《東坡詩選》卷四譚元春評：予嘗評東野詩如鴻之唳雲，如峽之犯舟，如雨之吹燐，如檐之滴溜。入其題，如入一崖壑；測其旨，如測一卦象。奇險高寒，生于命，長于性，成于故者也。頗自以爲孟公知己，讀此二詩，知坡老入得自深。

紀昀評《蘇文忠公詩集》卷一六：二首即作東野體，如昌黎、樊宗師諸例。意謂東野體我固能爲之，但不爲耳。然東坡以雄視百代之才，而往往傷率傷慢傷放露者，正坐不肯爲郊、島一番若吟工夫耳。讀者不可不知。

翁方綱《石洲詩話》卷三：孟東野詩，寒削太甚，令人不歡。刻苦之至，歸於慘慄，不知何苦而如此！坡公《讀孟郊詩二首》，眞善爲形容。（略）葛常之云：「坡貶孟郊詩亦太甚。」因舉孟詩「楚山相蔽虧，日月無全輝。萬株古柳根，拏此磷磷溪」，以爲造語之工。下二句誠刻琢，至于

「日月無全輝」，是何等言語乎？詩人雖云窮而益工，然未有窮工而達轉不工者。若青蓮、浣花，使其立于廟朝，製爲雅頌，當復如何正大典雅，開闢萬古！而使孟東野當之，其可以爲訓乎？坡公亦太不留分際，且如孟東野之詩，再以牛毛細字書之，再於寒夜昏燈看之，此何異所謂「醉來黑漆屏風上，草寫盧仝《月蝕詩》」耶？

夜讀孟郊詩，細字如牛毛。寒燈照昏花，佳處時一遭。孤芳擢荒穢，苦語餘詩騷。水清石鑿鑿，湍激不受篙。初如食小魚，所得不償勞。又似煮彭蟣，竟日持空螯。要當鬬僧清，未足當韓豪。人生如朝露，日夜火消膏。何苦將兩耳，聽此寒蟲號。不如且置之，飲我玉色醪。

葛立方《韻語陽秋》卷一：孟郊詩「楚山相蔽虧，日月無全輝。萬株古柳根，拏此磷磷溪。大行橫偃脊，百里方崔嵬」等句，皆造語工新，無一點俗韻。然其他篇章，似此處絕少也。李翺評其詩云：「高處在古無上，平處下觀二謝。」許之亦太甚矣。東坡謂「初如食小魚，所得不償勞。又似食彭蟣，竟日嚼空螯」，貶之亦太甚矣。

曾季貍《艇齋詩話》：予舊因東坡云「我憎孟郊詩」及「要當鬬僧清，未足當韓豪」，「何苦將兩耳，聽此寒蟲號」，遂不喜孟郊詩。五十以後，因暇日試取細讀，見其精深高妙，誠未易窺，方信韓退之、李習之尊敬其詩，良有以也。東坡性痛快，故不喜郊之詞艱深。要之，孟郊、張籍一等詩也。唐人詩有古樂府氣象者，惟此二人。

黄徹《䂬溪詩話》卷四：孟郊詩最淡且古，坡謂「有如食彭[虫越]，竟日持空螯」。退之論數子，乃以張籍學古淡，東野爲天葩吐奇芬，豈勉所長而諱所短，抑亦東野古淡自是不待學耶？

范晞文《對牀夜語》卷四：退之序孟東野詩云：「東野之詩，其高出魏晉，不懈而及于古，其他浸浸乎漢氏矣。」又薦之以詩云：「有窮者孟郊，受材實雄驁。冥觀洞古今，象外逐幽好。横空盤硬語，妥貼力排奡。敷柔肆紆餘，奮猛卷海潦。榮華肖天秀，捷疾逾響報。」東坡讀東野詩乃云（下引「孤芳擢荒穢」十四句）。退之進之如此，而東坡貶之若是，豈所見有不同耶？然東坡前四句，亦可謂巧于形似。

俞弁《逸老堂詩話》卷上：人之于詩，往往嗜好不同。如韓文公讀孟東野詩，有「低頭拜東野」之句，唐史言退之「性倔強，任氣傲物，少許可」，其推讓東野如此。坡公讀孟郊詩有云：「初如食小魚，所得不償勞。又如食彭[咼鳥]，竟日持空螯。」二公皆才豪一世，而其好惡不同若此。

查愼行《初白庵詩評》卷中：（「孤芳擢荒穢」四句）評隲能令東野低頭，知坡老入得自深。

汪師韓《蘇詩選評箋釋》卷二：郊詩佳處，惟此言之親切。「孤芳」二句，其體質也；「水清」二句，其格調也；繼乃比之「食小魚」，「煮蟛蜞」，「聽寒蟲號」者，軾蓋直以韓豪自居也。十字亦酷肖。

又汪師韓《蘇詩選評箋釋》卷四《書林逋詩後》評：軾論文章，嘗有郊寒島瘦之目，其《讀孟郊詩》有云：「何苦將兩耳，聽此寒蟲號。」

紀昀評《蘇文忠公詩集》卷一六：（「孤芳擢荒穢」）五字寫盡東野。（「水清石鑿鑿」二句）十字亦酷肖。

王文誥《蘇文忠公詩編注集成》卷一六：公愛魯直，而不諒孟郊，無怪紛然學魯直者多也。不知所避何人，可發一笑。詩話及論詩絕句，往往不當。

潘德輿《養一齋詩話》卷一：郊、島並稱，島非郊匹。人謂寒瘦，郊並不寒也。如「天地入胸臆，吁嗟生風雷。文章得其微，物象由我裁」，論詩至此，胚胎造化矣，寒乎哉？東坡云：「要當鬬僧清，未足當韓豪。」不足令東野心服。

翁方綱《石洲詩話》卷三：諫果雖苦，味美于回。孟東野詩則苦澀而無回味，正是不鳴其善鳴者。不知韓愈何以獨稱之？且至謂「橫空盤硬語，妥貼力排奡」，亦太不相類。此眞不可解也。蘇詩云：「那能將兩耳，聽此寒蟲號。」乃定評不可易。

又卷三：其第一首目以「蟲號」，特是正面語，尙未極深致耳。

賀裳《載酒園詩話》卷一：宋人多不喜孟詩。嚴滄浪曰：「孟郊之詩刻苦，讀之使人不歡。」又曰：「憔悴枯槁，其氣局促不伸，退之許之如此，何耶？」《青箱雜記》曰：「白樂天『無事日月長，不羈天地闊』，此達者之詞也。孟東野『出門即有礙，誰謂天地寬』，此褊狹者之詞也。」蘇潁濱亦指此爲「唐人工于爲詩，陋于聞道」。東坡亦有《讀孟郊詩》曰（下引第一首）。愚意東野實亦訴窮嘆屈之詞太多，讀其集，頻聞呻吟之聲，使人不歡。但跼天蹐地，《雅》亦有之。「終窶且貧」，《北風》先有此嘆。（略）東野窮餓，不得安養其親，五十始得一第，纔尉溧陽，又困于禿齡。（略）旁觀者但聞人嘻笑，而遂責向隅者耶？二蘇皆年少成名，雖有謫遷之悲，未歷餓寒之厄，宜有不知此痛癢之言。

延君壽《老生常談》：淺人多淺視郊、島兩家詩，初未嘗深究之也。東坡不甚喜東野詩，其天才雄邁，不能如此之喫苦耳。然必能爲東坡之「千山動鱗甲，萬谷酣笙鐘」，方許稍稍雌黃之。

香巖批《紀評蘇詩》卷一六：東坡何嘗不苦吟。

趙克宜《角山樓蘇詩評注彙鈔》卷七：刻畫東野詩境，千載如睹，于此見作者本領。

我憎孟郊詩，復作孟郊語。饑腸自鳴喚，空壁轉饑鼠。詩從肺腑出，出輒愁肺腑。有如黃河魚，出膏以自煮。尙愛《銅斗歌》，鄙俚頗近古。桃弓射鴨罷，獨速短蓑舞。不憂踏船翻，踏浪不踏土。吳姬霜雪白，赤腳浣白紵。嫁與踏浪兒，不識離別苦。歌君江湖曲，感我長覊旅。

查愼行《初白庵詩評》卷中：（「詩從肺腑出」二句）刻畫頗肖。

汪師韓《蘇詩選評箋釋》卷二：後作自云「作孟郊語」，讀之宛然郊詩。即如「詩從肺腑出，出輒愁肺腑」二語，非郊不能道。「銅斗歌」全用其語，愛之深矣！「郊寒島瘦」，千古奉軾語爲定評，顧島豈得與郊抗衡哉！

紀昀評《蘇文忠公詩集》卷一六：（「饑腸自鳴喚」二句）十字神似東野。（「尙愛《銅斗歌》」以下）即借東野詩生情，綰合無迹。

翁方綱《石洲詩話》卷三：尤妙在次首，忽云「復作孟郊語」，又摘其詞之可者而述之，乃以「感我羈旅」跋之，則益見其酸澀寒苦，而無復精華可挹也。

王文誥《蘇文忠公詩編注集成》卷一六：（「詩從肺腑出」二句）十字絕倒，寫盡郊寒之狀。或以「我憎孟郊詩，復作孟郊語」爲譴者，答曰：是所謂惡而知其美也。著此二句，郊之地位固在，此詩筆之妙也，非子所知。

趙克宜《角山樓蘇詩評注彙鈔》卷七：一路運用東野詩，如何收束？結句拍合，敏妙之甚。

訪張山人得山中字二首

紀昀評《蘇文忠公詩集》卷一六：章法從工部尋張氏隱居二首得來。二首篇章字句都入古法，然卻無十分出色處。不善學之，便成空調。

魚龍隨水落，猿鶴喜君還。舊隱邱墟外，新堂紫翠間。野麋馴杖履，幽桂出榛菅。灑掃門前路，山公亦愛山（自注：張故居爲大水所壞，新卜此室，故居之東）。

紀昀評《蘇文忠公詩集》卷一六：收到「訪」字（「灑掃門前路」）。（「山公亦愛山」）公自謂也。

萬木鎖雲龍（自注：山名），天留與戴公。路迷山向背，人在瀼西東。薺麥餘春雪，櫻桃落晚風。入城都不記，歸路醉眠中。

紀昀評《蘇文忠公詩集》卷一六：五六（「薺麥餘春雪，櫻桃落晚風」）自是秀句。然專標此種，則終身不出九僧門戶。收拾「訪」字（「入城都不記」）。

趙克宜《角山樓蘇詩評注彙鈔》卷七：寫景亦何可廢，所謂言各有當也。

送孔郎中赴陝郊

驚風擊面黃沙走，西出崤函脫塵垢。使君來自古徐州，聲震河潼殷關右。十里長亭聞鼓角，一川秀色明花柳。北臨飛檻卷黃流，南望青山如峴首。東風吹開錦繡谷，淥水翻動蒲萄酒。訟庭生草數開尊，過客如雲牢閉口。

紀昀評《蘇文忠公詩集》卷一六：（「十里長亭聞鼓角」二句）二句寫景自好。（後八句）對偶格始於齊梁，而成於初唐。或專目爲四傑體，非也。（「過客如雲牢閉口」）結句太露。

方東樹《昭昧詹言》卷一二：遒緊秀麗。

又：贈人寄人之詩，如此首暨《送孔郎中》（略），皆入妙。

與梁左藏會飲傅國博家

將軍破賊自草檄，論詩說劍俱第一。彭城老守本虛名，識字劣能欺項籍。風流別駕貴公子，欲把笙歌暖鋒鏑。紅旆朝開猛士躁，翠帷暮捲佳人出。東堂醉卧呼不起，啼鳥落花春寂寂。試敎長笛傍耳根，一聲吹裂堦前石。

查愼行《初白庵詩評》卷中：（「紅旆朝開猛士躁」二句）我非惡此而逃之。

汪師韓《蘇詩選評箋釋》卷二：「欲把笙歌暖鋒鏑」，語奇而未亮，「紅旆」二句以申言之，精采煥發矣。後來作《邊城將》、《少年行》等詩者，每彷佛其詞，總不逮是詩之豪岸逸蕩。

紀昀評《蘇文忠公詩集》卷一六：雖乏深厚，而自有秀發之氣。（「紅旆朝開猛士躁」二句）二句彷彿燕公「畫擕壯士」二句。

（日本）賴山陽《東坡詩鈔》卷三：（「欲把笙歌暖鋒鏑」）下「暖」字妙。似與上不相接，是詩品之所以高。（「一聲吹裂堦前石」）餘音悠然。

方東樹《昭昧詹言》卷一二：遒緊。

又：贈人寄人之詩，如此首暨（略）《與梁左藏》（略）皆入妙。

寒食日答李公擇三絶次韻

從來蘇李得名雙，只恐全齊笑陋邦。詩似懸河供不辦，故欺張籍隴頭瀧。

簿書鼛鼓不知春，佳句相呼賴故人。寒食德公方上冢，歸來誰主復誰賓。

巡城已困塵埃眯，執扑仍遭蟣蝨緣。欲脱布衫擕素手，試開病眼點黄連。

約公擇飲是日大風

先生生長匡廬山，山中讀書三十年。舊聞飲水師顏淵，不知治劇乃所便。偷兒夜探黑白丸，奮髯忽逢朱子元。半年羣盜誅七百，誰信家書藏九千。春風無事秋月閒，紅妝執樂豪且妍。紫衫玉帶兩部全，琵琶一抹四十絃。客來留飲不計錢，齊人愛公如子產。兒啼卧路呼不還，我慙山郡空留連。牙兵部吏笑我寒，邀公飲酒公無難。約束官奴買花鈿，薰衣理髮夜不眠。曉來顛風塵暗天，我思其由豈坐慳。作詩媿謝公笑讙，歸來瑟縮愈不安。要當啖公八百里，豪氣一洗儒生酸。

袁宏道評閱譚元春選《東坡詩選》卷四譚元春評：此詩暗中夢中亦知爲子瞻手矣，予欲以此故刪之。實實無一深心語。

查慎行《初白庵詩評》卷中：（「齊人愛公如子產」二句）公擇曾爲濟南守，着此二句，方知太守不是荒于聲色者。

查慎行《初白庵蘇詩補注》卷一六：施氏原注云：「公擇知齊。齊素多盜，公擇至，痛懲艾之，論報無虛日，而不少止。他日得黠盜，以爲郡兵，使直事鈴下，稍任使之。因詢其奸狀，對曰：此由富家爲之槖。官吏追捕及門，禽一人以首，則免矣。公擇乃令得藏盜之家，皆發屋破柱，盡拔其根株。自是奸不容匿，境內遂清。始公擇在江夏、吳興，政尚寬簡，吏民安樂之，郡以大治。及爲濟南，頗峻文深詆，郡亦大治。由是人知其通疏適變，所值無不可者。此詩有『偷兒夜盜黑白丸』云云，蓋謂是也。」此種注於本詩大有發明，可補史傳之闕略，而吳中新刻本概行刪削，今亟錄以存其舊，古人苦心，不敢沒也。

紀昀評《蘇文忠公詩集》卷一六：邀飲而鋪叙政事，未免遠於事情，說來總覺迂緩。轉落處亦不自然。（「要當啖公八百里」）刪去駮字，「八百里」是何物？

王文誥《蘇文忠公詩編注集成》卷一六：自「我慚山郡」句起至此（「歸來瑟縮愈不安」），皆自述在齊飲公擇事。（「要當啖公八百里」二句）惟此二句是結，謂當日邀公擇爲兵吏所笑，今當作豪飲也。時有《宴提刑學士致語》，具見排場之盛，所謂一洗酸氣者此耳。

坐上賦戴花得天字

清明初過酒闌珊，折得奇葩晚更妍。春色豈關吾輩事，老狂聊作坐中先。醉吟不耐敧紗帽，起舞從教落酒船。結習漸消留不住，卻須還與散花天。

紀昀評《蘇文忠公詩集》卷一六：不即不離，分際恰好。（「結習漸消留不住」二句）「散花」是此題熟典，妙與三四（「春色豈關吾輩事」二句）相生，便非窠臼。

趙克宜《角山樓蘇詩評注彙鈔》卷七：散花天女截去女字，雖本于白樂天，畢竟欠穩。

夜飲次韻畢推官

簿書叢裏過春風，酒聖時時且復中。紅燭照庭嘶騕褭，黃雞催晚唱玲瓏。老來漸減金釵興，醉後空驚玉筯工（自注：畢善篆）。月末上時應烝散，免敎鑿谷問吾公。

趙克宜《角山樓蘇詩評注彙鈔》卷七：中兩聯和雅，起結率。

芙蓉城

世傳王迥子高與仙人周瑤英遊芙蓉城，元豐元年三月，余始識子高，問之信然。乃作此詩，極其情而歸之正，亦變風止乎禮義之意也。

芙蓉城中花冥冥，誰其主者石與丁。珠簾玉案悲翠屏，霞舒雲卷千娉婷。中有一人長眉青，炯如微雲淡疏星。往來三世空鍊形，竟坐誤讀黃庭經。天門夜開飛爽靈，無復白日乘雲軿。俗緣千劫磨不盡，翠被冷落淒餘馨。因過緱山朝帝廷，夜聞笙簫弭節聽。飄然而來誰使令，皎如明月入窗櫺。忽然而去不可執，寒衾虛幌風泠泠。仙宮洞房本不扃，夢中同躡鳳凰翎。徑度萬里如奔霆，玉樓浮空聳亭亭。天書雲篆誰所銘，遶樓飛步高竛竮。仙風鏘然韻流鈴，蘧蘧形開如酒醒。芳卿寄謝空丁寧，一朝覆水不返瓶。羅巾別淚空熒熒，春風花開秋葉零。世間羅綺紛膻腥，此身流浪隨滄溟。偶然相值兩浮萍，願君收視觀三庭。勿與嘉穀生螟蛉。從渠一念三千齡，下作人間尹與邢。

許顗《許彥周詩話》：詩人寫人物態度，至不可移易。元微之《李娃行》云「髻鬟峨峨高一尺，門前立地看春風」，此定是娼婦；退之《華山女詩》云「洗粧拭面著冠帔，白咽紅頰長眉青」，此定是女道士。東坡作《芙蓉城詩》亦用「長眉青」三字，云「中有一人長眉青，炯如微雲淡疏星」，便有神仙風度。

吳曾《能改齋漫錄》卷一八《石曼卿丁度爲芙蓉城主》：王子高遇仙人周瑤英，與之游芙蓉城，世有其傳。余案，歐陽文忠公《詩話》記石曼卿死後，人有恍惚見之者，云：「我今爲仙，主芙蓉城。」騎一青騾，去如飛。又案，太常博士張師正所纂《括異志》，記慶歷中有朝士將曉赴朝，見美女三十餘人，靚裝麗服，兩兩並行，丁度觀文案轡其後。朝士問後行者：「觀文將宅眷何往？」曰：「非也，諸女御迎芙蓉城主。」俄聞丁死。故東坡詩云：「芙蓉城中花冥冥，誰其主者石與丁。」韓子蒼言：「王荆公嘗和東坡此詩，而集不載。止記其兩句云：『神仙出沒藏杳冥，帝遣萬鬼驅六丁。」

胡仔《苕溪漁隱叢話》後集卷二四：東坡此詩，最爲流麗，故秦太虛《與東坡簡》云：「素紙一軸，敢冀醉後揮掃近文並《芙蓉城》詩，時得把玩，以慰馳情。」

王銍《默記》卷上：世傳王迥遇女仙周瑤英事，而爲之爾，是誠不然。當斯時盛傳天下，禁中亦知。是時皇嗣屢夭，晏元獻爲相，一日遣人請召迥之父郎官王璐至私第，款密久之，王璐不測其意，忽問曰：「賢郎與神仙游，其人名在帝所，果否？」璐驚惶不知所對，徐曰：「此子心疾，爲妖鬼所憑，爲家中之害，所不勝言！」晏曰：「無深諱。不知每與賢郎言未來之事有驗否？」王璐對曰：「間有後驗，而未嘗問也。」晏曰：「此上旨也。上令殊呼郎中密託令似，以皇子屢夭，深軫上心，試於帝所問早晚之期，與後來皇子還得定否？」王璐曰：「不敢辭。」後數日來云：「密言謾令小子問之，小子言其人親到九天，見主典簿籍者，言聖上若以族從爲嗣，即聖祚綿久，未見誕育之期也。雖其言若此，願相公勿以爲信，以保家族。」晏公默然，其後聞所奏者亦不敢盡言。富鄭公乃晏婿也，富公爲宰相，皇子猶未降，故與文潞公、劉丞相、王文公首進建儲之議，蓋本諸此。

趙景和《雲麓漫鈔》卷一〇：王迥字子高，族弟子立爲蘇黃門婿，故兄弟皆從二蘇游。子高後受學于荆公。舊有周瓊姬事，胡徽之爲作傳，或用其傳作《六么》，東坡復作《芙蓉城》詩以實其事。迥後改名蘧，字子開，宅在江陰。予曩居江陰，嘗見其行狀，著受學荆公甚詳。紹興間，其家盡裒東坡兄弟往來簡帖示人，然散失多矣。

查慎行《初白庵詩評》卷中：公手書此詩眞蹟後，有鮮于樞、倪瓚兩跋。

汪師韓《蘇詩選評箋釋》卷二：大指採摭傳略而歸之於收視三庭，保生嘉穀。首言石與丁，見福地之有宰持，終言尹與形，恐塵寰之多墮落。中間叙述有文有情，仙踪縹緲，夢景迷離。「入不言兮出不辭，乘回風兮載雲旗」，未足喩其超詣。

紀昀評《蘇文忠公詩集》卷一六：序所謂「極其情而歸於正」。（「春風花開秋葉零」以下）若無此一結，便是傳奇體矣。尤妙於莊論，而非腐語，所以爲詩人之筆。

翁方綱《石洲詩話》卷三：《芙蓉城》篇，前半每六句略以頓歇，見其音節也。至「仙宮」句以下，則一氣不停者，又從「夢中」一句，用律句變轉而下，以轉換其音節也。此借仙家寓言，而渺然無迹，不落言詮。不知漁洋先生何以不入七言選本？或因複一「空」字乎？

王文誥《蘇文忠公詩編注集成》卷一六：（「霞舒雲卷千娉婷」）以上四句，題清主腦，引入周事。（「因過緱山朝帝廷」）此句入王子高。自「中有一人」句至此（「寒衾虛幌風泠泠」），叙冥契事畢。（「仙宮洞房本不扃」）此句入夢之因。（「蘧蘧形開如酒醒」）此句夢醒。自「仙宮洞房」句至此（「羅巾別淚空熒熒」），叙同游及與周別，本傳事皆畢。（「偶然相值兩浮萍」）以上四句，爲子高作追憶之辭。（「願君收視觀三庭」）「願」字入公意，「君」即子高也。客有過韻山堂論此詩，作王顧周解者，多方開導，而執拗不服。因曉之曰：「此等長篇，皆本集之易讀者，而子弗悟，況其餘乎？」自「春風花開」句至終，皆斷語，就子高作歸結也。末二句，謂如不能歸之以正，則此念終在，必將牽周重會人間，而所謂極其情者，將終不可止矣。公往往以開筆作收，故其餘意無窮，而按之入細，則未有不一綫穿下者也。

宋長白《柳亭詩話》卷一七：陳後山謂少陵以詩爲文，昌黎以文爲詩，此言似近而實遠，以未悉二公肯綮也。（略）《芙蓉城》詩爲王子高志軼事，有云：「雲舒霞卷千娉婷，中有一人長眉青。」末云：「從渠一念三千齡，下作人間尹與邢。」實者虛之，虛者實之，即前後二《赤壁賦》意，安在文法不可以入詩乎？十卞永譽《書畫匯考》卷一蘇軾」條《東坡芙蓉城詩並序》李祿跋：僕平生最愛蘇文忠公書，遨游四方凡數載，獲觀公遺蹟，不下百數十幅。至于整齊縝密，無如此紙。況《芙蓉城》詩，又文忠公平生大得意之作也。世有覽此者，當具如西方大阿羅漢正法眼觀之。呵呵！吳君醉生顧祿隨筆讚嘆。

張道《蘇亭詩話》卷五《補注類》：按《芙蓉城》詩題下王註所云「正路」者疑即王璐字，或正璐爲王璐之僞。又邵註引《芙蓉城傳》云：「虞曹公狀其事以奏帝，虞曹即迥父璐。」據《默記》，乃晏相奏，與傳異。

趙克宜《角山樓蘇詩評注彙鈔》卷七：前皆鋪叙本事，入後論斷處，雖未傷腐，然皆信筆衍成，未爲洗鍊。

續麗人行

李仲謀家有周昉畫《背面欠伸內人》，極精，戲作此詩。

深宮無人春日長，沉香亭北百花香。美人睡起薄梳洗，燕舞鶯啼空斷腸。畫工欲畫無窮意，背立東風初破睡。若教回首卻嫣然，陽城下蔡俱風靡。杜陵饑客眼長寒，蹇驢破帽隨金鞍。隔花臨水時一見，只許腰肢背後看。心醉歸來茅屋底，方信人間有西子。君不見孟光舉案與眉齊，何曾背面傷春啼。

胡仔《苕溪漁隱叢話》後集卷三四：（韓）子蒼用此（詩）意題伯時所畫宮女云：「睡起昭陽暗淡妝，不知緣底背斜陽。若教轉盼一回首，三十六宮無粉光。」終不及東坡之偉麗也。

胡應麟《詩藪》外編卷五：子瞻雖體格創變，而筆力縱橫，天眞爛熳。集中如（略）《周昉美人》（略）等篇，往往俊逸豪麗，自是宋歌行第一手。其他全篇涉議論滑稽者，存而不論可也。

汪師韓《蘇詩選評箋釋》卷二：題是背面欠伸，詩卻以回首嫣然想見其情致，更不用「珠壓腰衱」字面，尤工于避俗。

紀昀評《蘇文忠公詩集》卷一六：（「君不見孟光舉案與眉齊」二句）此則莊論而腐矣。

翁方綱《石洲詩話》卷三：《續麗人行》末句，何以忽帶腐氣，不似坡公神理？

趙克宜《角山樓蘇詩評注彙鈔》卷七：（「畫工欲畫無窮意」八句）細意熨貼，雅與題稱。（「杜陵饑客眼長寒」）杜陵有《麗人行》，故借以立說。（「心醉歸來茅屋底」四句）此用掉結法，言茅屋中無此人也。紀（昀）誤以爲正論，故譏其腐。

曾國藩《曾文正公全集·讀書錄》卷九《東坡文集》：「心醉」二句拙，「孟光」二句腐。

聞李公擇飲傅國博家大醉二首

兒童拍手鬧黃昏，應笑山公醉習園。縱使先生能一石，主人未肯獨留髡。

不肯惺惺騎馬迴，玉山知爲玉人頽。紫雲有語君知否，莫喚分司御史來。

傅子美召公擇飲偶以病不及往公擇有詩次韻

樊素阿蠻皆已出，使君應作玉箏歌。可憐病士西窗下，一夜丹田手自摩。

紀昀評《蘇文忠公詩集》卷一六：合起句（「樊素阿蠻皆已出」）觀之，殊不雅（指結句「一夜丹田手自摩」）。

觀子美病中作嗟嘆不足因次韻

百尺長松澗下摧，知君此意爲誰來。霜枝半折孤根出，尚有狂風急雨催。

紀昀評《蘇文忠公詩集》卷一六：（「霜枝半折孤根出」一句）即香山「不知秋雨意，更遣欲如何」意。

起伏龍行

徐州城東二十里有石潭，父老云：與泗水通，增損清濁，相應不差，時有河魚出焉。元豐元年春旱，或云置虎頭潭中，可以致雷雨。用其說作《起伏龍行》。

何年白竹千鈞弩，射殺南山雪毛虎。至今顱骨帶霜牙，尚作四海毛蟲祖。東方久旱千里赤，三月行人口生土。碧潭近在古城東，神物所蟠誰敢侮。上敲蒼石擁巖竇，下應清河通水府。眼光作電走金蛇，鼻息爲雲擢煙縷。當年負圖傳帝命，左右羲軒詔神禹。爾來懷寶但貪眠，滿腹雷霆瘖不吐。赤龍白虎戰明日（自注：是月丙辰，明日庚寅），倒卷黃河作飛雨。嗟我豈樂鬪兩雄，有事徑須煩一怒。

曾季貍《艇齋詩話》：東坡《起伏龍行》，蓋諷富韓公也。韓公熙寧中初入相，時荆公用事，韓公多稱疾在告，故范忠宣在諫路，嘗以書責之。東坡《起伏龍行》即與忠宣之意同。其間如云「滿腹雷霆瘖不吐」，又云「赤龍白虎戰明日」，「有事徑須煩一怒」，意欲韓公與荆公爭辯也。

查慎行《初白庵詩評》卷中：（「赤龍白虎戰明日」四句）句中有力，足以持虎擾龍。

汪師韓《蘇詩選評箋釋》卷二：興雨是龍，致雨是虎，卻從虎說起。首四句更不說及雷雨，次點出久旱，次言龍之神靈，而以「懷寶」、「貪眠」二句煞住，突接「赤龍白虎戰明日」四句結盡全篇。怪怪奇奇，筆底具有「龍從火裏出，虎向水中生」之微旨。

葉矯然《龍性堂詩話續集》：坡公《伏龍行》云「眼光作電走金蛇」，「倒捲黃河作飛雨」。《鐵拄杖》云：「柳公手中黑蛇滑，千年老根生乳節。」長吉復生，不能過此。

紀昀評《蘇文忠公詩集》卷一六：（「當年負圖傳帝命」四句）故作掀簸，非有諷刺。與和李清臣詩語相近而意別。王文誥《蘇海識餘》卷一：徐州《起伏龍行》末云：「赤龍白虎戰明日，倒卷黃河作飛雨。嗟我豈樂鬭兩雄，有事徑須煩一怒。」所謂「赤龍白虎」，乃丙辰月庚寅日耳。此詩無論全幅之奇，即此四句轉正，但以月日點染，發爲奇采，又作煞尾，使他手爲之，即再加四句，亦不能了事也。

趙克宜《角山樓蘇詩評注彙鈔》卷七：先頓虎頭，語句豪横。次入潭龍。

聞公擇過雲龍張山人輒往從之公擇有詩戲用其韻

我生固多憂，肉食嘗苦墨。軒然就一笑，猶得好飲力。聞君過雲龍，對酒兩靜默。急攜清歌女，出郭及未昃。一歡難力致，邂逅有勝特。喧蜂集晚花，亂雀啅叢棘。山人樂此耳，寂寞誰侍側。何當求好人，聊使治要襋。使君自孤債，此理誰相値。不如學養生，一氣服千息。

送李公擇

嗟予寡兄弟，四海一子由。故人雖云多，出處不我謀。弓車無停招，逝去勢莫留。僅存今幾人，各在天一陬。有如長庚月，到曉爛不收。宜我與夫子，相好手足侔。比年兩見之，賓主更獻酬。樂哉十日飲，衎衎和不流。論事到深夜，僵仆鈴與騶。頗嘗見使君，有客如此不。欲別不忍言，慘慘集百憂。念我野夫兄，知名三十秋。已得其爲人，不待風馬牛。他年林下見，傾蓋如白頭。

吳曾《能改齋漫錄》卷八《相望落落如星辰》：《王直方詩話》謂：「東坡《送李公擇》云：『有如長庚月，到曉不收明。』任師中《挽詞》云：『故人各在天一角，相望落落星辰中。』而蘇黃門《送退翁守懷安》亦云：『我懷同門客，勢若曉天星。』『相看半作星辰沒，可憐太白與殘月。』其後學者，尤多用此。」以上皆王說。余按，古樂府：「兩頭纖纖月初生，半白半黑眼中睛。腷腷膊膊鷄初鳴，磊磊落落向曙星。」故劉夢得作《韋處厚集序》亦云：「古今相望，落落然如騎星辰。」乃知二蘇所用本古樂府。豈直方忘之耶？

紀昀評《蘇文忠公詩集》卷一六：（「嗟予寡兄弟」二句）從子由說入便親切。（「宜我與夫子」二句）應「子由」句。（「論事到深夜」二句）此即「倦僕立寐僵屏風」意，而語不明了。（「念我野夫兄」二句）由公擇而愛及其兄，則公擇之可念，不言可知。此託襯之法，又與起處「子由」，有意無意，互相映發。用筆亦極縈拂之致。

王文誥《蘇文忠公詩編注集成》卷一六：（「衎衎和不流」）以上五韻，謂僅存之人，雖氣節不改，而不可一見，故與公擇相得益深也。（「慘慘集百憂」）謂所憂皆國是也。此詩必如是逐處指出，方是送李公擇詩。

送筍芍藥與公擇二首

久客厭鹵餜(自注：蜀人謂東北人鹵子)，枵然思南烹。故人知我意，千里寄竹萌。駢頭玉嬰兒，一一脱錦繃。庖人應未識，旅人眼先明。我家拙廚膳，彘肉芼蕪菁。送與江南客，燒煮配香粳。

今日忽不樂，折盡園中花。園中亦何有，芍藥嫋殘葩。久旱復遭雨，紛披亂泥沙。不折亦安用，折去還可嗟。棄擲亮未能，送與謫仙家。還將一枝春，插向兩髻丫。

袁文《甕牖閑評》卷五：蘇東坡《送筍與李公擇》詩云：「駢頭玉嬰兒，一一脱錦繃。」此蓋用唐人《食筍》詩云「稚子脱錦繃，駢頭玉嬰兒」爲故事也。而杜工部詩亦云：「筍根稚子無人見。」或者乃以爲「雉鷄」之「雉」，誤矣。此正唐人所謂有「稚子脱錦繃」者。杜牧之詩又云：「幽筍稚相攜。」以牧之詩證之，則工部之詩益知非「雉鷄」之「雉」矣。

陸游《老學庵筆記》卷九：南朝謂北人曰「傖父」，或謂之「虜父」。南齊王洪軌，上谷人，事(齊)高帝，爲青、冀二州刺史，勵清節，州人呼爲「虜父使君」。今蜀人謂中原人爲「虜子」，東坡詩「久客厭虜餜」是也，因目北人仕蜀者爲「虜官」。晁子止爲三榮守，民有訟資官縣尉者，曰：「縣尉虜官，不通民情。」子止爲窮治之，果負冤。民既得直，拜謝而去。子止笑諭之曰：「我亦虜官也，汝勿謂虜官不通民情。」聞者皆笑。

紀昀評《蘇文忠公詩集》卷一六：此種本是代柬，不以詩論，編次者失於沙汰，遂成瘢痏。

和孫莘老次韻

去國光陰春雪消，還家蹤跡野雲飄。功名正自妨行樂，迎送纔堪博早朝。雖去友朋親吏卒，卻辭讒謗得風謠。明年我亦江南去，不問雄繁與寂寥。

查慎行《初白庵蘇詩補注》卷一四：史容注《山谷集》云：莘老前後典郡，自廣德徙湖州，又徙廬州。持祖母喪，服除，知蘇州」云云。先生倅杭時，莘老自湖移廬，有詩送之。今日是詩之作，當在莘老知蘇州時，故結處有「明年我亦江南去」之句。

紀昀評《蘇文忠公詩集》卷一六：露骨太甚。

遊張山人園

壁間一軸煙蘿子，盆裏千枝錦被堆。慣與先生爲酒伴，不嫌刺史亦顏開。纖纖入麥黃花亂，颯颯催詩白雨來。聞道君家好井水，歸軒乞得滿瓶回。

曾季貍《艇齋詩話》：東坡「纖纖入麥黃花亂」，用司空圖「綠樹連邨暗，黃花入麥稀」之句。

紀昀評《蘇文忠公詩集》卷一六：似老而實率。

杜介熙熙堂

崎嶇世路最先回，窈窕華堂手自開。咄咄何曾書怪事，熙熙長覺似春臺。白砂碧玉味方永，黃紙紅旂心已灰。遙想閉門投轄飲，鵾絃鐵撥響如雷。

查愼行《初白庵詩評》卷中：杜字幾先，揚州人，居平山堂。

張道《蘇亭詩話》卷五《補注類》：董史《皇宋書錄》：「杜介善草書，有詞筆，皆精絕也。六字題於《六一小草帖》，清爽圜媚，可以臨見矣。」

次韻答劉涇

吟詩莫作秋蟲聲，天公怪汝鉤物情，使汝未老華髮生。芝蘭得雨蔚青青，何用自燔以出馨。細書千紙雜眞行，新音百變口如鶯。異義蜂起弟子爭，舌翻濤瀾卷齊城。萬卷堆胸兀相撑，以病爲樂子未驚。我有至味非煎烹，是中之樂吁難名。綠槐如山闇廣庭，飛蟲繞耳細而淸。敗席展轉卧見經，亦自不嫌翠織成。意行信足無溝坑，不識五郎呼作卿。吏民哀我老不明，相戒無復煩鞭刑。時臨泗水照星星，微風不起鏡面平。安得一舟如葉輕，卧聞郵籤報水程。蓴羹羊酪不須評，一飽且救饑腸鳴。

曾季貍《艇齋詩話》：東坡「飛蚊繞鬢鳴」，出《文粹》何諷《夢渴賦》。文潛（按當爲東坡詩）詩亦云「飛蚊繞枕細而淸」。

汪師韓《蘇詩選評箋釋》卷二：固是源泉溢湧，然無字不經稱量而出。柏粱體詩，最難如此精渾。黃河百里一小曲，千里一大曲，直有勁氣以貫乎其中。

紀昀評《蘇文忠公詩集》卷一六：發端奇逸，通體亦遒緊。

曾國藩《曾文正公全集·讀書錄》卷九《東坡文集》：前嘲劉之苦，後叙己之樂。

趙克宜《角山樓蘇詩評注彙鈔》卷七：（「時臨泗水照星星」）此下游騎無歸，與前路絕無關照。而是篇特爲紀氏所取，未便删卻，聊附鄙見，俟來者折衷。

攜妓樂游張山人園

大杏金黃小麥熟，墜巢乳鵲拳新竹。故將俗物惱幽人，細馬紅粧滿山谷。提壺勸酒意雖重，杜鵑催歸聲更速。酒闌人散卻關門，寂歷斜陽挂疏木。

紀昀評《蘇文忠公詩集》卷一六：短章而氣脈不促。（「故將俗物惱幽人」二句）綰合得自然。結句（「寂歷斜陽挂疏木」）緊對三四句（「故將俗物惱幽人，細馬紅粧滿山谷」），非以空調取姿也。

方東樹《昭昧詹言》卷一二：神來之筆，其氣遒緊，濟亮頓挫。八句耳，而首尾叙事明劃，章法一絲不亂，而閒情遠致，寬博有餘如長幅。此非放翁諸人所及。起二句寫，時景如見。「故將」二句，叙題渾脫，不作死語。「提壺」二句叙，抵一大篇。收有韻，不但寫後景，而兼寫山人高情遠韻。

趙克宜《角山樓蘇詩評注彙鈔》卷七：凡唐人指點景象作結，爲留不盡之味耳。紀與漁洋立異，每斥爲空調，豈有專倚虛字音節，遂足取姿者？立論之偏，恐滋流弊，不容不辨。

種德亭

處士王復家於錢塘，爲人多技能而醫尤精，期於活人而已，不志於利。築室候潮門外，治園圃，作亭榭，以與賢士大夫游，唯恐不及。然終無所求，人徒知其接花藝果之勤，而不知其所種者德也。乃以名其亭而作詩以遺之。

小圃傍城郭，閉門芝朮香。名隨市人隱，德與佳木長。元化善養性，倉公多禁方。所活不可數，相逢旋相忘。但喜賓客來，置酒花滿堂。我欲東南去，再觀雙檜蒼。山茶想出屋，湖橘應過牆。木老德亦熟，吾言豈荒唐。

紀昀評《蘇文忠公詩集》卷一六：殊乏超脫。

次韻僧潛見贈

道人胸中水鏡清，萬象起滅無逃形。獨依古寺種秋菊，要伴騷人餐落英。人間底處有南北，紛紛鴻雁何曾冥。閉門坐穴一禪榻，頭上歲月空崢嶸。今年偶出爲求法，欲與慧劍加礱硎。雲衲新磨山水出，霜髭不翦兒童驚。公侯欲識不可得，故知倚市無傾城。秋風吹夢過淮水，想見橘柚垂空庭。故人各在天一角，相望落落如晨星。彭城老守何足顧，棗林桑野相邀迎。千山不憚荒店遠，兩腳欲趁飛猱輕。多生綺語磨不盡，尙有宛轉詩人情。猿吟鶴唳本無意，不知下有行人行。空階夜雨自清絕，誰使掩抑啼孤惸。我欲仙山掇瑤草，傾筐坐歎何時盈。簿書鞭扑晝塡委，煮茗燒栗宜宵征。乞取摩尼照濁水，共看落月金盆傾。

王觀國《踏襲》：《楚詞》曰：「餐秋菊之落英。」觀國按：秋花不落，枝上自枯者也。《楚詞》之言，于義未安。而蘇子瞻《次韻僧潛見贈》詩曰：「獨依古寺種秋菊，要伴騷人餐落英。」如《楚詞》之言，要當不必循也。

吳曾《能改齋漫錄》卷八《相望落落如星辰》：《王直方詩話》謂：「東坡（略）《贈參寥》云：『故人各在天一角，相望落落星辰中。』（略）其後學者，尤多用此。」此上皆王說。以上皆王說。余按古樂府云：「兩頭纖纖月初生，半白半黑眼中睛。腷腷膊膊鷄初鳴，磊磊落落向曙星。」故劉夢得作《韋處厚集序》亦云：「古今相望，落落然如騎星辰。」乃知二蘇所用本古樂府，豈直方忘之耶？

釋惠洪《冷齋夜話》卷六《東坡稱賞道潛詩》：道潛，吳僧，有標致。嘗自姑蘇歸湖上，經臨平，作詩云：「風蒲獵獵弄輕柔，欲立蜻蜓不自由。五月臨平山下路，藕花無數滿汀洲。」坡一見如舊。及坡移守東徐，潛往訪之，館于逍遙堂，士大夫爭欲識面。東坡餞客罷，與俱來，而紅妝擁隨之。東坡遣一妓前乞詩，潛援筆立成。曰：「寄語巫山窈窕娘，好將魂夢惱襄王。禪心已作沾泥絮，不逐春風上下狂」。座大驚，自是海內知名。

查愼行《初白庵詩評》卷中：（前引《冷齋夜話》）今觀詩中「彭城老守何足顧」正公守徐州時。所云「多生綺語」（「多生綺語磨不盡」），則紅妝乞詩事也。

汪師韓《蘇詩選評箋釋》卷二：潛雖詩僧，而能明心寂守，故此詩不甚稱其工詩。以次韻見贈之作，宜及于詩。但比之猿吟鶴唳，想見其高致。至後有《送參寥》一詩，專與說詩，蓋已在數翻唱和之後矣。軾嘗以書告文同，謂其「詩句清絕，與林逋上下，而通了道義，見之令人肅然」。《志林》又云：「參寥子，予友二十餘年矣。世所知獨其詩文，所不知者蓋過於詩文也。」而陳師道稱爲釋門之表，士林之秀，詩苑之英。其《送參寥序》云：「夜相語及唐詩僧，參寥子曰：『貫休、齊己，世薄其語。然以曠蕩逸群之氣，高世之志，天下之譽，王侯將相之奉而爲石霜考師之役，終其身不去，此豈用意於詩者？工拙不足病也。』其言如此，此軾所爲樂與從游而酬答歟！」

紀昀評《蘇文忠公詩集》卷一六：（起處）一氣湧出，毫無和韻之迹。詩家高境，「猿吟」二句寫盡，意境超妙之至！「空階」二句便不及其自然，此故可思。

馮應榴《蘇文忠詩合註》卷一六：（「猿吟鶴唳本無意」二句）玩此四句，形容參寥詩情之妙，使行旅孤惸，聞之淒惋也。

延君壽《老生常談》：舉東坡之學太白數句，可以頓悟矣。（略）《次韻僧潛見贈》：「猿吟鶴唳本無意，不知下有行人行。」（略）此皆非有意學太白也，天才相近，故能偶然即似耳。

趙克宜《角山樓蘇詩評注彙鈔》卷七：詩意謂猿鶴聲哀，足以感人，而在猿鶴本無意也。但次句欠圓醒，紀以爲善寫詩境，良所未喻。（「空階夜雨自清絕」二句）言詩家自成清絕之句，乃孤惸覽而生悲，初不期然也。與上聯相足，上用比，此用賦。

次韻潛師放魚

法師說法臨泗水，無數天花隨麈尾。勸將淨業種西方，莫待夢中呼起起。哀哉若魚竟坐口，遠媿知幾穆生醴。況逢孟簡對盧仝，不怕校人欺子美。疲民尙作魚尾赤，數罟未除吾顙泚。法師自有衣中珠，不用辛苦泥沙底。

朋九萬《烏臺詩案·次韻潛師放魚詩》：元豐元年四月中，作《次韻潛師放魚》詩一首。軾知徐州日，有相識浙僧道潛來相看，同在河亭上坐。見人打魚，其僧買魚放生。後作詩一首，即無譏諷。軾依韻和詩一首與本人云：「疲民尙作魚尾赤，數罟未除吾顙泚！」《左傳》云：「如魚赬尾，橫流而方揚裔」（原注云：「魚勞則尾赤。」）。亦是時徐州大水之後，役夫數起，軾言民之疲病，如魚勞而尾赤也。「數罟」謂魚網之細密者。又言民既疲病，朝廷又行青苗助役，不爲除放，如密網之取魚也，皆以譏諷朝廷新法不便，所以致大水之災也。

曾季貍《艇齋詩話》：東坡《放魚》詩「不用辛苦泥沙底」，出樂天詩「不須泥沙底，辛苦覓明珠」。

費袞《梁谿漫志》卷七：東坡《和潛師放魚》詩云：「況逢孟簡對盧仝，不怕校人欺子美。」或云校人乃欺子產，非子美也，豈少陵曾用校人事，遂直以爲子美耶？予按《左氏》杜預注：子產一字子美。

查愼行《初白庵詩評》卷中：（「疲民尚作魚尾赤」四句）自作儒語，非闢佛也。

紀昀評《蘇文忠公詩集》卷一六：（起處）語意粘滯。「竟坐口」三字不明了。

馮應榴《蘇文忠詩合註》卷一六：（「莫待夢中呼起起」）此言不待臨死而懺悔求福也。

又見卷六《送錢藻出守婺州得英字》趙翼評。

文與可有詩見寄云待將一段鵝溪絹掃取寒梢萬尺長次韻答之

爲愛鵝溪白繭光，掃殘雞距紫毫芒。世間那有千尋竹，月落庭空影許長。

蘇軾《文與可畫篔簹谷偃竹記》：與可畫竹，初不自貴重。四方之人持縑素而請者，足相躡于其門。與可厭之，投諸地而駡曰：「吾將以爲襪材！」士大夫傳之，以爲口實。及與可自洋州還，而余爲徐州。與可以書遺余曰：「近語士大夫：『吾墨竹一派近在彭城，可往求之。』襪材當萃于子矣。」書尾復寫一詩，其略曰：「擬將一段鵝溪絹，掃取寒梢萬尺長。」予謂與可：「竹長萬尺，當用絹二百五十匹。知公倦于筆硯，願得此絹而已。」與可無以答，則曰：「吾言妄矣！世豈有萬尺竹也哉？」余因而實之，答其詩曰：「世間亦有千尋竹，月落庭空影許長。」與可笑曰：「蘇子辯則辯矣！然二百五十匹，吾將買田而歸老焉。」因以所畫《篔簹谷偃竹》遺予，曰：

袁宏道評閲譚元春選《東坡詩選》卷五譚元春評：「月落庭空影許長」，袁（宏道）亦直删之，妙，妙。

紀昀評《蘇文忠公詩集》卷一六：戲筆近諢。

聞辯才法師復歸上天竺以詩戲問

道人出山去，山色如死灰。白雲不解笑，青松有餘哀。忽聞道人歸，鳥語山容開。神光出寶髻，法雨洗浮埃。想見南北山，花發前後臺。寄聲問道人，借禪以爲詼。何所聞而去，何所見而回。道人笑不答，此意安在哉。昔年本不住，今者亦無來。此語竟非是，且食白楊梅。

汪師韓《蘇詩選評箋釋》卷二：「昔本不住」，「今亦無來」，說來眞是無縛無脫。較聞所聞而來，見所見而去，更上一層矣。「鳥語山容開」五字尤有神助。

紀昀評《蘇文忠公詩集》卷一六：（結處四句）題有「戲」字，戲語原不礙格，但苦似偈，非詩耳。

王文誥《蘇文忠公詩編注集成》卷一六：通篇如謎，皆不道破，住得更妙。

和子由送將官梁左藏仲通

雨足誰言春麥短，城堅不怕秋濤卷。日長惟有睡相宜，半脫紗巾落紈扇。芳草不鋤當戶長，珍禽獨下無人見。覺來身世都是夢，坐久枕痕猶著面。城西忽報故人來，急掃風軒炊麥飯（自注：徐州所出）。伏波論兵初矍鑠，中散談仙更清遠。南都從事亦學道，不惜腸空誇腦滿。問羊他日到金華，應許相將遊閬苑（自注：黃初平之兄尋其弟於金華山）。

紀昀評《蘇文忠公詩集》卷一六：（起處）語自疏爽。然究是應酬之作，毫無意義。

趙翼《甌北詩話》卷五：坡公熟於莊、列、諸子及漢、魏、晉、唐諸史，故隨所遇，輒有典故，以供其援引，此非臨時檢書者所能辦也。如（略）《和子由送梁左藏》詩，則云：「問羊他日到金華。」用黃初平兄尋初平到金華叱石成羊故事，謂他日已尋子由，同證仙籍也。（略）以上數條，安得有如許切合典故，供其引證？自非博極羣書，足供驅使，豈能左右逢源若是！想見坡公讀書，眞有過目不忘之資，安得不嘆爲天人也。

翁方綱《石洲詩話》卷三：《和子由送將官梁左藏仲通》一篇，前半寫睡景入神，然其語意，自有歸宿，須將後半談仙之意，挽轉看來，始得之。此與少陵《聽西方止觀經》而以「妻兒待米」收轉，同一理也。非少陵「桃花氣暖」一聯可比。

曾國藩《曾文正公全集·讀書錄》卷九《東坡文集》：前八句自叙閒適之趣，後八句叙梁來徐，兼憶子由。

方東樹《昭昧詹言》卷一二：起妙。閒適。

又：贈人寄人之詩，如此首暨（略）《和子由送將官梁左藏仲通》皆入妙。

趙克宜《角山樓蘇詩評注彙鈔》卷七：情事境界寫來清切，即是佳詩，不必定著議論。（「覺來身世都是夢」）句滑。（「城西忽報故人來」）入梁左藏。（「南都從事亦學道」）入子由。

次韻秦觀秀才見贈秦與孫莘老李公擇甚熟將入京應舉

夜光明月非所投，逢年遇合百無憂。將軍百戰竟不侯，伯郎一斗得涼州。翹關負重君無力，十年不入紛華域。故人坐上見君文，謂是古人吁莫測。新詩說盡萬物情，硬黃小字臨黃庭。故人已去君未到，空吟河畔草青青。誰謂他鄉各異縣，天遣君來破吾願。一聞君語識君心，短李髯孫眼中見。江湖放浪久全真，忽然一鳴驚倒人。縱橫所值無不可，知君不怕新書新。千金敝帚那堪換，我亦淹留豈長算。山中既未決同歸，我聊爾耳君其漫。

曾季貍《艇齋詩話》：東坡：「誰謂他鄉復異縣，天遣君來破吾願。」「他鄉各異縣」，出《選詩》。

紀昀評《蘇文忠公詩集》卷一六：轉韻是七古初格，然東坡與此種不甚宜，以其主於宛轉流利，不便馳驟故也。

趙克宜《角山樓蘇詩評注彙鈔》附錄卷中：（「知君不怕新書新」）凡句中複字，須各有意義，不可改移。若無故複一字，則七字詩僅辦六字便足了事。此「新書新」句法，公偶然押韻省事，遂開後來惡習。

僕曩於長安陳漢卿家見吳道子畫佛碎爛可惜其後十餘年復見之于鮮于子駿家則已裝背完好子駿以見遺作詩謝之

貴人金多身復閒，爭買書畫不計錢。已將鐵石充逸少（自注：殷鐵石，梁武帝時人，今法帖大王書中有鐵石字），更補朱繇爲道玄（自注：世所收吳道子畫多朱繇筆也）。煙薰屋漏裝玉軸，鹿皮蒼璧知誰賢。吳生畫佛本神授，夢中化作飛空仙。覺來落筆不經意，神妙獨到秋毫顛。昔我長安見此畫，歎息至寶空潸然。素絲斷續不忍看，已作蝴蝶飛聯翩。君能收拾爲補綴，體質散落嗟神全。誌公彷彿見刀尺，修羅天女猶雄妍。如觀老杜飛鳥句，脱字欲補知無緣。問君乞得良有意，欲將俗眼爲洗湔。貴人一見定羞怍，錦囊千紙何足捐。不須更用博麻縷，付與一炬隨飛煙。

查愼行《初白庵詩評》卷中：結處與起處呼應，言貴人若見此畫，應自悔收藏贋物，不值一錢，只宜付之一炬而已。

汪師韓《蘇詩選評箋釋》卷二：以殷鐵石爲王逸少，以朱繇爲吳道子，書畫鑒賞之難，今古同然，眞「不值一笑粲」也。「覺來落筆不經意，神妙獨到秋毫顛」，惟以不經意得之，所以獨臻神妙。末云：「不須更用博麻縷」，如用孟子「麻縷輕重同」之語，若云不須更論價之輕重耳。王注謂「博麻縷」似祖語麻三斤之類，未免曲解。

《御選唐宋詩醇》卷三五：（「覺來落筆不經意」二句）寫吳生神授處，洞入玄微。

紀昀評《蘇文忠公詩集》卷一六：筆筆老重。（「吳生畫佛本神授」以下四句）寫出神化之境。（「貴人一見定羞怍」以下四句）回繳貴人，似是完密。然以此起（「貴人金多身復閒」），仍以此結，似詆說貴人是此篇正意。不如就畫或宕開作結。

趙翼《甌北詩話》卷五《蘇東坡詩》：坡詩不尚雄傑一派，其絕人處在乎議論英爽，筆鋒精銳，舉重若輕，讀之似不甚用力而力已透十分，此天才也。試即其詩，略爲舉似。（略）七古如（略）「覺來落筆不經意，神妙獨到秋毫顛。」（《題吳道子畫》）（略）此皆坡詩中最上乘，讀者可見其才分之高，不在功力之苦也。

王文誥《蘇文忠公詩編注集成》卷一六：「貴人」以下四句，皆指貴人而言。

方東樹《昭昧詹言》卷一二：按此首暨《荔枝》、山谷《春菜》，皆可爲詠小物之式。起二句，今世大夫皆寧見笑于公，亦可嘆。「志公」句用事精切。

趙克宜《角山樓蘇詩評注彙鈔》卷七：（「覺來落筆不經意」）形容絕藝，語最超脫。（「如觀老杜飛鳥句」）此種比例，奇妙絕倫。（「錦囊千紙何足捐」）此句回應已足，再增二語，則喧客奪主矣。

雨中過舒教授

疏疏簾外竹，瀏瀏竹間雨。窗扉靜無塵，几硯寒生霧。美人樂幽獨，有得緣無慕。坐依蒲褐禪，起聽風甌語。客來淡無有，灑掃涼冠履。濃茗洗積昏，妙香淨浮慮。歸來北堂闇，一一微螢度。此生憂患中，一餉安閑處。飛鳶悔前笑，黃犬悲晚悟。自非陶靖節，誰識此間趣。

袁宏道評閱譚元春選《東坡詩選》卷三袁宏道評：似陶。

又譚元春評：「歸來北堂闇，一一微螢度」，甚有靜思。袁（宏道）尤賞「濃茗」二語。（「自非陶靖節」二句）爲何便如此結？

查愼行《初白庵詩評》卷中：（「此生憂患中」二句）詩境細靜，耐人玩味。

汪師韓《蘇詩選評箋釋》卷二：一種閒情逸趣，鍛鍊出以雅淡，任拈一語，無不靜氣迎人。

紀昀評《蘇文忠公詩集》卷一六：（起處四句）淡遠，有王、韋之意。

趙克宜《角山樓蘇詩評注彙鈔》卷七：（「有得緣無慕」）句鍊。（「濃茗洗積昏」二句）靜中領會語，粗才不能爲，亦不能解。

次韻舒教授寄李公擇

草書妙絕吾所兄，眞書小低猶抗行。論文作詩俱不敵，看君談笑收降旌。去年逾月方出晝（自注：予去年留齊月餘），爲君劇飮幾濡首。今年過我雖少留，寂寞陶潛方止酒（自注：此行公擇病酒多不飮）。別時流涕攬君鬚，懸知此懽墮空虛。松下縱橫餘屐齒，門前轣轆想君車。怪君一身都是德，近之清潤淪肌骨。細思還有可恨時，不許藍橋見傾國（自注：公擇有婢名雲英，屢欲出，不果）。

查愼行《初白庵詩評》卷中：（「今年過我雖少留」）先生在徐州，公擇來訪。

紀昀評《蘇文忠公詩集》卷一六：（「去年逾月方出晝」）「晝」音倏考。（「怪君一身都是德」以下）結不成語。

馮應榴《蘇文忠詩合註》卷一六：（「去年逾月方出晝」）轉韻古詩，每轉首句，亦皆押韻。今「晝」字無上聲，不知何據。

又送鄭户曹

水繞彭城樓，山圍戲馬臺。古來豪傑地，千載有餘哀。隆準飛上天，重瞳亦成灰。白門下呂布，大星隕臨淮。尙想劉德輿，置酒此徘徊。爾來苦寂寞，廢圃多蒼苔。河從百步響，山到九里回。山水自相激，夜聲轉風雷。蕩蕩淸河壖，黄樓我所開。秋月墮城角，春風搖酒杯。遲君爲座客，新詩出瓊瑰。樓成君已去，人事固多乖。他年君倦游，白首賦歸來。登樓一長嘯，使君安在哉。

紀昀評《蘇文忠公詩集》卷一六：（「蕩蕩淸河壖」以下至結句）曲折往復，極有情思。「遲君」四句，猶是人意所有；「他年」一轉，匪夷所思。

香巖批《紀評蘇詩》卷一六：（「水繞彭城樓」四句）一起即含結意，非漫作懷古語。古人文字，無不一綫穿成者。

趙克宜《角山樓蘇詩評注彙鈔》卷七：（「樓成君已去」以下）一意引伸不盡，即境生情，遂成妙語。

延君壽《老生堂常談》：東坡《送鄭户曹》詩後半首云（下引「蕩蕩淸河壖」以下十二句）。

（略）即同話家常云：「樓修起了，正好約來做詩，卻偏值遠行。日後歸來，我卻走了。到了樓上，定然想起我來。」（略）然雖是實話，「言之無文，行之不遠」，必得東坡之才之筆，曲曲傳出，便能成奇文異彩，匪夷所思。若如近日講詩，要說實話，街談巷語，流弊所至，尚可問耶。

高步瀛《唐宋詩舉要》卷一引吳汝綸評：收語豪邁。

次韻黃魯直見贈古風二首

紀昀評《蘇文忠公詩集》卷一六：二詩綽有古意。

嘉穀卧風雨，稂莠登我場。陳前漫方丈，玉食慘無光。大哉天宇間，美惡更臭香。君看五六月，飛蚊殷回廊。茲時不少假，俯仰霜葉黃。期君蟠桃枝，千歲終一嘗。顧我如苦李，全生依路傍。紛紛不足道，悄悄徒自傷。

朋九萬《烏臺詩案·和黃庭堅古韻》：元豐元年二月內，北京國子監教授黃庭堅寄書一封並古詩二首與軾。其書內一節云：「伏惟閣下學問文章，度越前輩，大雅豈弟，博約後來。立朝以正言見排，補郡輒上課最。可謂聲實於中，內外稱職」。其《古風》二首，第一首云：「紅梅有嘉實，託根桃李場。桃李終不言，朝露借恩光。孤芳忌皎潔，冰霜空自香。古來和鼎實，此物升廟廊。歲月坐成晚，煙雨青已黃。得升桃李盤，以遠亦見嘗。終然不可口，擲置官道傍。但使本根在，棄捐庸何傷？」第二首云：「長松出澗壑，十里聞風聲。上有百尺蓋，下有千歲苓。小草有遠志，相依在平生。醫和不並世，深根且固蒂。人言可醫國，何用太早計？大小材則殊，氣味固相似。」（略）及依韻答和古風云：「嘉谷卧風雨，稂莠登我場。陳前謾方丈，玉食慘無光。」以譏今之小人勝君子，如稂莠之奪嘉谷也。又云：「大哉天宇間，美惡更臭香。君看五六月，飛蚊殷回廊。茲時不少假，俛仰霜葉黃。期君蟠桃枝，千歲終一嘗。顧我如苦李，全生依路傍。紛紛不足惜，悄悄徒自傷！」意言君子小人進退有時，如夏月蚊虻縱横，至秋自息。比庭堅於蟠桃，進必遲；自比苦李，以無用全生。又《詩》云：「憂心悄悄，慍於群小。」以譏諷當今進用之人皆小人也。

葛立方《韻語陽秋》卷三：東坡嘗效山谷體作江字韻詩，山谷謂坡收斂光芒，入此窘步。

袁文《甕牖閑評》卷四：豨苓，「豨」字本仄聲，蘇東坡詩云：「千金得奇藥，開示皆豨苓」是已。而唐子西乃作平聲，其詩云「豈有豨苓解引年」是也。

趙克宜《角山樓蘇詩評注彙鈔》卷七：此詩用意甚隱，大概謂世之所云美惡者，亦甚無定，而群小氣焰之張，亦有時而息也。

又見卷六《送錢藻出守婺州得英字》趙翼評。

空山學仙子，妄意笙簫聲。千金得奇藥，開視皆豨苓。不知市人中，自有安期生。今君已度世，坐閱霜中蔕。摩挲古銅人，歲月不可計。閬風安在哉，要君相指似。

紀昀評《蘇文忠公詩集》卷一六：（「空山學仙子」）此四句言誤用小人。（「不知市人中」二句）此指山谷。

次韻答舒教授觀余所藏墨

異時長笑王會稽，野鶩膻腥汙刀几。暮年卻得庾安西，自厭家雞題六紙。二子風流冠當代，顧與兒童爭愠喜。秦王十八已龍飛，嗜好晚將蛇蚓比。我生百事不掛眼，時人謬說云工此。世間有癖念誰無，傾身障簏尤堪鄙。人生當著幾緉屐，定心肯爲微物起。此墨足支三十年，但恐風霜侵髮齒。非人磨墨墨磨人，缾應未罄罍先恥。逝將振衣歸故國，數畝荒園自鋤理。作書寄君君莫笑，但覓來禽與青李。一螺點漆便有餘，萬竈燒松何處使。君不見永寧第中擣龍麝，列屋閒居清且美。倒暈連眉秀嶺浮，雙鴉畫鬢香雲委。時聞五斛賜蛾綠，不惜千金求獺髓。聞君此詩當大笑，寒窗冷硯冰生水。

洪邁《容齋四筆》卷一〇《東坡題潭帖》：庾亮及弟翼俱爲征西將軍，坡所引者翼也。坡又有詩曰：「暮年卻得庾安西，自厭家鷄題六紙。」蓋指翼前所歷官云。此帖今藏予家。

汪師韓《蘇詩選評箋釋》卷二：脫然畦封，處處作感激喚醒之語。善談玄理，何必晉、宋間人。

紀昀評《蘇文忠公詩集》卷一六：（「君不見永寧第中擣龍麝」以下）波瀾跌宕，長篇須如此收。（「聞君此詩當大笑」二句）仍繳到本位好，否則游騎無歸。

（日本）賴山陽《東坡詩鈔》附《書韓蘇古詩後》：世服蘇之廣長舌，不知其收舌不盡展者更好。（略）《藏墨》，（略）皆豐約合度，姿態可觀。

方東樹《昭昧詹言》卷一二：第二句不免湊韻。四句用事精切。小詩亦遒宕有情韻。

趙克宜《角山樓蘇詩評注彙鈔》卷七：（起處）墨所以供作書之用，故從此敘入。藏墨，正面不多著墨，議論都透過一層。（「君不見」數句）言貴人蓄墨，其用有限，以作波瀾。

送鄭户曹賦席上果得榧子

彼美玉山果，粲爲金槃實。瘴霧脫蠻溪，清樽奉佳客。客行何以贈，一語當加璧。祝君如此果，德膏以自澤。驅攘三彭仇，已我心腹疾。願君如此木，凜凜傲霜雪。斲爲君倚几，滑淨不容削。物微興不淺，此贈毋輕擲。

袁文《甕牖閑評》卷七：「彼美玉山果，粲爲金盤實。」此蘇東坡《榧子》詩也，趙次翁注云：「出信州玉山縣。」然信州初不出榧子，此玉山乃在婺州，婺州榧子冠于江浙。注書不究地里之是否，而妄意指名，豈不大誤！

紀昀評《蘇文忠公詩集》卷一六：（「客行何以贈」以下）關合送別，方不是泛泛詠物。若詠物如此作，則小樣極矣！言固各當也。

趙克宜《角山樓蘇詩評注彙鈔》卷七：詠物以作送別，可備詩中一格。

送胡掾

亂葉和凄雨，投空如散絲。流年一如此，遊子去何之。節義古所重，艱危方自茲。他年著清德，仍復畏人知。

紀昀評《蘇文忠公詩集》卷一六：不失古格，所乏新意。結切姓，亦小樣。

答仲屯田次韻

秋來不見渼陂岑，千里詩盟忽重尋。大木百圍生遠籟，朱絃三歎有遺音。清風卷地收殘暑，素月流天掃積陰。欲遣何人賡絕唱，滿階桐葉候蟲吟。

曾季貍《艇齋詩話》：東坡「素月流天掃積陰」，「素月流天」，出《文選·月賦》。

袁宏道評閱譚元春選《東坡詩選》卷四譚元春評：可刪。即「卷地」、「流天」二語，亦非至處。

汪師韓《蘇詩選評箋釋》卷二：寥亮清音，超心鍊冶。

趙翼《甌北詩話》卷五：詩人遇成語佳對，必不肯放過。坡公尤妙于翦裁，雖工巧而不落纖佻，由其才分之大也。如（略）「大木百圍生遠籟，朱弦三嘆有遺音。」（《答仲屯田》）（略）此等詩雖非坡公著意之作，然自然湊泊，觸手生春，亦見其學之富而筆之靈也。

趙克宜《角山樓蘇詩評注彙鈔》卷七：（「朱絃三歎有遺音」）東坡品詩，猶有此語，學蘇者何可不知此意？（「滿階桐葉候蟲吟」）落句非寫景也，言詩境自然，無人能和，準此彷彿繼聲爾。

密州宋國博以詩見紀在郡雜詠次韻答之

吾觀二宋文，字字照縑素。淵源皆有考，奇險或難句。後來邈無繼，嗣子其殆庶。胡爲尙流落，用舍眞有數。當時苟悅可，愼勿笑杕杜。斲窗誰赴球，袖手良優裕。山城辱吾繼，缺短煩遮護。昔年繆陳詩，無人聊瓦注。於今賡絕唱，外重中已懼。何當附家集，擊壤追咸濩。

紀昀評《蘇文忠公詩集》卷一六：亦應酬語。

答范淳甫

吾州下邑生劉季，誰數區區張與李（自注：來詩有張僕射、李臨淮之句）。重瞳遺跡已塵埃，惟有黃樓臨泗水（自注：郡有廳事，俗謂之霸王廳，相傳不可坐，僕拆之以蓋黃樓）。而今太守老且寒，俠氣不洗儒生酸。猶勝白門窮呂布，欲將鞍馬事曹瞞。

紀昀評《蘇文忠公詩集》卷一六：意境自闊。（「而今太守老且寒」以下）結言不肯俯首權貴。

(「猶勝白門窮呂布」二句) 用呂布事，以徐州故也。

王文誥《蘇文忠公詩編注集成》卷一六：(「猶勝白門窮呂布」二句) 來詩以張、李爲譽，公謂但不至如呂布之低首下心而已。原唱皆使徐州事，故其答之如此，譏呂惠卿、曾布雖黨安石，終無成也。時淳甫在君實處，故打此隱謎，以博一笑。否則徐事無不可道，必不用呂布也。

方東樹《昭昧詹言》卷一二：有趣。

香巖批《紀評蘇詩》卷一六：「重瞳」句隨叙隨轉，手揮目送，宦心神行。結意惟王見大 (文誥) 看得深細。

趙克宜《角山樓蘇詩評注彙鈔》卷七：短篇跌宕自喜。

次韻答王定國

每得君詩如得書，宣心寫妙書不如。眼前百種無不有，知君一以詩驅除。傳聞都下十日雨，青泥沒馬街生魚。舊雨來人今不來，悠然獨酌卧清虛。我雖作郡古云樂，山川信美非吾廬。願君不廢重九約，念此衰冷勤呵噓。

查愼行《初白庵蘇詩補注》卷一九：此詩，施氏原本編入彭城卷中。細觀詩語，極道山水之勝，當是先生守湖州，定國復來相訪，與淸虛堂詩同時作也。若在彭城，不應有「白酒載烏程」之句。

和鮮于子駿鄆州新堂月夜二首

查愼行《初白庵詩評》卷中：名侁，閬州人。

汪師韓《蘇詩選評箋釋》卷二：新堂之勝在池，故兩首皆以池爲言。前言春雪之消，後言秋月之入，而以「惟有當時月」二句爲兩首通脈。池月返照之景，一經點出，無限光明。

去歲遊新堂，春風雪消後。池中半篙水，池上千尺柳。佳人如桃李，胡蝶入衫袖。山川今何許，疆野已分宿。歲月不可思，駛若船放溜。繁華眞一夢，寂寞兩榮朽。惟有當時月，依然照杯酒。應憐船上人，坐穩不知漏。

查愼行《初白庵詩評》卷中：（「疆野已分宿」）言徐與鄆。

紀昀評《蘇文忠公詩集》卷一六：二句（「佳人如桃李，蝴蝶入衫袖」）秀韻天然。

明月入華池，反照池上堂。堂中隱几人，心與水月涼。風螢已無迹，露草時有光。起觀河漢流，步屧響長廊。名都信繁會，千指調笙簧。先生病不飲，童子爲燒香。獨作五字詩，清絕如韋郎。詩成月漸側，皎皎兩相望。

紀昀評《蘇文忠公詩集》卷一六：起八句意境深微。

陳衍《宋詩精華錄》卷二：短篇五古，非坡公所長，清脆而已。

又：（《寒食雨》二首）與《鄆州新堂二首》，皆次首勝。

送將官梁左藏赴莫州

燕南垂，趙北際，其間不合大如礪。至今父老哀公孫，蒸土爲城鐵作門。城中積穀三百萬，猛士如雲驕不戰。一旦鼓角鳴地中，帳下美人空掩面。豈如千騎平時來，笑談謦欬生風雷。葛巾羽扇紅塵靜，投壺雅歌清燕開。東方健兒虓虎樣，泣涕懷思廉恥將。彭城老守亦凄然，不見君家雪兒唱。

紀昀評《蘇文忠公詩集》卷一六：（「燕南垂，趙北際」）從公孫瓚說入，毫無取義，只圖切莫州耳。（「豈如千騎平時來」以下）入題無味，亦無力。無味，故無力也。

方東樹《昭昧詹言》卷一二：無甚意思。

趙克宜《角山樓蘇詩評注彙鈔》卷七：（起處）援古以作反襯，緊切莫州，不可移易。（「豈如千騎平時來」）折入，醒甚。

紀昀評蘇文忠公詩集卷十七

次韻子由送趙屼歸覲錢塘遂赴永嘉

歸舟轉河曲，稍見楚山蒼。候吏來迎客，吳音已帶鄉。言從謝康樂，先獻魯靈光。已擊三千里，何須四十強。風流半刺史，清絕校書郎。到郡詩成集，尋溪水濺裳。芒鞋隨采藥，繭紙記流觴。海靜蛟鼉出，山空草木長。宦遊無遠近，民事要更嘗。願子傳家法，他年請尚方。

紀昀評《蘇文忠公詩集》卷一七：「吳青」句欠妥。切省覲，只此「魯靈光」一句。（「已擊三千里」）不出「水」字，擊者何物？（「到郡詩成集」）「到郡」，謝康樂所選詩名詩集，見《隋書·經籍志》，此切永嘉也。

王文誥《蘇文忠公詩編注集成》卷一七：（「已擊三千里」）此以鵬喻屼，言早達也。

中秋月三首

紀昀評《蘇文忠公詩集》卷一七：題當有「寄子由」三字，不然，則二首忽稱「君」者爲誰？

趙克宜《角山樓蘇詩評注彙鈔》卷八：三詩直抒胸臆，是疏爽一派，謂之深至則非。

殷勤去年月，瀲灩古城東。憔悴去年人，卧病破窗中。徘徊巧相覓，窈窕穿房櫳。月豈知我病，但見歌樓空。撫枕三嘆息，扶杖起相從。天風不相哀，吹我落瓊宫。白露入肺肝，夜吟如秋蟲。坐令太白豪，化爲東野窮。餘年知幾何，佳月豈屢逢。寒魚亦不睡，竟夕相喚喁。

汪師韓《蘇詩選評箋釋》卷二：首作雖以郊寒自況，嘯歌徘回，其風流則頡頏乎太白矣。

紀昀評《蘇文忠公詩集》卷一七：（起四句）句句深至。似此乃不摹古而直逼古人。（「寒魚亦不睡」）「亦」字分明。

趙克宜《角山樓蘇詩評注彙鈔》卷八：隨手觸發，一結有致。

延君壽《老生常談》：起首言去年看月，今年卧病云云，皆人所能。至「月豈知我病，但見歌樓空」，則去年今年，虚神實理，兩面皆到矣。下接云（下引「撫枕三嘆息」以下）。若如尋常人手，「撫枕三嘆息」以下便追想去年，傷感今夕，可以結局矣。看其着「撫杖」一語，下邊還有如許好光景，卻不曾脱卻「卧病」二字，可謂妙于布局，工于展勢。文章家不解此法，終是門外漢。

六年逢此月，五年照離別（自註：中秋有月凡六年矣，惟去歲與子由會於此）。歌君別時曲，滿座爲凄咽。留都信繁麗，此會豈輕擲。鎔銀百頃湖，挂鏡千尋闕。三更歌吹罷，人影亂清樾。歸來北堂下，寒光翻露葉。喚酒與婦飲，念我向兒説。豈知衰病後，空盞對梨栗。但見古河東，蕎麥花鋪雪。欲和去年曲，復恐心斷絶。

汪師韓《蘇詩選評箋釋》卷二：次篇專爲懷轍而作，直述往事，凄其動色。

袁宏道評閱譚元春選《東坡詩選》卷四譚元春評：（「鎔銀百頃湖」二句）句太醜，不可謂李白輩多有之。

紀昀評《蘇文忠公詩集》卷一七：（「鎔銀百頃湖」二句）只「鎔銀」二句用體物語，餘皆純以神思鎔鑄，情景相融，絶妙言説。（「欲和去年曲」二句）仍繳到子由，首尾一綫。

趙克宜《角山樓蘇詩評注彙鈔》卷八：（「喚酒與婦飲」）數聯皆從對面着筆。

舒子在汶上，閉門相對清（自註：舒煥試舉人鄆州）。鄭子向河朔，孤舟連夜行（自註：鄭僅赴北京戶曹)。頓子雖咫尺,兀如在牢扃(自註:頓起來徐試舉人)。趙子寄書來,《水調》有餘聲(自註:今日得趙杲卿書,猶記余在東武中秋所作《水調歌頭》也)。悠哉四子心,共此千里明。明月不解老,良辰難合并。回頭坐上人,聚散如流萍。嘗聞此宵月,萬里同陰晴(自註:故人史生爲余言,嘗見海賈云:中秋有月則是歲珠多而圓。賈人常以此候之,雖相去萬里,他日會合相問,陰晴無不同者)。天公自著意,此會那可輕。明年各相望,俯仰今古情。

汪師韓《蘇詩選評箋釋》卷二:三作雜述,所思不避紛沓,翻成錯落。

紀昀評《蘇文忠公詩集》卷一七:(「悠哉四子心」二句)一語合併,筆力千鈞。(「嘗聞此宵月」二句)插一波又好。

趙克宜《角山樓蘇詩評注彙鈔》卷八:(「悠哉四子心」)勢須一總入題,否則散漫。

中秋見月和子由

明月未出羣山高,瑞光萬丈生白毫。一盃未盡銀闕涌,亂雲脫壞如崩濤。誰爲天公洗眸子,應費明河千斛水。遂令冷看世間人,照我湛然心不起。西南火星如彈丸,角尾奕奕蒼龍蟠。今宵注眼看不見,更許螢火爭清寒。何人艤舟臨古汴,千燈夜作魚龍變。曲折無心逐浪花,低昂赴節隨歌板。青熒滅沒轉山前，浪颭風迴豈復堅。明月易低人易散，歸來呼酒更重看。堂前月色愈清好，咽咽寒螿鳴露草。卷簾推戶寂無人，窗下咿啞惟楚老（自註：近有一孫名楚老）。南都從事莫羞貧，對月題詩有幾人。明朝人事隨日出，悦然一夢瑶臺客。

葉矯然《龍性堂詩話續集》：坡公（略）寫月初生則云：「明月未出羣山高，瑞光萬丈生白毫。一盃未盡銀闕涌，亂雲脱壞如崩濤。」此等氣魄，直與日月爭光。李、杜文章雖光焰萬丈，安得不虛此老一席。

汪師韓《蘇詩選評箋釋》卷二：起四句寫月未出初出之景，聲勢奕奕，著紙生輝。次乃言星，次乃言燈，以至寒螿露草，無非旁側鋪襯。而一片澄明之境，與夫對景懷人之情，自令人諷誦流連而不能已。蓋月不可摹，摹其在月中者自見。即謝莊《月賦》，其佳處固在木葉風篁數韻。一切鏡光輪影之詞，反是滓穢太虛耳。

紀昀評《蘇文忠公詩集》卷一七：竟用初唐體，亦自宛轉可思。（「瑞光萬丈生白毫」）「瑞光」二字鄙。（「西南火星如彈丸」以下四句）就「月明星稀」語衍開，脱盡體物窠。（「何人艤舟臨古汴」以下）蹙一波，對面寫照。此是加一倍法。（「明月易低人易散」二句）。方入本位。（「明朝人事隨日出」二句）結用武元衡語無迹。

《歷代詩發》卷二四：不落中秋窠臼，而俊氣排空，別成勝致。

翁方綱《石洲詩話》卷三：玉川《月蝕詩》：「星如撒沙出」云云，記異則可耳。若東坡《中秋見月和子由》，欲顯月之明，而云「西南大星如彈丸，角尾奕奕蒼龍蟠。今宵注眼看不見，更許螢火爭清寒。」此則未免視玉川爲拙矣。尙賴「青熒明滅」以下轉得靈變，故不甚覺耳。

趙克宜《角山樓蘇詩評注彙鈔》卷八：（「亂雲脫壞如奔濤」）刻畫警快。（「青熒滅沒轉山前」）插入一事點綴，以作波致。（「明月低昂人易散」）挽轉本題。

答王鞏 自註：鞏將見過，有詩，自謂惡客，戲之。

汴泗遶吾城，城堅如削鐵。中有李臨淮，號令肝膽裂。古來彭城守，未省怕惡客。惡客云是誰，祥符相公孫。是家豪逸生有種，千金一擲頗黎盆。連車載酒來，不飲外酒嫌其村。子有千瓶酒，我有萬株菊。任子滿頭插，團團見花不見目。醉中插花歸，花重壓折軸。問客何所須，客言我愛山。青山自遶郭，不要買山錢。此外有黃樓，樓下一河水。美哉洋洋乎，可以療饑並洗耳。彭城之游樂復樂，客惡何如主人惡。

紀昀評《蘇文忠公詩集》卷一七：調亦近野，以爲豪放則大誤。第四句謂號令使人肝膽裂耳，語殊未穩。

香巖批《紀評蘇詩》卷一七：「問客」以下懈矣。

次韻王定國馬上見寄

昨夜霜風入裌衣，曉來病骨更支離。疏狂似我人誰顧，坎坷憐君志未移。但恨不攜桃葉女，尚能來趁菊花時。南臺二謝人無繼，直恐君詩勝義熙（自註：二謝從宋武帝九日燕戲馬臺）。

與頓起孫勉泛舟探韻得未字

窗前堆梧桐，牀下鳴絡緯。佳人尺書到，客子中夜喟。朝來一樽酒，晤語聊自慰。秋蠅已無聲，霜蟹初有味。當爲壯士飲，皆裂須磔蝟。勿作兒女懷，坐念蠨蛸畏。山城亦何有，一笑瀉肝胃。泛舟以娛君，魚鼈多可餽。縱爲十日飲，未遽主人費。吾儕俱老矣，耿耿知自貴。寧能傍門戶，啼笑雜猩狒。要將百篇詩，一吐千丈氣。蕭條歲行暮，迨此霜雪未。明朝出城南，遺跡觀楚魏。西風迫吹帽，金菊亂如沸。願君勿言歸，輕別吾所諱。

黃徹《䂬溪詩話》卷五：莊子文多奇變，如「技經肯綮之未嘗」，乃「未嘗經肯綮」也。詩句中時有此法。（略）坡「迨此雪霜未」，（略）餘人罕敢用。

汪師韓《蘇詩選評箋釋》卷二：潦倒多才，起四語尤淸輝相映。軾工於發端，每以偶語標其峻整。

紀昀評《蘇文忠公詩集》卷一七：窄韻巧押，東坡長技。昌黎亦能押窄韻，而自然則遜矣。

趙克宜《角山樓蘇詩評注彙鈔》卷八：淸瀏之中，仍饒警策。

次韻答頓起二首

挽袖推腰踏破紳，舊聞攜手上天門。相逢應覺聲容似，欲話先驚歲月奔。新學已皆從許子，諸生猶自畏何蕃。殿廬直宿眞如夢，猶記憂時策萬言（自註：頓君及第時，余爲殿試編排官，見其答策語頗直。其後與子由試舉人西京，旣罷同登嵩山絕頂，嘗見其唱酬詩十餘首，頓詩中及之）。

紀昀評《蘇文忠公詩集》卷一七：「新學」句太露。

王文誥《蘇文忠公詩編注集成》卷一七：（「相逢應覺聲容似」）謂攜手天門者雖非我，而聲容當相似也。今見我，亦當似子由也。（「新學已皆從許子」）以陳相比呂惠卿輩，而以許行比王介甫也。頓起雖出呂惠卿門下，而獨守故學，故末句用「憂時策」叫破，所以重予之也。（「諸生猶自畏何蓄〕何蓄指頓起也。蓋是科葉祖洽輩並以諂諛登上第，而頓起之風節獨不然也。

十二東秦比漢京，去年古寺共題名（自註：去歲見之於青州）。早衰怪我遽如許，苦學憐君太瘦生。茅屋擬歸田二頃，金丹終掃雪千莖。何人更似蘇司業，和遍新詩滿洛城。

九日黃樓作

去年重陽不可說，南城夜半千漚發。水穿城下作雷鳴，泥滿城頭飛雨滑。黃花白酒無人問，日暮歸來洗鞾襪。豈知還復有今年，把盞對花容一呷。莫嫌酒薄紅粉陋，終勝泥中千柄鍤。黃樓新成壁未乾，清河已落霜初殺。朝來白霧如細雨，南山不見千尋剎。樓前便作海茫茫，樓下空聞櫓鴉軋。薄寒中人老可畏，熱酒澆腸氣先壓。煙消日出見漁村，遠水鱗鱗山齾齾。詩人猛士雜龍虎（自註：坐客三十餘人，多知名之士），楚舞吳歌亂鵝鴨。一杯相屬君勿辭，此景何殊泛清霅。

吳寬《賦黃樓送李貞伯》（《瓠翁家藏集》卷四）：維河有源星宿同，導河積石思神功。濁流汗漫失故道，積石卻與洄淵通。平郊脫轡萬馬逸，一夜徑度徐州洪。徐州太守蘇長公，夜呼禁卒登城墉。一身未足捍大患，豈無木柵兼竹籠。戲馬臺前二十里，有隄橫亘長如虹。高城不浸三版耳，挽回魚鱉仍耆童。防河錄成天有工，黃樓高起城之東。五行有土可制水，底用四壁塗青紅。太守登樓賓客從，舉杯酹水臨長風。河伯稽首受約束，不敢更與城爭雄。水流滔滔向東去，紓徐演漾殊從容。負薪投璧竟何用，漢家浪築宣防宮。自公去後五百載，水流有盡恩無窮。我生慕公公不逢，安得置我茲樓中。潁濱淮海獨何幸，留得兩賦摩蒼穹。鳳池舍人今李邕，南行別我何匆匆。登高眺遠必能賦，封題須附冥飛鴻。

查愼行《初白庵詩評》卷中：（「朝來白露如細雨」八句）陰陽晦明，攝入毫端，作大開合。淺人但見寫景耳，吁！

汪師韓《蘇詩選評箋釋》卷三：去年、今年，雨夕、晴朝，各寫得淋漓盡致。驅濤湧雲，夐出千古。

紀昀評《蘇文忠公詩集》卷一七：（起處）筆筆作龍跳虎卧之勢。

趙克宜《角山樓蘇詩評注彙鈔》卷八：陰陽晦明，非景而何，景有不同，寫來自成開合。查氏徒爲大言以尊蘇，而絕少心得，深所不取。（「薄寒中人老可畏」二句）前後寫景，橫插此聯，有力。

陳衍《宋詩精華錄》卷二：（「詩人猛士雜龍虎」二句）以「鵝鴨」對「龍虎」，所謂嬉笑成文章也。

太虛以黄樓賦見寄作詩爲謝

我在黄樓上，欲作黄樓詩。忽得故人書，中有黄樓詞。黄樓高十丈，下建五丈旗。楚山以爲城，泗水以爲池。我詩無傑句，萬景驕莫隨。夫子獨何妙，雨雹散雷椎。雄辭雜今古，中有屈宋姿。南山多磬石，清滑如流脂。朱蠟爲摹刻，細妙分毫釐。佳處未易識，當有來者知。

王士禛《帶經堂詩話》卷一三《遺蹟類》上三六：渡荊山口，水勢如江湖；渡河，次徐州，黄樓在東城隅，坡公詩：「黄樓高十丈，下建五丈旗。」形勝宛然。

九日次韻王鞏

我醉欲眠君罷休，已教從事到青州。鬢霜饒我三千丈，詩律輸君一百籌。聞道郎君閉東閣，且容老子上南樓。相逢不用忙歸去，明日黄花蝶也愁。

胡仔《苕溪漁隱叢話》後集卷六：東坡《九日》詩云：「相逢不用忙歸去，明日黄花蝶也愁。」

又詞云：「萬事到頭終是夢，休休，明日黃花蝶也愁。」（略）兩用之，詩意脈絡貫穿，並優于詞。

洪邁《容齋五筆》卷七《東坡不隨人後》：鄭谷《十日菊》云：「自緣今日人心別，未必秋香一夜衰。」坡則曰：「相逢不用忙歸去，明日黃花蝶也愁。」（略）正採舊公案，而機杼一新，前無古人，于是爲至。

載埴《鼠璞》：今人以宰相子爲東閣。按公孫宏爲丞相，開東閣，不過招延賓客之地，與子弟初無預。今之引用，乃李商隱《九日》詩：「郎君官貴施行馬，東閣無由再得窺。」上言郎君，乃令狐綯；下言東閣，猶是令狐楚之舊館。東坡《九日》詩：因引此事，合而言之：「聞道郎君閉東閣，且容老子上南樓。」此雖使令狐綯絕義山故事，然東閣之開閉，于郎君何預？

紀昀評《蘇文忠公詩集》卷一七：此嫌有粗獷之氣。

送頓起

客路相逢難，爲樂常不足。臨行挽衫袖，更賞折殘菊。佳人亦何念，悽斷陽關曲。酒闌不忍去，共接一寸燭。留君終無窮，歸駕不免促。岱宗已在眼，一往繼前躅。天門四十里，夜看扶桑浴。回頭望彭城，大海浮一粟。故人在其下，塵土相豗蹴。惟有黃樓詩，千古配淇澳（自註：頓有詩記黃樓本末）。

紀昀評《蘇文忠公詩集》卷一七：（「天門四十里」以下）從對面一邊著筆，景中有情，情中有景。將兩地兩人，鎔成一片，筆力奇絕！末二句收得少促，與上文亦不甚貫，遂爲面壁之瑕。

王文誥《蘇文忠公詩編注集成》卷一七：自「岱宗」句至結尾，一直貫下，此謂頓。從岱頂回望彭城，塵土蹙蹴，都無所見。惟黃樓詩，頓所自有，已足千古，獨非塵土所能埋沒者耳。曉嵐謂收句少促，又與上文不貫，殊不知「蹙蹴」韻下，無他語可夾入一層也。

趙克宜《角山樓蘇詩評注彙鈔》卷八：（「天門四十里」）預計去程，猶屬恆徑，轉從頓之懷已寫出，思愈曲而情更深。

延君壽《老生堂常談》：（東坡）《送頓起》云：（下引「岱宗已在眼」至「塵土相蹙蹴」）（略）即同話家常，（略）後一首即如今日送人登泰山，每云：「上了山頂，想必該看見我們在這裏塵土滿面，不得清淨。」然雖是實話，「言之無文，行之不遠」，必得東坡之才之筆，曲曲傳出，便能成奇文異彩，匪夷所思。若如近日講詩，要說實話，街談巷語，流弊所至，尚可問耶。

送孫勉

昔年罷東武，曾過北海縣。白河翻雪浪，黃土如蒸麵。桑麻冠東方，一熟天下賤。是時累饑饉，嘗苦盜賊變。每憐追胥官，野宿風裂面。君爲淮南秀，文采照金殿（自註：君嘗考中進士第一人）。胡爲事奔走，投筆腰羽箭。更被髯將軍，豪篇來督戰（自註：其兄莘老以詩寄之，皆言戰事）。親程三郡士，玉石不能衒。欲知君得人，失者亦稱善。君才無不可，要使經百鍊。吾詩堪咀嚼，聊送別酒嚥。

查愼行《初白庵詩評》卷中：（「欲知君得人」二句）工於遣詞。
紀昀評《蘇文忠公詩集》卷一七：「黃土」句不雅。

李思訓畫長江絶島圖

山蒼蒼，水茫茫，大孤小孤江中央。崖崩路絶猿鳥去，惟有喬木攙天長。客舟何處來，棹歌中流聲抑揚。沙平風軟望不到，孤山久與船低昂。峨峨兩煙鬟，曉鏡開新粧。舟中賈客莫漫狂，小姑前年嫁彭郎。

袁文《甕牖閑評》卷三：大孤山、小孤山，本是此「孤」字，今廟中乃各塑一婦人像，蓋訛「孤」字爲「姑」字耳。其地有孟浪磯，亦訛爲彭郎磯，相傳云：「彭郎，小姑婿也。」其言尤可笑。

蘇東坡《游孤山訪惠勤惠思》詩云：「孤山孤絕誰肯廬，道人有道心不孤。」可證其誤矣。至曾祖可作《大孤山》詩乃云：「有時羅襪步微月，想見江妃相與娛。」則又以「大孤」爲「大姑」也。

查愼行《初白庵詩評》卷中：（「沙平風軟望不到」二句）二句已見公《潁口》七律。然在此處較爲確切。

袁枚《隨園詩話》卷一六：「小姑嫁彭郎」，東坡諧語也。然坐實說，亦趣。

紀昀評《蘇文忠公詩集》卷一七：綽有興致。惟末二句佻而無味，遂似市井惡少語，殊非文雅所宜。

翁方綱《七言詩三昧舉隅》：舉此一篇（按：指北齊《敕勒歌》），則後來如坡公「大孤小孤江中央」等篇之類，何煩悉舉矣。

翁方綱《石洲詩話》卷三：「舟中賈客莫漫狂，小姑前年嫁彭郎」，是題畫詩，所以並不犯呆。而劉須溪豈有不知，《歸田錄》之譏，不必也。題畫則可，賦景則不可，可爲知者道耳。譏此詩者，凡以爲事出俚語耳。不知此詩「沙平風軟」句及「山與船低昂」句，則皆公詩所已有，此非複見語耶？奈何置之不論也？（略）至此首（《出潁口初見淮山，是日至壽州》），則「舟中賈客」，即上之「棹歌中流聲抑揚」者也，「小姑」即上「與船低昂」之山也，不就俚語尋路打諢，何以出場乎？況又極現成，極自然，繚繞縈迴，神光離合，假而疑眞，所以複而愈妙也。（略）而評者顧以引用「小姑」事，沾沾過計，蓋不記此爲題畫作也。

方東樹《昭昧詹言》卷一二：神完氣足，遒轉空妙。

王文誥《蘇文忠公詩編注集成》卷一七：此詩如古樂府，别爲一體，妙在一結，含蓄不盡，使讀者自得之也。且小姑本屬山名，人皆知其傳誤，非若烈女貞姬，遽遭誣謗，詩必爲之指證辨雪者比也。曉嵐詆爲「市井惡少語」，此以市井惡少身而得度者則然，于詩何尤。

香巖批《紀評蘇詩》卷一七：音節體格均近古樂府，一結含蓄，尤妙，使讀者自得之也。

趙克宜《角山樓蘇詩評注彙鈔》卷七：（「沙平風軟望不到」）置身畫中，代爲設想，妙甚。

高步瀛《唐宋詩舉要》卷六引吳汝綸評：公有古風一首（按指《李思訓畫長江絶島圖》，與此（《出潁口初見淮山，是日至壽州》）略同，蓋自喜之甚，復約之以爲近體。

張安道見示近詩

人物一衰謝，微言難重尋。殷勤永嘉末，復聞正始音。清談未足多，感時意殊深。少年有奇志，欲和南風琴。荒林蜩蚻亂，廢沼蛙蟈淫。遂欲掩兩耳，臨文但噫瘖。蕭然王郎子，來自緱山陰（自註：其壻王鞏攜來）。云見浮邱伯，吹簫明月岑。遺聲落淮泗，蛟鼉爲悲吟。願公正王度，祈招繼愔愔。

朋九萬《烏臺詩案・送張方平詩》：熙寧四年五月中，軾將赴杭州。張方平陳乞得南京留臺，本人有詩一首送軾。軾只記得落句云：「最好乘船遊禪扉。」其餘不記，即無譏諷。卻有一詩送本人云：「無人長者側，何以安子思？」意以子思比方平之賢，言朝廷當堅留要任，不可令閒也。元豐元年八月內，張方平令王鞏將詩一卷，來徐州，題封曰：「樂全堂雜詠。」折開看，乃是方平舊詩，即無譏諷。軾作一詩題卷末，其詞云：「人物已衰謝，微言難重尋。殷勤永嘉末，復聞正始音。清談未足多，感時意殊深。」軾言晉元帝時衛玠初過江左，不意永嘉之末，復聞正始之音。軾意言人物衰謝，不意復見張方平之文章才氣，以譏諷今時風俗衰薄也。意以衛玠比方平，故云：「清談未足多，感時意殊深。」言我非獨多衛玠清談，但感時之人物衰謝，微言難繼，此意殊深遠也。又云：「少年有奇志，欲和南風琴。荒林蜩蚻亂，廢沼蛙蟈淫。遂欲掩兩耳，臨文但噫瘖。」意言軾少年本有志，欲和天子薰風之詩，因見學者皆空言無實，雜引佛老異端之書，文字雜亂，故以荒林廢沼，比朝廷新法，屢有變改，事多荒廢。致風俗虛浮，學者誕妄，如蜩蚻之紛亂，故遂掩耳，不欲論文也。又云：「蕭然王郎子，來自緱山陰。云見浮丘伯，吹簫明月岑。遺聲落淮泗，蛟鼉爲悲吟。」以王子晉比王鞏，以浮丘伯比方平也。「願公正五度，祈招繼愔愔。」據左氏，楚靈王欲求九鼎於周，求地於諸侯，其臣令尹子革諫王，其詩曰：「祈招之愔愔，式昭德音。思我王度，式如玉，式如金。形民之力，而無醉飽之心。」楚靈王不能用，以及於難。其事節止於此。但軾不全記其詞。軾欲張方平勿爲虛言之詩，當作譏諷朝廷政治闕失，如祭父作《祈招》之詩也。

紀昀評《蘇文忠公詩集》卷一七：「荒林」四句太激。古人雖不廢諷刺，然皆心平氣和，乃不失風人溫厚之旨。

又見卷六《送錢藻出守婺州得英字》趙翼評。

次韻王鞏顏復同泛舟

沈郎清瘦不勝衣，邊老便便帶十圍。蹀躞身輕山上走，懽呼船重醉中歸。舞腰似雪金釵落，談辯如雲玉麈揮。憶在錢塘正如此，回頭四十二年非。

查愼行《初白庵詩評》卷中：此詩亦見山谷集。細觀語氣，確是先生家法，非黃作也。

紀昀評《蘇文忠公詩集》卷一七：第三句不雅。

次韻張十七九日贈子由

千戈萬槊擁笓籬，九日淸樽豈復持（自註：是日南都敕使按兵）。官事無窮何日了，菊花有信不吾欺。逍遙瓊館眞堪羨，取次塵纓未可縻。迨此暇時須痛飲，他年長劍拄君頤。

次韻王鞏獨眠

居士身心如槁木，旅館孤眠體生粟。誰能相思琢白玉，服藥千朝償一宿。天寒日短銀燈續，欲往從之車脫軸。何人吹斷參差竹，泗水茫茫鴨頭綠。

汪師韓《蘇詩選評箋釋》卷二：簡古而蔚，書家所謂多力豐筋者。

趙翼《甌北詩話》卷五《蘇東坡詩》：坡詩有云「清詩要鍛鍊，方得鉛中銀」。然坡詩實不以鍛鍊爲工，其妙處在乎心地空明，自然流出，一似全不著力而自然沁入心脾。此其獨絕也。今第就七言律論之，如（略）「官事無窮何日了，菊花有信不吾欺。」（略）此數十聯乃是稱心而出，不假雕飾，自然意味悠長。即使事處，亦隨其意之所欲出，而無牽合之迹。此不可以聲調、格律求之也。

（日本）賴山陽《東坡詩鈔》卷三：（「居士身心如槁木」）自《莊子》來。（「旅館孤眠體生粟」）《飛燕外傳》：體無軫粟。（「服藥千朝償一宿」）《太平廣記》：服藥千朝，不如獨宿一宵。（「欲往從之車脫軸」）用虛字取流動之勢。（「泗水茫茫鴨頭綠」）餘音悠然。

香巖批《紀評蘇詩》卷一七：八句通用韻。

次韻王鞏留別

去國已八年，故人今有誰。當時交遊內，未數蔡充兒。豈無知我者，好爵半已縻。爭爲東閣吏，不顧北山移。公子表獨立，與世頗異馳。不辭千里遠，成此一段奇。蛾眉亦可憐，無奈思餅師。無人伴客寢，惟有支牀龜。君歸與何人，文字相娛嬉。持此調張子，一笑當脫頤。

查愼行《初白庵詩評》卷中：（「無人伴客寢」至末」）前有《次韻獨眠》詩，此段亦借此意以相調。

又《初白庵蘇詩補注》卷一七：補錄施氏原注：「時王介甫罷相歸金陵，以韓絳子華代之。又薦呂惠卿參知政事，相與守新法而不變。故子華號『傳法沙門』，惠卿號『護法善神』。正人端士、皆以異論，指爲流俗，廢棄於外。其不能自持者、亦枉道以從之。故詩八句（「去國已八年「至」不顧北山移」）云云，意有所指。獨嘆定國異於他人，不肯屈節爲用，故又云「公子表獨立」云云也。

紀昀評《蘇文忠公詩集》卷一七：「未數」句太激。「成此」句太俚。

登雲龍山

醉中走上黄茆岡，滿岡亂石如羣羊。岡頭醉倒石作牀，仰看白雲天茫茫。歌聲落谷秋風長，路人舉首東南望，拍手大笑使君狂。

查愼行《初白庵蘇詩補注》卷一七：此首先生手書刊石。詩後題云：「元豐元年九月十七日，張天驥、蘇軾、顔復、王鞏，始登此山。」

紀昀評《蘇文忠公詩集》卷一七：偶成別調，不可無一，不可有二。

王文誥《蘇文忠公詩編注集成》卷一七：（「歌聲落谷秋風長」）通篇着意，妙在有此句一折，故能節短音長也。

香巖批《紀評蘇詩》卷一七：七句能用韻。

題雲龍草堂石磬

折爲督郵腰，懸作山人室，殊非濮上音，信是泗濱石。

馮應榴《蘇文忠詩合註》卷一七引次公曰：折腰爲磬折，故用淵明揖督郵事耳，讀者不以辭害意可也。

紀昀評《蘇文忠公詩集》卷一七：督郵（「折爲督郵腰」）何必折腰？無論語拙，典亦誤數矣。此必非東坡筆，乃後人依託也。

與舒教授張山人參寥師仝遊戲馬臺書西軒壁兼簡顔長道二首

古寺長廊院院行，此軒偏慰旅人情。楚山西斷如迎客，汴水南來故遶城。路失玉鈎芳草合，林亡白鶴古泉清。淡游何以娱庠老，坐聽郊原琢磬聲。

《考古質疑》卷五：大慶因而觀坡詩，錯誤尤多，前輩嘗論之矣，今總序于此。（略）又《徐州戲馬臺》詩：「路失玉鈎芳草合，林亡白鶴野泉清。」按《桂府叢談》：「李蔚咸通中移鎭淮海，見郡寡勝游之地，命于戲馬臺西連玉鈎斜道葺亭，名之曰賞心。」今此乃誤用廣陵戲馬臺事。至于下句亦誤，《後山詩話》云：「廣陵亦有戲馬臺，唐高宗東封，有鶴下焉，乃詔諸州爲老氏築宮，名以白鶴。」公蓋二句皆誤矣。

竹杖芒鞋取次行，下臨官道見人情。天寒菽粟猶棲畝，日暮牛羊自入城。沽酒猶教陶令醉，題詩誰似皎公清。更尋陋巷顏夫子，乞取微言繼此聲。

紀昀評《蘇文忠公詩集》卷一七：（「下臨官道見人情」）次句有意而不醒。（「天寒菽粟猶棲畝」）四句荒涼如見。

滕縣時同年西園

人皆種榆柳，坐待十畝陰。我獨種松柏，守此一片心。君看閭里間，盛衰日駸駸。種木不種德，聚散如飛禽。老時吾不識，用意一何深。知人得數士，重義忘千金。西園手所開，珍木來千岑。養此霜雪根，遲彼鸞鳳吟。池塘得流水，龜魚自浮沈。幽桂日夜長，白花亂青衿。豈獨蕃草木，子孫已成林。拱把不知數，會當出千尋。樊侯種梓漆，壽張富華簪。我作西園詩，以爲里人箴。

紀昀評《蘇文忠公詩集》卷一七：語既平衍，格韻尤爲凡近。
香巖批《紀評蘇詩》卷一七：（「豈獨蕃草木」六句）人樹合寫，筆妙。

次韻王廷老和張十七九日見寄

霜葉投空雀啅籬，上樓筋力強扶持。對花把酒未甘老，膏面染鬚聊自欺。無事亦知君好飲，多才終恐世相縻。請看平日銜杯口，會有金椎爲控頤。

查愼行《初白庵詩評》卷中：張名恕。子由有《次韻張寺丞九日寄子瞻》詩。
紀昀評《蘇文忠公詩集》卷一七：（「請看平日銜杯口」二句）結語太甚。
香巖批《紀評蘇詩》卷一七：（「膏面染鬚聊自欺」）四句指廷老。

鹿鳴宴

連騎匆匆畫鼓喧，喜君新奪錦標還。金罍浮菊催開宴，紅蕊將春待入關。他日曾陪探禹穴，白頭重見賦南山。何時共樂昇平事，風月笙簫坐夜閒。

紀昀評《蘇文忠公詩集》卷一七：何忽庸俗至此？

次韻參寥師寄秦太虛三絕句時秦君舉進士不得

秦郎文字固超然，漢武憑虛意欲仙。底事秋來不得解，定中試與問諸天。

葛立方《韻語陽秋》卷一八：（「底事秋來不得解」二句）深爲（秦觀）稱屈也。

黃徹《䂬溪詩話》卷八：又《寄參寥問少游失解》云：「底事秋來不得解，定中試與問諸天。」蓋劉禹錫《和宣上人賀王侍郎放榜後》詩云：「借問至公誰印可，支郎天眼定中觀。」不惟兼具儒釋，又政屬科場事，其不泛如此。

查愼行《初白庵詩評》卷中：時秦君舉進士不得。

紀昀評《蘇文忠公詩集》卷一七：（「定中試與問諸天」）末句綰合甚巧。

一尾追風抹萬蹄，崑崙元圃謂朝隮。回看世上無伯樂，卻道鹽車勝月題。

查愼行《初白庵詩評》卷中：（「回看世上無伯樂」）先生與秦太虛尺牘云：「見解榜，不見太虛名字，此不足爲太虛損益，但弔予有司之不幸耳」。即此詩意。

得喪秋毫久已冥，不須聞此氣崢嶸。何妨卻伴參寥子，無數新詩咳唾成。

紀昀評《蘇文忠公詩集》卷一七：此卻綰合得粗率。

與參寥師行園中得黃耳蕈

遺化何時取衆香，法筵齋鉢久淒涼。寒蔬病甲誰能採，落葉空畦半已荒。老楮忽生黃耳菌，故人兼致白芽薑。蕭然放箸東南去，又入春山筍蕨鄉。

舊題王十朋《集註分類東坡先生詩》卷二〇引次公曰：先生詩，有因題中三字而爲之對，如以「白芽薑」對「黃耳菌」，（略）其意自貫，不害爲工。

曾國藩《曾文公全集・讀書錄》卷九《東坡文集》：「蕭然放箸東南去」，「東南去」者，此時將離徐州，改官湖州矣。

百步洪二首

王定國訪余於彭城，一日棹小舟與顏長道攜盼、英、卿三子游泗水，北上聖女山，南下百步洪，吹笛飲酒，乘月而歸。余時以事不得往，夜著羽衣佇立於黃樓上，相視而笑，以爲李太白死，世間無此樂三百餘年矣。定國既去逾月，復與參寥師放舟洪下，追懷曩游，以爲陳迹。喟然而歎，故作二詩，一以遺參寥，一以寄定國，且示顏長道、舒堯文，邀同賦云。

劉將孫《自有樂地記》（《養吾齋集》卷一六）：山水之雄傑，本不預人事。雖如歐公于滁，東坡于百步洪，自以爲樂矣，然或內不得于意，而外託以自寬，談笑之中有景景者焉，燕酣之外有鬱鬱者焉，地與人不相屬也。

趙克宜《角山樓蘇詩評注彙鈔》卷八：序中先述王、顏之游，已不得與。及與參寥放舟，追懷昔游，感而成詠。詩則前一首實賦與參寥放舟，後一首追懷昔游也。

長洪斗落生跳波，輕舟南下如投梭。水師絕叫鳧雁起，亂石一綫爭磋磨。有如兔走鷹隼落，駿馬下注千丈坡。斷絃離柱箭脫手，飛電過隙珠翻荷。四山眩轉風掠耳，但見流沫生千渦。嶮中得樂雖一快，何異水伯夸秋河。我生乘化日夜逝，坐覺一念逾新羅。紛紛爭奪醉夢裏，豈信荆棘埋銅駝。覺來俛仰失千劫，回視此水殊委蛇。君看岸邊蒼石上，古來篙眼如蜂窠。但應此心無所住，造物雖駛如吾何。回船上馬各歸去，多言譊譊師所呵。

洪邁《容齋三筆》卷六：韓、蘇兩公爲文章，用譬喻處，重複聯貫，至有七八轉者。（略）蘇公《百步洪》詩云（下引「長洪斗落生跳波」八句）之類是也。

查慎行《初白庵詩評》卷中：（「有如兔走鷹隼落」四句）聯用比擬，局陣開拓。古未有此法，自先生創之。

汪師韓《蘇詩選評箋釋》卷二：用譬喻爲文，是軾所長。此篇摹寫急浪輕舟，奇勢迭出，筆力破餘地，亦眞是險中得樂也。後幅養其氣以安舒，猶時見警策，收煞得住。

紀昀評《蘇文忠公詩集》卷一七：語（指起處）皆奇逸，亦有灘起渦旋之勢。（「有如兔走鷹隼落」）只用一「有如」貫下，便脫去連比之調。（「飛電過隙珠翻荷」）一句兩比，尤爲創格。後半全對參寥下語。詩須如此用意，方淡浮泛。

（日本）賴山陽《東坡詩鈔》卷三：此詩是東坡本色，詩本二首，其和韻之詩，雖世人所喜，畢竟不如此詩之妙，故特選之。（「有如兔走鷹隼落」四句）下筆雄躍奮速，四句宜作一句讀之。（「何異水伯夸秋河」）自莊子來。（「我生乘化日夜逝」）是開，無此四句，便是小兒語耳。（「坐覺一念逾新羅」）本《傳燈錄》。（「回視此水殊委蛇」）是合。（「回視此水殊委蛇」四句）百尺竿頭進一步，着此四句，詩亦委蛇。

翁方綱《石洲詩話》卷三：《容齋三筆》謂「蘇公《百步洪》詩，重複譬喻處，與韓《送石洪序》同」。此以文法論之，固似矣；而此詩之妙，不盡於此。今之選此詩者，但以《百步洪》原題爲題，而忘其每篇自有本題。此篇之本題，則序中所謂「追懷曩遊，已爲陳迹」也。試以此意讀之，則所謂「兔走隼落」、「駿馬注坡」、「絃離箭脫」、「電過珠翻」者，一層內又貫入前後兩層，此是何等神光！而僅僅以叠下譬喻之文法賞之耶？查初白評此詩，亦謂「連用比擬，古所未有」。予謂此蓋出自《金剛經》偈子耳。

趙翼《甌北詩話》卷五：東坡大氣旋轉，雖不屑屑于句法字法中別求新奇，而筆力所到，自成創格。如（略）《百步洪》詩（下引「有如兔走鷹隼落」四句）形容水流迅急，連用七喻，實古所未有。

趙翼批沈德潛《宋金元三家詩選·蘇東坡詩選》上卷：「長洪斗落生跳波」十句）六七層譬喻，一氣噴出，而不覺其拉雜，豈非奇作？

又：起處雄猛，結處欲與相稱，必至板笨矣。詩以一筆掃之，戛然而止，省多少筆墨。

方東樹《昭昧詹言》卷一二：「君看」句忽合，此爲神妙。惜抱先生曰：「此詩之妙，詩人無之者也，惟有《莊子》耳。」余謂此全從《華嚴》來。此首暨《劉孝叔》、《南山之下》、《二馬並驅》、《我昔在田間》五首，熟讀之，可得奇縱之妙。余喜說理，談至道，然必于此等閒題出之，乃見入妙。若正題實說，乃爲學究傖氣俗子也。

王文誥《蘇文忠公詩編注集成》卷一七：（「駿馬下注千丈坡」）周益公嘗論此句「注」字之佳，與「駐」字不同。此詩以題字爲詩，時與參寥同游，故結到參寥，須知後詩夾不進參寥也。叙云「一以遺參寥」者如此，讀者不可不知。趙克宜《角山樓蘇詩評注彙鈔》卷八：前一首實賦與參寥放舟。（略）（「水師絕叫鳧雁起」）此聯寫得有聲勢，方能振起下文。（「但見流沫生千渦」）頓得有力量。（「回視此水殊委蛇」）翻轉前文。（「古來篙眼如蜂窩」）即序所云陳迹也，暗藏「曩游」在內。

陳衍《宋詩精華錄》卷二：坡公喜以禪語作詩，數見無味。此詩就眼前「篙眼」指點出，眞非鈍根人所及矣。「兔走」四句，從六如來，從韓文「燭照龜卜」來，此遺山所謂「百態妍」也。

高步瀛《唐宋詩舉要》卷三引吳汝綸評：後半喜談名理。

佳人未肯回秋波，幼輿欲語防飛梭。輕舟弄水買一笑，醉中盪槳肩相磨。不學長安閭里俠，貂裘夜走臙脂坡。獨將詩句擬鮑謝，涉江共採秋江荷。不知詩中道何語，但覺兩頰生微渦。我時羽服黃樓上，坐見織女初斜河。歸來笛聲滿山谷，明月正照金叵羅。奈何捨我入塵土，擾擾毛羣欺卧駝。不念空齋老病叟，退食誰與同委蛇。時來洪上看遺跡，忍見屐齒青苔窠。詩成不覺雙淚下，悲吟相對惟羊何。欲遣佳人寄錦字，夜寒手冷無人呵。

朋九萬《烏臺詩案·徐州觀百步洪詩》：熙寧十年知徐州日，觀百步洪，作詩一篇，即無譏諷。有本州教授舒煥字堯文，和詩云：「先生何人堪並席？李郭相逢上舟日。殘霞明滅日腳沉，水面浮云天一色。磷磷石若鐵林兵，翻激奔衝精甲白。岸頭旗幟簇五馬，一櫓飛艎信未下。入夜寒生波浪間，汗衣如逐秋風乾。相忘河魚互出役，得性沙鳥鳴閒關。委蛇二龍乃神物，遊樂諸溪誠爲難，築亭種柳恐不暇，天下龍雨須公還。」上件詩意無譏諷。所有山村詩，即不曾寄召仲甫。

吳曾《能改齋漫錄》卷六《金叵羅》：東坡詩：「歸來笛聲滿山谷，明月正照金叵羅。」按，《北史》祖珽盜神武金叵羅，蓋酒器也。韓子蒼詩云：「勸我春風金叵羅。」

王楙《野客叢書》卷一四《金叵羅》：（前引《能改齋漫錄》）僕謂金叵羅入詩中用，已見李太白矣，不但蘇、韓二公也。雖知金叵羅爲酒器，然觀祖珽盜金叵羅置髻上，髻上豈可以置酒器乎？黄朝英亦有是疑。

《容齋五筆》卷九《燕賞逢知己》：王定國訪東坡公於彭城，一日，棹小舟與顔長道攜盼、英、卿三子遊泗水，南下百步洪，吹笛飲酒，乘月而來，坡時以事不得往。夜著羽衣，佇立黄樓上，相視而笑，以爲李太白死，世間無此樂三百餘年矣。定國既去，逾月，復與參寥師泛舟洪下，追憶曩遊，作詩曰：「輕舟弄水買一笑，醉中蕩槳肩相摩。」「歸來笛聲滿山谷，明月正照金叵羅。」味此二游之勝，今之燕賓者寧復有之？蓋亦値知己也。

汪師韓《蘇詩選評箋釋》卷二：疊韻愈出愈愈奇，百鍊鋼化爲繞指柔，古今無敵手。此篇與前篇合看，益見其才大而奇。

紀昀評《蘇文忠公詩集》卷一七：此首緊切王、顏攜妓用意，亦句雅健。結句對照好。

趙翼批沈德潛《宋金元三家詩選·蘇東坡詩選》上卷：此首緊切王顏攜妓，用意亦句句雅健。結句（「欲遣佳人寄錦字」）對照（起句云：「佳人未肯回秋波」）好。

王文誥《蘇文忠公詩編注集成》卷一七：此詩以詩叙爲題，專詠定國游事，故叙云「一以寄定國」也。公詩又有專以叙爲題者，皆不重題字。每見論者死看題字，不悟其用意所在，故論多掣肘。

香巖批《紀評蘇詩》卷一七：（「欲遣佳人寄錦字」）應起處。趙克宜《角山樓蘇詩評注彙鈔》卷八：自疊前韻，辭意宛轉相副，毫無牽掣之迹，斯爲神技。（「時來洪上看遺跡」）合到當下放舟。

送參寥師

上人學苦空，百念已灰冷。劍頭惟一吷，焦穀無新穎。胡爲逐吾輩，文字爭蔚炳。新詩如玉屑，出語便清警。退之論草書，萬事未嘗屏。憂愁不平氣，一寓筆所騁。頗怪浮屠人，視身如邱井。頹然寄淡泊，誰與發豪猛。細思乃不然，眞巧非幻影。欲令詩語妙，無厭空且靜。靜故了羣動，空故納萬境。閱世走人間，觀身卧云嶺。鹹酸雜衆好，中有至味永。詩法不相妨，此語當更請。

查慎行《初白庵詩評》卷中：（「靜故了群動」二句）禪理也，可悟詩境。

汪師韓《蘇詩選評箋釋》卷二：取韓愈論高閑上人草書之旨，而反其意以論詩，然正得詩法三昧者。其後嚴羽遂專以禪喻詩，至爲分別宗乘，此篇早已爲之點出光明。王士禛嘗謂李、杜如來禪，蘇、黃祖師禪，不妄也。

紀昀評《蘇文忠公詩集》卷一七：查云：「公與潛以詩友善，譬潛以詩。潛止一詩僧耳。尋出「空」「靜」二字（「欲令詩語妙，無厭空且靜」）便有主腦，便是結穴處。」余謂潛本僧，而公之詩友。若專言詩，則不見僧；專言禪，則不見詩。故禪與詩併而爲一，演成妙諦。結處「詩法不相妨」五字，乃一篇之主宰，非專拈「空」、「靜」也。（起處）直涉理路，而有揮灑自如之妙，遂不以理路病之。言各有當，勿以王、孟一派概盡天下古今之詩。

宋長白《柳亭詩話》卷一〇《空靜》：（「欲令詩語妙」四句）以音聲語言而作佛事，深有得于此邦，眞教體之意，不必成佛在靈運後也。

王文誥《蘇文忠公詩編注集成》卷一七：（「上人學苦空」二句）參寥入道有得，所不耐者，罵人與作詩耳。公意特首提十字，爲後幅以空靜求詩作章本。然論詩則是，而論人則不足以肖之。故生出張旭、高閑一段，以比擬其人，而歸于詩當空靜，所以深勉之也。（「胡爲逐吾輩」二句）他僧多借禪爲詩，若蜜殊、法通之流，本屬文人，又不以僧論也。惟參寥能于詩自樹一幟，故此二句，特以予之。然上句已領起退之，下句已領起張旭、高閑，可見其胸有成竹，未易測識之也。（「出語便清警」）以上一節，是初知參寥口吻。「萬事未屏」句，特與「百念灰冷」作對照。高閑是詩僧，若張旭者，公以懷素並稱禿翁，則亦幾于僧也。詩特用此以比參寥無聊不平之所發，然二人究有不同，故單提退之，以並論之也。（「憂愁不平氣」二句）指張旭也。（「頗怪浮屠人」二句）指高閑也。（「誰與發豪猛」）以上一節，專重論人，而以草書比詩，作過脈意，謂作詩亦當如旭，而其技始進，若高閑者，誠無以發其豪猛也。用此一揚而翻落本意，疾若風雨。曉嵐不明此意，卻于後節信手亂圈。此節是難，後節是解，如欲累圈，必當從退之圈起也。（「細思乃不然」）五字硬翻，此所謂本家筆也，惟公可用。若他人效之，亦以置一節頭上，即不勝其疵累矣。（「空故納萬境」）以上六句翻去豪猛，而歸于淡泊，舍張旭而取高閑也。（「鹹酸雜衆好」）此句仍是參寥本色，謂張旭、高閑並有之也。如謂所論不確，即不當有結二句。（「中有至味永」）以上四句，方收到參寥，其前都非是。兩家之論（按：指紀昀及紀昀所引查慎行語），只可論「欲令詩語妙」至「中有至味永」止八句，若盡刪前後詩句，單留此段，則所論當矣。「詩法不相妨」二句，謂詩不礙禪，而必如旭之喜怒不平以發之，即又不若高閑之善學也，故云「此語當更請」也。參寥既見知于公，自此益目空一世，多與物忤，人有過，必面斥之，其後中奇禍，幾死，而公亦歸道山，乃赴潁川求叔黨爲箴言以自警。是參寥當日並未了悟此詩，而僅以得之蓄髮編管困苦流離之後也。夫參寥親受此詩，猶未能盡通其故，而欲冀後之人，心眼相照，論無毫髮之謬，不其難哉，不其難哉。

香巖批《紀評蘇詩》卷一七：此評（指紀評）未得詩之要領。「退之」以下八句發難，「細思」六句是解，言禪不妨詩。「閱世」四句，言混俗和光，與衆同好，不但不妨詩，且不妨禪，請其更進一境。參寥喜罵世忤物，坡公恐其賈禍，故規之耳。

趙克宜《角山樓蘇詩評注彙鈔》卷八：（「退之論草書」）根據昌黎之論以作波瀾，翻跌有力。（「鹹酸雜衆好」）二語遒鍊。

夜過舒堯文戲作

先生堂上霜月苦，弟子讀書喧兩廡。推門入室書縱橫，蠟紙燈籠晃雲母。先生骨清少眠臥，長夜默坐數更鼓。耐寒石硯欲生冰，得火銅瓶如過雨。郎君欲出先自贊，坐客歛衽誰敢侮。明朝阮籍過阿戎，應作羲之羨懷祖。

黃徹《砉溪詩話》卷三：（「推門入室書縱橫」二句）慣親燈火，儒生酸態盡矣。
汪師韓《蘇詩選評生釋》卷二：寫教授情景，逼肖逼眞，然俗塵已去兩千仞。
查愼行《初白庵詩評》卷中：（「郎君欲出先自贊」二句）堯文當有譽兒癖，故二句云然。
趙克宜《角山樓蘇詩評注彙鈔》附錄卷下：詩亦清麗，卻無深意，緣戲筆故也。

和參寥見寄

黃樓南畔馬臺宮，雲月娟娟正點空。欲共幽人洗筆硯，要傳流水入絲桐。且隨侍者尋西谷，莫學山僧老祝融。待我西湖借君去，一杯湯餅潑油葱。

紀昀評《蘇文忠公詩集》卷一七：（「黃樓南畔馬臺宮」）去「戲」字，未妥。中四句虛字平頭。（「一杯湯餅潑油葱」）末三字太俚。

十月十五日觀月黃樓席上次韻

中秋天氣未應殊，不用紅紗照座隅。山上白雲橫匹素，水中明月卧浮圖。未成短棹還三峽，已約輕舟泛五湖。爲問登臨好風景，明年還憶使君無。

蔡正孫《詩林廣記》後集卷三：愚謂東坡此詩之意，又有《十月十五日觀月黃樓席上次韻》云：「爲問登臨好風景，明年還憶使君無？」又《和子由山茶盛開》云：「雪裏盛開知有意，明年開後更誰看。」王元之《黃州竹樓記》云：「未知明年，又在何處。」近世有賦《賞春》詞，末句云：「不知來歲牡丹時，再相逢何處。」噫，好景不常，盛事難再。讀此語，則令人有歲月飄忽之感云。

紀昀評《蘇文忠公詩集》卷一七：三四小樣。

答王定民

開緘奕奕滿銀鈎，書尾題詩語更遒。八法舊聞宗長史，五言今復擬蘇州。筆蹤好在留臺寺，旅隊遙知到石溝。欲寄鼠鬚並繭紙，請君章草賦黃樓。

次韻王庭老退居見寄二首

浪蘂浮花不辨春，歸來方識歲寒人。回頭自笑風波地，閉眼聊觀夢幻身。北牖已安陶令榻，西風還避庾公塵。更搔短髮東南望，試問今誰裹舊巾。

紀昀評《蘇文忠公詩集》卷一七：六句（「西風還避庾公塵」）太露。

接果移花看補籬，腰鐮手斧不妨持。上都新事長先到，老圃閒談未易欺。釀酒閉門開社甕，殺牛留客解耕縻。何時得見纖纖玉，右手持杯左捧頤。

查慎行《初白庵詩評》卷中：此首《張十七九日》詩韻也。本集有《次韻王廷老和張十七九日見寄》詩，必同時作。

紀昀評《蘇文忠公詩集》卷一七：（「上都新事長先到」二句）查初白最賞此二句。（「殺牛留客解耕縻」）不近情事。

次韻顏長道送傅倅

兩見黃花掃落英，南山山寺遍題名。宗成不獨依岑范，魯衛終當似弟兄。去歲雲濤浮汴泗，與君泥土滿衣纓。如今別酒休辭醉，試聽雙洪落後聲。

紀昀評《蘇文忠公詩集》卷一七：後四句筆力雄大。

延君壽《老生常談》：嘗論東坡七律，固是學問大，然終是天才迥不猶人，所以變化開合，神出鬼沒，若行乎其所無事。（略）又有一意翻爲一聯，用筆用氣直貫至尾，魄力雄健者。《送傅倅》云：「兩見黃花掃落英（略）。」純以質勁之氣，作閃爍之筆，遂能于尋常蹊徑中，得此出沒變化之妙。

趙克宜《角山樓蘇詩評注彙鈔》卷八：單行入律，昔人多用之，前半篇集中獨用之，後半篇尤覺擺脱不羈，眞力彌滿。

雲龍山觀燒得雲字

丁女眞水妃，寒山便火耘。隕霜知已殺，坯戶聽初焚。束縕方熠燿，敲石俄氤氳。落點甘泉烽，橫煙楚塞氛。窮蛇上喬木，潛蛟躡浮雲。驚飛墮傷雁，狂走迷癡麕。谷蟄起蜩燕，山妖竄夔羵。野竹爆哀聲，幽桂飄冤芬。悲同秋照蟹，快若夏燎蚊。火牛入燕壘，燧象奔吳軍。崩騰井陘口，萬馬皆朱幘。搖曳驪山陰，諸姨爛紅裙。方隨長風卷，忽値絕澗分。我本山中人，習見匪獨聞。偶從二三子，來訪張隱君。君家亦何有，物象移朝曛。把酒看飛燼，空庭落繽紛。行觀農事起，畦壠如纈紋。細雨發春穎，嚴霜倒秋蕡。始知一炬力，洗盡狐兔羣。

瞿佑《歸田詩話》卷上：昌黎《陸渾山火》詩，造語險怪，初讀殆不可曉。（略）題云《和皇甫湜韻》，湜與李翺皆從公學文。翺得公之正，湜得公之奇。此篇蓋戲效其體，而過之遠甚。東坡有《雲龍山火》詩，亦步驟此體，然用意措辭，皆不逮也。

查愼行《初白庵詩評》卷中：（「我本山中人」至末）較昌黎《陸渾山》一章，渾噩之氣變爲疏快矣。

紀昀評《蘇文忠公詩集》卷一七：（起處）力摹昌黎，居然似之。「我本」以下，忽又平易，未免首鼠兩端，不成體格。

趙克宜《角山樓蘇詩評注彙鈔》附錄卷下：（「方隨長風卷」二句）二語入神，雖昌黎無以過之。

和田國博喜雪

疇昔月如晝，晚來雲暗天。玉花飛半夜，翠浪舞明年。螟螣無遺種，流亡稍占田。歲豐君不樂，鐘磬幾時編（自註：田有服不樂）。

祈雪霧豬泉出城馬上作贈舒堯文

三年走吳越，踏徧千重山。朝隨白雲去，暮與棲鴉還。翩如得木狖，飛步誰能攀。一爲符竹累，坐老敲榜閒。此行亦何事，聊散腰腳頑。浩蕩城西南，亂山如玦環。山下野人家，桑柘雜榛菅。歲晏風日暖，人牛相對閒。薄雪不蓋土，麥苗稀可刪。願君發豪句，嘲詼發天慳。

楊愼《升菴詩話》卷一〇《梅谿注東坡詩》：又《祈雪霧豬泉》云：「歲宴風日暖，人牛相對閒。」「人牛」字用東方朔《占書》「春與歲齊，人牛並立」之語，而注亦失引。

汪師韓《蘇詩選評箋釋》卷二：遠景近村，歷歷在目，何啻置身圖畫中。

紀昀評《蘇文忠公詩集》卷一七：（「此行亦何事」二句）祈雪不應如此說，此與「同二令祈兩」詩同一語病。只因說得豪快，遂忘顧立言之體。（「歲晏風日暖」二句）二句如畫。（「願君發豪句」二句）二句不貫上文。

次韻舒堯文祈雪霧豬泉

長笑蛇醫一寸腹，銜冰吐雹何時足。蒼鵝無罪亦可憐，斬頸橫盤不敢哭。豈知泉下有豬龍，卧枕雷車踏陰軸。前年太守爲旱請，雨點隨人如撒菽（自註：傅欽之曾禱此泉得雨）。太守歸國龍歸泉，至今仍詠淇園綠。我今又復罹此旱，凜凜疲民在溝瀆。卻尋舊跡叩神泉，坐客仍攜王子淵（自註：欽之時客，惟舒在矣）。看草《中和》、《樂職》頌，新聲妙語慰華顛。曉來泉上東風急，須上冰珠老蛟泣。怪詞欲逼龍飛起，險韻不量吾所及。行看積雪厚埋牛，誰與春工掀百蟄。此時還復借君詩，餘力汰輈仍貫笠。揮毫落紙勿言疲，驚龍再起震失匙。

紀昀評《蘇文忠公詩集》卷一七：（起處）多爲韻腳所牽，不甚自如。（「須上冰珠老蛟泣」）「蛟」當作「鮫」。

宋復古畫瀟湘晚景圖三首

汪師韓《蘇詩選評箋釋》卷二：首篇言畫之梗概，終篇言畫之曲折，中篇乃以前四句承上，後四句起下，結構森嚴，不但霞絢水瑩，獨標瓌穎。

紀昀評《蘇文忠公詩集》卷一七：題畫作五律，已難措手；疊至三首，更難措手矣。

趙克宜《角山樓蘇詩評注彙鈔》卷八：三詩純乎杜意。紀以題畫不應五律而忽之，所謂成見未化也。

西征憶南國，堂上畫瀟湘。照眼雲山出，浮空野水長。舊游心自省，信手筆都忘。會有衡陽客，來看意渺茫。

落落君懷抱，山川自屈蟠。經營初有適，揮灑不應難。江市人家少，煙村古木攢。知君有幽意，細細爲尋看。

咫尺殊非少，陰晴自不齊。徑蟠趨後崦，水會赴前溪。自說非人意，曾經入馬蹄。他年宦遊處，應指劍山西。

王文誥《蘇文忠公詩編注集成》卷一七：（「徑蟠趨後崦」二句）宋復古讀至此二句，謂公亦深于畫者。

香巖批《紀評蘇詩》卷一七：（「咫尺殊非少」四句）畫理精深。

趙克宜《角山樓蘇詩評注彙鈔》卷八：（「自說非人意」）「自說」句晦。（「徑蟠趨後崦」二句）「徑蟠」十字，論畫精絕。少陵賦實境，有此句法，用以題畫，則更妙矣。

贈狄崇班季子

狄生臂鷹來，見客不會揖。踞牀吒得雋，借筯數禽入。短後搊豹裘，猶濺猩血濕。指呼索酒嘗，快作長鯨吸。半酣論刀槊，怒髮欲起立。北方老猘子，狂突尙不縶。要須此慓悍，氣壓邊烽急。夜走追鋒車，生斬符離級。持歸獻天王，封侯穩可拾。何爲走獵師，日使群毛泣。

紀昀評《蘇文忠公詩集》卷一七：（「見客不會揖」）第二句亦太詈。（「短後掬豹裘」以下）自是至論，若起結語再渾雄，則更得風人之旨。

張道《蘇亭詩話》卷五《補注類》：《贈狄崇班季子》詩：「短後椈豹裘。」考椈，柏屬。《爾雅》：柏椈。《埤雅》：椈性堅，有臘而香。椈豹，言以錦織椈葉豹形也。唐時有椈豹錦，《舊唐書，李德裕傳》言：「玄鵝天馬，椈豹盤條，文彩珍奇。」狄蓋以此錦爲裘也。今諸本僞作「掬」，自來注家未考及此。

趙克宜《角山樓蘇詩評注彙鈔》卷八：通體精悍。（「狄生臂鷹來」四句）寫豪俠如見。紀所謂「太詈」，殊不可解。（「北方老猘子」八句）借時勢立論，乃覺言之有物。

石炭

彭城舊無石炭，元豐元年十二月始遣人訪獲於州之西南白土鎮之北。冶鐵作兵，犀利勝常云。

君不見前年雨雪行人斷，城中居民風裂骭。濕薪半束抱衾裯，日暮敲門無處換。豈料山中有遺寶，磊落如䃜萬車炭。流膏迸液無人知，陣陣腥風自吹散。根苗一發浩無際，萬人鼓舞千人看。投泥潑水愈光明，爍玉流金見精悍。南山栗林漸可息，北山頑礦何勞鍛。爲君鑄作百鍊刀，要斬長鯨爲萬段。

朱翌《猗覺寮雜記》卷上：石炭自本朝河北、山東、陝西方出，遂及京師。陳堯佐漕河東時，始除其稅。元豐元年，徐州始發。東坡作詩記其事。《水經·魏土記》：枝渠東南火山出石炭，火之爇同樵炭。則石炭六朝時已有。

莊綽《鷄肋編》卷中：東坡《石炭詩引》云：「彭城舊無石炭，元豐元年十二月，始遣人訪獲州之西南白土鎮之北，以冶鐵作兵，犀利勝常云。」按《東漢·地理志》豫章郡建城注云：《豫章記》曰：「縣有葛鄉，有石炭二頃，可然以爨。」則前世已見于東南矣。昔汴都數百萬家，盡仰石炭，無一家然薪者。今駐蹕吳、越，山林之廣，不足以供樵蘇。雖佳花美竹，墳墓之松楸，歲月之間，盡成赤地。根枿之微，斫撅皆遍，芽蘖無復可生。思石炭之利而不可得，東坡已呼爲遺寶，況使見于今日乎？或云信州玉山亦有之，人畏穿鑿之擾，故不敢言也。

紀昀評《蘇文忠公詩集》卷一七：微嫌其剽而不留。

趙克宜《角山樓蘇詩評注彙鈔》卷八：詩貴稱題，此種小題，既無義蘊，並鮮典故，但能說得透露即工矣，不必以凝重責之。

紀昀評蘇文忠公詩集卷十八

人日獵城南會者十人以身輕一鳥過槍急萬人呼爲韻得鳥字

兒童笑使君，憂惱常悄悄。誰拈白接䍦，令跨金騕褭。東風吹濕雪，手冷怯清曉。忽發兩鳴髇，相趁飛䲽小。放弓一長嘯，目送孤鴻矯。吟詩忘鞭轡，不語頭自掉。歸來仍脫粟，鹽豉煮芹蓼。何似雷將軍，兩眼霜鶻皎。黑頭已爲將，百戰意未了。馬上倒銀缾，得兔不暇燎。少年負奇志，蹭蹬百憂繞。回首英雄人，老死已不少。青春還一夢，餘年眞過鳥。莫上呼鷹臺，平生笑劉表。

蘇軾《獵會詩序》（《蘇文忠公全集》卷一〇）：雷勝，隴西人。以勇敢應募得官，爲京東第二武將。膂力絕人，騎射敏妙。按閱於徐，徐人欲觀其能，爲小獵城西。又有殿直鄭亮、借職繆進者，皆騎而從，弓矢刀槊，無不精習，而駐泊黃宗閔，舉止如諸生，戎裝輕騎，出馳絕衆。客皆驚笑樂甚。是日小雨甫晴，土潤風和，觀者數千人。曹子桓云：建安十年始定冀州，濊貊貢良弓，燕代獻名馬。時歲之春，勾芒司節，和風扇物，弓燥手柔，草茂獸肥，與兄子丹獵於鄴西，手獲獐鹿九，狐兔三十。馳騁之樂，邊人武吏，日以爲常。如曹氏父子，橫槊賦詩以傳於世，乃可喜耳。衆客既各自寫其詩，因書其末，以爲異日一笑。

朋九萬《烏臺詩案·與王詵作寶繪堂記》：軾先與將官雷勝，並同官寄居等一十人出獵，作詩各一首，計十首，並無譏諷。軾後批：「請定國將此獵詩轉示晉卿都尉，當輸我一籌也。」王鞏字定國，王詵字晉卿。王詵令書表司張遵寄軾詞十一首，並後序云：「子瞻所寄新詩，並會獵事迹，誇示一時之樂。余因回示報樂侍寢清歌者雲英等，凡十有一，輒效子瞻十家之詩，各以其名，制詞一篇寄子瞻，不知卻複輸此一籌否？」其意說富貴作樂飲燕，即無譏諷。

紀昀評《蘇文忠公詩集》卷一八：（「少年負奇志」以下）淋漓頓挫，收束滿足。（「何似雷將軍」二句）借雷將軍對照作收，亦可以住。然兔近剽，近薄。（「莫上呼鷹臺」二句）得此一收，乃如畫家山腳，重重氣派，更加深厚。

趙翼批沈德潛《宋金元三家詩選·蘇東坡詩選》上卷：拉雜寫來，骯髒歷落，不可捉摸。

趙克宜《角山樓蘇詩評注彙鈔》卷八：（「何似雷將軍」）玩題註，會獵雖十人，以雷爲主，故專及之。（「少年負奇志」）挽轉自己，收得鬱勃，篇中全力，注此一段。

將官雷勝得過字代作

胡騎入雲中，急烽連夜過。短刀穿虜陣，濺血貂裘涴。一來輦轂下，愁悶惟欲卧。今朝從公獵，稍覺天宇大。一雙鐵絲箭，未發手先唾。射殺雪毛狐，腰間餘一箇。

紀昀評《蘇文忠公詩集》卷一八：疏疏落落，殊有古樸之致。不如此，則不似代雷將軍。

臺頭寺步月得人字

風吹河漢掃微雲，步屧中庭月趁人。浥浥爐香初泛夜，離離花影欲搖春。遙知金闕同清景，想見氈車輾暗塵。回首舊游眞是夢，一簪華髮岸綸巾。

葉夢得《石林詩話》卷上：詩下雙字極難，須使七言、五言之間，除去五字、三字外，精神興致全見于兩言，方爲工妙。唐人記「水田飛白露，夏木囀黃鸝」爲李嘉祐詩，王摩詰竊取之，非也。此兩句好處，正在添「漠漠」、「陰陰」四字，此乃摩詰爲嘉祐點化，以自見其妙，如李光弼將郭子儀軍，一號令之，精彩數倍。不然，如嘉祐本句，但是詠景耳，人皆可到。要之，當令如老杜「無邊落木蕭蕭下，不盡長江滾滾來」與「江天漠漠鳥飛去，風雨時時龍一吟」等，乃爲超絕。近世王荆公「新霜浦漵綿綿白，薄晚林巒往往青」與蘇子瞻「浥浥爐香初泛夜，離離花影欲搖春」，皆可以追配前作也。

汪師韓《蘇詩選評箋釋》卷二：清輝娛人，穆然意遠。
紀昀評《蘇文忠公詩集》卷一八：五六拓得開，纔不順筆滑下，此處最忌順筆直寫。如人腰間無力，通身骨節都散緩。（「回首舊遊眞是夢」二句）查云：不犯俗氣。
趙克宜《角山樓蘇詩評注彙鈔》卷八：詩中用叠字，能使其餘五字精神畢見，最佳。

臺頭寺送宋希元

相從傾蓋只今年，送別南臺便黯然。入夜更歌金縷曲，他時莫忘《角弓》篇。三年不顧東鄰女（自註：取宋玉），二頃方求負郭田（自註：取季子）。我欲歸休君未可，茂先方議斸龍泉。
紀昀評《蘇文忠公詩集》卷一八：（「三年不顧東鄰女」）五句無著。切姓已是小樣，再加無著，愈成瘢痏。

種松得徠字

自註：其四在懷古堂，其六在石經院。

春風吹榆林，亂莢飛作堆。荒園一雨過，戢戢千萬栽。青松種不生，百株望一枚。一枚已有餘，氣壓千畝槐。野人易斗粟，云自魯徂徠。魯人不知貴，萬竈飛青煤。束縛同一車，胡爲乎來哉。泫然解其縛，清泉洗浮埃。枝傷葉尙困，生意未肯回。山僧老無子，養護如嬰孩。坐待走龍蛇，淸陰滿南臺。孤根裂山石，直幹排風雷。我今百日客（自註：時去替不百日），養此千歲材。茯苓無消息，雙鬢日夜摧。古今一俯仰，作詩寄餘哀。

張邦基《墨莊漫錄》卷七：韓退之詩云：「前計頓乖張，居然見眞贗。」《廣韻》及《字書》云：「贗，五晏切。」注：「僞物也。」東坡《嶺外》詩云：「茯苓無人采，千歲化虎魄。我豈無長鑱，眞贗苦難識。」《韓非子》曰：「齊伐魯，索讒鼎。魯以其雁往，齊曰：『雁也。』魯曰：『眞也。』」古以雁爲贗，亦借用也，今人若作眞雁，人必笑之。

何汶《竹莊詩話》卷九引呂本中語：詩欲波瀾之闊，須放規模令大，涵養吾氣而後可。規模旣大，波瀾自闊，少加持擇，功已倍于古矣。試取東坡黃州以後詩，如《種松》、《眼醫》之類便可見。

查愼行《初白庵詩評》卷中：（「泫然解其縛」十句）曲折中具深厚之氣。

汪師韓《蘇詩選評箋釋》卷二：青松本是難生，而魯人又不知貴。一枚之氣，何時而伸？必也始如嬰孩之養，終成千歲之材，隱然儲才愛才，一段眞摯，其所寓意者微矣。

紀昀評《蘇文忠公詩集》卷一八：（「我今百日客」以下）詩中有人，便非空調。

趙克宜《角山樓蘇詩評注彙鈔》卷八：（「我今百日客」六句）數語入情。

作書寄王晉卿忽憶前年寒食北城之遊走筆爲此詩

北城寒食煙火微，落花胡蝶作團飛。王孫出游樂忘歸，門前驄馬紫金鞿。吹笙帳底煙霏霏，行人舉頭誰敢睎。扣門狂客君不麾，更遣傾城出翠帷。書生老眼省見稀，畫圖但覺周昉肥。別來春物已再菲，西望不見紅日圍。何時東山歌采薇，把盞一聽金縷衣。

紀昀評《蘇文忠公詩集》卷一八：無深意，而風華特勝。（「北城寒食煙火微」二句）秀句。

往在東武與人往反作粲字韻詩四首今黄魯直亦次韻見寄復和答之

符堅破荆州，止獲一人半。中郎老不遇，但喜識元歎。我今獨何幸，文字厭奇玩。又得天下才，相從百憂散。陰求我輩人，規作林泉伴。寧當待垂老，倉卒收一旦。不見梁伯鸞，空對孟光案。才難不其然，婦女廁周亂。世豈無作者，於我如旣盥。獨喜誦君詩，咸韶音節緩。夜光一已多，矧獲纍纍貫。相思君欲瘦，不往我眞懦。吾儕眷微祿，寒夜把寸炭。何時定相過，徑就我乎館。飄然東南去，江水淸且暖。相與訪名山，微言師與粲。

袁宏道評閱譚元春選《東坡詩選》卷四譚元春評：和了又和，終是多事。山谷一派人，眞不宜在一處也，一笑。

紀昀評《蘇文忠公詩集》卷一八：「不見」四句，不免和韻牽掣之痕。

雪　齋　自註：杭僧法言作雪山於齋中。

君不見峨眉山西雪千里，北望成都如井底。春風百日吹不消，五月行人如凍蟻。紛紛市人爭奪中，誰信言公似贊公。人間熱惱無處洗，故向西齋作雪峰。我夢扁舟入吳越，長廊靜院燈如月。開門不見人與牛（自註：言有詩見寄云：林下閒看水牯牛），惟見空庭滿山雪。

紀昀評《蘇文忠公詩集》卷一八：起結俱可。中四句少味，亦少力。

以雙刀遺子由子由有詩次其韻

寶刀匣不見，但見龍雀環。何曾斬蛟蛇，亦未切琅玕。胡爲穿窬輩，見之要領寒。吾刀不汝問，有愧在其肝。念此力自藏，包之虎皮斑。湛然如古井，終歲不復瀾。不憂無所用，憂在用者難。佩之非其人，匣中自長歎。我老衆所易，屢遭非意干。惟有王元通，堦庭秀芝蘭。知子後必大，故擇刀所便。屠狗非不用，一歲六七刓。欲試百鍊剛，要須更泥蟠。作詩銘其背，以待知者看。

查愼行《初白庵蘇詩補注》卷一七：以雙刀遺子由，子由有詩次其韻。王氏注云：「《詩案》曾供此詩『胡爲穿窬輩』四句，以詆當時邪佞之人也。」世所傳《烏臺詩案》無此一段，附錄於此。

汪師韓《蘇詩選評箋釋》卷二：用王覽事作骨，前路波翻雲騰，曲折如意，更無有一閑字虱其間。

紀昀評《蘇文忠公詩集》卷一八：（起處）純是寓言。「吾刀」二句深警。惟「肝」字微嫌趁韻。少陵《義鶻行》用「激怒壯士肝」，注家以肝主怒解之，已屬附會；此以愧屬肝，更無意義可說。

趙翼《甌北詩話》卷五：坡公熟於莊、列、諸子及漢、魏、晉、唐諸史，故隨所遇，輒有典故，以供其援引，此非臨時檢書者所能辦也。如（略）《以雙刀遺子由》則云：「惟有王玄通，堦庭秀芝蘭。知子後必大，故擇刀所便。」用《晉書》王祥以呂虔刀遺其弟覽故事也。（略）以上數條，安得有如許切合典故，供其引證？自非博極羣書，足供驅使，豈能左右逢源若是！想見坡公讀書，眞有過目不忘之資，安得不嘆爲天人也。

張道《蘇亭詩話》卷一：東坡博通群籍，故下語精切，每有故實，供其驅使。如（略）《以雙刀遺子由》，則用王祥、王覽事。（略）周益公所云：「初若豪邁天成，其實關鍵甚密」者也。

趙克宜《角山樓蘇詩評注彙鈔》卷八：（「憂在用者難」）寄慨遙深。（「惟有王元通」二句）恰好有此運用。

遊桓山會者十人以春水滿四澤夏雲多寄峰爲韻得澤字

東郊欲尋春，未見鸎花迹。春風在流水，鳧雁先拍拍。孤帆信溶漾，弄此半篙碧。艤舟桓山下，長嘯理輕策。彈琴石室中，幽響清礫礫。弔彼泉下人，野火失枯腊。悟此人間世，何者爲眞宅。暮回百步洪，散坐洪上石。愧我非王襄，子淵肯見客。臨流吹洞簫，水月照連璧（自註：謂王氏兄弟也）。此歡眞不朽，回首歲月隔。想像斜川遊，作詩寄彭澤。

費袞《梁谿漫志》卷七：張文潛詩云「春波一眼去凫寒」，晁無咎稱之。至東坡，則云「春風在流水，凫鴈先拍拍」，有無盡藏之春意。

紀昀評《蘇文忠公詩集》卷一八：綽有陶、韋之意，而不襲其貌，此乃善學陶、韋者。（「春風在流水」二句）十字神來。（「作詩寄彭澤」）「寄」字乃「寄慨」之「寄」。

趙克宜《角山樓蘇詩評注彙鈔》卷八：起四語天然入妙，雖專主議論者，亦不能不醉心此種。

戴道士得四字代作

少小家江南，寄跡方外士。偶隨白雲出，賣藥彭城市。雪霜侵鬢髮，塵土污冠袂。賴此三尺桐，中有山水意。自從夷夏亂，七絲久已棄。心知鹿鳴三，不及胡琴四。使君猶慕古，嗜好與衆異。共弔桓魋宮，一灑孟嘗淚。歸來鎖塵匣，獨對斷絃喟。挂名石壁間，寂寞千歲事。

紀昀評《蘇文忠公詩集》卷一八：遠想慨然，遁然高唱！代作乃勝於自作，要仍是自寫胸臆耳。（「心知鹿鳴三」以下）語特和平。

趙克宜《角山樓蘇詩評注彙鈔》卷八：戴道士是日鼓琴，篇中從此生情，不復旁及他事。

次韻田國博部夫南京見寄二絶

歲月翩翩下坂輪，歸來杏子已生仁。深紅落盡東風惡，柳絮榆錢不當春。

《垣齋通編》：先儒言仁，以桃仁爲喻，意謂仁爲理之所從生，如果中心亦能也。然桃杏之心，本是「人」字，作「仁」非也。坡詩「歲月翩翩下坂輪，歸來杏子已生人」是矣。

紀昀評《蘇文忠公詩集》卷一八：首句是宋句，次句是晚唐句寄慨殊深，行役之感，言外見之。

火冷餳稀杏粥稠，青裙縞袂餉田頭。大夫行役家人怨，應羨居鄉馬少游。

黄徹《䂬溪詩話》卷四：東坡云：（略）「大夫行役家人怨，應念歸鄉馬少游。」（略）以其可喜，不直押韻也。

紀昀評《蘇文忠公詩集》卷一八：（「青裙縞袂餉田頭」）「青裙」句對照好。

月夜與客飲杏花下

杏花飛簾散餘春，明月入戶尋幽人。褰衣步月踏花影，炯如流水涵青蘋。花間置酒清香發，爭挽長條落香雪。山城酒薄不堪飲，勸君且吸杯中月。洞簫聲斷月明中，惟憂月落酒杯空。明朝捲地春風惡，但見綠葉棲殘紅。

舊題王十朋《百家註分類東坡先生詩》卷一〇引次公曰：此篇不使事，古所未有，殆涪翁所謂不食煙火食人之語也。

方岳《深雪偶談》：坡公《月夜與客飲酒杏花下》詩：「杏花飛簾散餘春，明月入戶尋幽人。褰衣步月踏花影，炯如流水涵青蘋。」流水、青蘋之喻，景趣盡矣，前人未嘗道也。獨「杏花影下洞簫聲」中着此句，辱爾。

葉寘《愛日齋叢鈔》卷三：「褰衣步月踏花影，炯如流水涵青蘋」，坡詩也。（略）古今寫月中物影，有此入神之筆？

汪師韓《蘇詩選評箋釋》卷二：清幽超遠，乃姜堯章所謂自然高妙者。方岳妄以杏花影下著此爲辱，眞是囈語。觀其所作《感舊》詩，改爲「蘋藻涵清流」，工拙之間，何止百具廬舍。

紀昀評《蘇文忠公詩集》卷一八：（起處）有太白之意。三四寫景入微。結乃勸今日之飲，非傷春意也。

送蜀人張師厚赴殿試二首

忘歸不覺鬢毛斑，好事鄉人尚往還。斷嶺不遮西望眼，送君直過楚王山。

王士禎《帶經堂詩話》卷一三《遺蹟類》上三七：龍山放鶴亭西即黃茅岡，有石刻蘇公詩手蹟，有蘇公石牀，有祠祀蘇公及韓文公、楊龜山、陳後山，北望小山有樓櫓曰戲馬臺，宋武帝九日送孔令處。

雲龍山下試春衣，放鶴亭前送落暉。一色杏花三十里，新郎君去馬如飛。

紀昀評《蘇文忠公詩集》卷一八：末二句近俗。

趙克宜《角山樓蘇詩評注彙鈔》附錄卷下：分別雅俗，是作詩第一關頭。

再次韻答田國博部夫還二首

西郊黃土沒車輪，滿面風埃笑路人。已放役夫三萬指，從教積雨洗殘春。

枝上稀疏地上稠，忍看紅糝落牆頭。風流別乘多才思，歸趁西園秉燭遊。

吳曾《能改齋漫錄》卷六《別駕別乘》：別駕始後漢，州置別駕治中。然則別駕者，官之名也。若別乘則別駕之義，非官名也。晉庾亮《與郭游書》云：「別駕舊與別乘同，流王化于萬里，任居刺史之半。」東坡《答田國博》詩：「風流別乘多才思。」

查愼行《初白庵蘇詩補注》卷一七：田國博，字叔通。本集有《留別叔通、元弼、坦夫》詩，首句云：「田三昔同寮」，即其人也。時以國子博士爲徐州通判，故先生贈詩，又有「風流別乘多才思」之句。

田國博見示石炭詩有鑄劍斬佞臣之句次韻答之

楚山鐵炭皆奇物，知君欲斫姦邪窟。屬鏤無眼不識人，楚國何曾斬無極。玉川狂直古遺民，救月裁詩語最眞。千里妖蟆一寸鐵，地上空愁蝕蟊臣。

程大昌《演繁露》續集卷四《斬無極》：坡詩曰：「屬鏤無眼不識人，楚國何曾斬無極。」無極，費無極也。蓋言譖死伍奢者，無極也。而屬鏤之劍，乃不能以及無極。案昭廿七年楚令尹子常殺無極，則無極終遂不免也。

紀昀評《蘇文忠公詩集》卷一八：太激，太盡。

答郡中同僚賀雨

水旱行十年，饑疫徧九土。奇窮所向惡，歲歲祈晴雨。雖非爲己求，重請終愧古。鬼神亦知我，老病入腰膂。何曾拜向人，此意難不許。重雲萋已合，微潤先流礎。蕭蕭止還作，坐聽及三鼓。天明將吏集，泥土滿韡屨。登城望麰麥，綠浪風掀舞。愧我賢友生，雄篇鬬新語。君看大熟歲，風雨占十五。天地本無功，祈禳何足數。渡河不入境，未若無蝗虎。而況刑白鵝，下策君勿取。

查愼行《初白庵詩評》卷中：（「渡河不入境」二句）深入一層，地步絕高！

汪師韓《蘇詩選評箋釋》卷二：「天地本無功」四句，此議論絕正絕大。然非一切諉之於數，可以坐觀成敗也。詩特論其大原，而以下策自居，志慚謝之意於答賀者，體固應爾。前段「老病入腰膂」、「何曾拜向人」十字，本是相連，皆承「知我」二字說下，而卻以一句屬上，一句屬下。此如杜詩「不薄今人愛古人」乃是「今人愛古人」五字相連；韓詩「爲此座上客，及余各能文」，乃是「爲此座上客及余」七字相連，皆極句法變化之妙。

紀昀評《蘇文忠公詩集》卷一八：（「鬼神亦知我」以下）雖兀傲，而立言有體，此處最難著筆。如曰偶然，則祈禱爲戲；如曰有應，又自以爲功。只可如此諧語轉過。

王文誥《蘇海識餘》卷一：彭城《答郡中同僚賀雨》詩：「君看大熟歲，風雨占十五。天地本無功，祈禳何足數。」其立論可謂大矣。下云：「渡河不入境，豈若無蝗虎。」推其說則馬散華職，牛放桃野，其事有所不足大之至也。

趙克宜《角山樓蘇詩評注彙鈔》卷八：（「奇窮所向惡」數句）語奇警。（「鬼神亦知我」）運掉輕便有法，紀評最能得其匠心。（「天地本無功」數語）筆筆轉動，遒緊絕倫。

留別叔通元弼坦夫

田三昔同僚，向我每傾倒。當年或齟齬，反覆看愈好。寇三我部民，孝弟化鄰保。有如袁伯業，苦學到衰老。石生吾邑子，勁立風中草。宦遊甑生塵，飯水媚翁媼。我窮交舊絕，計拙集枯槁。三子尤見存，往復紛紵縞。迎我淮水北，送我睢陽道。願存金石契，凜凜貫華皓。

查愼行《初白庵蘇詩補注》卷一七：田國博、字叔通。本集有《留別叔通、元弼、坦夫》詩，首句云：「田三昔同寮」，即其人也。

又：先生初自密移徐，故云：「迎我淮水北。」今自徐往南京，故云：「送我睢陽道。」其爲離彭城時作無疑。

罷徐州往南京馬上走筆寄子由五首

吏民莫扳援，歌管莫凄咽。吾生如寄耳，寧獨爲此別。別離隨處有，悲惱緣愛結。而我本無恩，此涕誰爲設。紛紛等兒戲，鞭鐙遭割截。道邊雙石人，幾見太守發。有知當解笑，撫掌冠纓絕。

汪師韓《蘇詩選評箋釋》卷二：截鐙留鞭，拔轅擁路，去任作疑愧之語，不必賢者能道也。首作之奇，正在「道邊雙石人」一轉，雜以詼諧，含蘊靡盡。

紀昀評《蘇文忠公詩集》卷一八：（「吏民莫扳援」十句）極力擺脫。（「道邊雙石人」以下四句）此下亦難著語，只得以曠語作收。

（日本）賴山陽《東坡詩鈔》卷一：此等詩，兵法所謂辭險而節者。（「吏民莫扳援」二句）用二「莫」字，是省語法。

趙克宜《角山樓蘇詩評注彙鈔》卷八：（「道邊雙石人」四句）石人何與太守事，胸次靈通，觸處皆成妙論，便不爲詩境所窘。

父老何自來，花枝裊長紅。洗盞拜馬前，請壽使君公。前年無使君，魚鼈化兒童。舉鞭謝父老，正坐使君窮。窮人命分惡，所向招災凶。水來非吾過，去亦非吾功。

程大昌《演繁錄續集》：（「請壽使君公」）君即公也，語似重出。今見《白樂天集·送別劉江州》曰：「遙見朱輪來出郭，相迎勞動使君公。」東坡蓋用白語云。

汪師韓《蘇詩選評箋釋》卷二：次作使君問之，父老答之，使君復謝，謝畢便住，不增益一字，章法古直，千載下諄諄如見，凜凜如生。「水來非吾過」句，或以爲當作「水來是吾過」，如此方與上句相合，且更得體。然即不引爲己過，亦適見其樸誠。

紀昀評《蘇文忠公詩集》卷一八：此從前首「而我本無恩」二句生出。然自表捍水之功，語意殊淺。（「請壽使君公」、「前年無使君」）疊得不妥。（「魚鼈化兒童」）倒裝不妥。末二句與上不接。已曰「招災凶」則已引爲已過矣。

王文誥《蘇文忠公詩編注集成》卷一八：（「前年無使君」二句）代述父老語，乃父老請壽之辭也。曉嵐誤看，以爲倒裝者，謬甚。（「舉鞭謝父老」）自此至終，皆答父老語也。曉嵐並上二句，皆作公語，故又有「自表捍水之功，語意殊淺」之論。若如其說，不但語義殊淺，直是文理不通。自不了了，卻任意亂扛，後之讀此集者，當以是爲戒。

古汴從西來，迎我向南京。東流入淮泗，送我東南行。暫別復還見，依然有餘情。春雨漲微波，一夜到彭城。過我黃樓下，朱闌照飛甍。可憐洪上石，誰聽月中聲。

紀昀評《蘇文忠公詩集》卷一八：此首氣局渾成，文情亦極宛轉。

（日本）賴山陽《東坡詩鈔》卷一：（「花枝裊長紅」）徐州送太守以生華。（「請壽使君公」）白居易詩中有「使君公」字，是非強押。（「魚鼈化兒童」）是倒語。

趙克宜《角山樓蘇詩評注彙鈔》卷八：于無情處生情，曲折盡致。

前年過南京，麥老櫻桃熟。今來舊遊處，櫻麥半黃綠。歲月如宿昔，人事幾反覆。青衫老從事，坐穩生髀肉。聯翩閲三守，迎送如轉轂。歸耕何時決，田舍我已卜。

洪邁《容齋三筆》卷六《東坡詩用老字》：東坡賦詩，用人姓名，多以老字足成句。如（略）《寄子由》云「青衫老從事」，（略）是皆以爲助語，非眞謂其老也。大抵七言則于第五字用之，五言則于第三字用之。

卜田向何許，石佛山南路。下有爾家川，千畦種秔稌。山泉宅龍蜃，平地走膏乳。異時畝一金，近欲爲逃戶。逝將解簪紱，賣劍買牛具。故山豈不懷，廢宅生蒿櫓，便恐桐鄉人，長祠仲卿墓。

王士禛《帶經堂詩話》卷一四《遺蹟類》：石佛山，坡詩「卜田向何許，石佛山南路。下有爾家川，千畦種秔稌」者也，今彌望數十里無炊煙，最爲荒闃。

查愼行《初白庵蘇詩補注》卷二七：考志：眉州有石佛山，無「石頭山」（「石頭山高晴松櫟」）。先生寄子由詩云：「買田向何許，石佛山前路」。「頭」字疑當作「佛」字。

紀昀評《蘇文忠公詩集》卷一八：（「異時畝一金」二句）言荒蕪不耕也。「故山」二句轉折，語氣稍覺格格，然尚不甚礙；病在「豈不」二字本與「便恐」二字呼應，而「廢宅」句冗贅其間以趁韻，遂令機局不靈。(「便恐桐鄉人」二句)仍收到本位。

趙克宜《角山樓蘇詩評注彙鈔》卷八：「豈不懷」與前文「逝將」句複疊，欠呼應耳。若論後四句，則流轉自如。

泗州僧伽塔

我昔南行舟繫汴，逆風三日沙吹面。舟人共勸禱靈塔，香火未收旗腳轉。回頭頃刻失長橋，卻到龜山未朝飯。至人無心何厚薄，我自懷私欣所便。耕田欲雨刈欲晴，去得順風來者怨。若使人人禱輒遂，造物應須日千變。今我身世兩悠悠，去無所逐來無戀。得行固願留不惡，每到有求神亦倦。退之舊云三百尺，澄觀所營今已換。不嫌俗士污丹梯，一看雲山繞淮甸。

吳幵《優古堂詩話・耕田欲雨刈欲晴，去得順風來者怨》：東坡《泗洲僧伽塔》詩云：「耕田欲雨刈欲晴，去得順風來者怨。若使人人禱輒應，造物應須日千變。」張文潛用其意別爲一詩云：「山邊半夜一犁雨，田父高歌待收穫。雨多潇潇蠶簇寒，蠶婦低眉憂繭單。人生多求復多怨，天公供爾良獨難。」

范溫《潛溪詩眼》：句法之學，自是一家工夫。昔嘗問谷「耕田欲雨刈欲晴，去得順風來者怨」，山谷云：「不如『千巖無人萬壑靜，十步回頭五步坐。』」此專論句法，不論義理。蓋七言詩四字、三字作兩節也。此句法出《黃庭經》，自「上有黃庭下關元」已下多此體。張平子《四愁詩》句句如此，雄健穩愜。

洪邁《容齋四筆》卷三《水旱祈禱》：坡詩云：「耕田欲雨刈欲晴，去得順風來者怨。若使人人禱輒遂，造物應須日千變。」此意未易爲庸俗道也。

史繩祖《學齋佔畢》卷二《坡文之妙》：（「耕田欲雨刈欲晴」二句）此乃檃括劉禹錫《何卜賦》中語，曰：「同涉于川，其時在風，沿者之吉，激者之凶。同蓺于野，其時在澤，伊穜之利，乃穋之厄。」坡以一聯十四字而包盡劉禹錫四對三十二字之義，蓋奪胎換骨之妙也。

袁宏道評閱譚元春選《東坡詩選》卷四譚元春評：不獨評議古人及議天下大事，忌涉議論，即往還晴雨入神，許與之間，如此流便說去。一涉議頭，失詩人之旨矣。

查愼行《初白庵詩評》卷中：（「耕田欲雨刈欲晴」八句）說透至理，覺昌黎《衡山》一章，尙帶腐氣。

查愼行《初白庵蘇詩補注》卷一八：本篇有「我昔」（「我昔南行舟繫汴」）、「我今」（「我今身世兩悠悠」）二語，後篇（《龜山》：「我生飄蕩去何求，再過龜山歲五周。」）又有「再過龜山」之句，乃自徐移湖時作也。先生初赴杭時，有《將至渦口，遇風留宿》及《發洪譯，中途遇大風，復還》二詩，故此云：「我昔南行舟繫汴，逆風三日沙吹面」也。先生於甲寅秋杪自杭守密，至已未夏，自徐移湖，是爲歲五周矣。故下首云：「再過龜山歲五周。」

蔣鴻翮《寒塘詩話》：（「耕田欲雨刈欲晴」八句）此眞有道之言。

汪師韓《蘇詩選評箋釋》卷二：至理奇文，只是眼前景物口頭語。透闢無礙，是廣長舌。

紀昀評《蘇文忠公詩集》卷一八：（起處）極力作擺脫語，純涉理路，而仍淸空如話。（「舟人共勸禱靈塔」四句）確是僧伽塔，不可移之別水神。（「今我身世兩悠悠」四句）又就自己伸一層，愈加滿足。（「退之舊云三百尺」以下）層層波瀾，一齊捲盡。只就塔作結，簡便之至。

（日本）賴山陽《東坡詩鈔》卷一：放翁《夜聞松風有感》詩，學坡此詩，並看。其氣格（「我昔南行舟繫汴」）以下六句質樸如不練磨者，七古之體宜如此。（「回頭頃刻失長橋」）實際如此。（「不嫌俗士汚丹梯」）神理自「至人無心」句來。（「一看雲山繞淮甸」）此句所以「留不惡」。

翁方綱《石洲詩話》卷三：《泗州僧伽塔》詩，看得透徹，說來可笑，此何必闢佛，乃能塞彼敎之口耶？

趙翼《甌北詩話》卷五《蘇東坡詩》：坡詩不尙雄傑一派，其絕人處在乎議論英爽，筆鋒精銳，舉重若輕，讀之似不甚用力而力已透十分，此天才也。試即其詩，略爲舉似。（略）七古如（略）「耕田欲雨刈欲晴，去得順風來者怨。若使人人禱輒遂，造物應須日千變。」（《泗州僧伽塔》）（略）此皆坡詩中最上乘，讀者可見其才分之高，不在功力之苦也。

宋長白《柳亭詩話》卷一六：（「耕田欲雨刈欲晴」二句）李德遠《東西船行》祖其意而擴充之。似不如髯蘇之一語包盡也。

王文誥《蘇文忠公詩編注集成》卷一八：（「去得順風來者怨」）公以攻新法被出，反去爲奉行新法之官，是此官無可做也。此句通篇主腦，卻不道破。其在廣陵與劉貢父詩，有「吾邦正喧閧」句，即「去無所逐」四字注腳也。即前之「我行日夜向江海」句，後之「我生飄蕩去何求」句，一綫穿下，皆用此意。

《歷代詩發》卷二四：坦懷任遇，且驚造化，亦難應酬，正與不信神佛者有別。

梁章鉅《退庵隨筆》：李文貞不喜蘇詩，謂東坡詩殊少風韻音節，逐句俱塡典故，亦不是古法。此非篤論也。蘇詩清空如話者，集中觸處皆有。如（略）《泗州僧伽塔》云：「耕田欲雨刈欲晴，去得順風來者怨。若使人人禱輒遂，造物應須日千變。」（略）此豈得以少風韻、塡典故概之？文貞意在講學，于詩詣力未深。其于唐詩，只取張曲江及燕、許、李、杜、韓、柳數家，宋詩只取歐陽文忠、王荆公、朱子三家。講學與論詩，自是兩事，學者不必爲所惑也。

龜山

我生飄蕩去何求，再過龜山歲五周。身行萬里半天下，僧卧一菴初白頭。地隔中原勞北望，潮連滄海欲東游。元嘉舊事無人記，故壘摧頹今在不（自註：宋文帝遣將拒魏，太武築城此山）。

張耒《明道雜志》：蘇長公有詩云：「身行萬里半天下，僧卧一庵初白頭。」黃九云「初日頭」，問其義，但云：「若此僧負暄于初日耳。」余不然。黃甚不平，曰：「豈有用白對天乎？」余異日問蘇公，公曰：「若是黃九要改作『日頭』，也不奈他何。」

查慎行《初白庵詩評》卷中：（「身行萬里半天下」二句）似擬中晚而骨力勝之。

汪師韓《蘇詩選評箋釋》卷二：「萬里」句闊遠，「一菴」句靜閑，妙作對偶。熙寧甲寅軾自杭倅移至密州，至元豐己未移知湖州，故云「再過龜山歲五周」。結寓感嘆，以見兵戎事往，並故壘亦不復存，不獨無人記憶已也。

紀昀評《蘇文忠公詩集》卷一八：霸業雄圖，尙有今昔之感。而況一人之身乎？前四句與後四句映發有情，便不是弔古套語。

翁方綱《石洲詩話》卷三：海寧查夏重酷愛蘇詩「僧卧一菴初白頭」之句，而並明人詩「花間啄食鳥紅尾，沙上浣衣僧白頭」，亦以爲極似子瞻。不知蘇詩「身行萬里半天下，僧卧一菴初白頭」，此何等神力！而「花間」、「沙上」一聯，只到皮、陸境界，安敢與蘇比倫哉！查精於蘇，奚乃以目皮相若此！若必以皮毛略似，輒入品藻，則空同之學杜，當爲第一義矣。

王文誥《蘇文忠公詩編注集成》卷一八：（「去得順風來者怨」）此句通篇主腦，卻不道破。

（略）即後之「我生飄蕩去何求」句，一綫穿下，皆用此意。

又：（「我生飄蕩去何求」）此句領起全章，即「去無所逐來無戀」意，確爲被出赴杭之作。若列守湖卷中，即大謬矣。（「身行萬里半天下」二句）此聯謂「五周」之飄蕩，皆名場所致也，今再過庵，僧頭已白，而我之飄蕩正無已時，將頭白而止矣。如頭白而僅與此僧比肩，是反不如亦卧一庵也。不如是解，則此聯隨處可用，而本意緊接上文。王安石欲改「日頭」以對「天下」，蓋惡其作此等語，特意攪亂之，非不喻其意也。（「地隔中原勞北望」二句）此聯是龜山地面層次，而詩乃借形勢以發揮，上句即「浮雲蔽日」意，下句即「乘桴浮海」意，皆有意運用空靈，故人不覺也。其下但借本地一事，輕輕一問，作收全篇，並無弔古之意，並亦不暇弔古也。曉嵐解直是倭話。

書泗州孫景山西軒

落日明孤塔，青山繞病身。知君向西望，不媿塔中人。

王文誥《蘇文忠公詩編注集成》卷一八：（「落日明孤塔」二句）二句書西軒所見，軒乃西向者也，合讀下句自知。

泗州過倉中劉景文老兄戲贈一絶

既聚伏波米，還數魏舒籌。應笑蘇夫子，僥倖得湖州。

過淮三首贈景山兼寄子由

好在長淮水，十年三往來。功名眞已矣，歸計亦悠哉。今日風憐客，平時浪作堆。晚來洪澤口，捍索響如雷。

查愼行《初白庵蘇詩補注》卷一八：先生於熙寧辛亥赴杭，甲寅移知密州，元年已未自徐移湖，往來經淮上，相距九年。今云「十年」（「好在長淮水，十年三往來」），亦約略言之耳。

紀昀評《蘇文忠公詩集》卷一八：此首過淮。一氣渾成，而又非貌襲之盛唐。（「今日風憐客，平時浪作堆」）逆挽法。

過淮山漸好，松檜亦蒼然。靄靄藏孤寺，泠泠出細泉。故人眞吏隱，小檻帶巖偏。卻望臨淮市，東風語笑傳。

紀昀評《蘇文忠公詩集》卷一八：此首贈景山。此二首卻不出色。

回首濉陽暮，簿書高沒人。何時桐柏水，一洗庾公塵。此去漸佳境，獨游長愴神。待君詩百首，來寫浙西春。

紀昀評《蘇文忠公詩集》卷一八：此首寄子由。前首從過淮說到景山，此首從子由挽到過淮，章法不苟。（「一洗庾公塵」）又太露。

舟中夜起

微風蕭蕭吹菰蒲，開門看雨月滿湖。舟人水鳥兩同夢，大魚驚竄如棄狐。夜深人物不相管，我獨形影相嬉娛。暗潮生渚弔寒蚓，落月挂柳看懸蛛。此生忽忽憂患裏，清境過眼能須臾。鷄鳴鐘動百鳥散，船頭擊鼓還相呼。

查愼行《初白庵詩評》卷中：極奇極幻、極遠極近境界，俱從靜中寫出。

汪師韓《蘇詩選評箋釋》卷二：一片空明，通神入悟，情怪所至，妙不自尋。

紀昀評《蘇文忠公詩集》卷一八：（「微風蕭蕭吹菰蒲」二句）初聽風聲，疑其是雨，開門視之，月乃滿湖。此從「聽雨寒更盡，開門落葉深」（釋無可《秋寄從兄島》）化出。（「舟人水鮭兩同夢」）妙景中有妙悟。（「大魚驚竄如奔狐」）寫魚卻不是寫魚。（「雞鳴鐘動百鳥散」二句）有日出事生之感，正反託一夜之清吟。

方東樹《昭昧詹言》卷一二：空曠奇逸，仙品也。

王文誥《蘇海識餘》卷一：公赴湖州過淮上，作《舟中夜起》詩云：「微風蕭蕭吹菰蒲，開門看雨月滿湖。」予謂此詩全作非復人道，乃天地自有之文，公乃據所見鈔下一紙耳。

趙克宜《角山樓蘇詩評注彙鈔》卷九：（起處）人人意中所有之境，拈出便精。（「暗潮生渚弔寒影」）寫出靜境。

陳衍《宋詩精華錄》卷二：水宿風景如畫。

高步瀛《唐宋詩舉要》卷三引吳汝綸評：全不經意，妙合自然，《赤壁賦》亦如此。

余去金山五年而復至次舊詩韻贈寶覺長老

誰能斗酒博西涼，但愛齋廚法豉香。舊事眞成一夢過，高談爲洗五年忙。清風偶與山阿曲，明月聊隨屋角方。稽首願師憐久客，直將歸路指茫茫。

紀昀評《蘇文忠公詩集》卷一八：五六作寫景則纖，借寫到處隨緣之意則不妨。

賀裳《載酒園詩話·蘇軾》：「清風偶與山阿曲，明月聊隨屋角方」，未免太纖。

大風留金山兩日

塔上一鈴獨自語，明日顛風當斷渡。朝來白浪打蒼崖，倒射軒窗作飛雨。龍驤萬斛不敢過，漁舟一葉從掀舞。細思城市有底忙，卻笑蛟龍爲誰怒。無事久留童僕怪，此風聊得妻孥許。灊山道人獨何事，夜半不眠聽粥鼓。

釋惠洪《冷齋夜話》卷四：對句法，詩人窮盡其變，不過以事、以意、以出處具備謂之妙。如荆公曰：「平昔離愁寬帶眼，迄今歸思滿琴心。」又曰：「欲寄歲寒無善畫，賴傳悲壯有能琴。」乃不若東坡微意特奇，如曰：「見說騎鯨游汗漫，亦曾捫蝨話辛酸。」（《和王斿二首》）又曰：「蠶市風光思故國，馬行燈火記當年。」又曰：「龍驤萬斛不敢過，漁舟一葉縱掀舞。」以「鯨」爲「蝨」對，以「龍驤」爲「漁舟」對，大小氣焰之不等，其意若玩世，謂之秀傑之氣終不可沒者，此類是也。

查愼行《初白庵蘇詩補注》卷一八：先生自徐移湖，過高郵，與少游參寥同行。遊金山時，兩公皆在焉。故前篇少游有和詩。此篇結句所云「潺山道人」（「潺山道人獨何事，夜半不眠聽粥鼓。」），即參寥也。

《御選唐宋詩醇》卷三四：「明日顛風當斷渡」七字，即鈴語也，奇思得自天外。軒窗飛雨，寫風浪之景，眞能狀丹青所莫能狀。末忽念及潺山道人不眠而聽粥鼓，想其濡墨揮毫，眞有御風蓬萊，汎彼無垠之妙。

紀昀評《蘇文忠公詩集》卷一八：（起處）筆力橫恣。「無事」二句，金山阻風中有景有人在。

（日本）賴山陽《東坡詩鈔》卷一：詩題極簡潔，而金山之形勢如見，此等尤可法者。（前六句）六句中，叙大風之景，開合抑揚，波瀾頓挫，盡具此，以有「塔上」云云句耳。（「塔上一鈴獨自語」二句）自大風將來着筆，極妙。（「朝來白浪打蒼崖」）白浪與蒼崖，句中爲對。（「卻笑蛟龍爲誰怒」）嘲笑語調，古來今，東坡一人耳。（「潺山道人獨何事」二句）如此結法，他人所無，五古猶可，七古必不可用。此等後來不可學者。

翁方綱《石洲詩話》卷一：（杜甫）《羌村》第一首「歸客千里至」五字，乃「鳥雀噪」之語，下轉入妻子，方爲警動。若直作少陵自說千里歸家，不特本句太實太直，而下文亦都偪緊，無復伸縮之理矣。此等處最是詩家關捩，而評杜者皆未及。蘇詩「塔上一鈴獨自語，明日顛風當斷渡」，下七字即塔鈴之語也，乃少陵已先有之。

方東樹《昭昧詹言》卷一二：遒妙。

趙克宜《角山樓蘇詩評注彙鈔》卷九：（「塔上一鈴獨自語」四句）發端斗峭，死事活用，落想絕奇。（「無事久留僮僕怪」）二語合寫入情。

陳衍《宋詩精華錄》卷二：一起突兀，似有佛圖澄在坐。收無聊。

遊惠山

余昔爲錢塘倅，往來無錫，未嘗不至惠山。既去五年，復爲湖州，與高郵秦太虛、杭僧參寥同至。覽唐處士王武陵、竇羣、朱宿所賦詩，愛其語清簡，蕭然有出塵之姿。追用其韻，各賦三首。

夢裏五年過，覺來雙鬢蒼。還將塵土足，一步漪瀾堂。俯窺松桂影，仰見鴻鶴翔。炯然肝肺間，已作冰玉光。虛明中有色，清淨自生香。還從世俗去，永與世俗忘。

紀昀評《蘇文忠公詩集》卷一八：中四句自在流出，肅肅穆穆，不減原作。惟起結八句，未免作意耳。

薄雲不遮山，疏雨不濕人。蕭蕭松徑滑，策策芒鞋新。嘉我二三子，皎然無淄磷。勝遊豈殊昔，清句仍絕塵。弔古泣舊史，疾讒歌小旻。哀哉扶風子，難與巢許鄰（自註：謂竇羣）。

紀昀評《蘇文忠公詩集》卷一八：亦是古調。

敲火發山泉，烹茶避林樾。明窗傾紫盞，色味兩奇絕。吾生眠食耳，一飽萬想滅。頗笑玉川子，饑弄三百月。豈如山中人，睡起山花發。一甌誰與共，門外無來轍。

紀昀評《蘇文忠公詩集》卷一八：此則純用本色。

贈惠山僧惠表

行徧天涯意未闌，將心到處遣人安。山中老宿依然在，案上楞嚴已不看。攲枕落花餘幾片，閉門新竹自千竿。客來茶罷空無有，盧橘楊梅尚帶酸。

釋惠洪《冷齋夜話》卷一：東坡嘗曰：「淵明詩初看若散緩，熟看有奇句。」（略）大率才高意遠，則所寓得其妙，造語精到之至，遂能如此，似大匠運斤，不見斧鑿之痕。不知者困疲精力，至死不之悟，而俗人亦謂之佳。如曰：「一千里色中秋月，十萬軍聲半夜潮。」又曰：「蝴蝶夢中家萬里，子規枝上月三更。」又曰：「深秋簾幕千家雨，落日樓臺一笛風。」皆如寒乞相，一覽便盡，初如秀整，熟視無神氣，以其字露也。東坡作對則不然，如曰：「山中老宿依然在，案上《楞嚴》已不看」之類，更無齟齬之態。細味對甚的，而字不露。此其得淵明之遺意耳。東坡詩曰：「客來茶罷空無有，盧橘微黃尚帶酸。」張嘉甫曰：「盧橘何種果類？」答曰：「枇杷是矣。」又問：「何以驗之？」答曰：「事見相如賦。」嘉甫曰：「盧橘夏熟，黃甘橙榛，枇杷橪柿，亭奈厚樸。盧橘果枇杷，則賦不應四句重用。應邵注曰：『《伊尹書》曰：箕山之東，青鳥之所，有盧橘，常夏熟。』不據依之何也？」東坡笑曰：「意不欲耳。」

葛立方《韻語陽秋》卷一六：（東坡）又曰：「客來茶罷空無有，盧橘楊梅尚帶酸。」則皆以盧橘爲枇杷也。彼徒見《上林賦》有盧橘夏熟之語，遂以爲枇杷。審爾，則夏熟之下，不當復有黃甘、枇杷、橪柿之品。然唐子西《李氏山園記》言有一物而爲二物者，如《上林賦》所謂盧橘夏熟，又言枇杷、橪柿是也。若據子西言，則盧橘即枇杷矣。李白《宮中行樂詞》云：「盧橘爲秦樹。」許渾《送表兄奉使南海》云：「盧橘花香拂釣磯。」若以爲枇杷，則何獨秦中南海有邪？錢起《送陸贄詩》云：「思親盧橘熟。」用陸績懷橘事，則又以爲木奴，益無按據。

「汪師韓《蘇詩選評箋釋》卷二：語經妙悟，所謂羚羊別角，無迹可尋者。

贈錢道人

書生苦信書，世事仍臆度。不量力所負，輕出千鈞諾。當時一快意，事過有餘作。不知幾州鐵，鑄此一大錯。我生涉憂患，常恐長罪惡。靜觀殊可喜，腳淺猶客卻。而況錢夫子，萬事初不作。相逢更何言，無病亦無藥。

紀昀評《蘇文忠公詩集》卷一八：（起處八句）純爲介甫輩發，全用宋格，然自是一種不可磨滅文字。

趙克宜《角山樓蘇詩評注彙鈔》卷九：勁氣直達，語特透快。

與秦太虛參寥會於松江而關彥長徐安中適至分韻得風字二首

紀昀評《蘇文忠公詩集》卷一八：二詩皆清老。

吳越溪山興未窮，又扶衰病過垂虹。浮天自古東南水，送客今朝西北風。絕境自忘千里遠，游難復五人同。舟師不會留連意，擬看斜陽萬頃紅。

查慎行《初白庵詩評》卷中：（「浮天自古東南水」）二句入許丁卯手，便成板對。其才氣短小，不能驅使動宕也。

二子緣詩老更窮，人間無處吐長虹。平生睡足連江雨，盡日舟橫擘岸風。人笑年來三黜慣，天教我輩一尊同。知君欲寫長相憶，更送銀盤尾鬣紅。

次韻關令送魚

舉網驚呼得巨魚，饞涎不易忍流酥。更煩赤腳長鬚老，來趁西風十幅蒲。

曾季貍《艇齋詩話》：東坡「美滿風帆十幅蒲」。「美滿」字出杜牧之詩「千帆美滿風」。東湖亦用「美滿」字云：「正須美滿十分晴。」

袁文《甕牖閑評》卷四：韓退之詩云：「一奴長鬚不裹頭，一婢赤腳老無齒。」此蓋記盧仝之一奴一婢耳。蘇東坡詩云：「更煩赤腳長鬚老，來趁西風十幅蒲。」東坡似指赤腳長鬚爲一人，豈其不詳審耶？

查愼行《初白庵詩評》卷中：闕彥長。

次韻秦太虛見戲耳聾

君不見詩人借車無可載，留得一錢何足賴。晚年更似杜陵翁，右臂雖存耳先聵。人將蟻動作牛鬭，我覺風雷眞一噫。聞塵掃盡根性空，不須更枕清流派。大朴初散失渾沌，六鑿相攘更勝敗。眼花亂墜酒生風，口業不停詩有債。君知五蘊皆是賊，人生一病今先差。但恐此心終未了，不見不聞還是礙。今君疑我特佯聾，故作嘲詩窮嶮怪。須防額癢出三耳，莫放筆端風雨快。

查愼行《初白庵詩評》卷中：此詩先生手書眞蹟作行書於紙上，見張丑《書畫舫》。

紀昀評《蘇文忠公詩集》卷一八：（起四句）語特超雋。（「人將蟻動作牛鬭」二句）善於解嘲。（「不須更枕清流派」）「派」字添出，趁韻。（「君知五蘊皆是賊」）警策。（「但恐此心終未了」二句）鞭入一層，更警策。（「須防額癢出三耳」二句）結還戲意。語雖佻薄，然題中原有

「戲」字，故不礙格。且言外有戒其太聰意，亦非無關風旨，但弄筆鋒。

趙克宜《角山樓蘇詩評注彙鈔》卷八：（「人將蟻動作牛鬬」）以上句襯出下句，便覺奇警。（「君知五蘊皆是賊」）禪宗習見語，施之此題卻宜。（結處）答秦之見戲，箭鋒相值。

端午偏遊諸寺得禪字

肩輿任所適，遇勝輒流連。焚香引幽步，酌茗開淨筵。微雨止還作，小窗幽更妍。盆山不見日，草木自蒼然。忽登最高塔，眼界窮大千。卞峰照城郭，震澤浮雲天。深沈既可喜，曠蕩亦所便。幽尋未云畢，墟落生晚煙。歸來記所歷，耿耿清不眠。道人亦未寢，孤燈同夜禪。

蘇軾《自記吳興詩》（《蘇文忠公全集》卷六八）：僕游吳興，有《游飛英寺》詩云：「微雨止還作，小窗幽更妍。盆山不見日，草木自蒼然。」非至吳越，不見此景也。

《蘇文忠詩合注》卷一八何焯評：（「盆山不見日」二句）《書・益稷》篇傳：「光天之下，至於海隅，蒼蒼然生草木。」公詩用字之深博，不在荆公下也。

汪師韓《蘇詩選評箋釋》卷三：「微雨」、「小窗」，深沉可喜也；「卞峰」、「震澤」，曠蕩所便也。寓目輒書，詳略各盡其致。

紀昀評《蘇文忠公詩集》卷一八：（「歸來記所歷」以下）善於空際烘託，結有餘味。（「道人亦未寢」）入一襯，更有幽致。（「微雨止還作」四句）四句神來。

（日本）賴山陽《東坡詩鈔》卷一：清澹雋逸，五古最至者。（「肩輿任所適」）起手佳。（「酌茗開淨筵」）不必點寺字，是寺內，妙。（「盆山不見日」）景況如見。（「忽登最高塔」）一轉，折出意表，令人駭絕。（「深沈既可喜」二句）括前一案，起下一案。（「幽尋未云畢」二句）是塔上所見也，一倒置乃不凡。（「道人亦未寢」二句）結筆亦超然

王士禎《帶經堂詩話》卷一《體制類》：坡公《吳興飛英寺》詩起句云：「微雨止還作，小窗幽更妍，盆山不見日，草木自蒼然。」古今妙絕語。然不若截取四句作絕句，尤雋永。

馮應榴《蘇文忠公詩合註》八引何焯評：（「盆山不見日」二句）《書·益稷篇傳》：「光天之下，至于海隅，蒼蒼然，生草木。」公詩用字之深博，不在荊公下也。

趙克宜《角山樓蘇詩評注彙鈔》卷八：一起便切遍游諸寺。（「微雨止還作」數句）幽境寫絕。（「深沈既可喜」二句）頓住。（「歸來記所歷」）亦寫得入情。

送劉寺丞赴餘姚

中和堂後石楠樹，與君對牀聽夜雨。玉笙哀怨不逢人，但見香煙橫碧縷。謳吟思歸出無計，坐

想蟋蟀空房語。明朝開鏁放觀潮，豪氣正與潮爭怒。銀山動地君不看，獨愛清香生雲霧。別來聚散如宿昔，城郭空存鶴飛去。我老人間萬事休，君亦洗心從佛祖。手香新寫法界觀，眼淨不覷登伽女。餘姚古縣亦何有，龍井白泉甘勝乳。千金買斷顧渚春，似與越人降日注。

紀昀評《蘇文忠公詩集》卷一八：（「餘姚古縣亦何有」以下）收太草草。末句未甚解，再詳之。

紀昀評蘇文忠公詩集卷十九

雪上訪道人不遇

花光紅滿欄，草色綠無岸。不逢青眼人，長歌白石澗。

李公擇過高郵見施大夫與孫莘老賞花詩憶與僕去歲會於彭門折花餽筍故事作詩二十四韻見戲依韻奉答亦以戲公擇云

汝陽眞天人，絹帽著紅槿。纏頭三百萬，不買一微哂。共誇青山峰，曲盡花不隕。當時謫仙人，逸韻謝封畛。詩成天一笑，萬象解寒窘。驚開小桃杏，不待雷發軫。餘波尙消滴，乞與居易稹。爾來誰復見，前輩風流盡。寂寞兩詩人，殘紅對櫻筍。饑腸得一醉，妙語傳不泯。君來恨不與，更復相牽引。我老心已灰，空煩扇餘燼。天游照六鑿，虛室掃充牣。懸知色竟空，那復嗜烏吻。蕭然一方丈，居士老龐蘊。散花從滿裓，不答天女問。故人猶故目，怨句寫餘恨。疑我此心在，遮防費欄楯。應虞已斃蛇，折尾時一蠚。仄聞孟光賢，未學處仲忍（自注：開閤放出事見本傳）。寄招應已足，左右侍雲鬢。何時花月夜，羊酒謝不敏。此生如幻耳，戲語君勿慍。應同亡是公，一對子虛聽。

袁文《甕牖閑評》卷七：蘇東坡《志林》載寇元弼云：「徐州通判李陶，有子年十七八，素不能詩，忽詠《落花》詩云：『流水難窮目，斜陽易斷腸。誰同研光帽，一曲舞《山香》。』父驚問之，若有憑附者，自云是謝中舍，問研光帽事，云：『西王母宴群仙，有舞者，戴研光帽，帽上簪花，舞《山香》一曲，曲未終，花皆落去。』」此事自載《羯鼓錄》中，乃唐汝陽王璡嘗裹研光帽，簪紅槿花一枝，明皇愛之，令舞《山香》一曲，曲終花皆不落，此即李陶之子所用之事也，不知何爲錯誤如此。然東坡作《李公擇過高郵》詩云：「汝陽眞天人，絹帽著紅槿。」其後又云：「曲終花不隕。」是東坡自知爲汝陽王璡事，已嘗用之矣。且李陶之子既爲物所憑附，其說舞《山香》時花皆落去，與花不落者既殊，又記是西王母事，東坡略不爲辯之，何耶？

查愼行《初白庵詩評》卷中：（「君來恨不與」）謂公擇。

紀昀評《蘇文忠公詩集》卷一九：語自俊逸。惟起處十數句爲韻所牽，不免迂遠。

王鞏清虛堂

清虛堂裏王居士，閉眼觀心如止水。水中照見萬象空，敢問堂中誰隱几。吳興太守老且病，堆案滿前長渴睡。願君勿笑反自觀，夢幻去來殊未已。長疑安石恐不免，未信犀首終無事。勿將一念住清虛，居士與我蓋同耳。

紀昀評《蘇文忠公詩集》卷一九：微嫌多偈頌之氣。

次韻答王鞏

我有方外客，顏如瓊之英。十年塵土窟，一寸冰雪清。揭來從我遊，坦率見眞情。顧我無足戀，戀此山水清。新詩如彈丸，脫手不暫停。昨日放魚回，衣巾滿浮萍。今日扁舟去，白酒載烏程。山頭見月出，江路聞鼉鳴。莫作《孺子歌》，滄浪濯吾纓。吾詩自堪唱，相子棹歌聲。

胡仔《苕溪漁隱叢話》前集卷三八引《王直方詩話》：謝朓嘗語沈約曰：「好詩圓美流轉如彈

丸。」故東坡《答王鞏》云：「新詩如彈丸。」及《送歐陽弼》云：「中有淸圓句，銅丸飛柘彈。」蓋謂詩貴圓熟也。然圓熟多失之平易，老硬多失之乾枯。不失于二者之間，可與古之作者並驅矣。

和孫同年汴山龍洞禱晴

吳興連月雨，釜甑生魚蛙。往問卞山龍，曷不安厥家。梯空尙巉絕，俯視驚谽谺。神井湧雲蓋，陰崖垂薜花。交流百道泉，赴谷走羣蛇。不知落何處，隱隱如繅車。我來叩石戶，飛鼠翻白鴉。寄語洞中龍，睡味豈不嘉。雨師少弭節，雷師亦停撾。積水得反壑，稻苗出泥沙。農夫免菜色，龍亦飽豚豭。看君擁黃紬，高卧放晚衙。

汪師韓《蘇詩選評箋釋》卷三：水光山色，搖漾筆端，通體作告龍之詞，而以「安厥家」詰之，以「睡味」勸之，以「飽豚豭」利之，語諧而肅。

紀昀評《蘇文忠公詩集》卷一九：「寄語」句直貫到「龍亦」句。「看君」二句接得少突。前路只有「我來」字（「我來叩石戶」），未出孫也。

乘舟過賈收水閣收不在見其子三首

愛酒陶元亮，能詩張志和。青山來水檻，白雨滿漁蓑。淚垢添丁面，貧低舉案蛾。不知何所樂，竟夕獨酣歌。

紀昀評《蘇文忠公詩集》卷一九：（「貧低舉案蛾」）句陋拙！

吳喬《圍爐詩話》卷五引黃公曰：公詩本一往無餘，徐州後更恣縱。如《賈耘老水閣》云：「愛酒陶元亮（略）。」寫曠懷蘊藉。

賀裳《載酒園詩話》：公詩本一往無餘，徐州後愈益縱恣。然如《乘舟過賈收水閣》：「愛酒陶元亮（略）。」不惟善寫達人胸懷曠闊，下語亦甚風流蘊藉。

娟娟風蒲亂，猗猗水荇長。小舟浮鴨綠，大杓瀉鵝黃。得意詩酒社，終身魚稻鄉。樂哉無一事，何處不清涼。

孫奕《履齋示兒編》卷一〇：鴨綠鵝黃經兩詩人道之。荆公《南浦》云：「含風鴨綠粼粼起，弄日鵝黃裊裊垂。」則以鵝黃爲柳，主柳色黃金嫩而言之。東坡《過賈收水閣》云：「小舟浮鴨綠，大杓瀉鵝黃。」則以鵝黃爲酒，主鵝兒黃似酒而言之。皆爲奇句，然辭意雅馴，則荆優於坡。

曳杖青苔岸，繫船枯柳根。德公方上冢，季路獨留言。已占蒲魚港，更開松菊園。從兹來往數，兒女自譍門。

次韻孫秘丞見贈

感慨清哀似變風，老於詩句耳偏聽。迂疏自笑成何事，冷淡誰能用許功。不怕飛蚊如立豹（自注：湖州多蚊豹，腳尤毒），肯隨白鳥過垂虹（自注：垂虹長橋亭名）。吟哦相對忘三伏，擬泛冰溪入雪宮。

周密《齊東野語》卷一〇《多蚊》：吳興多蚊，每暑夕浴罷，解衣盤礴，則營營群聚，噆嘬不容少安，心每苦之。坡翁嘗曰：「湖州多蚊蚋，豹腳尤毒。」且見之詩云：「飛蚊猛捷如花鷹。」又云：「風定軒窗飛豹腳。」蓋湖之豹腳蚊著名久矣。舊傳崇王入侍壽皇，聖語云：「聞湖州多蚊，果否？」後侍宴，因以小金盒貯豹腳者數十枚進呈。蓋不特著名，亦且塵乙覽矣。蓋蚊乃水蟲所化，澤國故應爾。

查慎行《初白庵蘇詩補注》卷一九：詩中所云「白鳥」（「不怕飛蚊如立豹，肯隨白鳥過垂虹」），乃鷗鷺之類。蓋上句既用「飛蚊」，本句「白鳥」（施氏補注引《金樓子》云：「白鳥，蚊也。」）、若再作蚊蚋解，於義重複，非作者本旨也。

與客遊道場何山得鳥字

清溪到山盡，飛路盤空小。紅亭與白塔，隱見喬木杪。中休得小菴，孤絕寄雲表。洞庭在北戶，雲水天渺渺。菴僧俗緣盡，淨業洗未了。十年畫鵲竹，益以詩自繞。高堂儼像設，禪室各深窈。奔泉何處來，華屋過溪沼。何山隔幽谷，去路清且悄。長松度翠蔓，絕壁挂啼鳥。我友自杭來，尚歎所歷少。歸途風雨作，一洗紅日燎。俄驚萬竅號，黑霧卷蓬蓼。舟人紛變色，坐羨輕鷗矯。我獨喚酒杯，醉死勝流殍。書生例強佷，造物空煩擾。更將掀舞勢，把燭畫風篠。美人爲破顏，正似腰支嫋。明朝便陳迹，清景墮空杳。作詩記餘歡，萬古一昏曉。

《石渠寶籍》卷三四《元吳鎭竹譜一卷》：第四段自識云：東坡先生守湖州日，遊何、道兩山，遇風雨，回憩賈耘老溪上澄暉亭，令官奴執燭畫風雨竹一枝於壁間，題詩云：「更將掀舞勢，秉燭畫風篠。美人爲破顏，恰似腰肢裊。」後好事者刻於石，今置郡庠。余遊霅上，摩挲久之。歸而每筆爲之，不能仿佛萬一。時梅雨初歇，淸和可人，佛奴出此卷索作竹譜，遂因而畫此枝，以識歲月也。至正十年夏五月一日梅道人年已七十一矣。

查愼行《初白庵蘇詩補注》卷一九：「更將掀舞勢」四句、諸刻本另作五言絶句一首，明屬重出。今移原題（「歸自道場何山，遇大風，因憩耘老溪亭，命官奴秉燭捧硯，寫風竹一枝」）。作四句注腳，以正何來之僞。

又《初白庵詩評》卷中：（「庵僧俗緣盡」四句）山僧亦有工畫竹者，故云。（「更將掀舞勢」四句）先生於歸舟畫竹，即以此四句題其上。

汪師韓《蘇詩選評箋釋》卷三：集中登臨諸作，無不名句分披而意象各別。此與前《遊道場山何山》一詩，既無一筆相犯。篇中兩言畫竹，文外曲致，情往興來。

紀昀評《蘇文忠公詩集》卷一九：起四句如畫。通首亦緊峭之中，不乏波折。（「更將掀舞勢」二句）又生一波，勢更滿足。（「明朝便陳迹」以下）勢須如此作收。

張道《蘇亭詩話》卷四《編排類》：續補遺詩，有已見正集而誤收入者。（略）《命官奴秉燭捧硯寫風竹一枝題詩云》一首（《已見正集十七卷《與客游道場何山得鳥字》五古中之四句，惟「正似腰肢嫋」，此作「怜此腰肢嫋」，然此詩題卻可爲正集四句注，想爾時東坡寫墨竹即題此四句，後人以墨蹟編入耳。所云官奴，蓋官妓侍游者也。）

趙克宜《角山樓蘇詩評注彙鈔》卷九：（起處）狀難寫之不景如在目前，佳在簡靜。（「益以詩自繞」）強押。（「書生例強很」）語太粗。（「更將掀舞勢」四句）著此四語，有遠致。

僕去杭五年吳中仍歲大饑疫故人往往逝去聞湖上僧舍不復往日繁麗獨淨慈本長老學者益盛作詩寄之

來往三吳一夢間，故人半作冢纍然。獨依舊社傳眞法，要與遺民度厄年。趙叟近聞還印綬，竺翁先已反林泉。何時策仗相隨去，任性逍遙不學禪。

舶趠風

吳中梅雨既過，颯然清風彌旬，歲歲如此，湖人謂之舶趠風。是時海舶初回，云此風自海上與舶俱至云爾。

三旬已過黃梅雨，萬里初來舶趠風。幾處縈回度山曲，一時清駛滿江東。驚飄蔌蔌先秋葉，喚醒昏昏嗜睡翁。欲作蘭臺快哉賦，卻嫌分別問雌雄。

舊題王十朋《集註分類東坡先生詩》卷二〇引次公曰：先生詩，有因題中三字而爲之對，（略）下以「黃梅雨」對「舶趠風」，（略）其意自貫，不害爲工。

查慎行《初白庵蘇詩補注》卷一九：劉須溪曰：「先生詩格固豪放、老健，至對偶切處，如『黃耳蕈』對『白芽薑』，『牛尾貍』對『鷄頭鶻』。」今以「舶趠風」對「黃梅雨」，或者謂因事請客，然原其句意，每每相貫。

紀昀評《蘇文忠公詩集》卷一八：結（「欲作蘭臺快哉賦」二句）亦太露不平。

丁公默送蝤蛑

溪邊石蟹小于錢，喜見輪囷赤玉盤。半殼含黃宜點酒，兩螯斫雪勸加餐。蠻珍海錯聞名久，怪兩腥風入坐寒。堪笑吴興饞太守，一詩換得兩尖團。

俞弁《逸老堂詩話》卷下：東坡愛食蟹，其謝丁公默惠蟹詩云：「堪笑吴興饞太守，一詩換得兩尖團。」尖團，即蟹腹下臍也。雄蟹臍尖，至十月極肥大，而膏腴甚有味。古人謂之糊口者是已。

劉孟熙謂蟹臍圓而珍，蓋不知其味者矣。

趙克宜《角山樓蘇詩評注彙鈔》附錄卷下：賦物若如此質實，何取爲詩。

送孫著作赴考城兼寄錢醇老李邦直二君於孫處有書見及

使君閒如雲，欲出誰肯伴。清風獨無事，一嘯亦可喚。來從白蘋洲，吹我明月觀。門前遠行客，青衫流白汗。問子何匆匆，王事不可緩。故人錢與李，清廟兩圭瓚。蔚爲萬乘器，尙記溝中斷。子亦東南珍，價重不可算。別情何以慰，酒盡對空案。惟持一榻涼，勸子巾少岸。北風那復有，塵土飛灰炭。欲寄二大夫，發發不可絆。

紀昀評《蘇文忠公詩集》卷一八：起結甚別。（「門前遠行客」）斗入奇絕。（「塵土飛灰炭」）「塵土」句少欠雅。

泛舟城南會者五人分韻賦詩得人皆苦炎字四首

汪師韓《蘇詩選評箋釋》卷三：此（按：指《與王郎昆仲兒子邁繞城看荷花》）與「人皆苦

炎」分韻之詩，體製不同，而精爽入神，虛明獨照，並是杜詩所云「炯如一段清水出萬壑，置在迎風含露之玉壺」者也。

《御選唐宋詩醇》卷三六：境本平近，賦出閑情。四詩思如湧泉，趣昭而理舉。

城中樓閣似魚鱗，不見清風起白蘋。試選苕溪最深處，仍呼我輩不羈人。窺船野鶴何曾下，見燭飛蟲空自馴。遶郭荷花一千頃，誰知六月下塘春。

紀昀評《蘇文忠公詩集》卷一九：入手恣逸，妙不單弱。

苦熱誠知處處皆，何當危坐學心齋。海鳌要共詩人把，溪月行遭霧雨霾。鄉國飄零斷書信，弟兄流落隔江淮。便應築室苕溪上，荷葉遮門水浸堦。

紀昀評《蘇文忠公詩集》卷一九：有疏宕之氣。

紫蟹鱸魚賤如土，得錢相付何曾數。碧筩時作象鼻彎，白酒微帶荷心苦。運肘風生看斫鱠，隨刀雪落驚飛縷。不將醉語作新詩，飽食應慙腹如鼓。

葛立方《韻語陽秋》卷一九：《酉陽雜俎》載，鄭公慤嘗於使君林避暑，取蓮葉以簪刺其心，令與柄通，屈莖如象鼻，傳酒吸之，名爲碧筩。蓋取蓮葉芳馨之氣，雜於酒中，爲可喜也。故東坡詩云「碧筩時作象鼻彎，白酒微帶荷心苦」是已。大抵醪醴之妙，藉外而發其中，則格高而味可，如大宛之葡萄，大官之桐馬，皆藉他物而成者。

紀昀評《蘇文忠公詩集》卷一九：仄韻作五律已不可，况於七律。

橋上游人夜未厭，共依水檻立風簷。樓中煮酒初嘗芡，月下新粧半出簾。南郭清游繼顏謝，北窗歸卧等羲炎。人間寒熱無窮事，自笑疏頑不受痁。

紀昀評《蘇文忠公詩集》卷一九：（「人間寒熱無窮事」二句）別無佳處，惟末句押韻甚巧。

與王郎夜飲井水

吳興六月水泉溫，千頃菰蒲聚鬬蚊。此井獨能深一丈，源龍如我亦如君。

查慎行《初白庵蘇詩補注》卷一九：《外集》題上有「湖州」二字。（「源龍如我亦如君」）詩中「源龍」作「龍源」，「如我」作「如故」。

王文誥《蘇文忠公詩編注集成》卷一九：首二句謂人皆趨炎，如鬬蚊盛于六月也，其下「溫」字之意如此。（「此井獨能深一丈」）謂井深而水獨寒冽也，「凜然」之意，從此生出。

次韻李公擇梅花

詩人固長貧，日午饑未動。偶然得一飽，萬象困嘲弄。尋花不論命，愛雪長忍凍。天公非不憐，聽飽即喧鬨。君爲三郡守，所至滿賓從。江湖常在眼，詩酒事豪縱。奉使今折磨，清比於陵仲。永懷茶山下，攜妓修春貢。更憶檻泉亭，插花雲髻重。蕭然臥灊麓，愁聽春禽哢。忽見早梅花，不飲但孤諷。詩成獨寄我，字字愈頭痛。嗟君本侍臣，筆橐從上雍。脫韡吟芍藥，給札賦雲夢。何人慰流落，嘉藕天爲種。杯傾笛中吟，帽拂果下鞚。感時念羈旅，此意吾儕共。故山今何有，桐花集么鳳。君亦憶匡廬，歸掃藏書洞。何當種此花，各抱漢陰甕。

黃徹《䂬溪詩話》卷一〇：子建稱孔北海文章多雜以嘲戲，子美亦戲傚俳諧體，退之亦有寄詩雜詼俳，不獨文舉爲然。（略）大體材力豪邁有餘，而用之不盡，自然如此。（略）坡集類此不可勝數。（略）又（下引「尋花不論命」四句）（略）皆斡旋其章而弄之，信恢刃有餘，與血指汗顏者異矣。

查愼行《初白庵詩評》卷中：（「蕭然卧灊麓」）先生《東坡》詩云：「我有同舍郎，官居在灊岳。」自注云：「李公擇也。」

汪師韓《蘇詩選評箋釋》卷三：胸次勃鬱，隨處激發。其言感饑貧，念羈旅，如無當於梅花，觸緒濡毫，忽深感慨，固知文必本於情也。

紀昀評《蘇文忠公詩集》卷一九：借題抒意，梅花只借作點綴穿插，方是和人詩。若句句實寫梅花，便同自詠。（「詩人固長盆」）一起口說公擇，卻句句藏自己在內，早爲篇末結胎。（「忽見早梅花」二句）入得擺脫。（「何人慰流落」二句）又一縈拂，不粘不脫。（「此意吾儕共」）插入自己，便有綰合。末二句一齊綰結，滴水不漏。

王文誥《蘇文忠公詩編注集成》卷一九：（「故山今何有」二句）此公幼時家內事也，特與下匡廬並用，作雙收法。

趙克宜《角山樓蘇詩評注彙鈔》卷九：押窄韻寬然有餘，自坡公長擇。（「偶然得一飽」）虛渾語卻能籠題。（「君爲三郡守」）叙李生平。（「忽見早梅花」）方入本題。（「嗟君本侍臣」）再用縱筆。（「感時念羈旅」）至此一捻。（「故山今何有」）以下結淸和意。

送淵師歸徑山

我昔嘗爲徑山客，至今詩筆餘山色。師住此山三十年，妙語應須得山骨。谿城六月水雲蒸，飛蚊猛捷如花鷹。羨師方丈冰雪冷，蘭膏不動長明燈。山中故人知我至，爭來問訊今何似。爲言百事不如人，兩眼猶能識細字。

紀昀評《蘇文忠公詩集》卷一九：不免淺率。

送表忠觀錢道士歸杭

熙寧十年，詔以龍山廢佛祠爲表忠觀。元豐二年通教自杭來見予於吳興，問：「觀亦卒工乎？」曰：「未也，杭人比歲不登，莫有助我者。」余曰：「異哉，杭人重施輕財，是不獨爲福田也，將自託於不朽。今歲成矣，子其行乎？」及還，作詩送之。

先生舊德在民心，著令稱忠上意深。墮淚行看會祠下，挂名爭欲刻碑陰。淒涼破屋塵凝坐，憔悴雲孫雪滿簪。未信諸豪容郭解，卻從他縣施千金。

紀昀評《蘇文忠公詩集》卷一九：如此大題，何詩語凡近乃爾？豈美盡於碑，此不妨草草耶？

次韻周開祖長官見寄

俯仰東西閱數州，老於岐路豈伶優。初聞父老推謝令，旋見兒童迎細侯。政拙年年祈水旱，民勞處處避嘲謳。河吞巨野那容塞，盜入蒙山不易搜。仕道固應慚孔孟，扶顛未可責由求。漸謀田舍猶懷祿，未脫風濤且傍洲。惘惘可憐真喪狗，時時相觸似虛舟。朅來震澤都如夢，只有苕溪可倚樓。齋釀酸甜如蜜水，樂工零落似風甌。遠思顏柳並諸謝，近憶張陳與老劉。風定軒窗飛豹腳(自注：湖多蚊，土人云豹腳者尤毒)，雨餘欄檻上蝸牛。舊遊到處皆蒼蘚，同甲惟君尚黑頭。憶昔湖山共尋勝，相逢杯酒兩忘憂。醉看梅雪清香過，夜棹風船駭汗流。百首共成山上集，三人同作月中遊。海南未起垂天翼，澗底仍依徑寸麻。已許清風歸過我，預憂詩筆老難酬。此生歲月行飄忽，晚節功名亦謬悠。犀首正緣無事飲，馮驩應爲有魚留。從今更踏青州麴，薄酒知君笑督郵。

朋九萬《烏臺詩案·寄周邠諸詩》：元豐二年六月十三日，軾知湖州，有周邠作詩寄軾，軾答云：「政拙年年祈水旱，民勞處處避嘲謳。河吞鉅野那容塞？盜入蒙山不易搜。仕道故因慙孔孟，扶顛未可責由求。」此詩自言遷徙數州，未蒙朝廷擢用，老於道路，並所至遇水旱盜賊，夫役數起，民蒙其害，以譏諷朝廷政事闕失，並新法不便之所致也。又云「仕道故因慙孔孟，扶顛未可責由求」，以言已仕而道不行，則非仕道也，故有慙於孔孟。孔子責由求云：「危而不持，顛而不扶，則將焉用彼相矣。」「顛」謂顛仆也。意以譏諷朝廷大臣，不能扶正其顛仆。

李治《敬齋古今註》卷八：東坡先生，神仙中人也。其篇什歌詠，冲融浩翰，庸何敢議爲。然其才大氣壯，語太峻快，故中間時時有少隉杌者。如牏廁、廁牏之倒，滹沱河、蕪蔞亭之誤皆是也。今聊疏其一二，可以爲峻健者之戒。（略）《次韻周長官見寄》云：「罔罔可憐眞喪狗，時時相觸是虛舟。」喪家之狗，而只用兩字，似不甚妥。

查愼行《初白庵詩評》卷中：（「近憶張陳與老劉」）先生《雜記》云：「吾昔自杭移高密，與楊元素同舟，而陳令舉，張子野、皆從吾過李公擇于湖州，遂與劉孝叔俱至松江」。「憶昔」三聯，公倅杭時，與周邠同遊徑山西湖事，詩散見集中。

紀昀評《蘇文忠公詩集》卷一九：七言長律，少陵亦不能工，不作可也。（「惘惘可憐眞喪狗」）喪家之狗，「喪」字原有平仄二讀。如作平則協律；如作去，則刪去家字殊不安。（「樂工零落似風甌」）「甌」當作「漚」。（「遠思顏柳並諸謝」）「遠思」句法太率。（「澗底仍依徑寸麻」）「澗底」句未詳。

張道《蘇亭詩話》卷五《補注類》：朱肱《北山酒經》：「凡法麴，于六月三伏中踏造，直須實踏，若虛則不中。」按此則應補注《次韻周開祖長官見寄》詩「從今更踏春州麴」句下。又按《齊民要術》云：「作麴溲欲剛，擣欲粉，細作熟餅，用圓鐵範，令徑五寸，厚一寸五分，于平板上，令壯士熟踏之。」此則亦可補入。

又見卷六《送錢藻出守婺州得英字》趙翼評。

林子中以詩寄文與可及余與可既歿追和其韻

斯人所甚厭，投畀每不受。欲其少須臾，奪去唯恐後。云誰尸此職，無乃亦假守。賦才有巨細，無異斛與斗。胡不安其分，但聽物所誘。時來各飛動，意合無妍醜。坐令雞棲車，長載朱伯厚。平生無一旅，既死叱萬口。自聞與可亡，胸臆生堆阜。懸知臨絕意，要我一執手。相望五百里，安得自其牖。遺文付來哲，後事待諸友。伶俜嵇紹孤，老病孟光偶。世人賤目見，爭笑千金帚。君詩與楚詞，識者當有取。但知愛墨竹，此歎吾已久。故人多厚祿，能復哀君否。不見林與蘇，饑寒自奔走。

紀昀評《蘇文忠公詩集》卷一九：（「斯人所甚厭」以下十句）起不醒豁，不免吃力之痕。

（「時來各飛動」以下）後半自沈著。

張道《蘇亭詩話》卷五《補注類》：沈作喆《寓簡》：「本朝紹聖初，黨禍起，名臣正士，一時竄逐殆盡，章子厚用林希子中爲中書舍人，行諸公責詞，極力詆毀，出于一手，殆若專門名家。子中在元祐不得用，中外久次爲庶官，有棲遲之嘆。子厚爲相，使人語曰：『欲相用爲三字，能無異議者，二府可得也。』子中欣然從之。故謫官制制告，皆西漢文章，蓋得意語也。自呂汲公而下，著爲一集，又敕牓朝堂及制科策御題附載，今存。噫嚱！不可泯矣！」按此則應補入《林子中以詩寄文與可云云》題注。

與王郎昆仲及兒子邁遶城觀荷花登峴山亭晚入飛英寺分韻得月明星稀四首

查愼行《初白庵詩評》卷中：適字子立。遹字子敏，皆從先生，受業于湖。

汪師韓《蘇詩選評箋釋》卷三：此與「人皆苦炎」分韻之詩，體製不同，而精爽入神，虛明獨照，並是杜詩所云「炯如一段清水出萬壑，置在迎風含露之玉壺」者也。

王文誥《蘇文忠公詩編注集成》卷一九：和陶之先聲也。

昨夜雨鳴渠，曉來風襲月。蕭然欲秋意，谿水清可啜。環城三十里，處處皆佳絕。蒲蓮浩如海，時見舟一葉。此間眞避世，青蒻低白髮。相逢欲相問，已逐驚鷗沒。

袁宏道評閱譚元春選《東坡詩選》卷一《將之湖州戲贈莘老》譚元春評：予愛其「湖中橘林」二句，故選之。公更有「雲水夜唯明」，皆是湖州苕霅寫照。

紀昀評《蘇文忠公詩集》卷一九：忽作清音，卻仍用本色，不規規於王、孟形模。（「蒲蓮浩如海」以下）此暗用漁父事，非寫景也。

清風定何物，可愛不可名。所至如君子，草木有嘉聲。我行本無事，孤舟任斜横。中流自偃仰，適與風相迎。舉杯屬浩渺，樂此兩無情。歸來兩溪間，雲水夜自明。

查慎行《初白庵詩評》卷中：（「清風定何物」四句）先生自道也。（「歸來兩溪間」）兩溪，苕、霅也。

（日本）賴山陽《東坡詩鈔》卷二：（「清風定何物」四句）此等詩極清高者，「定何物」三字，若作「如君子」，便俗陋。四句妙喻，非東坡不能言。（「中流自偃仰」以下）此中隱然見以清風自比也。

趙克宜《角山樓蘇詩評注彙鈔》卷九：起四語清雋有味。（「所至如君子」）從「君子之德風」化出。

苕水如漢水，鱗鱗鴨頭青。吳興勝襄陽，萬瓦浮青冥。我非羊叔子，媿此峴山亭。悲傷意則同，歲月如流星。從我兩王子，高鴻插修翎。湛輩何足道，當以德自銘。

葛立方《韻語陽秋》卷五：羊叔子鎭襄陽，嘗與從事鄒湛登峴山，慨然有湮滅無聞之嘆。峴山亦因是以傳，古今名賢賦詠多矣。吳興東陽二郡，亦有峴山。吳興峴山去城三里，有李適之窪尊在焉。東坡守吳興日，嘗登此山，有詩云：「苕水如漢水（略）。」

《梅磵詩話》卷上：此山經東坡品題，亦因之而重。

吏民憐我嬾，鬬訟日已稀。能爲無事飮，可作不夜歸。復尋飛英游，盡此一寸暉。撞鐘履聲集，顚倒雲山衣。我來無時節，杖屨自推扉。莫作使君看，外似中已非。

紀昀評《蘇文忠公詩集》卷一九：二首（第三、四首）又以樸至勝。

趙翼《甌北詩話》卷五：東坡大氣旋轉，雖不屑屑于句法字法中別求新奇，而筆力所到，自成創格。如（略）《泛舟城南》云：「能爲無事飲，可作不夜歸。」（略）此雖隨筆所至，自成創格，所謂「風行水上，自然成文」，然未免句法重疊。

《歷代詩發》卷二四：懶爲吏民所憐，而峴山中人尙以使君目之，故末句自明。視松間喝道，何啻牀上下之分。

次韻章子厚飛英留題

款段曾陪馬少游，而今人在鳳麟洲。黃公酒肆如重過，杳杳白蘋天盡頭。

查愼行《初白菴蘇詩補注》卷一九：《宋史》章惇本傳：「熙寧中，出知湖州，徙杭州，入爲翰林學士。元豐三年，拜參知政事。」先生來吳興，正子厚爲翰林學士時也。故云：「而今人在鳳麟洲。」

查愼行《初白菴詩評》卷中：飛英，寺名，在湖州。

紀昀評《蘇文忠公詩集》卷一八：語殊蘊借。

城南縣尉水亭得長字

兩尉鬱相望，東西百步場。揮旂蒲柳市，伐鼓水雲鄉。已作觀魚檻，仍開射鴨堂。全家依畫舫，極目亂紅妝。瀲瀲波頭細，疏疏雨腳長。我來閒濯足，溪漲欲浮牀。澤國山圍裏，孤城水影旁。欲知歸路處，葦外記風檣。

查慎行《初白庵詩評》卷中：（「澤國山圍裡」四句）入畫。

紀昀評《蘇文忠公詩集》卷一八：東坡五言長律，皆氣機流動。由其一筆寫出，不由堆砌而成。（「極目亂紅妝」）「紅妝」，比蓮也。

趙克宜《角山樓蘇詩評注彙鈔》卷九：（「仍開射鴨堂」）切縣尉。

與胡祠部游法華山

陂湖欲盡山爲界，始見寒泉落高派。道人未放泉出山，曲折虛堂瀉清快。使君年老尚兒戲，綠棹紅船舞澎湃。一笑翻杯水濺裙，餘歡濯足波生隘。長松攙天龍起立，蒼藤倒谷雲崩壞。仰穿蒙密得清曠，一覽震澤吁可怪。誰云四萬八千頃，渺渺東盡日所曬。歸途十里盡風荷，清唱一聲聞露薤（自注：是日樂工有作此聲者）。嗟予少小慕眞隱，白髮青衫天所械。忽逢佳士與名山，何異柘楊便馬疥。君猶鸞鶴偶飄墮，六翮如雲豈長鎩）。不將新名紀茲游，恐負山中清淨債。

汪師韓《蘇詩選評箋釋》卷三：揚袂風山，舉袖陰澤，「曲折」、「清快」四字，即可移以評此詩。

紀昀評《蘇文忠公詩集》卷一九：（此首及下首《又次前韻贈賈耘老》）二詩俱遒緊。

《歷代詩發》卷二四：句意俱極工秀，且無剷削之痕。

趙克宜《角山樓蘇詩評注彙鈔》卷九：（「清唱一聲聞露薤」）倒押欠妥。（「曲折虛堂瀉清快」）刻畫處不假煩言，最見筆妙。（「嗟予少小慕眞隱」）篇中初無深意，唯恃此清峭之句見長。

又次前韻贈賈耘老

具區呑滅三州界，浩浩湯湯納千派。從來不著萬斛船，一葉漁舟恣奔快。仙壇古洞不可到，空聽餘瀾鳴湃湃。今朝偶上法華嶺，縱觀始覺人寰隘。山頭卧碣弔孤冢，下有至人僵不壞。空餘白棘網秋蟲，無復青蓮出幽怪（自注：事見本院碑）。我來徙倚長松下，欲掘茯苓親洗曬。聞道山中富奇藥，往往靈芝雜葵蓮。詩人空腹待黃精，生事只看長柄械（自注：杜子美詩云：長鑱長鑱白木柄，我生托子以爲命）。今年大熟期一飽，食葉微蟲直癬疥（自注：賈云今歲有小蟲食葉，不甚爲害）。白花半落紫穟香，攘臂欲助磨鐮鎩。安得山泉變春酒，與子一洗尋常債。

吳聿《觀林詩話》：涪翁論黃獨爲土芋，而云或以爲黃精，非也。蓋謂東坡云：「詩人空腹待黃精，生事只看長柄械。」不欲顯名之耳。

趙閱道高齋

見公奔走謂公勞，聞公隱退云公高。公心底處有高下，夢幻去來隨所遭。不知高齋竟何義，此名之設緣吾曹。公年四十已得道，俗緣未盡餘伊皋。功名富貴皆逆旅，黃金知繫何人袍。超然已了一大事，挂冠而去眞秋毫。坐看猿猱落罝罔，兩手未肯置所操。乃知賢達與愚陋，豈直相去九牛毛。長松百尺不自覺，企而羨者蓬與蒿。我欲贏糧往問道，未應舉臂辭盧敖。

汪師韓《蘇詩選評箋釋》卷三：「奔走」、「隱退」，道盡庸耳俗目矣。「超然已了一大事」者，謂與佛慧爲友也。「長松百尺」二句，借此喻托出高字，與前「不知高齋竟何義」句相叫應。

紀昀評《蘇文忠公詩集》卷一九：（「乃知賢達與愚陋」二句）大詈傷雅。（「長松百尺不自覺」二句）查云：寫得「高」字出。

趙翼《甌北詩話》卷五《蘇東坡詩》：坡詩不尙雄傑一派，其絕人處在乎議論英爽，筆鋒精鋭，舉重若輕，讀之似不甚用力而力已透十分，此天才也。試即其詩，略爲舉似。（略）七古如（略）「長松千尺不自覺，企而羨者蓬與蒿。」（《趙閱道高齋詩》）（略）此皆坡詩中最上乘，讀者可見其才分之高，不在功力之苦也。

梁章鉅《退庵隨筆》：李文貞不喜蘇詩，謂東坡詩殊少風韻音節，逐句俱塡典故，亦不是古法。此非篤論也。蘇詩淸空如話者，集中觸處皆有。如（略）《趙閱道高齋》詩云：「長松千尺不自覺，企而羨者蓬與蒿。」（略）此豈得以少風韻、塡典故概之？文貞意在講學，于詩詣力未深。其于唐詩，只取張曲江及燕、許、李、杜、韓、柳數家，宋詩只取歐陽文忠、王荆公、朱子三家。講學與論詩，自是兩事，學者不必爲所惑也。

送俞節推

吳興有君子，淡如朱絲琴。一唱三太息，至今有遺音。嗟余與夫子，相避如辰參（自注：退翁官於蜀，余在京師，余歸而退翁去。及余官於吳興，則退翁亡矣）。猶喜見諸郎，窈然淸且深。

異時多良士，末路喪初心。我生不有命，其肯枉尺尋。

紀昀評《蘇文忠公詩集》卷一九：後四句不甚分明。

次韻答孫侔

十年身不到朝廷，欲伴騷人賦落英。但得低頭拜東野，不辭中路候淵明。艤舟苕霅人安在，卜築江淮計已成。千里論交一言足，與君蓋亦不須傾。

楊萬里《誠齋詩話》：詩家用古人語，而不用其意，最爲妙法。（略）孔子、程子相見傾蓋，鄒陽云：「傾蓋如故。」孫侔與東坡不相識，乃以詩寄坡，坡和云：「與君蓋亦不須傾。」（略）此皆翻案法也。

查愼行《初白庵蘇詩補注》卷一九：少述（指孫侔）本吴興人，而家於揚，與先生詩五六聯（「艤舟苕霅人安在，卜築江淮計已成」）正合。《宋史》以爲眞州人者訛，當從《宋文鑑》。

紀昀評《蘇文忠公詩集》卷一八：（起處）極寫傾倒之意。（「艤舟苕霅人安在」）五句言孫以吴興人而家於揚。（「卜築江淮汁已成」）六句指買田泗上之事。

王文誥《蘇文忠公詩編注集成》卷一九：（「十年身不到朝廷」四句）自道湖守，卻切定孫倅是湖人說，雖以淵明比孫倅，實以王弘自居也。次聯作用皆在上五字，其下二字，但借作使喚用耳。

潘德輿《養一齋詩話》卷一：楊誠齋愛講翻案法，稱東坡「與君蓋亦不須傾」（略）諸句，以爲詩法。不知此只小巧本事，坡詩生氣噴涌可重，雅不在此。

重寄

凜然高節照時人，不信微官解浼君。蔣濟謂能來阮籍，薛宣眞欲吏朱雲。好詩衝口誰能擇，俗子疑人未遣聞。乞取千篇看俊逸，不將輕比鮑參軍。

紀昀評《蘇文忠公詩集》卷一九：（「蔣濟謂能來阮籍，薛宣眞欲吏宋雲」、「不將輕比鮑參軍」）連用五人名，礙格。

趙翼《甌北詩話》卷五：坡公熟於莊、列、諸子及漢、魏、晉、唐諸史，故隨所遇，輒有典故，以供其援引，此非臨時檢書者所能辦也。如（略）《答孫倅》云：「蔣濟謂能來阮籍，薛宣眞欲吏朱雲。」倅與王荆公素善，及荆公爲相，數年不復相聞，故用阮籍不應濟之辟，朱雲不肯留宣東閤事也。（略）以上數條，安得有如許切合典故，供其引證？自非博極羣書，足供驅使，豈能左右逢源若是！想見坡公讀書，眞有過目不忘之資，安得不嘆爲天人也。

次韻和劉貢父登黃樓見寄並寄子由二首

青派連淮上，黃樓冠海隅。此詩尤偉麗，夫子計魁梧（自注：劉爲人短小）。世俗輕瑚璉，巾箱襲武夫。坐令乘傳遽，奔走爲儲須。邂逅我已失，登臨誰與俱。貧貪倉氏粟，身聽冶家橅。會合難前定，歸休試後圖。腴田未可買（自注：本欲買田於泗上，近已不遂矣），窮鬼却須呼。二水何年到，雙洪不受艫。至今清夜夢，飛轡策天吳（自注：此詩寄劉）。

《碧溪詩話》卷四：坡云：「後生可畏吾衰矣，刀筆從來錯料堯。」周昌以趙堯刀筆吏，後果無能爲，所料信不錯，而云「錯料堯」，亦以涉譏謗倒用爾。又有：「窮鬼却須呼」（略）皆倒用也。

與子皆去國，十年天一隅。數奇逢惡歲，計拙集枯梧。好士餘劉表，窮交憶灌夫。不矜持漢節，猶喜攬桓須。清句金絲合，高樓雪月俱。吟哦出新意，指畫想前橅（自注：子由初赴南京，送之出東門，登城上覽山川之勝，云此地可作樓觀。於是始有改築之意）。自寫千言賦，新裁六幅圖（自注：近以絹自寫子由黃樓賦爲六幅圖，甚妙）。傳看一座聳，勸著尺書呼。莫使騷人怨，東游不到吳（自注：此詩寄子由）。

李冶《敬齋古今黈》卷八：東坡先生，神仙中人也。其篇什歌詠，冲融浩翰，庸何敢議爲。然其才大氣壯，語太峻快，故中間時時有少隉杌者。如牏廁、廁牏之倒，滹沱河、蕪蔞亭之誤皆是也。今聊疏其一二，可以爲峻健者之戒。《和劉貢父》云：「數奇逢惡歲，計拙集枯梧。」按《晉語》優施歌曰：「暇豫之吾吾，不如烏烏，人皆集于菀，已獨集于枯。」東坡此詩意，全用晉語事，而押韻處便知「梧」字，豈非太峻快耶？

周密《齊東野語》卷一四《數奇》：《李廣傳》：「廣數奇，毋令當單于。」注云：「奇，不偶也。言廣命隻不偶也。數音所角切；奇，盡宜切。」宋景文以爲江南本《漢書》，數乃所具切，角字乃具字之誤耳。然或以爲疑。余因考《藝文類聚》引《馮敬通集》「吾數奇命薄」，《唐文粹》徐敬業詩「數奇良可嘆」，王維詩「衛青不敗由天幸，李廣無功緣數奇」，杜詩「數奇謫關塞，道廣存箕潁」，羅隱詩「數奇當自愧，時薄欲何干」，坡詩「數奇逢惡歲，計拙集枯梧」，觀其偶對，則數爲命數，非疏數之數，音所具切，明矣。

吳江岸

曉色兼秋色，蟬聲雜鳥聲。壯懷銷鑠盡，回首尚心驚。

御史臺榆槐竹柏四首

榆

我行汴堤上，厭見榆陰綠。千株不盈畝，斬伐同一束。及居幽囚中，亦復見此木。蠹皮溜秋雨，病葉埋牆曲。誰言霜雪苦，生意殊未足。坐待春風至，飛英覆空屋。

紀昀評《蘇文忠公詩集》卷一九：純用寫意，妙不怨怒。

槐

憶我初來時，草木向衰歇。高槐雖經秋，晚蟬猶抱葉。淹留未云幾，離離見疏莢。棲鴉寒不去，哀叫饑啄雪。破巢帶空枝，疏影挂殘月。豈無兩翅羽，伴我此愁絕。

查愼行《初白庵詩評》卷中：（「豈無兩翅羽」二句）通其解者，可以怨矣。

紀昀評《蘇文忠公詩集》卷一九：借題抒意，正不必句句切槐。

今日南風來，吹亂庭前竹。低昂中音會，甲刃紛相觸。蕭然風雪意，可折不可辱。風霽竹已回，猗猗散青玉。故山今何有，秋雨荒籬菊。此君知健否，歸掃南軒綠。

竹

查愼行《初白庵詩評》卷中：（「蕭然風雪意」四句）骨節淸剛，琅然可誦。

（日本）賴山陽《東坡詩鈔》卷一：此詩，東坡本色，其淸泠簡逸如淵明，其精悍如昌黎，其用筆周至如放翁，而翁無此氣格高絕處。（「今日南風來」二句）起，得東坡五古之起，宜有如此用力句。（「吹亂庭前竹」）「亂」字，字眼。（「甲刃紛相觸」）實際如此，寫得卻新奇。（「蕭然風雪意」二句）百忙中插議論，敏妙。許大議論，說自己身上，而不見其痕迹，妙。（「風霽竹已回」二句）如霽怒之霽，言忽正也。（「秋雨荒籬菊」）忽言籬菊，似命意岐，古人之不拘如此。（「歸掃南軒綠」）餘音悠然。

趙克宜《角山樓蘇詩評注彙鈔》卷九：（「蕭然風雪意」四句）寄託在有意無意之間。

柏

故園多珍木，翠柏如蒲葦。幽囚無與樂，百日看不已。時來拾流膠，未忍踐落子。當年誰所種，少長我與齒。仰視蒼蒼幹，所閱固多矣。應見李將軍，膽落溫御史。

查愼行《初白庵詩評》卷中：（「仰視蒼蒼翰」）「翰」當作「幹」。

紀昀評《蘇文忠公詩集》卷一九：觸手生意。

趙克宜《角山樓蘇詩評注彙鈔》卷九：「應見」二字跟「所閱」生出，趁勢繳醒御史臺，用筆敏妙。

己未十月十五日獄中恭聞太皇太后不豫有赦作詩

庭柏陰陰晝掩門，烏知有赦鬧黃昏。漢宮自種三生福，楚客還招九死魂。縱有鋤犁及田畝，已無面目見邱園。只應聖主如堯舜，猶許先生作正言。

陳鵠《耆著續聞》卷二：慈聖光獻大漸，上純孝，欲肆赦，后曰：「不須赦天下凶惡，但放了蘇軾足矣。」時子瞻對吏也。后又言：「昔仁宗策賢良歸，喜甚曰：『吾今日又爲子孫得太平宰相兩人。』蓋軾、轍也，而殺之可乎？」上悟，即有黃州之貶。故蘇有《聞太皇太后服藥赦》詩，有挽詞甚哀。

紀昀評《蘇文忠公詩集》卷一九：亦和平。

十月二十日恭聞太皇太后升遐以軾罪人不許成服欲哭則不敢欲泣則不可故作挽詞二章

巍然開濟兩朝勳，信矣才難十亂臣。原廟固應祠百世，先王何止活千人。和熹未聖猶貪位，明德雖賢不及民。月落風悲天雨泣，誰將椽筆寫光塵。

王文誥《蘇文忠公詩編注集成》卷一九：上首叙挽已畢。

未報山陵國士知，遶林松柏已猗猗。一聲慟哭猶無所，萬死酬恩更有時。夢裏天衢隘雲仗，人間雨淚變彤帷。《關雎》《卷耳》平生事，白首纍臣正坐詩。

紀昀評《蘇文忠公詩集》卷一九：三、四沉痛。後半措語頗滯。

王文誥《蘇文忠公詩編注集成》卷一九：次首，公自述也。

予以事繫御史臺獄獄吏稍見侵自度不能堪死獄中不得一別子由故作二詩授獄卒梁成以遺子由

方東樹《昭昧詹言》卷二〇：此亦宋調，雖有警句，吾不取。

聖主如天萬物春，小臣愚暗自亡身。百年未滿先償債，十口無歸更累人。是處青山可埋骨，他年夜雨獨傷神。與君世世爲兄弟，又結來生未了因。

邵伯溫《邵氏聞見錄》卷一三：王荆公薦李定爲臺官，定嘗不持母服，臺諫、給舍俱論其不孝，不可用。內翰因壽昌作詩貶定，故曰「此事今無古或聞」也。後定爲御史中丞，言內翰多作詩訕上。內翰自知湖州赴詔獄，小人必欲殺之。張文定、范忠宣二公上疏救，不報，天下知其不免矣。內翰獄中作詩寄黃門公子由云：「與君世世爲兄弟，更結來生未斷因。」或以上聞，上覽之凄然，亦赦之，止以團練副使安置黃州。

葛立方《韻語陽秋》卷三：自古文人，雖在艱危困踣之中，亦不忘于製述。蓋性之所嗜，雖鼎鑊在前不恤也。（略）東坡在獄中作詩贈子由云：「是處青山可埋骨，他年夜雨獨傷神。」猶有所託而作。

胡仔《苕溪漁隱叢話》前集卷三六引《王直方詩話》：東坡喜韋蘇州「不知風雨夜，復此對牀眠」之句，（略）坡在御史獄有云：「他年夜雨獨傷神。」（略）此其兄弟所賦也，相約退休，可謂無日忘之，然竟不能成其約。

朱彧《萍洲可談》卷二：東坡元豐間知湖州，言者以其誹謗時政，必致死地。御史臺遣就任攝之，吏部差朝士皇甫朝光管押。東坡方視事，數吏直入。上廳事，捽其袂曰：「御史中丞召！」東坡錯愕而起，即步出郡署門，家人號泣出隨之。弟轍適在郡，相逐。行及西門，不得與訣，東坡但呼：「子由，以妻子累爾！」郡人爲之泣涕。下獄即問：「五代有無誓書鐵券？」蓋死囚則如此，他罪止問三代。東坡爲一詩付獄吏，他日寄子由。其詩曰：「聖主如天萬物春（略）。」獄吏憐之，頗寬其苦楚。獄成，神考薄其罪，止責散官，安置黄州。

張端義《貴耳集》卷上：慈聖一日見神考不悅，問其所以，神考答曰：「廷臣有謗訕朝政者，欲議行。」慈聖曰：「莫非軾、轍也？老身嘗見仁祖時策士大悅，得二文士，問是誰，曰：『軾、轍也，朕留與子孫用。』」神考色漸和，東坡始有黄州之謫。在臺獄有二詩別子由，詩奏神考，慈聖亦閱之。曰（下引二詩）。獄中聞湖、杭民作解厄道場屢月，故有此語。

王夫之《薑齋詩話》卷下：《離騷》雖多引喩，而直言處亦無所諱。宋人騎兩頭馬，欲博忠直之名，又畏禍及，多作影子語，巧相彈射，然以此受禍者不少。旣示人以可疑之端，則雖無所誹誚，亦可加以羅織。觀蘇子瞻烏臺詩案，其遠謫窮荒，誠自取之矣，而抑不能昂首舒吭以一鳴，三木加身，則曰「聖主如天萬物春」，可耻孰甚焉。

查慎行《初白庵詩評》卷中：兄弟有故者當廢此詩。（「他年夜雨獨傷神」）先生兄弟唱和詩，屢舉「對牀聽雨」之語，故云。

又《初白庵蘇詩補注》卷一九：先生獄中詩嚮不入正集，南宋人詩話中往往載之，多有不同者。《石林避暑錄》「未滿先償債」作「未了須還債」，「無歸」作「無家」；「埋骨」作「藏骨」；「他年」作「他時」，「眼中」作「額中」；「百歲」作「他日」；「何處」作「何所」；「知葬」作「應在」。葛立方《韻語陽秋》「埋骨」亦作「藏骨」。《捫蝨新語》「世世」作「今世」；「吾子」作「無子」；「知葬」作「知在」。

汪師韓《蘇詩選評箋釋》卷三：此時已無生全之望，而詞不怨懟，立說有體。獨戀戀於兄弟之間，預結來生，極其痛切而深厚。

紀昀評《蘇文忠公詩集》卷一九：（「是處青山可埋骨」二句）情至語，不以工拙論也。

又：譏刺太多，自是東坡大病。然但多排權倖之言，而無一毫怨謗君父之意，是其根本不壞處，所以能傳於後世也。

洪亮吉《北江詩話》卷一：（「與君世世爲兄弟」二句）讀之令人增友于之誼。

柏臺霜氣夜凄凄，風動琅璫月向低。夢繞雲山心似鹿，魂驚湯火命如雞。眼中犀角眞吾子，身後牛衣愧老妻。百歲神游定何處，桐鄉知葬浙江西（自注：獄中聞杭、湖間民爲余作解厄道場累月，故有此句）。

葉夢得《避暑錄話》卷下：蘇子瞻元豐間赴詔獄，與其長子邁俱行。與之期，送食惟菜與肉，有不測則徹二物，而送以魚，使伺外間以爲候。邁謹守逾月，忽糧盡，出謀于陳留，委其一親戚代送，而忘語其約。親戚偶得魚鮓，送之，不兼他物。子瞻大駭，知不免，將以祈哀于上，而無以自達，乃作二詩寄子由，祝獄吏致之，蓋意獄吏不敢隱，則必以聞。已而果然。神宗初固無殺意，見詩益動心，自是遂益欲從寬釋，凡爲深文者皆拒之。二詩不載集中，今附于此：「柏臺霜氣夜凄凄（略）。」「聖主如天萬物春（略）。」

羅大經《鶴林玉露》乙編卷四：東坡文章，妙絕古今，而其病在于好譏刺。文與可戒以詩云：「北客若來休問事，西湖雖好莫吟詩。」蓋深恐其賈禍也。烏臺之勘，赤壁之貶，卒于不免。觀其獄中詩云：「夢繞雲山心似鹿，魂驚湯火命如雞。」亦可哀矣。

蔣鴻翮《寒塘詩話》：東坡《獄中寄子由》詩，哀而不怨，悱惻淋漓，人盡知絕調。

汪師韓《蘇詩選評箋釋》卷三：軾有惠政於浙，末以朱邑嘗奉桐鄉爲喻，固是信而不疑。

紀昀評《蘇文忠公詩集》卷一九：（「魂驚湯火命如雞」）句太俚。

宋長白《柳亭詩話》卷一二：較諸「繞夢雲山」之句，上詩猶蘊藉也。

十二月二十八日蒙恩責授檢校水部員外郎黄州團練副使復用前韻二首

百日歸期恰及春，餘年樂事最關身。出門便旋風吹面，走馬聯翩鵲啅人。卻對酒杯渾似夢，試拈詩筆已如神。此災何必深追咎，竊祿從來豈有因。

羅大經《鶴林玉露》乙編卷四：東坡文章，妙絶古今，而其病在于好譏刺。（略）然纔出獄便賦詩云：「卻對酒杯渾似夢，試拈詩筆已如神。」略無懲艾之意，何也！

瞿佑《歸田詩話》卷中《東坡傲世》：（東坡）放曠不羈，出獄和韻即云：「卻對酒杯渾似夢，試拈詩筆已如神。」方以詩得罪，而所言如此。

查愼行《初白庵詩評》卷中：（「試拈詩筆已如神」）錢牧齋出獄後，用「試拈」名集。惜末後行止，無顔謝天下耳，爲之一歎。

汪師韓《蘇詩選評箋釋》卷三：詩獄甫解，又矜詩筆如神，殆是豪氣未盡除。

紀昀評《蘇文忠公詩集》卷一九：此卻少自省之意，晦翁譏之，是。

香巖批《紀評蘇詩》卷一九：觀《子由自南都來陳三日而別》一首，自省至矣。此時方出獄，有更生之樂，未遑及他也。

平生文字爲吾累，此去聲名不厭低。塞上縱歸他日馬，城東不鬬少年雞。休官彭澤貧無酒，隱几維摩病有妻。堪笑睢陽老從事，爲余投檄向江西（自注：子由聞予下獄，乞以官爵贖予罪，貶筠州監酒）。

查慎行《初白庵蘇詩補注》卷一九：孫君孚《談圃》云：「子瞻得罪時，有朝士賣一詩策，內有使墨君事者，遂下獄。李定、何正臣劾其事，以指斥論。謂蘇曰：『學士素有名節，何不與他招了？』蘇曰：『軾爲人臣，不敢萌此心。卻未知何人造此意？』一日，禁中遣馮宗道按獄，止貶黃州團練副使。」此段《烏臺詩案》所不載，附錄於此。

汪師韓《蘇詩選評箋釋》卷三：在次首特爲詩筆如神下一轉語。「城東不鬬少年鷄」，進乎道矣。

紀昀評《蘇文忠公詩集》卷一九：（「此去聲名不厭低」）句太俚。

紀昀評蘇文忠公詩集卷二十

陳州與文郎逸民飲別攜手河堤上作此詩

白酒無聲滑瀉油，醉行堤上散吾愁。春風料峭羊角轉，河水渺綿瓜蔓流。君已思歸夢巴峽，我能未到説黃州。此身聚散何窮已，未忍悲歌學楚囚。

查愼行《初白庵詩評》卷中：（「我能未到説黃州」）退之詩：「湖州未到我能説。」先生借用此語。

紀昀評《蘇文忠公詩集》卷二〇：「滑瀉油」三字不雅。（「春風料峭羊角轉」）羊角乃旋飈之狀，與「春風料峭」不合。「角」字、「渺」字（「河水渺綿瓜蔓流」）皆應平而仄，以次句「瓜」字應仄而平雙救之，此唐人定格也。

子由自南都來陳三日而別

夫子自逐客，尚能哀楚囚。奔馳二百里，徑來寬我憂。相逢知有得，道眼清不流。別來未一年，落盡驕氣浮。嗟我晚聞道，款啓如孫休。至言難久服，放心不自收。悟彼善知識，妙藥應所投。納之憂患場，磨以百日愁。冥頑雖難化，鐫發亦已周。平時種種心，次第去莫留。但餘無所還，永與夫子遊。此別何足道，大江東西州。畏蛇不下榻，睡足吾無求。便爲齊安民，何必歸故邱。

紀昀評《蘇文忠公詩集》卷二〇：起二句施於兄弟，不合，用於朋友則可。（「道眼清不流」）「道眼」句拙。（「落盡驕氣浮」）「落盡」句亦拙，

王文誥《蘇文忠公詩編注集成》卷二〇：（「夫子自逐客」）二語破涕爲笑，若得之于不意中者，然眞乃張皇失措，不辨頭路時語也。公既就逮，家累方寄食于子由，至是，子由坐罪，亦欲就道，眞乃城門失火，殃及池魚之時。詩卻以此十字，一齊捲過，下便自說自話矣。曉嵐謂「起二句施于兄弟不合，于朋友則可」，此等見解，去蘇甚遠。（「徑來寬我憂」）以上一節，凡波及子由事，皆于一「寬」字了之。（「永與夫子遊」）自「相逢知有得」句至此，爲中一大節，因子由以自鑑，故重言夫子以申明之，即宮師命名軾、轍之意也。（「此別何足道」句以下）末節自道別後之我，亦以寬子由也。通篇悉出兄弟至情，移作他人兄弟不得，然非淺人之所知也。

張佩綸《澗于日記》辛卯下：坡詩自錢塘始縱筆，人皆知之。然放筆爲直幹，不足盡坡之妙也。試玩其汪洋中之渟蓄，乃知海之大，無所不有。請更續之曰：自黃州始斂筆。如《子由自南

都來別》，開口即云：「夫子自逐客，尙能哀楚囚。」一「自」字，一「尙」字，何等曲折沉痛。

香巖批《紀評蘇詩》卷一九：觀《子由自南都來陳三日而別》一首，自省至矣。

又卷二〇：紀文達（昀）不知此篇之妙，宜責坡公不自省也。（按：指《十二月二十八日蒙恩責授檢校水部員外郎黃州團練副使復用前韻二首》紀昀評。）

正月十八日蔡州道上遇雪次子由韻二首

蘭菊有生意，微陽回寸根。方憂集暮雪，復喜迎朝暾。憶我故居室，浮光動南軒。松竹半傾瀉，未數葵與萱。三徑瑤草合，一瓶井花溫。至今行吟處，尙餘履舃痕。一朝出從仕，永愧李仲元。晚歲益可羞，犯雪方南奔。山城買廢圃，槁葉手自掀。長使齊安人，指說故侯園。

紀昀評《蘇文忠公詩集》卷二〇：（起處）是憂患後語。（「一瓶井花溫」）「井花」當作「井華」。

鉛膏染髭鬚，旋露霜雪根。不如閉目坐，丹府夜自暾。誰知憂患中，方寸寓羲軒。大雪從壓屋，我非兒女萱。平生學踵息，坐覺兩蹬溫。下馬作雪詩，滿地鞭箠痕。佇立望原野，悲歌爲黎元。道逢射獵子，遙指狐兔奔。蹤跡尚可原，窟穴何足掀。寄謝李丞相，吾將反邱園。

紀昀評《蘇文忠公詩集》卷二〇：（「丹府夜自瞰」）「瞰」字押得牽強。「兒女萱」亦生造。「大雪」二句，「蹤迹」二句皆寓言也。

王文誥《蘇文忠公詩編注集成》卷二〇：「兒女花」、「兒女萱」皆有出處。（略）曉嵐亂扛，謂爲生造，可發一笑。

過新息留示鄉人任師中

昔年嘗羨任夫子，卜居新息臨淮水。怪君便爾忘故鄉，稻熟魚肥信清美。竹陂雁起天爲黑（自注：小竹陂在縣北），桐柏煙橫山半紫（自注：桐柏廟在縣南）。知君坐受兒女困，悔不先歸弄清泚。塵埃我亦失收身，此行蹭蹬尤可鄙。寄食方將依白足，附書未免煩黃耳。往雖未及來有年，詔恩倘許歸田里。卻下關山入蔡州，爲買烏犍三百尾（自注：黃州出水牛）。

紀昀評《蘇文忠公詩集》卷二〇：「竹陂」二句，寓言任之獄事，以雁與煙比小人也，然其言不甚警切。（「往雖未及來有年」以下）此卻得體。

王文誥《蘇文忠公詩編注集成》卷二〇：結到任居，仍是過新息口吻，至其敦厚之旨，則靄然言外矣。

又見卷三四《閱世堂贈任仲微》王文誥評。

過淮

朝離新息縣，初亂一水碧。暮宿淮南村，已度千山赤。麏鼯號古戍，霧雨暗破驛。回頭梁楚郊，永與中原隔。黃州在何許，想像雲夢澤。吾生如寄耳，初不擇所適。但有魚與稻，生理已自畢。獨喜小兒子，少小事安佚。相從艱難中，肝肺如鐵石。便應與晤語，何止寄衰疾（自注：時家在子由處，獨與兒子邁南來）。

查慎行《初白庵詩評》卷中：（「想像雲夢澤」）杜牧之《齊安郡》詩：「雲夢澤南州。」蓋黃州在雲夢之南也。

汪師韓《蘇詩選評箋釋》卷三：不必作坐愁行嘆語，但寫荒涼景色，而遷謫之感，已是淒然言下矣。

紀昀評《蘇文忠公詩集》卷二〇：（「回頭梁楚郊」二句）沉痛語不在深。（「生理已自畢」）

「生理」一句已可住。（「獨喜小兒子」以下六句）贅以「小兒子」一段反覺少味少力。

張佩綸《澗于日記》辛卯下：《過淮》詩若寫己之肝肺鐵石便淺，乃云：「獨喜小兒子，少小事安佚。相從艱難中，肝肺如鐵石。」夫以小而安佚之子，尚能耐此艱難，何況于我？此縮臨《北征》而無其迹者。

書麈公詩後

過加祿鎭南二十五里大許店，休馬於逆旅祁宗祥家，見壁上有幅紙，題詩云：「滿院秋光濃欲滴，老僧倚杖青松側。只怪高聲問不麈，嗔余踏破蒼苔色。」其後題云：「溢水僧寶麈。」宗祥謂余，此光、黃間狂僧也，年百三十，死於熙寧十年。既死，人有見之者。宗祥言其異事甚多，作是詩以識之。麈公本名清戒，俗謂之戒和尙云。

麈公昔未化，來往淮山曲。壽逾兩甲子，氣壓諸尊宿。但嗟濁惡世，不受龍象蹴。我來不及見，悵望空遺躅。霜顱隱白毫，鎖骨埋靑玉。皆云似達摩，隻履還西竺。壁間餘淸詩，字勢頗拔俗。爲吟五字偈，一洗凡眼肉。

游淨居寺

淨居寺在光山縣南四十里，大蘇山之南，小蘇山之北。寺僧居仁爲余言：齊天保中僧惠思過此，見父老，問其姓，曰蘇氏。又得二山名，乃嘆曰：「吾師告我遇三蘇則住。」遂留結菴，而父老竟無有，蓋山神也。其後僧智顗見思於此山而得法焉，則世所謂思大和尙智者大師是也。唐神龍中，道岸禪師始建寺於其地，廣明庚子之亂，寺廢於兵火。至乾興中乃復，而賜名曰梵天云。

十載遊名山，自製山中衣。願言畢婚嫁，攜手老翠微。不悟俗緣在，失身陷危機。刑名非宿學，陷穽損積威。遂恐生死隔，永與雲山違。今日復何日，芒鞵自輕飛。稽首兩足尊，舉頭雙涕揮。靈山會未散，八部猶光輝。願從二聖往，一洗千劫非。徘徊竹溪月，空翠搖煙霏。鐘聲自送客，出谷猶依依。回首吾家山，歲晚將焉歸。

查愼行《初白庵蘇詩補注》卷二〇：施氏原注：「此詩墨蹟今在湖州何氏，首有『淨居』二字。」新刻刪去，今補錄。

紀昀評《蘇文忠公詩集》卷二〇：（「遂恐生死隔」二句）頓挫好。（「稽首兩足尊」二句）是憂患後語。（「徘徊竹溪月」）結得綿邈。

王文誥《蘇文忠公詩編注集成》卷二〇：（「永與雲山違」）以上一節，乃憂患以前之我也。（「一洗千劫非」）以上一節，乃憂患以後之我也，公自是進于德矣。（「徘徊竹溪月」六句）雖補游事，而終以回首之詞，蓋仍以起作歸結也。

趙克宜《角山樓蘇詩評注彙鈔》卷九：（「徘徊竹溪月」數句）情景相融，語意流動。

梅花二首

春來幽谷水潺潺，的皪梅花草棘間。一夜東風吹石裂，半隨飛雪度關山。

周必大《跋汪逵所藏東坡字》（《廬陵周益國文忠公集·平園續稿》卷一〇）：右蘇文忠公手寫詩詞一卷，《梅花二絕》，元豐三年正月貶黃州道中所作。「昨夜東風吹石裂」集本改爲「一夜」。

《永樂大典》卷八二一引袁文《甕牖閑評》：蘇東坡「春來幽谷水潺潺」詩，題目只作《梅花》，少年時讀，甚疑之。此蓋謫黃州時，路中作詩偶及之，初不專爲梅花。

汪師韓《蘇詩選評箋釋》卷三：撫琴動操，衆山皆嚮，前作有焉。

紀昀評《蘇文忠公詩集》卷二〇：以格自比。（「的皪梅花草棘間」）「的皪」二字入絶句，不配色。

何人把酒慰深幽，開自無聊落更愁。幸有青溪三百曲，不辭相送到黄州。

許顗《彦周詩話》：「何人把酒慰深幽，開自無聊落更愁。幸有青溪三百曲，不辭相送到黄州。」「南枝北枝春事休，榆錢可寄柳帶柔。定是沈郎作詩瘦，不應春能生許愁。」此東坡、魯直《梅花》二章。作詩名貌不出者，當深考二詩。

王士禛《帶經堂詩話》卷九：可追蹤唐賢。

汪韓師《蘇詩選評箋釋》卷三：詞若未至，意已獨往，後作有焉。

紀昀評《蘇文忠公詩集》卷二〇：前首借喻，此首説明，章法不苟。（「開自無聊落更愁」）從「落」字生情。（「幸有青溪三百曲」二句），奇幻。

戲作種松

我昔少年日，種松滿東岡。初移一寸根，瑣細如插秧。二年黄茅下，一一攢麥芒。三年出蓬艾，滿山散牛羊。不見十餘年，想作龍蛇長。夜風波浪碎，朝露珠璣香。我欲食其膏，已伐百本桑（自注：煮松脂法，用桑柴灰水）。人事多乖忤，神藥竟渺茫。朅來齊安野，夾路鬚髯蒼。會開龜蛇窟，不惜斤斧瘡。縱未得茯苓，且當拾流肪。釜盎百出入，皎然散飛霜。槁死三彭仇，澡換五穀腸。青骨凝綠髓，丹田發幽光。白髮何足道，要使雙瞳方。卻後五百年，騎鶴還故鄉。

查愼行《初白庵詩評》卷中：（「釜盎百出入」）此言煮松脂法。

紀昀評《蘇文忠公詩集》卷二〇：（「不惜斤斧瘡」）「瘡」當作「創」。緣是松詩，故不嫌於章咒氣。若作道家詩，用此種字句，便可厭。（「卻後五百年，騎鶴還故鄉」）雙結完密。

萬松亭

麻城縣令張毅植萬松於道周，以芘行者，且以名其亭。去未十年而松之存者十不及三四，傷來者之不嗣其意也，故作是詩。

十年栽種百年規，好德無人助我儀（自注：古語云：一年之計，樹之以穀；十年之計，樹之以木；百年之計，樹之以德）。縣令若同倉庾氏，亭松應長子孫枝。天公不救斧斤厄，野火解憐冰雪姿。爲問幾株能合抱。殷勤記取《角弓》詩。

吳曾《能改齋漫錄》卷一一《萬松亭》：萬松亭在關山。始，麻城縣令張毅植萬松于道，用以庇行者，且以名其亭。去未十年，而松之存者，十不及三四。東坡元豐二年謫居黃州，過而賦詩云：「十年栽種百年規（略）。」崇寧以還，坡文既禁，故詩碑不復見，而過往題詠者，多不勝紀。番陽倪左司濤傷之以詩云：「舊韻無儀字，蒼髯有恨聲。」此之謂也。

紀昀評《蘇文忠公詩集》卷二〇：（「十年栽種百年規」二句）腐氣太甚。

張先生

先生不知其名，黃州故縣人，本姓盧，爲張氏所養。陽狂垢污，寒暑不能侵，常獨行市中，夜或不知其所止。往來者欲見之，多不能致。余試使人召之，欣然而來，既至，立而不言。與之言不應，使之坐不可，但俯仰熟視傳舍堂中，久之而去。夫孰非傳舍者，是中竟何有乎？然余以有思維心，追躡其意，蓋未得也。

熟視空堂竟不言，故應知我未天全。肯來傳舍人皆說，能致先生子亦賢。脫屣不妨眠糞屋，流澌爭看浴冰川。士廉豈識桃椎妙，妄意稱量未必然。

趙令畤《侯鯖錄》卷八：東坡作詩，妙于使事，如（略）公在黃州，邀一隱士相見，但視傳舍，不言而去。坡曰：「豈非以身世爲傳舍乎？」因贈詩云：「士廉豈識桃椎妙，妄意稱量未必然。」蓋用朱桃椎事。高士廉備禮請見，與之語，不答，瞪目而去，士廉再拜曰：「祭酒其使我以無事治蜀耶！」乃簡條目，州遂大治。東坡取隱士相見不言之意爲詩，眞切當也。

《瀛奎律髓彙評》卷四七《釋梵類》查愼行評：三、四二句，筆如口，手如心。

又紀昀評：起四句自恣逸，五、六太鄙。

紀昀評《蘇文忠公詩集》卷二〇：五六太俗。

初到黃州

自笑平生爲口忙，老來事業轉荒唐。長江繞郭知魚美，好竹連山覺筍香。逐客不妨員外置，詩人例作水曹郎。只慙無補絲毫事，尙費官家壓酒囊（自注：檢校官例折支，多得退酒袋）。

黃徹《䂬溪詩話》卷一〇：子建稱孔北海文章多雜以嘲戲，子美亦戲傚俳諧體，退之亦有寄詩雜詼俳，不獨文舉爲然。（略）大體材力豪邁有餘，而用之不盡，自然如此。（略）坡集類此不可勝數。（略）《黃州》詩云：「只慚無補絲毫事，尚費官家壓酒囊。」（略）皆斡旋其章而弄之，信恢刃有餘，與血指汗顏者異矣。

曾季貍《艇齋詩話》：東坡黃州詩云：「長江繞郭知魚美，好竹連山覺筍香。」讀此可見黃州專有水竹也。

《瀛奎律髓彙評》卷四三《遷謫類》方回評：東坡元豐二年己未冬，責授檢校水部員外郎、黃州團練使，本州安置，明年二月到郡。何遜、張籍、孟賓三詩人皆水部。

又馮班評：此何以似白公？有謂坡公不如谷者，我不信也。

又：此後詩不必工，多故事可用。

又：第六用白公語。查愼行評：結句元注自不可刪，語有蘇集，觀者自考之。

又張載華評：結句「尚費官家壓酒囊」，元注：「檢校官例折支，多得退酒袋。」

又紀昀評：東坡詩多傷激切。此雖不免亢傲，而尚不甚礙和平之音。

又：末句本集自有注，不載則此句不明。

袁宏道評閱譚元春選《東坡詩選》卷四譚元春評：「魚美」、「筍香」俱未嘗實歷，所以二語好。

汪師韓《蘇詩選評箋釋》卷三：因江而知魚美，見竹而覺筍香，確是初到情景。員外、水曹則新授頭銜也。末句承腹聯說下，亦是初任事之詞。

紀昀評《蘇文忠公詩集》卷二〇：此卻和平。

王文濡《宋元明詩讀本》卷六：軾以詩得罪，即吳充亦謂其不能無觖望。今觀此詩，似不失素位而行之意。

陳衍《宋詩精華錄》卷二：《南園》後二句，即「長江繞廓」一聯作法。

陳季常所蓄朱陳村嫁娶圖二首

何年顧陸丹青手，畫作朱陳嫁娶圖。聞道一村惟兩姓，不將門戶買崔盧。

我是朱陳舊使君（自注：朱陳村在徐州蕭縣），勸農曾入杏花村。而今風物那堪畫，縣吏催錢夜打門。

紀昀評《蘇文忠公詩集》卷二〇：二首皆淺直。

趙翼評沈德潛《宋金三家詩·東坡詩選》卷上：「而今風物那堪畫」二句）反托一筆，何限神往。

張道《蘇亭詩話》卷三《故事類》下：東坡《陳季常所蓄朱陳村嫁娶圖》詩，有「而今風物那堪畫，縣吏催錢夜打門」句。都穆《南濠詩話》：朱陳村在徐州豐縣東南一百里，白樂天有《朱陳村》詩，余每誦之，則塵襟爲之一灑，恨不生長其地。後讀坡翁詩云云，則宋之朱陳，已非唐時之舊，若以今視之，又不知其何如也。

趙克宜《角山樓蘇詩評注彙鈔》附錄卷下：題圖不嫌于淺，但不得以爲七絕恆蹊。

少年時嘗過一村院見壁上有詩云夜涼疑有雨院靜似無僧不知何人詩也宿黃州禪智寺寺僧皆不在夜半雨作偶記此詩故作一絶

佛燈漸暗饑鼠出，山雨忽來修竹鳴。知是何人舊詩句，已應知我此時情。

查慎行《初白庵詩評》卷中：此詩全首載《宋文鑑》中，乃潘閬《夏日宿西禪寺》詩。

汪師韓《蘇詩選評箋釋》卷三：境眞則情味自深，欷歔欲絕。

紀昀評《蘇文忠公詩集》卷二〇：第三句突出無根。若非題目分明，則上二句似是舊句矣。

王文誥《蘇文忠公詩編注集成》卷二〇：上聯全從潘句（按：指潘閬《夏日宿西禪寺》詩）脫出，而面貌則非，此猶詩之魂也。

定惠院寓居月夜偶出

幽人無事不出門，偶逐東風轉良夜。參差玉宇飛木末，繚繞香煙來月下。江雲有態清自媚，竹露無聲浩如瀉。已驚弱柳萬絲垂，尚有殘梅一枝亞。清詩獨吟還自和，白酒已盡誰能借。不惜靑春忽忽過，但恐歡意年年謝。自知醉耳愛松風，會揀霜林結茅舍。浮浮大甑長炊玉，溜溜小槽如壓蔗。飲中眞味老更濃，醉裏狂言醒可怕。閉門謝客對妻子，倒冠落佩從嘲罵。

《容齋五筆》卷七《琵琶行海棠詩》：白樂天《琵琶行》一篇，讀者但羨其風致，敬其詞章，至形于樂府，詠歌之不足，遂以謂眞爲長安故倡所作。予竊疑之。唐世法網雖于此爲寬，然樂天嘗居禁密，且謫官未久，必不肯乘夜入獨處婦人船中，相從飲酒，至于極彈絲之樂，中夕方去，豈不虞商人者他日議其後乎？樂天之意，直欲攄寫天涯淪落之恨爾。東坡謫黃州，賦《定惠院海棠》詩，有「陋邦何處得此花，無乃好事移西蜀」、「天涯流落俱可念，爲飲一尊歌此曲」之句，其意亦爾也。或謂殊無一話一言與之相似，是不然。此眞能用樂天之意者，何必效常人章摹句寫而後已哉？

葉矯然《龍性堂詩話初集》：至杜云：「白摧朽骨龍虎死，黑入太陰雷雨垂」，「子規夜啼山竹裂，王母畫下雲旂翻」，語以奇勝而帶幽。蘇云：「江雲有態清自媚，竹露無聲浩如瀉」，（略）語以幽勝而實奇，不相襲而相當，二公之謂歟。

查愼行《初白庵詩評》卷中：兩篇曲折清眞，自作風格。不知漢魏，何論六朝三唐。與《定惠院海棠》，各極其妙。即在先生集中，亦不易多得。後人不自揣量，乃有次韻追和者，無羞惡之良者也。

又《初白庵蘇詩補注》卷二〇：施氏原注：「此詩墨蹟在臨川黃掞家。嘗刻於婺倅廳。『但當謝客』，墨蹟作『閉門謝客』。」

汪師韓《蘇詩選評箋釋》卷三：清游勝賞，一往作氣，澄鮮之語。忽念及歡意日謝，又說到醉裏狂言可怕，謫居中情緒若揭。

蔣士銓《題東坡定惠院夜偶出二詩草稿後即用元韻二首》（選一）：棲棲未徙臨皋亭，涼涼獨寫清游夜。蠶行桑葉忽稍停，雲抹山痕時一下。知公用才如服氣，數轉河車防直瀉。疊字塗來烏擇棲，成行竄去花偸亞。有丹挽骨肯待時，持璧易田寧許借。杜門疏食正省愆，投野全生曾報謝。安貧自用畫叉錢，學道將遺無慶舍。迴思獲譴同累丸，時欲殺公如斷蔗。門前江近會浪驚，井底泥深缾綆怕。舊稿才焚新稿成，可憐拚受妻奴罵。

又《前韻再題二首》：志墓新持乳母喪，對牀遠憶筠州夜。可憐吹笛黃樓中，何若牽船赤壁下。笑公扃鑰文字口，不免漏巵時一瀉。論事惟憑正氣爭，相傾半屬交游亞。甑經墮地誰復惜，箭已在弦那可借。筍香魚美謫居宜，柳弱梅殘詩筆謝。偶遺結句龍匿尾，倒挽中聯星改舍。平生讀書鹽入水，偶爾揮豪餹出蔗。岐亭蟹賤老饕喜，樊口酒酸豪飲怕。今年換武作團練，一笑休辭灌夫罵。黃泥坂詞稿已失，不省黃州醉時夜。移居新埽舊巢痕，買牛甘老東坡下。雜花冉冉雨中媚，暗井涓涓草根瀉。峨眉雪消江水來，千里蓴羹鄉味亞。春宵偶出踏明月，扶老一枝雙不借。歸哦秀句倚朝雲，釵脚頻挑玉蟲謝。文詞在世神附影，墨跡傳摹胎奪舍。蘇米齋中善本多，插架籤贉如束蔗。襄陽眉山兩軍立，壁上諸侯觀者怕。跋之我敢守東垣，罵者皆誅原不罵。

紀昀評《蘇文忠公詩集》卷二〇：句句對仗，於後世爲別調，然卻是齊梁唐人之舊格。（「參差玉宇飛木末」）用翟夫師事，則「玉」字說「飛」亦可，然究未妥也。查云：「兩篇曲折清眞，自作風格。與定惠院海棠詩各極其妙。」良是。至謂「不知有漢，無論六朝三唐」，則未免太過。

趙翼批沈德潛《宋金元三家詩選·蘇東坡詩選》上卷：聯偶只如單行，通首無一弱筆，是坡公獨擅處。

王文誥《蘇海識餘》卷一：《定惠院寓居月夜偶出》詩：「江雲有態清自媚，竹露無聲浩如瀉。已驚弱柳萬絲垂，尚有殘梅一枝亞。」此不食煙火人語，所謂「霜天欲曉，古寺清鐘」是也。公乃時一奇弄，洗發不窮，奈林家此數篇何。肌膚雖膩，終非骨像天成，難與比肩矣。其後又云：「江頭千樹春欲闇，竹外一枝斜更好。」「風清月落無人見，洗粧自趁霜鐘早。」蓋已前無先聲，後無嗣響，又不論嶺海三篇也。

張道《蘇亭詩話》卷一《論述類》：又《定惠院寓居月夜偶出》詩，翁覃溪云：「嘗見此詩初脫稿紙本眞蹟，在富春董誥侍郎家。前篇「不辭青春」二句，原在「一枝亞」之下。「清詩獨吟」二句，原在「年年謝」之下。以墨筆鉤轉，從今本也。「江雲」句塗「抱嶺」二字，改「有態」。「不惜」句，「惜」字塗，改「辭」。後篇「十五年前眞一夢」句全塗去，改云「憶昔扁舟訴巴峽」。「長梔亞」，「長」字未塗，旁寫「高」字。（按下接有「長江」字，蓋嫌「長」字重。）「白髮」句塗「莫吾」二字，改「寧少」。「自憐老境更貪生」句，全塗去，改云「至今歸計負雲山」。（按原句衰弱，改句響而健，將「歸計」收拾「泝」字，「雲山」收拾「巴峽」、「長江」，覺通體俱振。）「老境向聞如食蔗」，塗「向」字，改「安」字，又塗去，改「清」字。「食」字不塗，旁改「啖」字。（按上句有「食蓼」字，蓋嫌「食」字重，且「食蔗」亦生。）「幽居口口已心甘」句，全塗去，改云：「饑寒未至且安居」。（原句弱，改句健舉，筆致亦陡折生峭。）「往事已空」句，塗「往事」二字，改「憂患」。（按「憂患」與「怕」字應。）又與今本異者，次篇「落帆樊口」作「武口」。「長江滾滾空自流」作「長江滾滾流不盡」。改意深而婉，觀上二則，味其去取，可知作詩之法。古云大匠不示人以璞。黃山谷得宋子京《唐史稿》而文章益進，有以也。」

趙克宜《角山樓蘇詩評注彙鈔》卷九：（「江雲有態清自媚」）寫景極鍊極雅。（「浮浮大甑長炊玉」）此下皆是設想之辭。

張佩綸《澗于日記》辛卯下：（「自知醉耳愛松風」）二句且拓且煞，便覺咫尺萬里，視他手規規止睫者，相去霄壤矣。

楊鍾義《雪橋詩話》三集卷七引張商言評：「偶逐東風轉良夜」，已出門矣。故下云「江雲有態清自媚」，又云「會揀霜林結茅舍」，皆眼前指點，平遠眺望光景，已在門外，不在門內，似未可言「前篇只說月夜」（按：指翁方綱評）也。

次韻前篇

去年花落在徐州，對月酣歌美清夜（自注：去年徐州花下對月，與張師厚、王子立兄弟飲酒，作蘋字韻詩）。今年黃州見花發，小院閉門風露下。萬事如花不可期，餘年似酒那禁瀉。憶昔扁舟泝巴峽，落帆樊口高桅亞（自注：樊口在黃州南岸）。長江袞袞空自流，白髮紛紛寧少借。竟無五畝繼沮溺，空有千篇凌鮑謝。至今歸計負雲山，未免孤衾眠客舍。少年辛苦眞食蓼，老境安閒如啖蔗。饑寒未至且安居，憂患已空猶夢怕。穿花踏月飲村酒，免使醉歸官長罵。

蘇軾《憶王子立》（《東坡志林》卷一）：僕在徐州，王子立、子敏皆館于官舍，而蜀人張師厚來過，二王方年少，吹洞簫飲酒杏花下。明年，余謫黃州，對月獨飲，嘗有詩云：「去年花落在徐州，對月酣歌美清夜。今日黃州見花發，小院閉門風露下。」蓋憶與二王飲時也。張師厚久已死，今年子立復爲古人，哀哉！

汪師韓《蘇詩選評箋釋》卷三：字字鎔鍊而出。「食蓼」、「啖蔗」尤爲見道之言。次韻較原作爲更創獲，長慶因繼松陵唱和，猶當遜謝，何况餘子。

紀昀評《蘇文忠公詩集》卷二〇：淸峭不減前篇。

馬位《秋窗隨筆》：《芥隱筆記》：「樂天詩『去歲暮春上巳，共泛洛水中流。今歲暮春上巳，獨立香山下頭。』子瞻用之爲海外《上元》詩。」愚謂此格不專出樂天，唐人中極多，（略）子瞻猶有（略）「去年花落在徐州，對酒酣歌美淸夜。今年黃州見花發，小院閉門風露下。」嚴滄浪所謂扇對是也。

翁方綱《蘇詩補註》卷四：按此詩作于元豐三年春，先生年四十五，老蘇公之歸葬在治平三年丙午，先生以護喪歸蜀，過黃州南岸，時先生年三十一，距此時正十五年，故曰「憶昔還鄉泝巴峽」也，其改定精密如此。（改定處見上篇《蘇亭詩話》所引。）

又《跋東坡詩稿二首》（《復初齋文集》卷二九）：所改字句與其原本相對看，尤見詩法。前一首題曰《月夜偶出》，而此篇只言月夜，直至第二篇（按：即《次韻前篇》）末乃說明偶出。此二詩之點明偶出，全在次篇末二句。

趙克宜《角山樓蘇詩評注彙鈔》卷九：凡次韻須與前篇用意有別。（「去年花落在徐州」二句）襯起。（「萬事如花不可期」）頓一聯，不復寫景，直用述懷。（「憶昔扁舟泝巴峽」）追往。

（「至今歸計負雲山」）悼今。（「少年辛苦眞食蓼」四句）總述兩聯，洗鍊之極。

楊鍾義《雪橋詩話》三集卷七引張裔言評：後篇另爲結構，感舊懷人，末云「穿花踏月飲村酒」，亦是月夜偶出之意。故詩成復冠一題曰《次韻前篇》，非贅出也。

安國寺浴

老來百事懶，身垢猶念浴。衰髮不到耳，尙煩月一沐。山城足薪炭，煙霧蒙湯谷。塵垢能幾何，翛然脫羈梏。披衣坐小閣，散髮臨修竹。心困萬緣空，身安一牀足。豈惟忘淨穢，兼以洗榮辱。默歸毋多談，此理觀要熟。

查愼行《初白庵詩評》卷中：（「衰發不到耳」二句）故用閒筆補襯，從少陵「眼復幾時暗」句得來。

安國寺尋春

臥聞百舌呼春風，起尋花柳村村同。城南古寺修竹合，小房曲檻欹深紅。看花歎老憶年少，對酒思家愁老翁。病眼不羞雲母亂，鬢絲強理茶煙中。遙知二月王城外，玉仙洪福花如海。薄羅勻霧蓋新粧，快馬爭風鳴雜珮。玉川先生眞可憐，一生耽酒終無錢。病過春風九十日，獨抱添丁看花發。

查愼行《初白庵詩評》卷中：（「看花歎老憶年少」二句）每句作三折。

汪師韓《蘇詩選評箋釋》卷三：尋春寫爛漫之景，宜也。乃因看花而嘆老，因嘆老而憶年少，又因對酒而思家，因思家而愁老翁。一句三折筆，璀璨處正爾含毫邈然。

紀昀評《蘇文忠公詩集》卷二〇：起有神致。以後半文意推之，題下當有「寄某人」或「懷某人」字，東坡此時惟一子邁隨行。無所謂「抱添丁」（「獨抱添丁看花發」）也。

方東樹《昭昧詹言》卷一二：起超妙。「遙知」數句妙，有情。

寓居定惠院之東雜花滿山有海棠一株土人不知貴也

江城地瘴蕃草木，只有名花苦幽獨。嫣然一笑竹籬間，桃李漫山總麤俗。也知造物有深意，故遣佳人在空谷。自然富貴出天姿，不待金盤薦華屋。朱脣得酒暈生臉，翠袖卷紗紅映肉。林深霧暗曉光遲，日暖風輕春睡足。雨中有淚亦悽愴，月下無人更淸淑。先生食飽無一事，散步逍遙自捫腹。不問人家與僧舍，拄杖敲門看修竹。忽逢絶豔照衰朽，歎息無言揩病目。陋邦何處得此花，無乃好事移西蜀。寸根千里不易致，銜子飛來定鴻鵠。天涯流落俱可念，爲飲一樽歌此曲。明朝酒醒還獨來，雪落紛紛那忍觸。

黄庭堅《跋所書蘇軾海棠詩》（《山谷年譜》卷二五）：子瞻在黄州作《海棠詩》，迨古今絶唱也，晦叔乞書，故爲落筆。魯直。

胡寅《和叔夏海棠次東坡韻》：老坡有韻記江城，少陵無句慚巴蜀。顧我荒詞陪絶唱，何異斥鷃追黄鵠。

黄徹《䂬溪詩話》卷八：介甫《梅》詩云：「少陵爲爾牽詩興，可是無心賦海棠。」杜默云：「倚風莫怨唐工部，後裔誰知不解詩。」曾不若東坡《柯丘海棠》長篇，冠古絶今，雖不指明老杜，而補亡之意，蓋使來世自曉也。

朱弁《風月堂詩話》卷下：晁察院季一名貫之，清修善吐論。客言東坡嘗自詠《海棠》詩，至「雨中有淚亦悽愴，月下無人更清淑」之句，謂人曰：「此兩句，乃吾向造化窟中奪將來也。」客曰：「坡此語蓋戲客耳。世豈有奪造化之句？」季一曰：「韓退之云：『妙語斡元造。』如老杜『落絮游絲白日靜，鳴鳩乳燕青春深。』雖當隆冬沍寒時誦之，便覺融怡之氣生于衣裾。而韶光美景，宛然在目，動盪人思。豈不是斡元造而奪造化乎？」

洪邁《容齋五筆》卷七《琵琶行海棠詩》：白樂天《琵琶行》一篇，讀者但羨其風致，敬其詞章，至形於樂府，詠歌之不足，遂以謂眞爲長安故倡所作。（略）樂天之意，直欲攄寫天涯淪落之恨爾。東坡謫黃州，賦《定惠院海棠》詩，有「陋邦何處得此花，無乃好事移西蜀」、「天涯流落俱可念，爲飲一尊歌此曲」之句，其意亦爾也。或謂殊無一語一言與之相似，是不然。此眞能用樂天之意者，何必效常人章摹句寫而後已哉？

楊萬里《誠齋詩話》：白樂天《女道士》詩云：「姑山半峰雪，瑤水一枝蓮。」此以花比美婦人也。東坡《海棠》云：「朱唇得酒暈生臉，翠袖卷紗紅映肉。」此以美婦人比花也。山谷《酴醿》云：「露濕何郎試湯餅，日烘荀令炷爐香。」此以美丈夫比花也。山谷此詩出奇，古人所未有，然亦是用「荷花似六郎」之意。

魏慶之《詩人玉屑》卷一七《長于譬喻》引《室中語》：子瞻作詩，長于譬喻。（略）如一聯則「少年辛苦眞食蓼，老境清閑如啖蔗」，如一句即「雪裏波菱如鐵甲」之類，不可勝紀。又卷一七《海棠詩》：東坡作此詩，詞格超逸，不復蹈襲前人。其詩有「嫣然一笑竹籬間，桃李漫山總麤俗。」「自然富貴出天姿，不待金盤薦華屋。朱脣得酒暈生臉，翠袖卷紗紅映肉。林深霧暗曉光遲。日暖風輕春睡足。雨中有淚亦悽愴，月下無人更清淑。」元豐間東坡謫黃州，寓居定惠院，院之東小山上，有海棠一株，特繁茂，每歲盛開時，必爲攜客置酒，已五醉其下矣，故作此長篇。平生喜爲人寫，蓋人間刊石者，自有五六本云。軾平生得意詩也。

方回《題東坡先生惠州（當爲黃州，下同）定惠院海棠詩後趙子昂畫像並書》：五季乾坤混爲一，艱難得之容易失。一拳槌碎四百州，新法宰相王安石。二蘇中尤惡大蘇，周二程張俱不識。紹聖奸臣講紹述，元祐諸賢紛竄斥。東坡飽喫惠州飯，心知惇卞乃國賊。恍惚他鄉見故人，海棠一株困荆棘。海內文章蜀黨魁，蜀第一花世無匹。邂逅相逢心相憐，瘴雨蠻煙污玉質。憶昔蒟醬筇竹枝，適與張騫遇西域。彼徒生事遠勞人，此感與國同休戚。屈原放廢郢都喪，箕子囚奴殷錄訖。惠州未已更儋州，必欲殺之至此極。立黨籍碑封舒王，竟使大梁無社稷。此詩此畫繫興亡，可忍細看淚横臆。

胡應麟《詩藪》內編卷三：蘇子瞻《定惠寺海棠》、郭功父《金山行》等篇，亦尚有佳處，而不能盡脱宋氣。

又外編卷五：子瞻雖體格創變，而筆力縱横，天眞爛熳。集中如（略）《定惠海棠》等篇，往往俊逸豪麗，自是宋歌行第一手。其他全篇涉議論滑稽者，存而不論可也。

袁宏道評閱譚元春選《東坡詩選》卷五譚元春評：中郎（袁宏道）極賞「朱唇」、「翠袖」二語，以爲海棠寫神。余謂此詩可選，別有氣格，似不盡此二語。

王世貞《跋坡公行草定惠院海棠詩刻》（《弇州續稿》卷一六七）：坡公好書《定惠院海棠歌》，眞蹟留人間凡十數本。而此其醉書贈張房元明者，於疏縱跌宕間自緊密有態，大槩如良馬春原驕嘶自賞，故不作款段駸步也。余以壬戌七月望登赤壁，歌公前後二賦，旋訪定惠遺址，求海棠而不可。覽公此刻，不覺悵然。或謂公自愛其詩，或謂公蜀人，以海棠蜀種，時俱滯齊，故屢書之以志感。

賀裳《載酒園詩話》卷一：余又思二語（按：指黃庭堅《酴醾》詩：「露濕何郎試湯餅，日烘荀令炷爐香」）雖佳，尚不及東坡《紅梅》詩「寒心未肯隨春態，酒暈無端上玉肌」，尤爲無迹。當時卻盛稱其《海棠》詩「朱唇得酒暈生臉，翠袖卷紗紅映肉」，此猶屏甘鮮而專取厚胾也。

查慎行《初白庵詩評》卷中：兩篇曲折清眞，自作風格。不知漢魏，何論六朝三唐。（《定惠院寓居月夜偶出》與《定惠院海棠》，各極其妙。即在先生集中，亦不易多得。

又：讀前半，竟似海棠曲矣。妙在「先生食飽」（「先生食飽無一事」）一轉。此種詩境從少陵《樂遊園歌》得來。寓其神理，而化其畦畛，斯爲千古絕作。

汪師韓《蘇詩選評箋釋》卷三：「朱唇」二句繪其態，「林深」二句傳其神，「雨中」二句寫其韻。不染鉛粉，不置描摹，乃得是追魂攝魄之筆。倘中無寫發，而但一味作嘆息流落之詞，豈復有此燚絕煥炳？

袁枚《隨園詩話》卷一：徐凝《詠瀑布》云：「萬古常疑白練飛，一條界破青山色。」的是佳語，而東坡以爲惡詩，嫌其未超脫也。然東坡《海棠》詩云：「朱唇得酒暈生臉，翠袖卷紗紅映肉。」似比徐詩更惡矣。人震蘇公之名，不敢掉罄。此應劭所謂「隨聲者多，審音者少」也。

紀昀評《蘇文忠公詩集》卷二〇：純以海棠自寓，風姿高秀，興象深微。後半尤煙波跌宕。此種眞非東坡不能，東坡非一時興到亦不能。

（日本）賴山陽《東坡詩鈔》卷三：（「不知貴」）此三字，此詩之所以作。當時滿朝公卿，猶雜花滿山。偶有海棠一株，空使在山谷間，是此詩之寓意，而讀者在以意迎之耳。一韻到底，無一字強押，是作者極力者。後世于坡公眞蹟中，往往有書此詩，蓋屬其得意作。（「朱脣得酒暈生臉」二句）極形容海棠。（「林深霧暗曉光遲」二句）乃雜花滿山之意。（「先生食飽無一事」二句）二句不關題，是大家手段。（「天涯流落俱可念」）歸到自己身上。（「明朝酒醒還獨來」二句）添此二句尤妙。

趙翼批沈德潛《宋金元三家詩選·蘇東坡詩選》卷上：（「無乃好事移西蜀」）觸動所思。

清孫承澤《庚子銷夏記》：葉石林云：海棠詩爲東坡先生最得意之作，故常喜寫，人間刻石有五六本。此本予里農人得自古墓中。始掘時爲鉏钁所壞，復規而方之也。去其餘，僅存百字。詩前有先生自繪像，即小剝泐，不妨偉觀。此石後在黃岡王同軌家，每搨以贈人。同軌字行甫，爲蕃育署丞，著《耳譚》及《合江亭稿》行世。

趙克宜《角山樓蘇詩評注彙鈔》卷九：先寫題面，後入議論，詩境之常，佳處自在善于生情，工于用筆。若《樂游園歌》格意，絕不相類，不知查氏（愼行）何以云然。（「嫣然一笑竹籬間」）二語寫絕。（「朱唇得酒暈生臉」二句）比例恰切海棠，餘花移掇不去。（「忽逢絕艷照衰朽」六句）人與花綰結，發論極有情思。（「天涯流落俱可念」）一語雙鎖。

又見卷二七《虢國夫人夜游圖》胡應麟評。

次韻樂著作野步

老來幾不辨西東，秋後霜林且強紅。眼暈見花眞是病，耳虛聞蟻定非聽。酒醒不覺春強半，睡起常驚日過中。植杖偶逢爲黍客，披衣閒詠舞雩風。仰看落蘂收松粉，俯見新芽摘杞叢。楚雨還昏雲夢澤，吳潮不到武昌宮（自注：黃州對岸武昌縣有孫權故宮）。廢興古郡詩無數，寂寞閑窗《易》粗通。解組歸來成二老，風流他日與君同。

黃徹《䂬溪詩話》卷六：坡《次韻樂著作》云：「楚雨還昏雲夢澤，吳潮不到武昌宮。」（略）失于一時筆快，遂以王宮目之。

紀昀評《蘇文忠公詩集》卷二〇：（「一壺春酒若爲湯」）太凡鄙。

王文誥《蘇文忠公詩編注集成》卷二〇：（「秋後霜林且強紅」）謂老狀，非道時叙也，故與後「春強半」無礙。

二月二十六日雨中熟睡至晚强起出門還作此詩意思殊昏昏也

卯酒困三杯，午餐便一肉。雨聲來不斷，睡味淸且熟。昏昏覺還卧，展轉無由足。强起出門行，孤夢猶可續。泥深竹雞語，村暗鳩婦哭。明朝看此詩，睡語應難讀。

香巖批《紀評蘇詩》卷二〇：極寫謫居之無聊，不涉怨怒，斯爲詩人之詩。

雨晴後步至四望亭下魚池上遂自乾明寺前東岡上歸二首

雨過浮萍合，蛙聲滿四鄰。海棠眞一夢，梅子欲嘗新。拄杖閒挑菜，鞦韆不見人。殷勤木芍藥，獨自殿餘春。

黄徹《䂬溪詩話》卷五：柳子厚《牡丹》曰：「欹紅醉濃露，窈窕留餘春。」坡云：「殷勤木芍藥，獨自殿餘春。」「留」與「殿」，重輕雖異，用各有宜也。

紀昀評《蘇文忠公詩集》卷二〇：格在唐宋之間。（「殷勤木芍藥」二句）寓意遲暮。

趙克宜《角山樓蘇詩評注彙鈔》卷九：（起處）自在流出。

高亭廢已久，下有種魚塘。暮色千山入，春風百草香。市橋人寂寂，古寺竹蒼蒼。鸛鶴來何處，號鳴滿夕陽。

紀昀評《蘇文忠公詩集》卷二〇：此首純乎杜意，結尤似。（「鸛鶴來何處」二句）寓意羈孤。

雨中看特丹三首

紀昀評《蘇文忠公詩集》卷二〇：三首一氣相生。

霧雨不成點，映空疑有無。時於花上見，的皪走明珠。秀色洗紅粉，暗香生雪膚。黃昏更蕭瑟，頭重欲相扶。

汪師韓《蘇詩選評箋釋》卷三：首作句句有雨在。

紀昀評《蘇文忠公詩集》卷二〇：（「的皪走明珠」）「走」字似荷葉矣。作「落」字「綴」字即得。（「暗香生雪膚」）不似雨中。（「黃昏更蕭瑟」二句）結語景眞而字不雅。

（日本）賴山陽《東坡詩鈔》卷一：此等詩，東坡中一種出色極細膩清高者，所謂大家無不有者。（「霧雨不成點」）自「雨」下筆，便不凡。（「黃昏更蕭瑟」二句）絕妙形容。

明日雨當止，晨光在松枝。清寒入花骨，肅肅初自持。午景發濃豔，一笑當及時。依然暮還斂，亦自惜幽姿。

查愼行《初白庵詩評》卷中：兩句一轉，化板爲活。

又《初白庵蘇詩補注》卷二〇：施氏原注：「『午景發濃艷』，集本作『濃麗』，今從墨蹟。」

賀裳《載酒園詩話・蘇軾》：《雨中看牡丹》「依然暮還斂」，亦自惜幽姿，尤有雅人風致。

汪師韓《蘇詩選評箋釋》卷三：次作言明日。

王文誥《蘇海識餘》卷一：賀裳曰：「黃州《雨中看牡丹》詩：「『依然暮還斂，亦自惜幽姿』二句，尤有雅人深致。」余謂「黃昏更蕭瑟，頭重欲相扶」二句，其鍛鍊全在「更」字，着意雨中尤精。

香巖批《紀評蘇詩》卷二〇：「清寒」以下六句，從朝寫至暮，五、六非轉也。

幽姿不可惜，後日東風起。酒醒何所見，金粉抱青子。千花與百草，共盡無妍鄙。未忍污泥沙，牛酥煎落蘂。

陸游《老學庵筆記》卷一〇：唐王建《牡丹》詩云：「可憐零落蕊，收取作香燒。」雖工而格卑。東坡用其意云：「未忍污泥沙，牛酥煎落蘂。」超然不同矣。

汪師韓《蘇詩選評箋釋》卷三：三作言後日，又從雨中而想雨後之景，出奇無窮。

次韻樂著作送酒

少年多病怯杯觴，老去方知此味長。萬斛羈愁都似雪，一壺春酒若爲湯。

紀昀評《蘇文忠公詩集》卷二〇：（「一壺春酒若爲湯」）太凡鄙。

次韻樂著作天慶觀醮

濁世紛紛肯下臨，夢尋飛步五雲深。無因上到通明殿，只許微聞玉珮音。

紀昀評《蘇文忠公詩集》卷二〇：有江湖魏闕之感，然語意淺薄。

王文誥《蘇海識餘》卷一：初謫黃州《次韻樂著作天慶觀醮》，一小詩耳，而寄託甚大。其三、四云：「無因上到通明殿，只許微聞玉珮音。」不獨顧影自傷，並神宗不忍終棄之意皆見。若杜陵每飯不忘，直以水投石耳。其後神宗眷注不衰，遽欲召修國史，又命以本官起知江州，改承議郎、江州太平觀，皆爲群小所沮，命格不下。此詩早有以窺其微矣。（略）以上諸句，乃黃州一集詩之間架，通其故，則前之杭、密、徐、湖，後之元祐三召，紹聖兩黜，不獨詩旨歸一，而公之心迹亦皆血脈貫通。若邵註欲以賤杜例了當此集，乃是癡兒說夢也。

王齊萬秀才寓居武昌縣劉郎洑正與伍洲相對伍子胥奔吳所從渡江也

君家稻田冠西蜀，搗玉揚珠三萬斛。塞江流柹起書樓，碧瓦朱欄照山谷。傾家取樂不論命，散盡黃金如轉燭。惟餘舊書一百車，方舟載入荆江曲。江上青山亦何有，伍洲遙望劉郎藪。明朝寒食當過君，請殺耕牛壓私酒。與君飲酒細論文，酒酣訪古江之濆。仲謀公瑾不須弔，一酹波神英烈君（自注：杭州伍子胥廟，封英烈王）。

紀昀評《蘇文忠公詩集》卷二〇：「不論命」三字太重。「殺耕牛」語屢見，究非情事。結句寄慨，徒取忠而見謗耳，其實無味。

杜沂游武昌以酴醾花菩薩泉見餉二首

酴醾不爭春，寂寞開最晚。青蛟走玉骨，羽蓋蒙珠幰。不粧豔已絶，無風香自遠。淒涼吳宮闕（自注：武昌有孫權故宮苑），紅粉埋故苑。至今微月夜，笙簫來翠巘。餘妍入此花，千載尚清婉。怪君呼不歸，定爲花所挽。昨宵雷雨惡，花盡君應返。

胡仔《苕溪漁隱叢話》前集卷四七：蘇、黄又有詠花詩，皆托物以寓意，此格尤新奇，前人未之有也。

舊題王十朋《集注分類東坡先生詩》卷二〇引次公曰：（下引「淒涼吳宮闕」六句）以武昌有孫權故宮，故特用吳宮嬪嬙之魂爲意耳。

王若虛《滹南詩話》卷二：東坡詠酴醾以「吳宮紅粉」命意，而終之曰「餘妍入此花」。（略）是皆以美人比花，而不失其爲花。

紀昀評《蘇文忠公詩集》卷二〇：一首以幻語生波。（下引「淒涼吳宮闕」六句）移空作有，東坡慣法。「至今」二句可刪。（「怪君呼不歸」四句）趁手生情，借作綰結，用筆靈便之至。

趙克宜《角山樓蘇詩評注彙鈔》卷九：（「餘姸入此花」）入此生情，方不寂寞。

君言西山頂，自古流白泉。上爲千牛乳，下有萬石鉛。不愧惠山味，但無陸子賢。願君揚其名，庶托文字傳。寒泉比吉士，清濁在其源。不食我心惻，於泉非所患。嗟我本何用，虛名空自纏。不見子柳子，餘愚汚谿山。

紀昀評《蘇文忠公詩集》卷二〇：一首以議論見意，章法不苟。

香巖批《紀評蘇詩》卷二〇：後八句對「願君揚其名」發論。

趙克宜《角山樓蘇詩評注彙鈔》卷九：（「不食我心惻」）語見身分。

陳季常自岐亭見訪郡中及舊州諸豪爭欲邀致之戲作陳孟公詩一首

孟公好飲寧論斗，醉後關門防客走。不妨閒過左阿君，百謫終爲賢太守。老居閭里自浮沉，笑問伯松何苦心。忽然載酒從陋巷，爲愛揚雄作《酒箴》。長安富兒求一過，千金壽君君笑唾。汝家安得客孟公，從來只識陳驚坐。

舊題王十朋《集注分類東坡先生詩》卷一五引次公曰：此篇全用陳遵事比陳季常，別取他事足成之。

紀昀評《蘇文忠公詩集》卷二〇：（「長安富兒求一過」以下）太涉輕薄，便非詩品。

遊武昌寒溪西山寺

連山蟠武昌，翠木蔚樊口。我來已百日，欲濟空搔首。坐看鷗鳥沒，夢逐麏麚走。今朝橫江來，一葦寄衰朽。高談破巨浪，飛屨輕重阜。去人曾幾何，絶壁寒溪吼。風泉兩部樂，松竹三益友。徐行欣有得，芝術在蓬莠。西上九曲亭，衆山皆培塿。卻看江北路，雲水渺何有。離離見吳宮，莽莽眞楚藪。空傳孫郎石，無復陶公柳。爾來風流人，惟有漫浪叟。買田吾已決，乳水況宜酒。所須修竹林，深處安井臼。相將踏勝絶，更裹三日糗。

紀昀評《蘇文忠公詩集》卷二〇：（起處）平叙，而自然清脱。（「所須修竹林」以下）宕過一層作結，便不板滯。

趙克宜《角山樓蘇詩評注彙鈔》卷九：竟體清遒。

西山戲題武昌王居士

予往在武昌西山九曲亭上，有題一句云：「元鴻橫號黃㭴峴。」九曲亭即吳王峴山，一山皆㭴葉，其旁即元結陂湖也。荷花極盛，因爲對云「皓鶴下浴紅荷湖。」座客皆笑，同請賦此詩。

江干高居堅關扃，犍耕躬稼角挂經。篙竿繫舸菰茭隔，笳鼓過軍雞狗驚。解襟顧影各箕踞，擊劍賡歌幾舉觥。荊笄供膾愧攪聒，乾鍋更戛甘瓜羹。

胡仔《苕溪漁隱叢話》前集卷三引《漫叟詩話》：「東坡作吃語詩（下引此詩）。山谷亦有戲題（略）。二老亦作詩戲耶？」苕溪漁隱曰：東坡又有吃語詩一篇，謂此爲一字詩，「故關劍閣隔錦官」者是也。

史繩祖《學齋佔畢》卷二《一字詩不始於東坡》：又有「故居江干堅關扃」一首及四言一首，

亦名吃語詩，注家及苕溪漁隱俱以爲公出意以文爲戲。余嘗觀唐人姚合少監詩集中有《洞庭蒲萄架》詩云：「萄藤洞庭頭，引葉漾盈搖。皎潔鈎高挂，玲瓏影落寮。陰煙壓幽屋，濛密夢冥苗。清秋青且翠，多到凍都凋。」則此體已具矣。坡公不過才高記博，造句傑特有來處，因前人之體而爲戲耳。或直指爲坡，則寡見可笑矣。

袁宏道評閱譚元春選《東坡詩選》卷四五袁宏道評：存之備一體。譚元春評：世豈少故作艱奇者？欲堙其源，且恨莫由，奈何復導之，使其有二也？此等詩，昌黎、東野諸人，不得不任其過。

查慎行《初白庵詩評》卷中：何苦爲此？

紀昀評《蘇文忠公詩集》卷二〇：此種不宜入集，不得以王融借口，王融詩先不應入集也。皮、陸紛紛，更屬雅人所弗道。

趙翼《甌北詩話》卷五：孔毅父集古人句成詩贈坡，坡答曰（略）。似譏集句非大方家所爲。然（東坡）又有口喫詩，因武昌西山多槲葉，其旁即元結湖，多荷花，因題句云：「玄鴻橫號黃槲峴，鵠鶴下浴紅荷湖。」座客皆笑，請再賦一首。坡詩云：「江干高居堅關扃（略）。」使口喫者讀之，必至滿堂噴飯。而坡游戲及之，可想見風趣涌發，忍俊不禁也。

賀裳《載酒園詩話·譚評蘇詩》：譚評蘇詩，大致不離于僻。然有當佩服者，一曰：「筆不加點，倚馬萬言，此語極誤人。縱使眞才士，何妨稍一停研，而刺刺不休，取一時庸衆張目也。每讀坡公詩，恨不得同時，以此言進之。」又評其「玄鴻橫號黃栦峴，皓鶴下浴紅荷湖」等句曰：「世豈少故作艱奇者，欲絕其源，且恨莫由，奈何復導之使有其二也！此等詩，昌黎、東野諸人，不得不任其過。」二議眞有益風雅。

武昌銅劍歌

供奉官鄭文嘗官於武昌，江岸裂，出古銅劍，文得之以遺余，冶鑄精巧，非鍛冶所成者。

雨餘江清風卷沙，雷公躡雲捕黃蛇。蛇行空中如枉矢，電光煜煜燒蛇尾。或投以塊鏗有聲，雷飛上天蛇入水。水上青山如削鐵，神物欲出山自裂。細看兩脅生碧花，猶是西江老蛟血。蘇子得之何所爲，蒯緱彈鋏詠新詩。君不見凌煙功臣長九尺，腰間玉具高拄頤。

查愼行《初白庵詩評》卷中：一意盤旋，句句靈活。

汪師韓《蘇詩選評箋釋》卷三：文之奇偉怪譎，固由才思天成。然無根之談，作者弗尙。故世謂杜詩韓筆，無一字無來歷也。即如此篇，全是《廣異記》來，加之鎔鍊，遂成奇光異彩，豈後人臆說者所能彷彿其萬一。

又卷四《楊康功有石狀如醉道士爲賦此詩》：猿化石，石化道士，都是課虛，無以責有。此特偶爾以文爲戲，非《武昌銅劍歌》等可比也。

紀昀評《蘇文忠公詩集》卷二〇：此與《醉道士石》詩同一運意，皆討巧省力之法。彼只成游戲小品，而此能不失詩格者，賴有一結耳。

（日本）賴山陽《東坡詩鈔》附《書韓蘇古詩後》：世服蘇之廣長舌，不知其收舌不盡展者更好。（略）《謝銅劍》，（略）皆豐約合度，姿態可觀。

王士禛《王文簡古詩平仄論》：（翁）方綱按：此篇換韻之格，乍看似參差，而實整齊之至也。末一韻多一長句，故第一韻少二句，以蓄其勢，第五句六句仍順承三四句之韻，則中間仍是四句一韻。前後伸縮，音節天然，豈得以參差異之？

方東樹《昭昧詹言》卷一二：奇妙不減昌谷。

又：渾轉溜亮，酣恣淋漓。坡此首暨（略）《武昌劍》（略）皆可爲典制之式。

香巖批《紀評蘇詩》卷二〇：用《廣異記》敷佐成篇。

趙克宜《角山樓蘇詩評注彙鈔》卷九：（起處）絕妙運用，確切銅劍。觀紀氏所評，或誤認爲憑空撰出耳。（「細看兩脅生碧花」）語亦警策。

定惠院顒師爲余竹下開嘯軒

啼鳩催天明，喧喧相詆譙。暗蛩泣夜永，唧唧自相弔。飲風蟬至潔，長吟不改調。食土蚓無腸，亦自終夕叫。鳶貪聲最鄙，鵲喜意可料。皆緣不平鳴，慟哭等嬉笑。阮生已麤率，孫子亦未妙。道人開此軒，清坐默自照。衝風振河海，不能號無竅。累盡吾何言，風來竹自嘯。

周必大《跋汪逵所藏東坡字》(《廬陵周益國文忠公集·平園續稿》卷一〇)：右蘇文忠公手寫詩詞一卷。(略)二月至黃，明年定惠顒師爲松竹下開嘯軒，公詩云：「喧喧更詆誚。」「更」字下註「平聲」，而集本改作「相詆誚」。「嘻笑」之下自添一聯云：「嵇生既粗率，孫子亦未妙。」今集本改作「阮生已粗率，孫子亦未妙。」按《阮籍傳》，籍遇孫登，與商略終古及棲神導氣之術，登皆不應，籍長嘯而退。至半嶺，聞有聲若鸞鳳，響振巖谷。乃登長嘯也。嵇康雖有「永嘯長吟，頤神養壽」之句，特言志耳。其用阮對孫無疑。某每校前賢遺文，不敢專用手書及石刻，蓋恐後來自改定也。

查愼行《初白庵詩評》卷中：(「衝風振河海」四句)一派悟境。

紀昀評《蘇文忠公詩集》卷二〇：奇恣超妙，一掃恆蹊。「阮生」二句亦可省。

香巖批《紀評蘇詩》卷二〇：與韓退之《送孟郊序》同意。

趙克宜《角山樓蘇詩評注彙鈔》卷九：（「皆緣不平鳴」二句）鋪排之後，須有此扼要語。（「阮生」四句）爲「嘯」字略作點綴。（「衝風振河海」四句）翻轉作結，妙甚。末句亦天然關合。

石芝

元豐三年五月十一日癸酉，夜夢遊何人家，開堂西門，有小園古井，井上皆蒼石，石上生紫藤如龍蛇，枝葉如赤箭。主人言，此石芝也。余率爾折食一枝，衆皆驚笑，其味如雞蘇而甘。明日作此詩。

空堂明月清且新，幽人睡息來初勻。了然非夢亦非覺，有人夜呼祁孔賓。披衣相從到何許，朱欄碧井開瓊戶。忽驚石上堆龍蛇，玉芝紫筍生無數。鏘然敲折青珊瑚，味如蜜藕和雞蘇。主人相顧一撫掌，滿堂坐客皆盧胡。亦知洞府嘲輕脱，終勝嵇康羨王烈。神山一合五百年，風吹石髓堅如鐵。

紀昀評《蘇文忠公詩集》卷二〇：亦頗賴此一結（「亦知洞府嘲輕脫」以下四句）。

今年正月十四日與子由別於陳州五月子由復至齊安以詩迎之

驚塵急雪滿貂裘，淚灑東風別宛邱。又向邯鄲枕中見，卻來雲夢澤南州。暌離動作三年計，牽挽當爲十日留。早晚青山映黃髮，相看萬事一時休（自注：柳子厚別劉夢得詩云：「皇恩若許歸田去，黃髮相看萬事休。」）

紀昀評《蘇文忠公詩集》卷二〇：（「又向邯鄲枕中見，卻來雲夢澤南州」）「州」字不對「見」字。

王文誥《蘇文忠公詩編注集成》卷二〇：（「淚灑東風別宛邱」）七字寫盡陳州初面之情。（「又向邯鄲枕中見」）七字寫盡陳州遽別之情。（「相看萬事一時休」）確是此詩結句。

遷居臨臯亭

我生天地間，一蟻寄大磨。區區欲右行，不救風輪左。雖云走仁義，未免違寒餓。劍米有危炊，鋮氈無穩坐。豈無佳山水，借眼風雨過。歸田不待老，勇決凡幾箇。幸茲廢棄餘，疲馬解鞍馱。全家占江驛，絕境天爲破。饑貧相乘除，未見可弔賀。澹然無憂樂，苦語不成些。

紀昀評《蘇文忠公詩集》卷二〇：有兀傲之氣。

趙翼《甌北詩話》卷五《蘇東坡詩》：坡詩不以鍊句爲工，然亦有研鍊之極，而人不覺其鍊者。如（略）「劍米有危炊，鋮氈無穩坐。」（略）此等句在他人雖千鎚萬杵，尚不能如此爽勁，而坡以揮灑出之，全不見用力之迹，所謂天才也。

趙克宜《角山樓蘇詩評注彙鈔》卷九：（「劍米有危炊」二句）句意極鍊，通篇賴此不傷剽滑。

曉至巴河口迎子由

去年御史府，舉動觸四壁。幽幽百尺井，仰天無一席。隔牆聞歌呼，自恨計之失。留詩不忍寫，苦淚漬紙筆。餘生復何幸，樂事有今日。江流鏡面淨，煙雨輕冪冪。孤舟如鳧鷖，點破千頃碧。聞君在磁湖，欲見隔咫尺。朝來好風色，旗腳西北擲。行當中流見，笑眼淸光溢。此邦疑可老，修竹帶泉石。欲買柯氏林，茲謀待君必。

黃徹《砮溪詩話》卷五：莊子文多奇變，如「技經肯綮之未嘗」，乃「未嘗經肯綮」也。詩句中時有此法。（略）坡（略）「玆謀待君必」，（略）餘人罕敢用。

汪師韓《蘇詩選評箋釋》卷三：元豐庚申五月轍來齊安，故有迎之之作。前半追憶在御史臺有詩授獄卒梁成以遺之之作，不勝其戚；後半則因其將至而預期會晤之樂，不勝其懽。卻以「餘生復何幸，樂事有今日」二句於中作轉軸，敏妙絕倫。

紀昀評《蘇文忠公詩集》卷二〇：語皆眞至。

翁方綱《石洲詩話》卷三：五月，子由將赴筠州，復至黃州，留半月乃去，先生有《迎子由》詩七律一首，又五言古一首，而相別時無詩。

趙克宜《角山樓蘇詩評注彙鈔》卷九：（「江流鏡面淨」四句）景中有情，寫出暢適。

與子由同游寒溪西山

散人出入無町畦，朝游湖北暮淮西。高安酒官雖未上，兩腳垂欲穿塵泥。與君聚散若雲雨，共惜此日相提攜。千搖萬兀到樊口，一箭放溜先鳧鷖。層層草木暗西嶺，瀏瀏霜雪鳴寒溪。空山古寺亦何有，歸路萬頃青玻璃。我今漂泊等鴻雁，江南江北無常棲。幅巾不擬過城市，欲踏徑路開新蹊（自注：路有直入寒溪不過武昌者）。卻憂別後不忍到，見子行迹空餘悽。吾儕流落豈天意，自坐迂闊非人擠。行逢山水輒羞嘆，此去未免勤鹽虀。何當一遇李八百（自注：李八百宅在筠州，相傳能拄拐日八百里），相哀白髮分刀圭。

汪師韓《蘇詩選評箋釋》卷三：軾以詩獄謫黃州，轍亦謫筠州監鹽酒稅，相見宜不勝感愴者。而詩云「吾儕流落豈天意，自坐迂闊非人擠」，詩人忠厚之言。

紀昀評《蘇文忠公詩集》卷二〇：（起處）語語圓健。（「卻憂別後不忍到」以下四句）用筆每透過一層，最爲沉著。（「吾儕流落豈天意」二句）東坡難得此和平之音。

王文誥《蘇文忠公詩編注集成》卷二〇：（「千搖萬兀到樊口」）七字寫盡三楚剪江之狀。（「一箭放溜先鳧鷺」）謂渡至對岸上游，其舟疾轉，順流而下，箭餘地即收口也。七字寫盡舟工手忙腳亂之狀。（「卻憂別後不忍到」二句）力透紙背。末三句以子由作結，並不重李八百也。

方東樹《昭昧詹言》卷一二：起有情。「吾儕」二句，作詩意旨。凡作詩必有此等語，乃見意旨。

張道《蘇亭詩話》卷一：東坡詩，有推勘到盡頭語：（略）「卻憂別後不忍到，見子行跡空餘悽。」（《與子由同游寒溪西山》）（略）余每遇山水之游，別時不忍去，東坡官繫之身，不得自主，故知更愴然也。

趙克宜《角山樓蘇詩評注彙鈔》卷九：（「千搖萬兀到樊口」）舟行順逆，二語寫盡。（「我今漂泊等鴻雁[二]以下筆意灑落。

次韻答子由

平生弱羽寄衡風，此去歸飛識所從。好語似珠穿一一，妄心如膜退重重。山僧有味寧知子，瀧吏無言只笑儂。尚有讀書清淨業，未容春睡敵千鍾。

袁宏道評閱譚元春選《東坡詩選》卷五譚元春評：袁（宏道）極賞，小有致耳。

紀昀評《蘇文忠公詩集》卷二〇：三、四眞宋格。

武昌酌菩薩泉送王子立

送行無酒亦無錢，勸爾一杯菩薩泉。何處低頭不見我，四方同此水中天。

紀昀評《蘇文忠公詩集》卷二〇：竟是偈頌。

王文誥《蘇文忠公詩編注集成》卷二〇：（「何處低頭不見我」二句）此句從上文深進一層，

猶言皆當以菩薩作如是觀。

和何長官六言次韻五首

紀昀評《蘇文忠公詩集》卷二〇：六言最難工，即工，亦非正體。

作邑君眞伯厚，去官我豈曼容。一廛願託仁政，六字難賡變風。

五噫已出東洛，三復願比南容。學道未逢潘盎（自注：南海謂狂爲盎。潘，近世得道者也），草書猶似楊風（自注：楊凝式也）。

石渠何須反顧，水驛幸足相容。長江大欲見庇，探支八月涼風。

舊題王十朋《集註分類東坡先生詩》卷一八引次公曰：（「探支八月涼風」）「探支」字是官物官錢有此名，此亦戲言之矣。

清風初號地籟，明月自寫天容。貧家何以娛客，但知抹月批風。

舊題王十朋《集註分類東坡先生詩》卷一八引次公曰：（「但知抹月批風」）饌食者有批有抹，「抹月批風」，又戲言之。

青山自是絕色，無人誰與爲容。說向市朝公子，何殊馬耳東風。

觀張師正所蓄辰砂

將軍結髮戰蠻溪，篋有殊珍勝象犀。漫說玉牀收箭鏃，何曾金鼎識刀圭。近聞猛士收丹穴，欲助君王鑄褭蹏。多少空巖人不見，自隨初日吐虹蜺。

延君壽《老生常談》：東坡《觀張師正所蓄辰砂》詩云：「將軍結髮戰蠻溪（略）。」此種詩是心中先有感觸，適有此題到手，遂如萬斛珠泉，一齊涌出，與尋常小題大做不同。即如工部《櫻桃》詩，非身膺部郎，流落西蜀，亦斷難憑空結搆也。大抵作事不可無所謂而爲之，況臨文安可苟哉！

紀昀評《蘇文忠公詩集》卷二〇：意境開拓，不嫌小題大做。魏叔子謂小題大做，俗人得意之筆，自是洞見肺腑語。亦有不可一概論者，此類是也。

王文誥《蘇文忠公詩編注集成》卷二〇：本集小題大做之作，如《雪浪石》云：「太行西來萬馬屯，勢與岱嶽爭雄尊。」凡此類者，未易悉數，又豈止此詩乎？曉嵐主魏叔子之論，以小題大做爲俗人得意之筆，又以魏爲洞見肺肝，宜其少所見而多所怪矣。

趙克宜《角山樓蘇詩評注彙鈔》卷九：筆勢開拓，旋折如意。

五禽言五首

梅聖俞嘗作《四禽言》，余謫黃州，寓居定惠院，遶舍皆茂林修竹，荒池蒲葦，春夏之交，鳴鳥百族，土人多以其聲之似者名之。遂用聖俞體作《五禽言》

查慎行《初白庵詩評》卷中：與退之《羑里操》同一忠孝至性。

紀昀評《蘇文忠公詩集》卷二〇：此種題目，初作猶是樂府變體，歌謠遺意；再作則陳陳相因，轉入窠臼矣。何效之者至今不已也？

翁方綱《石洲詩話》卷三：《五禽言》，亦近《竹枝》之神致。梅詩《四禽言》，惟《泥滑滑》一首爲歐公所賞，果然神到。其餘亦無甚佳致。蘇詩五首，亦不爲至者。

趙克宜《角山樓蘇詩評注彙鈔》附錄卷下：詩有工拙，不以樂府歌謠之體陳陳相因而可廢也。

五七言古近體亦陳陳相因，豈可廢而不用乎？特此五詩實未爲工耳。

使君向蘄州，更唱蘄州鬼。我不識使君，寧知使君死。人生作鬼會不免，使君已老知何晚（自注：王元之自黃移蘄州，聞啼鳥，問其名，或對曰此名蘄州鬼。元之大惡之，果卒於蘄）。

昨夜南山雨，西溪不可渡。溪邊布穀兒，勸我脫破袴。不辭脫袴溪水寒，水中照見催租瘢（自注：士人謂布穀爲脫卻破袴）。

黃徹《䂬溪詩話》卷八：（「不辭脫袴溪水寒」二句）等閑戲語，亦有所補。

去年麥不熟，挾彈規我肉。今年麥上場，處處有殘粟。豐年無象何處尋，聽取林間快活吟（自注：此鳥聲云，麥飯熟，即快活）。

力作力作，蠶絲一百箔。壠上麥頭昂，林間桑子落。願儂一箔千兩絲，繅絲得蛹飼爾雛（自注：此鳥聲云蠶絲一百箔）。

姑惡姑惡，姑不惡，妾命薄。君不見東海孝婦死作三年乾，不如廣漢龐姑去卻還（自注：姑惡，水鳥也，俗云婦以姑虐死，故其聲云）。

次韻子由病酒肺疾發

憶子少年時，肺病疲坐卧。喊呀或終日，勢若風雨過。虛陽作浮漲，客冷仍下墮。妻孥恐悵望，膾炙不登坐。終年禁晚食，半夜發清餓。胃強鬲苦滿，肺斂腹輒破。三彭恣唉嚼，二豎肯逋播。寸田可治生，誰勸耕黃穊（自注：新法方田謂黃穊爲上腴）。探懷得眞藥，不待君臣佐。初如雪花積，漸作櫻桃大。隔牆聞三嚥，隱隱如轉磨。自茲失故疾，陽唱陰輒和。神仙多歷試，中路或坎坷。平生不盡器，痛飲知無那。舊人眼看盡，老伴餘幾箇。殘年一斗粟，待子同春簸。云何不自珍，醉病又一挫。眞源結梨棗，世味等糠莝。耕耘當待穫，願子勤自課。相將賦遠遊，仙語不用些。

袁文《甕牖閑評》卷四：「奈何」乃連綿字，世多稱「無奈何」是已。「奈」字上從「大」，下從「示」，當作奴個切，不可作奴帶切而音爲「柰」字也。蘇東坡詩云：「平生不盡器，痛飲直無奈。舊人舉眼看，老伴餘幾個？」「奈」字乃與「個」字同押，是東坡詩用「奈」字作奴個切矣。若「木」下「示」，卻是奴帶切，果木名，與「奈」字自是兩字。

袁宏道評閱譚元春選《東坡詩選》卷五譚元春評：只「勢若風雨過」一語甚妙，其餘入手未擇，便有遷就惡韻之苦。

汪師韓《蘇詩選評箋釋》卷三：少時病狀，曲述情形，已乃幸其疾愈。計及殘年老件，斗粟同春，意思無不盡矣。「醉病」一挫，陡然入題，而以不自珍重一語歸咎之，切切入情。

紀昀評《蘇文忠公詩集》卷二〇：末句未免強押。

鐵拄杖

柳眞齡字安期，閩人也，家寶一鐵拄杖，如楖栗木，牙節宛轉天成，中空有簧，行輒微響。柳云得之浙中，相傳王審知以遺錢鏐，鏐以賜一僧，柳偶得之以遺余，作此詩謝之。

柳公手中黑蛇滑，千年老根生乳節。忽聞鏗然爪甲聲，四坐驚顧知是鐵。含簧腹中細泉語，迸火石上飛星裂。公言此物老有神，自昔閩王餉吳越。不知流落幾人手，坐看變滅如春雪。忽然贈我意安在，兩腳未許甘衰歇。便尋轍迹訪崆峒，徑渡洞庭探禹穴。披榛覓藥採芝菌，刺虎鏦蛟擉蛇蝎。會教化作兩錢錐，歸來見公未華髮。問我鐵君無恙否。取出摩挲向公說。

黃庭堅《豫章先生文集》卷八《跋東坡鐵拄杖詩》：《鐵拄杖》詩雄奇，使李太白復生，所作不過如此。平時士大夫作詩送物，詩常不及物。此詩及《鐵拄杖》均爲瑰瑋驚人也。

葉矯然《龍性堂詩話續集》：（坡公）《鐵拄杖》云：「柳公手中黑蛇滑，千年老根生乳節。」（略）長吉復生，不能過此。

紀昀評《蘇文忠公詩集》卷二〇：少揮灑自如之致。

程端禮《畏齋集》卷一《代諸生壽王豈巖》：蘇子鐵拄杖，以壽張樂全。倚杖撫銅狄，謂與同清堅。鐵杖豈爲壽，銷蝕同飛煙。

張道《蘇亭詩話》卷五《補注類》：《老學庵叢談》：「東坡響簧鐵杖長七尺，重三十兩，四十五節，嵇康造。」注云：見耶律《雙溪文集》。按：此則應補入《鐵拄杖》詩題注。

與潘三失解後飲酒

千金敝帚人誰買，半額蛾眉世所姸。顧我自爲都眊矂，憐君欲鬬小嬋娟。靑雲豈易量他日，黃菊猶應似去年。醉裏未知誰得喪，滿江風月不論錢。

舊題王十朋《集註分類東坡先生詩》卷一八引次公曰：（「千金敝帚人誰買」）敝帚而比之千金，則自謂帚爲適用，然奈人之不買何，此言已不合于人矣。

紀昀評《蘇文忠公詩集》卷二〇：（「顧我自爲都眊矂」）三句太凡鄙！

紀昀評蘇文忠公詩集卷二十一

五月二十日往岐亭郡人潘古郭三人送余於女王城東禪莊院

十日春寒不出門，不知江柳已搖村。稍聞決決流冰谷，盡放青青沒燒痕。數畝荒園留我住，半瓶濁酒待君溫。去年今日關山路，細雨梅花正斷魂。

黃徹《䂬溪詩話》卷四：用自己詩爲故事，須作詩多者乃有之。（略）坡赴黃州，過春風嶺有絕句，後詩云：「去年今日關山路，細雨梅花正斷魂。」至海外又云：「春風嶺下淮南村，昔年梅花曾斷魂。」

《瀛奎律髓》卷一〇方回評：坡詩不可以律縛，善用事者無不妙，他語意天然者如此，盡十分好。

又馮班評：于題不甚顧，力大才高故也。

又：比山谷何啻天壤？大略黃費筋力，蘇自然，黃苦而險，蘇散而闊。

又：杜、白、蘇三家皆不爲律縛者也。「江西」有意擺脫，醜態百出。惟以力大學富，後人不能及耳。

又紀昀評：東坡七律，往往一筆寫出，不甚繩削。其高處在氣機生動，才力富健。其不及古人者，在少熔鍊之工與渾厚之致。

又許印芳評：施氏注云：「潘名大臨，古名耕道，郭名遘。」王氏注云：「黃州東十五里有永安城，俗呼女王城。」

又：曉嵐前批總論東坡七律，語語的確。後批此詩亦愜當。惟批《律髓》此詩，但每句着圈，批本集則通首密圈。今從本集密圈之。又曰：「結語蓋指初貶黃州，元豐三年春赴貶所時言。以詩法論之，當有小注，讀者乃知其意之所在，此等處殊欠分曉。」

又：起句連下兩「不」字，此不爲複。惟七句「日」字與首句複。「燒」讀去聲。

袁宏道評閱譚元春選《東坡詩選》卷五譚元春評：坡詩多有堆、率二失，如此亦可選。然「半瓶濁酒」亦無救于率易。

汪師韓《蘇詩選評箋釋》卷三：竟體兀傲，一結含蘊無窮，彷彿少陵《東閣觀梅》之作。

紀昀評《蘇文忠公詩集》卷二一：一氣渾成。

趙翼批沈德潛《宋金元三家詩選·蘇東坡詩選》上卷：公以才氣勝，此以才情勝，係集中別調。

王文誥《蘇文忠公詩編注集成》卷二一：（「十日春寒不出門」四句）一片空靈，奔赴腕下。

此因赴岐亭而念關山也，但本意于末句暗藏「路上行人」四字，結住道中，讀者徒知讚嘆，未見其奪胎之巧也。

趙克宜《角山樓蘇詩評注彙鈔》卷一〇：前六句淺直，賴末二句細潤救之。

陳衍《宋詩精華錄》卷二：寫景中要有興味，所謂有人存也。「亂山環合」、「十日春寒」各首皆是。

東坡八首

余在黃州二年，日以困匱，故人馬正卿哀余乏食，爲於郡中請故營地數十畝，使得躬耕其中。地既久荒，爲茨棘瓦礫之場，而歲又大旱，墾闢之勞，筋力殆盡。釋耒而嘆，乃作是詩，自愍其勤，庶幾來歲之入，以忘其勞焉

元好問《學東坡移居八首》（選一）：東坡謫黃州，符藥行江湖。荒田拾瓦礫，賤役分僮僕。我讀《移居》篇，感極爲悲歔。九原如可作，從公把犁鋤。我貧公亦貧，賦分無賢愚。論人雖甚愧，詩亦豈不如？

紀昀評《蘇文忠公詩集》卷二一：八章皆出入陶、杜之間，而參以本色，不摹古，而氣息自

古。

（日本）賴山陽《東坡詩鈔》卷一：叙引記事，因篇長短，各有詳略，此等細記，不遺一事，自與八首稱。

廢壘無人顧，頹垣滿蓬蒿。誰能捐筋力。歲晚不償勞。獨有孤旅人，天窮無所逃。端來拾瓦礫，歲旱土不膏。崎嶇草棘中，欲刮一寸毛。喟然釋耒嘆，我廩何時高。

查慎行《初白庵詩評》卷中：（「獨有孤旅人」四句）沉郁懇到。

紀昀評《蘇文忠公詩集》卷二一：末四句逼眞少陵。

（日本）賴山陽《東坡詩鈔》卷一：此詩源于淵明，而其面目不同。（「廢壘無人顧」二句）此等處使白居易作之，必用對語。（「誰能捐筋力」二句）押勻宜如此切實。（「端來拾瓦礫」）「端」，正字意，云公正當拾瓦礫之時也。（「崎嶇草棘中」）云崎嶇于草棘中也。（「欲刮一寸毛」）「刮」字自「毛」字生來。（「我廩何時高」）分用《詩經》高廩字，妙。

趙克宜《角山樓蘇詩評注彙鈔》卷一〇：一結筆意高簡，恰是首章地步。

荒田雖浪莽，高庳各有適。下隰種秔稌，東原蒔棗栗。江南有蜀士，桑果已許乞。好竹不難栽，但恐鞭橫逸。仍須卜佳處，規以安我室。家僮燒枯草，走報暗井出。一飽未敢期，瓢飲已可必。

蘇軾《與王定國》：《耕荒田》詩有云：「家童燒枯草，走報暗井出。一飽未敢期，瓢飲已可必。」（略）此句可以發萬里一笑也。

陳模《懷古錄》卷上：東坡詩云：「家僮燒枯草，走報暗井出。一飽未敢期，瓢飲已可必。」亦皆有曠適之意。然其曠適者卻與淵明不同，蓋其一氣從後，飄飄然毫俊之氣終不掩，故止可以爲東坡之詩，而非淵明之詩也。

汪師韓《蘇詩選評箋釋》卷三：因耕田而及桑果竹木，以至築室穿井，各成倖願，想見隨遇而安。

紀昀評《蘇文忠公詩集》卷二一：（「家僮燒枯草」以下）波瀾好。結得沉著。

（日本）賴山陽《東坡詩鈔》卷一：古調。此首，八首中之最者也。奇絕佳絕，此坡公本色。（「好竹不難栽」）異樣，不俗。（「但恐鞭橫逸」）細膩。（「一飽未敢期」二句）收結起意，妙句。

趙克宜《角山樓蘇詩評注彙鈔》卷一〇：（「家僮燒柘草」）摹寫實境入細，借以生出結果意。

自昔有微泉，來從遠嶺背。穿城過聚落，流惡壯蓬艾。去爲柯氏陂，十畝魚蝦會。歲旱泉亦竭，枯萍黏破塊。昨夜南山雲，雨到一犂外。泫然尋故瀆，知我理荒薈。泥芹有宿根，一寸嗟獨在。雪芽何時動，春鳩行可膾（自注：蜀人貴芹芽膾，雜鳩肉爲之）。

紀昀評《蘇文忠公詩集》卷二一：（「泫然尋故瀆」二句）「泫然」二句無理有情，滄浪所謂「詩有別趣」，蓋指此種。惟標爲宗旨，則隘矣。

（日本）賴山陽《東坡詩鈔》卷一：（「流惡壯蓬艾」）言惡水流，蓬艾長。（「枯萍黏破塊」）形容旱竭得妙，此一篇精采處。（「泫然尋故瀆」）此公本色，非公不能言者。（「春鳩行可膾」）「春」字有味，作「鳩肉」便不振。

張道《蘇亭詩話》卷五《補注類》：《二老堂詩話》：「蜀人縷春鳩爲膾，配以芹菜，或爲詩云：『本欲將勤補，那知弄巧成。』」按此則可補入《東坡八首》之三「雪芽何時動，春鳩行可膾」句下注。

趙克宜《角山樓蘇詩評注彙鈔》卷一〇：（「穿城過聚落」二句）次聯體物精到。

種稻清明前，樂事我能數。毛空暗春澤，鍼水聞好語（自注：蜀人以細雨爲雨毛，稻初生時，農夫相語稻鍼出矣）。分身及初夏，漸喜風葉舉。月明看露上，一一珠垂縷。秋來霜穗重，顛倒相撐拄。但聞畦隴間，蚱蜢如風雨（自注：蜀中稻熟時，蚱蜢群飛田間，如小蝗狀，而不害稻）。新春便入甑，玉粒照筐筥。我久食官倉，紅腐等泥土。行當知此味，口腹吾已許。

汪師韓《蘇詩選評箋釋》卷三：蘇《東坡》詩八首，大率皆田中語。其第四首云：「種稻清明前（略）。」此詩叙田家自清明至成熟，曲盡其趣。注未能盡發其妙。

查慎行《初白庵詩評》卷中：如老農說家常。王、儲田家詩遜其精細。

《御選唐宋詩醇》卷三七：悉數四時田事，風霜月露，宛轉關情，王、孟田家雜詩所未經道。

紀昀評《蘇文忠公詩集》卷二一：三、四究微嫌生造。（「我久食官倉」四句）忽作得意語，正無聊之極語也。

（日本）賴山陽《東坡詩鈔》卷一：此詩，八詩中是爲中權，極用細膩之筆，看他坡公極力處。（「種稻清明前」）自是八首中起手。（「樂事我能數」）一篇運轉句。（「毛空暗春澤」二句）蜀人，細雨云雨毛，初生云「鍼水」。（「漸喜風葉舉」）言稻葉漸長，舉揚于風也。（「一一珠垂縷」）舉、縷，押韻俱佳。（「蚱蜢如風雨」）群飛如風雨。（「我久食官倉」）自「玉粒」句（「玉粒照筐筥」）轉來，轉法可學。

趙克宜《角山樓蘇詩評注彙鈔》卷一〇：通首說蜀中田務，皆是襯筆。「官倉」二語又墊起一層，只「行當知此味」一句，折醒本題，章法甚別。王、儲善寫田家情事，說不到此等語，不得反謂此篤出其上。

言，良農惜地力，幸此十年荒。桑柘未及成，一麥庶可望。投種未逾月，覆塊已蒼蒼。農父告我言，勿使苗葉昌。若欲富餅餌，要須縱牛羊。再拜謝苦言，得飽不敢忘。

《竹坡詩話》卷一：東坡詩云：「君欲富餅餌，會須縱牛羊。」殊不可曉。河朔土人言，河朔地廣，麥苗彌望，方其盛時，須使人縱牧其間，踐蹂令稍疏，則其收倍多，是縱牛羊所以富餅餌也。

汪師韓《蘇詩選評箋釋》卷三：此首專言種麥，述農父問答有情。

紀昀評《蘇文忠公詩集》卷二一：此亦寓憂戚玉成之意，觀「苦言」字（「再拜謝苦言」）可見。

趙克宜《角山樓蘇詩評注彙鈔》卷一〇：以荒爲幸，似于翻案，然田家實有此意，如此寫來，便切情事。

種棗期可剶，種松期可斲。事在十年外，吾計亦已慤。十年何足道，千載如風雹。舊聞李衡奴，此策疑可學。我有同舍郎，官居在灊岳（自注：李公擇也）。遺我三寸甘，照座光卓犖。百栽倘可致，當及春冰渥。想見竹籬間，青黃垂屋角。

汪師韓《蘇詩選評箋釋》卷三：豈誠願學李衡？亦因遺甘而懷李公擇耳。預想到屋角青黃，拙樸語亦徵高曠。

（日本）賴山陽《東坡詩鈔》卷一：古調。通篇極古調，結尾精采句，是宋詩之所以爲貴也。（「十年何足道」）進一層轉來，此東坡本色。（「當及春冰渥」）下字妙，妙。（「想見竹籬間」二句）無此二句，全篇便索然。

趙克宜《角山樓蘇詩評注彙鈔》卷一〇：收法所謂篇終□清省也。

潘子久不調，沽酒江南村。郭生本將種，賣藥西市垣。古生亦好事，恐是押牙孫。家有十畝竹，無時容叩門。我窮交舊絕，三子獨見存。從我於東坡，勞餉同一飧。可憐杜拾遺，事與朱阮論。吾師卜子夏，四海皆弟昆。

袁文《甕牖閑評》卷四：「沽」字有二義，有作去聲用者，有作平聲用者。如李太白詩云：「夜臺無曉日，沽酒與何人？」東坡詩云：「潘子久不調，沽酒江南村。」此作去聲用也。如東坡詩云：「得錢只沽酒。」又云：「沽酒飲陶潛。」此作平聲用也。

（日本）賴山陽《東坡詩鈔》卷一：（「沽酒江南村」、「賣藥西市垣」）沽酒與賣藥，同事變局面，如此是化板爲活法。（「恐是押牙孫」）富平縣俠客也。（「可憐杜拾遺」二句）「梅熟許同朱老嗅，松高擬對阮生論」。

馬生本窮士，從我二十年。日夜望我貴，求分買山錢。我今反累君，借耕輟兹田。刮毛龜背上，何時得成氈。可憐馬生癡，至今夸我賢。衆笑終不悔，施一當獲千。

蘇軾《與王定國》：又有云：「刮毛龜背上，何日得成氈。」此句可以發萬里一笑也。

查慎行《初白庵詩評》卷中：結句失體。

紀昀評《蘇文忠公詩集》卷二一：「刮毛」二句微嫌其纖。（「衆笑終不悔」二句）結用陶公冥報相貽意，查云立言「失體」，亦是。

（日本）賴山陽《東坡詩鈔》卷一：此篇歸到自己身上，畢篇。

翁方綱《石洲詩話》卷三：《東坡八首》，第一首用「刮毛」，第八首又用「刮毛」，愈見其大，而不覺其犯。遺山《移居》詩，從此八首出也。

趙克宜《角山樓蘇詩評注彙鈔》卷一〇：結到馬生，恰是本章地步。（「求分買山錢」）伏結句。（「刮毛龜背上」二句）語有所本，意取透快，非纖也。（「可憐馬生癡」四句）情至語，寫出可感。

次韻回文三首

春機滿織回文錦，粉淚揮殘露井桐。人遠寄情書字小，柳絲低日晚庭空。
紅牋短寫空深恨，錦句新翻欲斷腸。風葉落殘驚夢蝶，戍邊回雁寄情郎。
羞雲斂慘傷春暮，細縷詩成織意深。頭畔枕屏山掩恨，日昏塵暗玉窗琴。

紀昀評《蘇文忠公詩集》卷二一：東坡何以墮此惡趣？

趙翼《甌北詩話》卷五：孔毅父集古人句成詩贈坡，坡答曰（略）。似譏集句非大方家所爲。然（略）坡又有《題織錦迴文三首》，此外又《迴文八首》，大方家何至作此狡獪。蓋文人之心，無所不至，亦游戲之一端也。

附江南本織錦圖上回文原作三首

春晚落花餘碧草，夜涼低月半枯桐。人隨遠雁邊城暮，雨映疏簾繡閣空。
紅手素絲千字錦，故人新曲九迴腸。風吹絮雪愁縈骨，淚灑縑書恨見郎。

羞看一首回文錦，錦似文君別恨深。頭白自吟悲賦客，斷腸愁是斷絃琴。

數前夢一僧出二鏡求詩僧以鏡置日中其影甚異其一如芭蕉其一如蓮花夢中作此詩

君家有二鏡，光景如湛盧。或長如芭蕉，或圓如芙蕖。飛電著子壁，明月入我廬。月下合三璧，日月跳明珠。問子是非我，我是非文殊。

紀昀評《蘇文忠公詩集》卷二一：此種可入說部，不可入詩集。

岐亭道上見梅花戲贈季常

蕙死蘭枯菊亦摧，返魂香入嶺頭梅。數枝殘綠風吹盡，一點芳心雀啅開。野店初嘗竹葉酒，江雲欲落豆稭灰。行當更向釵頭見，病起烏雲正作堆。

吳聿《觀林詩話》：一僧問王茂公云：「凡花皆經歲復開，東坡何爲獨于梅花言返魂香耶？」茂公云：「以梅花清絕能醒人，非餘花可比故耳。」遂引蘇德哥及聚窟州返魂事爲證。僧來從余借二書驗之，皆與梅花了不相關，遂憾茂公之欺。余爲言事見韓偓《金鑾密紀》，出內廷詩，有「玉爲通體尋常見，香號返魂容易回」之語。其題云《嶺南梅花一歲再發故作詩此詩題于花下》。東坡云：「返魂香入嶺頭梅。」僧遂釋然。

《瀛奎律髓彙評》卷二〇《梅花類》方回評：「一點芳心雀啅開」，此句最佳。坡，天人也。作詩不拘法度，而自有生意。雀之爲物，嘗凍啅。梅開本無情，于梅下此語，乃若不勝情者。尾句蓋謂季常侍兒病起新粧，行當于釵頭見此花，欲其出以侑樽也。「豆稭灰」出《文酒清話》王勉雪詩：「上天燒下豆稭灰，烏李從教作白梅。」亦俚語，世傳以爲戲者。東坡作詩，初學劉夢得，頗涉譏刺。第以荆公新法，天下不便，故勇于排之，而又不能忘情于詩。間有所斥，非敢怨君。元豐中李定、何正臣、舒亶彈劾之，下獄，欲置之死。至于今，此三人姓名，士君子望而惡之。亶有《和石尉早梅二首》曰：「霜林盡處碧溪傍，小露檀心媚夕陽。天下三春無正色，人間一味有眞香。相思誰向風前寄？更晚那辭雪後芳。朝夕催人頭欲白，故園正在水雲鄉。」又：「依然想見故山傍，半倚垣陰半向陽。短笛樓頭三弄夜，前村雪裏一枝香。可能明月來同色，不待東風已自芳。幸免杜郎傷歲暮，莫辭吟對釣漁鄉。」此兩詩亦頗可觀，但以少陵爲杜郎，則稱謂不當。亶眼不識東坡，而謂其能識梅花耶？兼亦格卑句巧，似乎湊合而成。惟東坡詩語意天然自出，高妙縣絕不同。其人品不堪與東坡作奴，故附其詩于坡詩之下，不以入正選云。

紀昀評：「豆稭灰」，終是粗俚。或以東坡而曲爲之詞，則謬甚矣。

又：似待雀啅而始開，寫出清高自貴，不肯輕開之意。非寫雀之有情，此評近是而未的。

又：「間有所斥，非敢怨君」八字定評，所謂皇天后土，表一生忠義之心。

楊愼《升菴詩話》卷一二《東坡梅詩》：《禪宗頌古》唐僧《古梅》詩云：「雪虐風饕水浸根，石邊尙有古苔痕。天公未肯隨寒暑，又孽清香與返魂。」東坡《梅花》詩：「蕙死蘭枯菊已摧，返魂香入隴頭梅。」正用此事，而注者亦不之知也。

李日華《六研齋筆記》卷四：王勉作《雪》詩，故爲鄙句云：「上天燒下豆稭灰，烏李從教變白梅。」東坡《次王仲玉韻》詩云：「江雲欲落豆稭灰。」陶鑄之妙，遂同點石。

汪師韓《蘇詩選評箋釋》卷三：陳慥喜蓄聲妓，此作體近《香奩》，如有所指者，故謂之戲贈。軾與慥交好，詩文無所拘忌，若河東君、秀英君之名因而流布。非是輕薄爲文，正可見其忘形無間也。

紀昀評《蘇文忠公詩集》卷二一：（「江雲欲落豆稭灰」）究非雅語。

潘德輿《養一齋詩話》卷五：梅詩最難工。（略）坡公「數枝殘綠風吹盡，一點芳心雀啅開」，精妙近瑣屑。

樂泉先生生日以鐵拄杖爲壽二首

先生眞是地行仙，住世因循五百年。每向銅人話疇昔，故教鐵杖鬭淸堅。入懷冰雪生秋思，倚壁蛟龍護晝眠。遙想人天會方丈，衆中驚倒野狐禪。

胡仔《苕溪漁隱叢話》前集卷一八《韓吏部下》：苕溪漁隱曰：「退之《赤藤杖》詩：『空堂晝眠依牖戶，飛電著壁搜蛟螭。』故東坡《鐵拄杖》詩云：『入懷冰雪生秋思，倚壁蛟龍護晝眠。』山谷《筇竹杖贊》：『涪翁晝寢，蒼龍挂壁。』皆用退之詩也。」

紀昀評《蘇文忠公詩集》卷二一：（「衆中驚倒野狐禪」）「野狐禪」意有所斥，然語殊不雅。

趙克宜《角山樓蘇詩評注彙鈔》卷一〇：（「入懷冰雪生秋思」二句）空中刻畫，自然精切。

二年相伴影隨身，踏徧江湖草木春。擿石舊痕猶在眼，閉門高節欲生鱗。畏塗自衛眞無敵，捷徑爭先卻累人。遠寄知公不嫌重，筆端猶自斡千鈞。

紀昀評《蘇文忠公詩集》卷二〇：（「畏塗自衛眞無敵」二句）五六極用意，而不佳。

趙克宜《角山樓蘇詩評注彙鈔》卷一〇：（「擿石舊痕猶在眼」）出句猶在人意中，對句奇幻。五、六略嫌質實。

杭州故人信至齊安

昨夜風月清，夢到西湖上。朝來聞好語，扣戶得吳餉。輕圓白曬荔，脆釅紅螺醬。更將西菴茶，勸我洗江瘴。故人情義重，說我必西向。一年兩僕夫，千里問無恙。相期結書社（自注：故人相約醵錢僱僕夫，一歲再至黃），未怕供詩帳（自注：僕頃以詩得罪有司，移杭取境內所留詩，杭州供數百首，謂之「詩帳」）。還將夢魂去，一夜到江漲（自注：江漲，杭州橋名）。

宋長白《柳亭詩話》卷三：讀此可見公與杭人上下交孚之至，舒亶、李定輩肉寧足食乎？又引熊鉌《題東坡集後》：公詩蓋三變，每變輒近正，少年縱橫習，豈易造此境？當是過海以後詩也。

紀昀評《蘇文忠公詩集》卷二一：剽而不留。

送牛尾貍與徐使君 自注：時大雪中。

風捲飛花自入帷，一尊遙想破愁眉。泥深厭聽雞頭鶻（自注：蜀人謂泥滑滑爲雞頭鶻），酒淺欣嘗牛尾貍。通印子魚猶帶骨，披綿黃雀漫多脂。殷勤送去煩纖手，爲我磨刀削玉肌。

舊題王十朋《集註分類東坡先生詩》卷二〇引次公曰：（「泥深厭聽雞頭鶻」二句）先生詩，有因題中三字而爲之對，如以「白芽薑」對「黃耳菌」，以「黃梅雨」對「舶趠風」，與今以「雞頭鶻」對「牛尾貍」同格。其意自貫，不害爲工。

陳善《捫蝨新話》上集卷三：（「通印子魚猶帶骨」二句）泉州有通應侯廟，其下臨海，出子魚甚美，世呼通應子魚者，記所出也。荊公詩遂誤用，謂「長魚俎上能三印」。東坡又以「通印子魚」對「披綿黃雀」，此皆是傳聞之誤。

吳沆《環溪詩話》卷上：（張）右丞云：「曾知杜詩妙處否？」環溪云：「杜詩千有四百餘篇，某極力精選，得五百有十八首，是杜詩妙處。」右丞云：「不是如此，杜詩妙處，人罕能知。凡人作詩，一句只說得一件物事，多說得兩件。杜詩一句能說得三件、四件、五件物事。常人作詩，但說得眼前，遠不過數十里內。杜詩一句能說數百里，能說兩州軍，能說半天下，能說滿天下，此其所以爲妙。（略）」環溪因取前輩之詩，參而考之，謂東坡（略）如「通印子魚猶帶骨，披錦黃雀漫多脂」，「鶴閑雲作氅，駝卧草埋峰」，每句亦不過三物。（略）然竟無一句能用五物者。至半天下、滿天下之說求之，尤未見其有也。然後知詩道之難如此，而古今之美，備在杜詩，無復疑矣。

汪師韓《蘇詩選評箋釋》卷六：集中尙有以「通印子魚」對「披錦黃雀」，（略）並爲宋詩人所稱，其實軾詩卓絕處不盡在此。

紀昀評《蘇文忠公詩集》卷二一：太俚，太滑。

四時詞

春雲陰陰雪欲落，東風和冷驚簾幕。漸看遠水綠生漪，未放小桃紅入萼。佳人瘦盡雪膚肌，眉斂春愁知爲誰。深院無人剪刀響，應將白紵作春衣。

垂柳陰陰日初永，蔗漿酪粉金盤冷。簾額低垂紫燕忙，蜜脾已滿黃蜂靜。高樓睡起翠眉嚬，枕破斜紅未肯勻。玉腕半揎雲碧袖，樓前知有斷腸人。

新愁舊恨眉生綠，粉汗餘香在蘄竹。象牀素手熨寒衣，爍爍風燈動華屋。夜香燒罷掩重扃，香霧空濛月滿庭。抱琴轉軸無人見，門外空聞裂帛聲。

霜葉蕭蕭鳴屋角，黃昏陡覺羅衾薄。夜風搖動鎖帷犀，酒醒夢回聞雪落。起來呵手畫雙鴉，醉臉輕勻襯眼霞。眞態生香誰畫得，玉如纖手嗅梅花。

吳幵《優古堂詩話・以玉兒爲玉奴》：東坡（略）《四時》詩云：「玉奴纖手嗅梅花。」《南史》：「東昏侯妃潘玉兒，有國色。」牛僧孺《周秦行記》：「薄太后曰：『牛秀才遠來，誰爲伴？』潘妃辭曰：『東昏侯以玉兒身死國除，不擬負他。』」注云：「玉兒，妃小字。」東坡蓋兩用此，而以兒爲奴者誤也，然不害爲佳句。

查愼行《初白庵蘇詩補注》卷二一：宋檢討龔公《喬隱筆記》云：「東坡冬詞『玉奴纖手嗅梅花』，眞蹟作『玉如』，墨莊謂意方全。」楊升庵亦云：「東坡『玉如纖手嗅梅花』，俗改『玉如』作『玉奴』。」今據此改正。

紀昀評《蘇文忠公詩集》卷二一：純是詩餘。似稗官中才子佳人語，不知何以出東坡手。

翁方綱《石洲詩話》卷三：《四時詞》，閨情之作也，當與《四時子夜》、《四時白紵》爲類。

趙克宜《角山樓蘇詩評注彙鈔》附錄卷下：語涉柔膩，詞氣便近詩餘，然句法不盡似也。詆以「稗官」，未免太過。存此以見公詩之一體，仍賴紀評以防其流弊。

太守徐君猷通守孟亨之皆不飲酒以詩戲之

孟嘉嗜酒桓溫笑，徐邈狂言孟德疑。公獨未知其趣爾，臣今時復一中之。風流自有高人識，通介寧隨薄俗移。二子有靈應撫掌，吾孫還有獨醒時。

蔡夢弼《杜工部草堂詩話》卷一引《漫叟詩話》：杜詩有「自天題處濕，當暑着來清。」「自天」、「當暑」乃全語也。東坡蘇子瞻詩云：「公獨未知其趣爾，臣今時復一中之。」可謂青出于藍。

胡仔《苕溪漁隱叢話》前集卷九：東坡此詩，戲徐君猷、孟亨之皆不飲酒，不止天生此對（按：指「公獨未知其趣爾」一聯）其全篇用事親切，尤爲可喜。詩云（按下引此全詩）。皆徐、孟二人事也。

費衮《梁谿漫志》卷四《東坡用事對偶精切》：東坡詞源如長江大河，洶涌奔放，瞬息千里，可駭可愕，而于用事對偶，精妙切當，人不可及。如（略）《徐君猷孟亨之皆不飲作詩戲之》，用徐邈、孟嘉飲酒事，仍各舉當時全語以爲對。

《瀛奎律髓彙評》卷一九《酒類》方回評：全用孟、徐二人飲酒事。以其泉下有靈，卻笑厥孫不飲，善滑稽者。

又馮班評：坡體有氣力。次聯「江西」語也。詞氣高曠，更覺可味。

又查愼行評：用兩人事實作兩聯，天成對仗。首尾一意反覆，章法新奇。

又紀昀評：戲筆不以正論，存一種耳。就此而論，卻點化得玲瓏璀璨。

又許印芳評：三句、五句承孟嘉，四句、六句承徐邈。紀批《律髓》此詩密圈第二聯，批本集通首密點，今兩從之。

又：紀昀于本集批云：「小品自佳，凡詩語切姓，未免近俗。此詩亦從姓起義，恰有孟、徐二酒事佐之，又不以切姓爲嫌。」又曰：「查初白云：中二聯兩兩分承起句，章法獨創。」

又：「獨」字複，「有」字凡三見，「醒」讀平聲。

韋居安《梅磵詩話》卷上：詩人喜用全語。東坡《戲徐君猷孟亨之皆不飲酒》詩云：「公獨未知其趣爾，臣今時復一中之。」（略）下語皆渾然天成，然非詩之正體。

查愼行《初白庵詩評》卷下：用兩人事實作兩聯，天成好對仗，首尾一意反覆，章法新奇。

汪師韓《蘇詩選評箋釋》卷三：因姓援古以爲着題，古人所有也。只詠孟嘉、徐邈二人事，承說到底，章法獨創，後人亦未見有效之者。

趙翼《甌北詩話》卷五：詩人遇成語佳對，必不肯放過。坡公尤妙于翦裁，雖工巧而不落纖佻，由其才分之大也。如（略）「公獨未知其趣耳，臣今時復一中之。」（《戲徐君猷孟亨之皆不飲酒》）（略）此等詩雖非坡公著意之作，然自然湊泊，觸手生春，亦見其學之富而筆之靈也。

又：坡公熟於莊、列、諸子及漢、魏、晉、唐諸史，故隨所遇，輒有典故，以供其援引，此非臨時檢書者所能辦也。如（略）《戲徐君猷孟亨之不飲》，則通首全用徐邈、孟嘉故事。（略）以上數條，安得有如許切合典故，供其引證？自非博極羣書，足供驅使，豈能左右逢源若是！想見坡公讀書，眞有過目不忘之資，安得不嘆爲天人也。

何日愈《退庵詩話》卷一：荆公謂「用漢人語，仍須漢人語對，用異代則不倫」，眞執拗語。作詩之道，如梓氏雕木，工人織錦，花樣隨心，豈有一定死法。正如造物，宇宙之內，飛潛動植，無物不生，無態不有耳。如子瞻《戲徐孟二生不飲》云：「公獨未知其趣耳，臣今時復一中之。」用徐邈、嘉事，以晉語對漢語，能不謂之佳乎？總之，用事要雅切而自然，對仗要工穩而有致趣，便爲能事，不必問何世何代也。

姪安節遠來夜坐三首

汪師韓《蘇詩選評箋釋》卷三：家常語愈淺愈眞。安節以下第來黄州，《大全集·雜説》有「姪安節遠來，飲酒樂甚，以識一時盛事」之言。此三詩但作喟嘆，未見其樂也。然以謫居岑寂之中，有骨肉遠來聚首，秉燭寒宵，絮語不倦，悲之所發，即其樂之所形。

南來不覺歲峥嶸，夜撥寒灰聽雨聲。遮眼文書原不讀，伴人燈火亦多情。嗟予潦倒無歸日，令汝蹉跎已半生。免使韓公悲世事，白頭還對短燈檠。

查慎行《初白庵詩評》卷中：（「白頭還對短燈檠」）《西淸詩話》云：「古詩『燈檠昏魚目』，『檠』字仄聲讀。《集韻》：渠耿切。有四足，似几。其作平聲讀者，非『燈檠』字，乃榜也。自東坡用之，後人遂不復辨別矣。」

心衰面改瘦峥嶸，相見惟應識舊聲。永夜思家在何處，殘年知汝遠來情。畏人默坐成癡鈍，問舊驚呼半死生。夢斷酒醒山雨絕，笑看饑鼠上燈檠。

袁宏道評閱譚元春選《東坡詩選》卷五譚元春評：「瘦峥嶸」妙，勝于前首「歲峥嶸」矣。

紀昀評《蘇文忠公詩集》卷二一：（「笑看饑鼠上燈檠」）「笑」字無著。

翁方綱《石洲詩話》卷三：《姪安節遠來夜坐》詩第二句云：「殘年知汝遠來情。」既是用作對句，而題中又恰有「遠來」字，所以更有致也。雖同一姪事，尚不可苟且呑用也。

落第汝爲中酒味，吟詩我作忍饑聲。便思絕粒眞無策，苦說歸田似不情。腰下牛閒方解佩，洲中奴長足爲生。大弨一弛何緣彀，已覺翻翻不受檠。

陸游《老學庵筆記》卷七：東坡詩云：「大弨一弛何緣彀，已覺翻翻不受檠。」《考工記》：「弓人寒奠體。」注曰：「奠，讀爲定。至冬膠堅，內之檠中，定往來體。」《釋文》：「檠，音景。」《前漢·蘇武傳》：「武能網紡繳，檠弓弩。」顏師古曰：「檠，謂輔正弓弩，音警，又巨京反。」東坡作平聲叶，蓋用《漢書》注也。

孫奕《履齋示兒編》卷一三《檠撤》：東坡《侄安節遠來夜坐》三首，前二首皆押燈檠韻，末篇云：「大弨一弛何緣彀，已覺翻翻不受檠。」孫倬云：「《揚子》曰：見弓之張兮，弛而不失其良兮。曰：何也？曰：檠之而已。」及考《揚子》正文作撤，其字從手。溫公音居影切。復質諸《周禮·弓人》註云：「至冬膠堅，內之檠中，定往來體。」檠音景。《韻略》三十八，梗作撤，居影切，所以正弓。釋云：蘇武能撤弓弩。雖並從木，皆非平聲。東坡所押，獨取楊倞注《荀子》：「繁弱鉅黍，古之良弓也。然而不得排撤，則不能自正。」音巨京反。然《玉篇》、《廣韻》平上聲皆收作正弓之檠。但上聲注云：撤出《周禮》，亦作撤，則是不專主平聲之音。

查慎行《初白庵詩評》卷中：（「苦說歸田似不情」）居官好作歸田語，皆不近人情者也。

紀昀評《蘇文忠公詩集》卷二一：（「腰下牛閒方解佩」）此事用來不妥。

冬至日贈安節

我生幾冬至，少小如昨日。當時事父兄，上壽拜脫膝。十年閱彫謝，白髮催衰疾。瞻前惟兄三，顧後子由一。近者隔濤江，遠者天一壁。今朝復何幸，見此萬里姪。憶汝總角時，啼笑爲梨栗。今來能慷慨，志氣堅鐵石。諸孫行復爾，世事何時畢。詩成卻超然，老淚不成滴。

汪師韓《蘇詩選評箋釋》卷三：故此（《姪安節遠來夜坐三首》）與《冬至日贈安節》所云「詩成卻超然，老淚不成滴」者，情懷無弗同耳。

紀昀評《蘇文忠公詩集》卷二一：（起處）眞至之語，樸而不俚。

雪後到乾明寺遂宿

門外山光馬亦驚，階前屐齒我先行。風花誤入長春苑，雲月長臨不夜城。未許牛羊傷至潔，且看鴉鵲弄新晴。更須攜被留僧榻，待聽摧簷瀉竹聲。

紀昀評《蘇文忠公詩集》卷二一：（「門外山光馬亦驚」）似用「白馬夜叔驚，三更灞陵雪」意，然不成語。（「風花誤入長春苑」二句）三四俗格。（「未許牛羊傷至潔」）五句拙。

陳衍《宋詩精華錄》卷二：寫山光，眞寫得出。

伯父送先人下第歸蜀詩云人稀野店休安枕路入靈關穩跨驢安節將去爲誦此句因以爲韻作小詩十四首送之

索漠齊安郡，從來著放臣。如何風雪裏，更送獨歸人。

趙克宜《角山樓蘇詩評注彙鈔》卷一〇：純乎唐調。

瘦骨寒將斷，衰髯摘更稀。未甘爲死別，猶恐得生歸。

紀昀評《蘇文忠公詩集》卷二一：（「未甘爲死別」二句）妙不作決絕語。

日上氣瞰江，雲晴光眩野。記取到家時，鋤耰吾正把。

王文誥《蘇文忠公詩編注集成》卷二一：（「日上氣瞰江」）是臨皐亭上景狀，城市中所不見也。

香巖批《紀評蘇詩》卷二一：二首（此首及下首）同一機軸，但用意各殊耳。

趙克宜《角山樓蘇詩評注彙鈔》卷一〇：似王、裴輞川絕句。（日上氣瞰江）生硬。

月明穿破裘，霜氣澀孤劍。歸來閉戶坐，默數來時店。

王文誥《蘇文忠公詩編注集成》卷二一：此章作法，全似上首，而用意則別。同此軀殼，非此魂魄。

趙克宜《角山樓蘇詩評注彙鈔》卷一〇：代旅人設想入微。

諸兄無可寄，一語會須酬。晚歲俱黃髮，相看萬事休。

故人如念我，爲說瘦欒欒。尙有身爲患，已無心可安。

趙克宜《角山樓蘇詩評注彙鈔》卷一〇：此東坡本調。

吾兄喜酒人，今汝亦能飲。一杯歸誦此，萬事邯鄲枕。東阡在何許，寒食江頭路。哀哉魏城君，宿草荒新墓。臨分亦泫然，不爲窮途泣。東阡時一到，莫遣牛羊入。

趙克宜《角山樓蘇詩評注彙鈔》卷一〇：語極樸至。

我夢隨汝去，東阡松柏青，卻入西州門，永媿北山靈。

趙克宜《角山樓蘇詩評注彙鈔》卷一〇：用西州之典，感念舅家也。

乞墦何足羨，負米可忘艱。莫爲無車馬，含羞入劍關。我坐名過實，讙譁自招損。汝幸無人知，莫厭家山穩。

趙克宜《角山樓蘇詩評注彙鈔》卷一〇：淡語深情。

竹笥與練裙，隨時畢婚嫁。無事苦相思，征鞍還一跨。

王文誥《蘇文忠公詩編注集成》卷二一：此意必不可少。

趙克宜《角山樓蘇詩評注彙鈔》卷一〇：亦似王裴。

萬里卻來日，一菴仍獨居。應笑謀生拙，團團如磨驢。

趙克宜《角山樓蘇詩評注彙鈔》卷一〇：此亦本調。

次韻和王鞏六首

君談陽朔山，不作一錢直。巖藏兩頭蛇，瘴落千仞翼。雅宜驩兜放，頗訝虞舜陟。暫來已可畏，覽鏡憂面黑。况子三年囚，苦霧變飲食。吉人終不死，仰荷天地德。我來黃岡下，攲枕江流碧。江南武昌山，向我如咫尺。春蔬黃土軟，凍筍蒼崖坼。茲行我累君，乃反得安宅。遙知丹穴近，爲斸勾漏石。他年分刀圭，名字挂仙籍（自注：君許惠桂州丹砂）。

紀昀評《蘇文忠公詩集》卷二一：（「頓訝虞舜陟」）「頓訝」句未甚解。（「覽鏡憂面黑」）「覽鏡」句拙。（「他年分刀圭」二句）收得少力。然此處甚難措語，亦只得如此結束。

少年帶刀劍，但識從軍樂。老大服犁鋤，解佩付鎔鑠。雖無獻捷功，會賜力田爵。敲冰春搗紙，刈葦秋織箔。櫟林斬冬炭，竹塢收夏籜。四時俯有取，一飽天所酢。君生紈綺間，欲學非其腳。左右玉纖纖，束薪誰爲縛。勿令聞此語，翠黛頻將惡。笑我一間茅，婦姑紛六鑿。

查愼行《初白庵詩評》卷中：（「欲學非其腳」）「非其腳」，方言也。

汪師韓《蘇詩選評箋釋》卷三：俯視一切，交集百端，起二句非由作意所能得。

紀昀評《蘇文忠公詩集》卷二一：不免牽綴。

翁方綱《石洲詩話》卷三：（《和蔡準郎中見邀游西湖三首》之一）首四句叙四時之景：一夏，二秋，三冬，四春，此即變化。「敲冰春搗紙，刈葦秋織箔。櫟林斬冬炭，竹塢收夏籜。」此又變。

欲結千年實，先摧二月花。故教窮到骨，要使壽無涯。久已逃天網，何須服日華。賓州在何處，爲子上棲霞（自注：樓名）。

查慎行《初白庵詩評》卷中：（「先摧二月花」）「摧」當作「催」。

紀昀評《蘇文忠公詩集》卷二一：語意甚淺。

鄰里有異趣，何妨傾蓋新。殊方君莫厭，數面自成親。默坐無餘事，回光照此身。他年赤墀下，玉立看垂紳。

平生我亦輕餘子，晚歲人誰念此翁。巧語屢曾遭薏苡，廋詞聊復託芎藭。子還可責同元亮，妻卻差賢勝敬通（自注：僕文章雖不逮馮衍，而慷慨大節乃不愧此翁。衍逢世祖英睿好士，而獨不遇，流離擯逐，與僕相似，而衍妻妒悍甚。僕少此一事，故有勝敬通之句）。若問我貧天所賦，不因遷謫始囊空。

吳曾《能改齋漫錄》卷一《庾詞》：「廋」一字雖本于《論語》，然大意當以《春秋傳》爲證。東坡和王定國詩云：「巧語屢曾遭薏苡，廋詞聊復托芎藭。」

紀昀評《蘇文忠公詩集》卷二一：（「平生我亦輕餘子」）起句太激，（「巧語屢曾遭薏苡」）三句太露，（「廋詞聊復記芎藭」）四句無所取義。

君家玉臂貫銅青，下客何時見目成。勸把鉛黃記宮樣，莫教弦管作蠻聲。熏衣漸嘆衙香少，擁鬢遙憐夜語清。記取北歸攜過我，南江風浪雪山傾（自注：君自南江赴任，不一過我）。

楊愼《升菴詩話》卷九：南方歌詞，不入管絃，亦無腔調，如今之弋陽腔也。蓋自唐、宋已如此，謬音相傳，不可詰也。東坡《贈王定國歌姬》云「好把鸞黃記宮様，莫敎弦管作蠻聲」，亦是此意。

紀昀評《蘇文忠公詩集》卷二一：（「勤把鉛黃記宮様」二句）三、四卻有風調。

趙克宜《角山樓蘇詩評注彙鈔》卷一〇：「貫銅青」畢竟不佳。

元豐四年十月二十二日謁王文父齊萬於江南坐上得陳季常書報是月四日种諤領兵深入破殺西夏六萬餘人獲馬五千匹衆喜忭唱樂各飲一巨觥

聞說官軍取乞閭，將軍旗鼓捷如神。故知無定河邊柳，得共中原絮雪春。

程大昌《繁演錄》卷一三：「羌笛何須怨楊柳，春風不度玉門類。」（「王」）之渙詞也。（略）東坡詩曰：「故知無定河邊柳，得共中原雪絮春。」豈采其意耶？然點換精巧踰之渙矣。

《紀昀評《蘇文忠公詩集》卷二一：措語甚拙，似非東坡筆墨。

聞洮西捷報

漢家將軍一丈佛，詔賜天池八尺龍。露布朝馳玉關塞，捷書夜到甘泉宮。似聞指揮築上郡，已覺談笑無西戎。放臣不見天顏喜，但驚草木回春容。（查注：愼按王本子仁注引王立之詩話云：「東坡在黃時有一詩云『漢家將軍一丈佛』云云，其後作《謝賜御書》詩，復用其間數句。」立之所記如此，今集中皆無有，疑其非全篇，故附見於此云云。今考王氏本，此詩現在第七卷，何云集中所無？）

王口《道山清話》：蘇子瞻詩有「似聞指揮築上郡，已覺談笑無西戎」之句，嘗問子瞻：「當是用少陵『談笑無西河』之語。」子瞻笑曰：「故是。但少陵亦自用左太冲『長嘯激清風』也。」

費衮《梁谿漫志》卷七：世之淺近者不知此理，做月詩便說明，做雪詩便說白，間有不用此等語，便笑其不著題。此風，晚唐人尤甚。坡嘗作《謝賜御書詩》，叙天下無事，四夷畢服，可以從容翰墨之意，末篇云：「露布朝馳玉關塞，捷書夜到甘泉宮。」蓋因事諷諫，三百篇之義也。而或者笑之曰：「有甚道理，後說到陝西獻捷。」此豈可與論詩，若使渠爲之，定祇做一首寫字詩矣。

陸游《老學庵筆記》卷九：「一丈佛」者，王中正也。以此詩爲非東坡作耶，氣格如此，孰能辦之？以爲果東坡作耶，此老豈譽王中正者？蓋刺之也。以三百篇言之，《君子偕老》是矣。

程大昌《演繁露》續集卷四《東坡用杜詩》：東坡《謝賜御詩》叙陝西戰勝曰：「已覺談笑無西戎。」老杜《觀安西兵》曰：「談笑無河北。」

許學夷《詩源辨體後集纂要》卷一：七言律，宋人如（略）蘇子瞻「露布朝馳玉關塞，捷書夜到甘泉宮」；「平淮忽迷天遠近，青山久與船低昂。壽州已見白石塔，短棹未轉黃茅岡」；「日高山蟬抱葉響，人靜翠羽穿林飛」。（略）然每家不過二三聯耳，實非諸子本相也。

紀昀評《蘇文忠公詩集》卷二一：（「露布朝馳玉關塞」二句）「露布」即「捷書」，未免犯複。此詩本集不載，疑王韶之黨獵取《賜御書》詩爲之，以東坡爲重耳。

趙翼《甌北詩話》卷二：自初唐沈、宋諸人創爲律體，于是五字、七字中爭爲雄麗之語，及盛唐而益出。（略）七律中「五更鼓角聲悲壯，三峽星河影動搖」，「錦江春色來天地，玉壘浮雲變古今」，亦是絕唱。然換卻「三峽」、「錦江」、「玉壘」等字，何地不可移用，則此數聯亦不無可議。祇以此等氣魄從前未有，獨創自少陵，故群相尊奉爲劈山開道之始祖，而無異詞耳。自後亦竟莫有能嗣響者。東坡舉（略）自作（略）「露布朝馳玉關塞，捷書夜到甘泉宮」，謂可以繼之，然聲調稍減。

又卷五：坡詩有云「清詩要鍛鍊，方得鉛中銀」。然坡詩實不以鍛鍊爲工，其妙處在乎心地空明，自然流出，一似全不著力而自然沁入心脾。此其獨絕也。今第就七言律論之，如（略）「露布朝馳玉關塞，捷書夜到甘泉宮。」（略）此數十聯乃是稱心而出，不假雕飾，自然意味悠長。即使事處，亦隨其意之所欲出，而無牽合之迹。此不可以聲調、格律求之也。

趙克宜《角山樓蘇詩評注彙鈔》附錄卷中：（「放臣不見天顏喜」二句）運意深厚，筆力亦健。

記夢回文二首

十二月二十五日大雪始晴，夢人以雪水烹小團茶，使美人歌以飲余，夢中爲作回文詩，覺而記其一句，云「亂點餘花唾碧衫」，意用飛燕故事也，乃續之爲二絕句云

酡顏玉盌捧纖纖，亂點餘花唾碧衫。歌咽水雲凝靜院，夢驚松雪落空巖。

空花落盡酒傾缸，日上山融雪漲江。紅焙淺甌新火活，龍團小碾鬬晴窗。

王文誥《蘇文忠公詩編注集成》卷二一：此「空花」字借作雪解，猶言自空而落也。

三朵花

房州通判許安世以書遺予，言吾州有異人，常戴三朵花，莫知其姓名，郡人因以三朵花名之。能作詩，皆神仙意，又能自寫眞，人有得之者。許欲以一本見惠，乃爲作此詩。

學道無成鬢已華，不勞千動漫烝砂。歸來且看一宿覺，未暇遠尋三朵花。兩手欲遮瓶裏雀，四條深怕井中蛇。畫圖未識先生面，試問房陵好事家。

《瀛奎律髓彙評》卷四七《釋梵類》方回評：瓶雀事，出《楞嚴經·大智度論》。四條蛇事，賓頭盧尊者語。一宿覺，永嘉人，有《證道歌》傳于世。

又馮班評：闊甚。

又紀昀評：此詩殊惡，不必以東坡之故爲之辭。

查愼行《初白庵蘇詩補注》卷二一：《輿地紀勝》云：「三花洞在房陵福溪巖下。元豐間有道者日簪三朵花，遊於市，知人未來禍福。東坡贈以詩，有『十年飽服長生藥，三朵長簪不老花』之句。」二語與集本（「歸來且看一宿覺，未暇遠尋三朵花。」）不同，附記於後。

沈德潛《說詩晬語》卷下：杜詩「江山如有待，花柳自無私」，「水空魚極樂，林茂鳥知歸」，「水流心不競，雲在意俱遲」，俱入理趣。邵子則云：「一陽初動處，萬物未生時。」以理語成詩矣。王右丞詩不用禪語，時得禪理，東坡則云：「兩手欲遮瓶裏雀，四條深怕井中蛇。」言外有餘味耶？

楊鍾義《雪橋詩話餘集》卷四：宋人精禪學者，孰若蘇子瞻？然《贈三朵花》云：「兩手欲遮瓶裏雀，四條深怕井中蛇。」意盡句中，言外索然矣。

次韻陳四雪中賞梅

臘酒詩催熟，寒梅雪鬭新。杜陵休嘆老，韋曲已先春。獨秀驚凡目，遺英卧逸民。高歌對三白，遲暮慰安仁。

正月二十日與潘郭二生出郊尋春忽記去年是日同至女王城作詩乃和前韻

東風未肯入東門，走馬還尋去歲村。人似秋鴻來有信，事如春夢了無痕。江城白酒三杯釅，野老蒼顏一笑溫。已約年年爲此會，故人不用賦招魂。

《瀛奎律髓彙評》卷一〇《春日類》方回評：東坡初貶黃州之年，即「細雨梅花」、「關山斷魂」之時也。次年正月二十日往岐亭，見陳慥季常，是以爲女王城之詩。

又馮舒評：比放翁語稍詳。末二句云：「長與東風約今日，暗香先返玉梅魂。」

又查愼行評：三、四亦用「似」字、「如」字，覺意味深長，滄浪《春睡》詩相去天淵矣。蓋意不猶人，辭復超妙，坡仙所以獨絕也。

又紀昀評：通體深穩，三、四尤好。

又許印芳評：「人」字複。

又：紀昀批本集云：「三、四警策，前後亦稱。」陸放翁《詩注序》云：「祖宗以三館養士、儲將相材。及元豐官制行而三館罷，東坡嘗直史館，自謫爲散官，削去史館之職，乃至史館亦廢。」故云「新掃舊巢痕」，其用事之嚴如此。而「鳳巢西隔九重門」，則又李義山詩也。又按何義門云：「李義山《越燕》詩『安巢復舊痕』，坡詩翻用此語。」又韓致堯《湖南梅花一冬再發》詩三、四云：「玉爲通體依稀見，香號返魂容易遮。」結句云：「夭桃莫倚東風勢，調鼎何曾用不才。」坡詩結意本此。蓋坡之在黃，猶致堯之阨于崔昌遐而在湖南也。然時相力擠之，神宗獨爲保全，亦猶致堯之見知于昭宗。「先返玉梅魂」，蓋謂神宗必不棄絕，而語意渾然，恰是收足復出東門意。此老詩句誠非淺人所能讀也。

紀昀評《蘇文忠公詩集》卷二一：（「人似秋鴻來有信」二句）三、四警策。

趙翼《甌北詩話》卷五《蘇東坡詩》：坡詩有云「清詩要鍛鍊，方得鉛中銀」。然坡詩實不以鍛鍊爲工，其妙處在乎心地空明，自然流出，一似全不著力而自然沁入心脾。此其獨絕也。今第就七言律論之，如（略）「人似秋鴻來有信，事如春夢了無痕。」（略）此數十聯乃是稱心而出，不假雕飾，自然意味悠長。即使事處，亦隨其意之所欲出，而無牽合之迹。此不可以聲調、格律求之也。

方東樹《昭昧詹言》○：此詩無奇，開凡庸滑調。

王文濡《宋元明詩評註讀本》卷六：「春夢」句已入化境，非後人所能效顰。

是日偶至野人汪氏之居有神降於其室自稱天人李全字德通善篆字用筆奇妙而字不可識云天篆也與予言有所會者復作一篇仍用前韻

酒渴思茶漫扣門，那知竹裏是仙村。已聞龜策通神語，更看龍蛇落筆痕。色瘁形枯應笑屈，道存目擊豈非溫。歸來獨掃空齋臥，猶恐微言入夢魂。

紀昀評《蘇文忠公詩集》卷二一：（「道存目擊豈非溫」）溫伯雪子，用一「溫」字，似未妥。

浚井

古井沒荒萊，不食誰爲惻。瓶罌下兩綆，蛙蚓飛百尺。腥風被泥滓，空響聞點滴。上除青青芹，下洗鑿鑿石。沾濡愧童僕，杯酒暖寒栗。白水漸泓渟，青天落寒碧。云何失舊穢，底處來新潔。井在有無中，無來亦無失。

查慎行《初白庵詩評》卷中：（「缾罌下兩綆」二句）新警。（「白水漸泓渟」二句）二句中自有次第。

紀昀評《蘇文忠公詩集》卷二一：（「云何失舊穢」以下四句）入禪，是東坡習逕，此卻太似偈頌。

趙翼《甌北詩話》卷五：東坡大氣旋轉，雖不屑屑于句法字法中別求新奇，而筆力所到，自成創格。（略）若《浚井》之「上除青青芹，下洗鑿鑿石。」（略）則又不泥一格矣。

紅梅三首

怕愁貪睡獨開遲，自恐冰容不入時。故作小紅桃杏色，尚餘孤瘦雪霜姿。寒心未肯隨春態，酒暈無端上玉肌。詩老不知梅格在，更看綠葉與青枝。（自注：石曼卿《紅梅》詩云：「認桃無綠葉，辨杏有青枝。」）

蘇軾《評詩人寫物》（《東坡先生文集》卷六六）：詩人有寫物之功。「桑之未落，其葉沃若」，他木殆不可以當此。林逋《梅花》詩云：「疎影橫斜水清淺，暗香浮動月黃昏。」決非桃李詩。皮日休《白蓮》云：「無情有恨何人見，月曉風清欲墮時。」決非紅蓮詩。此乃寫物之功。若石曼卿《紅梅》詩云：「認桃無綠葉，辨杏有青枝。」此至陋語，蓋村學中體也。

劉克莊《後村詩話》續集卷一：曼卿《紅梅》詩云：「認桃無綠葉，辨杏有青枝。」坡公以為村學堂中語。然卒章云：「未應嬌意急，發赤怒春遲。」不害爲佳作也。

無名氏《名賢詩旨》引《王直方詩話》：作詩貴雕琢，又畏有斧鑿痕，貴破的，又畏粘皮骨，此所以爲難。（略）石曼卿《梅》詩云：「認桃無綠葉，辨杏有青枝。」恨其粘皮骨也。

《瀛奎律髓彙評》卷二〇《梅花類》方回評：石曼卿《紅梅》詩：「認桃無綠葉，辨杏有青枝。」

嘗謂此兩語村學堂中體也。范石湖著《梅譜》，因「詩老」二字誤以爲聖俞詩，非矣。

又馮班評：「認桃無綠葉，辨杏有青枝」，惡詩。

陳霆《渚山堂詞話》卷一：東坡詠梅成三十篇，其《紅梅》云：「詩老不知梅格在，更看綠葉與青枝。」謂石曼卿有「認桃無綠葉，辨杏有青枝」之句也。胡平仲因用坡句作《減字木蘭花令》云：「天然標格，不問青枝和綠葉。彷彿吳姬，酒暈無端上玉肌。怕愁貪睡，誰謂傷春無限意。乞與徐熙，畫出橫斜竹外枝。」夫紅梅與桃杏迥異，不待觀枝葉而辨已明矣。予甚愛坡語，用特錄胡詞貽之好事者。

汪師韓《蘇詩選評箋釋》卷三：不着意紅字則泛衍，然一落色相又如塗塗附矣。石延年句豈不貼切，而詩謂其不知梅格，知此可與言詩。

紀昀評《蘇文忠公詩集》卷二一：細意鈎剔，卻不入纖巧。中有寓託，不同刻畫形似故也。

王士禛《花草蒙拾》：「疏影橫斜」、「月白風清」等作，爲詩人詠物極致。若「認桃無綠葉，辨杏有青枝」，（略）豈非詩詞一劫？程邨常云：「詠物不取形而取神，不有事而用意。」二語可謂簡盡。

王文誥《蘇文忠公詩編注集成》卷二一：（「酒暈無端上玉肌」）以上逐句並切紅梅，至第六句能以「無端」二字扣住，緊密之甚。（「詩老不知梅格在」二句）本集論詠物詩，以曼卿此聯爲至陋語，乃村學堂中體。合觀此詩，乃自詡其前六句，謂非曼卿之所知也。然入結愈見窘步，似又特意討巧，取其四字作收也。

賀裳《載酒園詩話》卷一：余又思二語（按：指黃庭堅《酴醿》詩：「露濕何郎試湯餅，日烘荀令炷爐香」）雖佳，尙不及東坡《紅梅》詩「寒心未肯隨春態，酒暈無端上玉肌」，尤爲無迹。

趙克宜《角山樓蘇詩評注彙鈔》附錄卷下：首聯拙，次聯淺，獨第六句佳耳。結更無聊，蓋曼卿原句穉極，不値與之辨，辨亦穉矣。

王文濡《宋元明詩評註讀本》卷六：寫「紅」字以嚴重出之，方不失梅之標格。下字具見斟酌，讀者不可忽過。

雪裏開花卻是遲，何如獨占上春時。也知造物含深意，故與施朱發妙姿。細雨浥殘千顆淚，輕寒瘦損一分肌。不應便作夭桃杏，數點微酸已著枝。

《瀛奎律髓彙評》卷二〇《梅花類》方回評：第二首尾句云：「不應便雜夭桃杏，半點微酸已着枝。」（略）俱佳。

又馮班評：虛谷云第二首尾句俱佳，俱不佳。

紀昀評《蘇文忠公詩集》卷二一：後二首蛇足。

馮應榴《蘇文忠公詩合註》卷二一引何焯評：落句正致光「調鼎何曾用不才」之意。

幽人自恨探春遲，不見檀心未吐時。丹鼎奪胎那是寶（自注：朱砂紅銀謂之不奪胎色），玉人頩頰更多姿。抱叢暗蘂初含子，落盞穠香已透肌。乞與徐熙畫新樣，竹間璀璨出斜枝。

《瀛奎律髓彙評》卷二〇《梅花類》方回評：第三首前聯云：「丹鼎奪胎那是寶，玉人頩頰更多姿。」俱佳。

又馮班評：（虛谷云）第三首前聯俱佳，俱不佳。

又許印芳評：紀批《律髓》此詩不着圈點，亦無評語，而批本集卻深取之，後六句皆密圈，今從本集。

次韻子由寄題孔平仲草菴

逢人欲覓安心法，到處先爲問道菴。盧子不須從若士，蓋公當自過曹參。羨君美玉經三火，笑我枯桑困八蠶。猶喜大江同一味，故應千里共清甘。

二蟲

君不見水馬兒，步步逆流水。大江東流日千里，此蟲趯趯長在此。君不見鷃濫堆，決起隨衝風，隨風一去宿何許，逆風還落蓬蒿中。二蟲愚智俱莫測，江邊一笑無人識。

蔡正孫《詩林廣記前集・杜子美》引師民瞻云：「杜甫《縛鷄行》末句云『鷄蟲得失無了時，注目寒江倚山閣』，東坡此詩末句正用杜甫詩意也。」

紀昀評《蘇文忠公詩集》卷二一：小品寓意，卻不小巧。

陳季常見過三首

紀昀評《蘇文忠公詩集》卷二一：三詩殊窘弱。

仕宦常畏人，退居還喜客。君來輒館我，未覺雞黍窄。東坡有奇事，已種十畝麥。但得君眼青，不辭奴飯白。

袁宏道評閱譚元春選《東坡詩選》卷五譚元春評：「仕宦」、「退居」二語可選。（「未覺雞黍窄」）「雞黍」下「窄」字最好。

送君四十里，只使一帆風。江邊千樹柳，落我酒杯中。此行非遠別，此樂故無窮。但願長如此，來往一生同。

王文誥《蘇文忠公詩編注集成》卷二一：（「江邊千樹柳」二句）句法奇幻，此惟熟三楚者知之。

聞君開龜軒，東檻俯喬木。人言君畏事，欲作龜頭縮。我知君不然，朝飯仰暘谷。餘光幸分我，不死安可獨。

趙翼《甌北詩話》卷五《蘇東坡詩》：坡詩不尚雄傑一派，其絕人處在乎議論英爽，筆鋒精銳，舉重若輕，讀之似不甚用力而力已透十分，此天才也。試即其詩，略爲舉似。五古如（略）「餘光幸分我，不死安可獨。」（《答陳季常》）（略）此皆坡詩中最上乘，讀者可見其才分之高，不在功力之苦也。

謝人惠雲巾方舄二首

燕尾稱呼理未便，剪裁雲葉卻天然。無心只是青山物，覆頂宜歸紫府仙。轉覺周家新樣俗（自注：頭巾起後周），未容陶令舊名傳。鹿門佳士勤相贈，黑霧元霜合比肩。（自注：皮襲美《贈天隨子紗巾》詩云：「掩斂乍疑裁黑霧，輕明渾似帶元霜。」）

紀昀評《蘇文忠公詩集》卷二一：純作皮、陸格。

胡韡短靿格麤疏，古雅無如此樣殊。妙手不勞盤作鳳，輕身只欲化爲凫。魏風褊儉堪羞葛，楚客豪華可笑珠。擬學梁家名解脱，便於禪坐作跏趺。

查慎行《初白庵詩評》卷中：（「輕身只欲化爲凫」）用舊如新。

寒食雨二首

自我來黃州，已過三寒食。年年欲惜春，春去不容惜。今年又苦雨，兩月秋蕭瑟。臥聞海棠花，泥汙燕脂雪。暗中偷負去，夜半眞有力。何殊病少年，病起頭已白。

紀昀評《蘇文忠公詩集》卷二一：（「暗中偷負去」二句）「暗中」二句用事殊笨。（「何殊病少年」二句）末二句比擬亦淺。

（日本）賴山陽《東坡詩鈔》卷一：本集《寒食二首》，前詩起手雖可觀，至中段往往見病處，故今不取。

高步瀛《唐宋詩舉要》卷一：詞淸味腴。

春江欲入戶，雨勢來不已。小屋如漁舟，濛濛水雲裏。空庖煮寒菜，破竈燒濕葦。那知是寒食，但感烏銜紙。君門深九重，墳墓在萬里。也擬哭途窮，死灰吹不起。

黃庭堅《跋東坡書寒食詩》（《山谷全書·別集》卷七）：東坡此詩似李太白，猶恐太白有未到處。此書兼顏魯公、楊少師、李西臺筆意，誠使東坡復爲之，未必及此。他日東坡或見此書，應笑我於無佛處稱尊也。

舊題王十朋《集註分類東坡先生詩》卷六引次公曰：（「君門深九重」二句）此兩句含蓄，言欲歸朝廷邪，則君門有九重之深。欲返鄉里邪，則墳墓有萬里之遠。皆以謫居而勢不可也。

查愼行《初白庵詩評》卷中：此詩，公手書眞蹟後有山谷跋，舊爲檇李項氏所藏，後歸成容若侍衛，竹垞曾爲題簽。

賀裳《載酒園詩話》：黃州詩尤多不羈，「小屋如漁舟，濛濛水雲裏」一篇，最爲沉痛。

汪師韓《蘇詩選評箋釋》卷一：二詩，後作尤精絕。結四句固是長嘆之悲，起四句乃先極荒涼之境。移村落小景以作官居，情況大可想見矣。後人乃欲將此四句裁作絕句，以爭勝王、韋，是乃見山忘道也。

紀昀評《蘇文忠公詩集》卷二一：（「小屋如漁舟」二句）「小屋」二句自好。（「也擬哭途窮」二句）結太盡。

（日本）賴山陽《東坡詩鈔》卷一：如此章實是完然傑作也。韓、蘇二公之詩並皆骨力過人，而其風韻之妙，韓亦輸蘇幾籌。如此篇雅健俊絕，自是這老獨擅處，非韓非杜，王、孟以下，宋之諸作家，夢想所不及。然近人選公詩，多收難題疊韻。難題疊韻，畢竟是公詩之病，而雋絕風韻以不用意得之爾，是最在人品上，所不可及也。（「春江欲入戶」）雅麗而新奇。「春江」

試作「江水」，即小兒語耳，此等可以悟奇凡之別。（「小屋如漁舟」二句）凡筆，必以此起筆，一顛倒，乃見東坡。（「空庖煮寒菜」二句）寫瑣事亦自無郊寒島瘦之態。（「但見烏銜紙」）寒食景象止此三字（「烏銜紙」）。（「君門深九重」）一轉亦妙。「感」作「見」，「九重深」作「深九重」，是。（「死灰吹不起」）餘音悠然。「死灰」、「濕葦」（「破竈燒濕葦」）等字，于有意無意間相映。

趙克宜《角山樓蘇詩評注彙鈔》卷一〇：起五字有神。

張道《蘇亭詩話》卷二：東坡既不得歸，每有先壟之思。在黃州云：「墳墓在萬里。」（《寒食雨》）

陳衍《宋詩精華錄》卷二：與《鄆州新堂二首》，皆次首勝。

高步瀛《唐宋詩舉要》卷一：（「春江欲入戶」四句）固是極寫荒涼之境，以喻感慨。然但就春雨言，已盡所不及。結語雙關喻意。

徐使君分新火

臨皐亭中一危坐，三見清明改新火。溝中枯木應笑人，鑽斫不然誰似我。黃州使君憐久病，分我五更紅一朵。從來破釜躍江魚，只有清詩嘲飯顆。起攜蠟炬遶空室，欲事烹煎無一可。爲公分作無盡燈，照破十方昏暗鎖。

紀昀評《蘇文忠公詩集》卷二一：工於簸弄。妙是實地風光，故不比油滑掉筆。（「溝中枯木應笑人」二句）寄託兀傲。

趙克宜《角山樓蘇詩評注彙鈔》附錄卷下：（「溝中枯木應笑人」二句）以爲寄託信矣，然入想太纖，此種簸弄，不可爲訓。

次韻答元素

余舊有贈元素詞云：「天涯同是傷流落。」元素以爲今日之先兆，且悲當時六客之存亡。六客，蓋張子野、劉孝叔、陳令舉、李公擇及元素與余也。

不愁春盡絮隨風，但喜丹砂入頰紅。流落天涯眞有讖，摩挲金狄會當同。蘧蘧未必都非夢，了了方知不落空。莫把存亡悲六客，已將地獄等天宮。

紀昀評《蘇文忠公詩集》卷二一：五、六太滑。（「已將地獄等天宮」）落句尤粗獷。

蜜酒歌

西蜀道士楊世昌善作蜜酒，絶醇釅，余既得其方，作此歌以遺之。

眞珠爲漿玉爲醴，六月田夫汗流泚。不如春甕自生香，蜂爲耕耘花作米。一日小沸魚吐沫，二日眩轉清光活。三日開甕香滿城，快瀉銀瓶不須撥。百錢一斗濃無聲，甘露微濁醍醐清。君不見南園采花蜂似雨，天教釀酒醉先生。先生年來窮到骨，問人乞米何曾得。世間萬事眞悠悠，蜜蜂大勝監河侯。

胡仔《苕溪漁隱叢話》前集卷八引韓子蒼云：「東坡今集本《蜜酒歌》少兩句，改數字。蘇公下筆奇偉，尙竄定如此。嘗語參寥曰：『如老杜言「新詩改罷自長吟」者，乃知此老用心甚苦，後人不復見其剞劂，但稱其渾厚耳。』」

紀昀評《蘇文忠公詩集》卷二一：（起處）平調直走，便嫌淺率。查云：「『蜂爲』句，妙語天成。」（「世間萬事眞悠悠」二句）結太淺露。

又一首答二猶子與王郎見和

脯青苔，炙青蒲，爛蒸鵝鴨乃瓠壺，煮豆作乳脂爲酥。高燒油燭斟蜜酒，貧家百物初何有。古來百巧出窮人，搜羅假合亂天眞。詩書與我爲麴蘖，醞釀老夫成搢紳。質非文是終難久，脫冠還作扶犂叟。不如蜜酒無燠寒，冬不加甜夏不酸。老夫作詩殊少味，愛此三篇如酒美。封胡羯末已可憐，不知更有王郎子。

查愼行《初白庵詩評》卷中：（「古來百巧出窮人」四句）君房言語妙天下，從「蜂爲耕耘」句（《蜜酒歌》：「蜂爲耕耘花作米。」）生出。

紀昀評《蘇文忠公詩集》卷二一：亦是滑調。

謝陳季常惠一揞巾

夫子胸中萬斛寬，此巾何事小團團。半升僅漉淵明酒，二寸纔容子夏冠。好載黃金雙得勝，可憐白苧一生酸。臂弓腰箭何時去，直上陰山取可汗。

查愼行《初白庵蘇詩補注》卷二一：施氏原注：「黃州有公所書此詩石刻。先生爲季常作《方山子傳》云：『方山子少時，使酒好劍。前十九年，余在岐下見方山子從兩騎，挾二矢，遊西山。鵲起於前，使騎逐而射之，不獲。方山子怒馬獨出，一發得之。因與余馬上論用兵，及古今成敗，自謂一世豪士。今幾時耳，精悍之色猶在眉間，而豈山中之人哉？』先生是詩（結句云：「臂弓腰箭何時去，直上陰山取可汗。」）猶戲之也。」此段新刻本删去，今補錄。

紀昀評《蘇文忠公詩集》卷二一：小品，卻不小樣。

贈黃山人

面頰照人元自赤，眉毛覆眼見來烏。倦遊不擬談元牝，示病何妨出白鬚。絶學已生眞定慧，說禪長笑老浮屠。東坡若肯三年住，親與先生看藥爐。

阮閱《詩話總龜》前集卷二七引《王直方詩話》：今時市語答人眞實事則稱「見來」，此語蓋已久矣。坡《贈黃山人》詩云：「面頰照人元自赤，眉毛覆眼見來烏。」

洪邁《容齋三筆》卷六《東坡詩用老字》：東坡賦詩，用人姓名，多以老字足成句。如（略）

《贈黃山人》云：「說禪長笑老浮屠」，（略）是皆以爲助語，非眞謂其老也。大抵七言則于第五字用之，五言則于第三字用之。

張邦基《墨莊漫錄》卷二：東坡《贈黃照道人》詩云：「面頰照人元自赤，眉毛覆眼見來烏。」王立之《詩話》云：「『元自』、『見來』，皆俚語也。」杜子美詩云：「鎖石藤梢元自落，倚天松骨見來枯。」坡句法此，而謂之俚語，立之未之思耳。

紀昀評《蘇文忠公詩集》卷二一：（「面頰照人元自赤」二句）俚甚。

贈人

別後休論信息疏，仙凡自古亦殊途。蓬山路遠人難到，霜柏威高道轉孤。舊賞未應忘楚國，新詩聞已滿皇都。誰憐澤畔行吟者，目斷長安貌欲枯。

問大冶長老乞桃花茶栽東坡

周詩記荼苦，茗飲出近世。初緣厭粱肉，假此雪昏滯。嗟我五畝園，桑麥苦蒙翳。不令寸地閒，更乞茶子蓺。饑寒未知免，已作太飽計。庶將通有無，農末不相戾。春來凍地裂，紫筍森已銳。牛羊煩呵叱，筐筥未敢睨。江南老道人，齒髮日夜逝。他年雪堂品，空記桃花裔。

黃徹《䂬溪詩話》卷一〇：子建稱孔北海文章多雜以嘲戲，子美亦戲傚俳諧體，退之亦有寄詩雜詼俳，不獨文舉爲然。（略）大體材力豪邁有餘，而用之不盡，自然如此。（略）坡集類此不可勝數。（略）《種茶》云：「饑寒未知免，已作太飽計。」（略）皆斡旋其章而弄之，信恢刃有餘，與血指汗顏者異矣。

袁文《甕牖閑評》卷六：自唐至宋，以茶爲寶，有一片値數十千者，金可得，茶不可得也，其貴如此。而前古止謂苦茶，以此知當時全未知飲啜之事。蘇東坡詩所謂「茗飲出近世」者，不可謂無所本也。

紀昀評《蘇文忠公詩集》卷二一：（「江南老道人」以下）結四句不甚醒快。

趙克宜《角山樓蘇詩評注彙鈔》卷一〇：（「饑寒未知免」）小作波折，已極刻露。（「春來凍地裂」）是初蓺茶時情景。

寄子由

厭暑多應一向慵，銀鉤秀句益疏通。也知堆案文書滿，未暇開軒硯墨中。湖面新荷空照水，城頭高柳漫搖風。吏曹不是尊賢事，誰把前言語化工。

次韻孔毅父久旱已而甚雨三首

汪師韓《蘇詩選評箋釋》卷三：首作以「饑人忽夢」起，以「未暇饑寒念明日」結，次作云「饑飽在我寧關天」，三作云「夜來饑腸如轉雷」，微作呼應之語，映帶無痕。

紀昀評《蘇文忠公詩集》卷二一：三首皆排宕兀傲，奇氣縱横。妙俱從自己現境生情，不作應酬泛語。凡和詩，最忌作應酬，人與己兩無涉。

饑人忽夢飯甑溢，夢中一飽百憂失。只知夢飽本來空，未悟眞饑定何物。我生無田食破硯，爾來硯枯磨不出。去年太歲空在酉，旁舍壺漿不容乞。今年旱勢復如此，歲晚何以黔吾突。青天蕩蕩呼不聞，况欲稽首號泥佛。甕中蜥蜴尤可笑，跂跂脈脈何等秩。陰陽有時雨有數，民是天民天自卹。我雖窮苦不如人，要亦自是民之一。形容雖是喪家狗，未肯弭耳爭投骨。倒冠落幘謝朋友，獨與蚊雷共圭蓽。故人嗔我不開門，君視我門誰肯屈。可憐明月如潑水，夜半清光翻我室。風從南來非雨候，且爲疲人洗蒸鬱。褰裳一和快哉謠，未暇饑寒念明日。

舊題王十朋《集註分類東坡先生詩》卷七引次公曰：（「倒冠落幘謝朋友」）此則杜牧「倒冠落佩」之變也。

查慎行《初白庵詩評》卷中：（「陰陽有時雨有數」四句）可稱詞達。（「可憐明月如潑水」四句）首章說久旱，從《雲漢》之什得來。

汪師韓《蘇詩選評箋釋》卷三：先將旱勢寫得淋漓極致，以待下二章轉關，反覆詳盡，清絕滔滔，呼作快哉謠不虛也。

曾國藩《曾文公全集·讀書錄》卷九《東坡文集》：第一首專詠久旱。

趙克宜《角山樓蘇詩評注彙鈔》卷一〇：首章說久旱。（「饑人忽夢飯甑溢」二句）起筆破空而來。（「只知夢飽本來空」二句）承筆又落習徑。（「陰陽有時雨有數」四句）直如說話，而曲折有氣，不傷于率。（「風從南來非雨候」）此句本寫足旱字，卻掉轉一意作結，用筆擺脫。

去年東坡拾瓦礫，自種黃桑三百尺。今年刈草蓋雪堂，日炙風吹面如墨。平生懶惰今始悔，老大勸農天所直。沛然例賜三尺雨，造物無心怳難惻。四方上下同一雲，甘霔不為龍所隔（自注：俗有分龍日）。蓬蒿下溼迎曉耒，燈火新涼催夜織。老夫作罷得甘寢，卧聽牆東人響屐。奔流未已坑谷平，折葦枯荷恣漂溺。腐儒麤糲支百年，力耕不受衆目憐。破陂漏水不耐旱，人力未至求天全。會當作塘徑千步，橫斷西北遮山泉。四鄰相率助舉杵，人人知我囊無錢。明年共看決渠雨，饑飽在我寧闕天。誰能伴我田間飮，醉倒惟有支頭磚。

袁宏道評閱譚元春選《東坡詩選》卷五譚元春評：此首亦不可遺，惜無好結。看至尾處，敗興耳。若到「饑飽在我寧闕天」住了，猶覺味完。此不可與好多人商也。

查愼行《初白庵詩評》卷中：此章方說雨，章法井然。（「腐儒麤糲支百年」至末）操縱在我，筆力極透。與前篇「去年太歲空在酉」四句作大開合。末又補出築隄貯水，見人力既至，則天不能災。此意乃題中所未有。

汪師韓《蘇詩選評箋釋》卷三：旱而得雨，因雨而籌及於破陂之漏水，思作塘以遮泉，由去年、今年而並預算明年，絕不爲愁霖計者。三詩如各自成章，乃正其神明於斷續合離之法。

紀昀評《蘇文忠公詩集》卷二二：（「破陂漏水不耐旱」以下）忽地跳出題外，卻仍是題中，筆力恣逸之至。若順手寫雨足景象一番，便是凡筆。

曾國藩《曾文公全集·讀書錄》卷九《東坡文集》：第二首前半喜已得雨，後半將謀作塘。

趙克宜《角山樓蘇詩評注彙鈔》卷一〇：（「蓬蒿下濕迎曉耒」）得雨正面，寫得恰好。（「腐儒粗糲支百年」）斗入議論，極精采。東坡詩後路每于虛境設想，一連數層，眞有瀾翻不竭之妙。

天公號令不再出，十日愁霖併爲一。君家有田水冒田，我家無田憂入室。不如西州楊道士，萬里隨身惟兩膝。沿流不惡泝亦佳，一葉扁舟任飄突。山芎麥麴都不用，泥行露宿終無疾。夜來饑腸如轉雷，旅愁非酒不可開。楊生自言識音律，洞簫入手淸且哀。不須更待秋井塌，見人白骨方銜杯。

楊萬里《誠齋詩話》：詩家用古人語，而不用其意，最爲妙法。（略）老杜有詩云：「忽憶往時秋井塌，古人白骨生青苔，如何不飲令人哀。」東坡則云：「何須更待秋井塌，見人白骨方銜杯。」此皆翻案法也

舊題王十朋《集註分類東坡先生詩》卷七引次公曰：（「君家有田水冒田」四句）「君家」指孔毅父，「我家」，先生自言。以毅父則「水冒田」，以先生則「憂入室」，蓋以一則有田，一則有室而已故也。若楊道士無田且無室，空手一身，無所憂也。

潘德輿《養一齋詩話》卷一：楊誠齋愛講翻案法，稱東坡（略）「何須更待秋井塌，見人白骨方銜杯」諸句，以爲詩法。不知此只小巧本事，坡詩生氣噴涌可重，雅不在此。

查愼行《初白庵詩評》卷中：末章方說甚雨。

汪師韓《蘇詩選評箋釋》卷三：前兩章言旱言雨，已各詞意周浹。此章言甚雨，若必更作已甚之詞，則詩體俳諧，無復餘地矣。「君家有田水冒田，我家無田憂入室」二句，情狀已盡。下只就楊道士爲言，與雨旱都不相值，張弛無所不妙也。楊萬里獨賞結二句「不須更待秋井塌，見人

白骨方銜杯」，謂其用杜詩得翻案法，抑亦末矣。

紀昀評《蘇文忠公詩集》卷二一：（「不如西州楊道士」以下）苦雨，卻借一不苦雨者，對面託出，用筆巧妙。若說如何苦雨，便凡筆。（「旅愁非酒不可開」以下）苦雨，偏以豪語作收，是極力擺脫處。（「不須更待秋井塌」二句）此事天然湊泊，苦雨飲酒，兩邊俱到。

曾國藩《曾文公全集・讀書錄》卷九《東坡文集》：第三首詠甚雨而及楊道士。

趙克宜《角山樓蘇詩評注彙鈔》卷九：（起處）寫甚雨簡盡。（「旅愁非酒不可開」）勢須掉結。

又見卷一六《讀孟郊詩二首》田雯評。

魚蠻子

江淮水爲田，舟楫爲室居。魚蝦以爲糧，不耕自有餘。異哉魚蠻子，本非左衽徒。連排入江住，竹瓦三尺廬。於焉長子孫，戚施且侏儒。擘水取魴鯉，易如拾諸塗。破釜不著鹽，雪鱗芼青蔬。一飽便甘寢，何異獺與狙。人間行路難，踏地出賦租。不如魚蠻子，駕浪浮空虛。空虛未可知，會當算舟車。蠻子叩頭泣，勿語桑大夫。

曾季貍《艇齋詩話》：樂天《鹽商婦》詩云：「南北東西不失家，風水爲鄉舟作車。」東坡《魚蠻子》詩正取此意。

陸游《老學庵筆記》卷一：張芸叟作《漁父》詩曰：「家住耒江邊，門前碧水蓮。小舟勝養馬，大罟當耕田。保甲元無籍，青苗不著錢。桃源在何處，此地有神仙。」蓋元豐中謫官湖湘時所作，東坡取其意爲《魚蠻子》云。

查慎行《初白庵詩評》卷中：（「人間行路難」至末）主新法者聞之當奈何？

汪師韓《蘇詩選評箋釋》卷三：分明指新法病民，出賦租者不如魚蠻之樂也。忽又念及算舟車者，筆下風生凜凜。《史記·平準書》述卜式之言以結全篇，曰「烹弘羊，天乃雨」，不更益一字而意已顯。此詩結云「蠻子叩頭泣，勿語桑大夫」，亦不待明言其所以然，可稱詩史。

紀昀評《蘇文忠公詩集》卷二一：香山一派。讀之，宛然《秦中吟》也。

趙翼批沈德潛《宋金元三家詩選·蘇東坡詩選》上卷：范成大有「近來湖上亦收租」之句，可見南宋時魚蠻子亦出稅矣。

趙克宜《角山樓蘇詩評注彙鈔》卷一〇：借端託諷，格意超絕。先括大意直起點題，後再與詳寫，是一意分兩層叙法。（起處）四句一氣注下，看其句法錯落。（「人間行路難」）以下入議論，連作數轉，使筆如風，略逗本意便住。

高步瀛《唐宋詩舉要》卷一引吳汝綸評：似昌黎。

夜坐與邁聯句

清風來無邊，明月翳復吐（自）。松聲滿虛空，竹影侵半戶（邁）。暗枝有驚鵲，壞壁鳴饑鼠（自）。露葉耿高梧，風螢落空廡（邁）。微涼感團扇，古意歌白紵（自）。樂哉今夕遊，獲此陪杖屨（邁）。傳家詩律細，已自過宗武。短詩膝上成，聊以感懷祖（自）。

紀昀評《蘇文忠公詩集》卷二一：佳處便有三謝意。

趙克宜《角山樓蘇詩評注彙鈔》卷一〇：靜細之句，不減韋、柳。

弔李臺卿

李臺卿，字明仲，廬州人。貌陋甚，性介不羣，而博學強記，罕見其比。好《左氏》，有史學，考正無同異，多所發明。知天文律曆，千歲之日可坐數也。軾謫居黄州，臺卿爲麻城主簿，始識之。既罷居於廬，而曹光州演甫以書報其亡。臺卿，光州之妻黨也。

我初未識君，人以君爲笑。垂頭老鸛雀，煙雨霾七竅。敝衣來過我，危坐若持釣。褚裒半面新，嚴蔑一語妙。徐徐涉其瀾，極望不可徼。卻觀元嫵媚，士固難輕料。看書眼如月，罅隙靡不照。我老多遺忘，得君如再少。從横通雜藝，甚博且知要。所恨言無文，至老幽不耀。其生世莫識，已死誰復弔。作詩遺故人，庶解俗子誚。

袁宏道評閱譚元春選《東坡詩選》卷五譚元春評：「危坐若持釣」、「得君如再少」，太白失秀矣。

查慎行《初白庵詩評》卷中：得公詩，遂使明仲聲容笑貌，千載如生。古人所云「得一知己，死亦無恨」者也。

汪師韓《蘇詩選評箋釋》卷三：「看書眼如月」數語，可謂心折膺服矣。卻先從人所共笑處爲之寫生傳神。可笑處實是可笑，可敬處實是可敬。俱是不遺餘力而寫之，世乃有臺卿其人哉！千載茫茫，一人知己。

紀昀評《蘇文忠公詩集》卷二一：（「垂頭老鸛雀」以下四句）寫照如生。（「其生世莫識」二句）十字沉著。

趙克宜《角山樓蘇詩評注彙鈔》卷一〇：（「垂頭老鸛雀」）比例奇妙。（「褚裒半面新」以下）以運典代叙事，此詩之所以貴有學也。（「卻觀元嫵媚」）與起處相應。（「得君如再少」）妙語。（「縱横通雜藝」）極推臺卿之學，而惜其「無文」、「不耀」，「弔」字意寫得透。（「甚博且知要」）句過鍊。

曹既見和復次韻

造物本兒嬉，風噫雷電笑。誰令妄驚怪，失匕號萬竅。人人走江湖，一一操網釣。偶然連六鰲，便謂此手妙。空令任公子，三歲蹲海徼。長貧固不辭，一死實未料。難將蓍草算，除用佛眼照。何人嗣家學，恨子兒尚少。嗟我與曹君，衰老世不要。空言今無救，奇志後必耀。吟君五字詩，義重千金弔。收藏慎勿出，免使羣兒誚。

查慎行《初白庵詩評》卷中：（「人人走江湖」四句）駿爽。
汪師韓《蘇詩選評箋釋》卷三：笑臺卿者多是偶然釣鰲之人，此詩要不專爲臺卿一人長太息。
紀昀評《蘇文忠公詩集》卷二一：結句太激。

弔徐德占

余初不識德占，但聞其初爲呂惠卿所薦，以處士用。元豐五年三月，偶以事至蘄水，德占聞余在傳舍，惠然見訪，與之語，有過人者。是歲十月聞其遇禍，作詩弔之。

美人種松柏，欲使低映門。栽培雖易長，流惡病其根。哀哉歲寒姿，骯髒誰與論。竟爲明所誤，不免刀斧痕。一遭兒女污，始覺山林尊。從來覓棟梁，未省傍籬藩。南山隔秦嶺，千樹龍蛇奔。大廈若畏傾，萬牛何足言。不然老巖壑，合抱枝生孫。死者不可悔，吾將遺後昆。

查愼行《初白庵蘇詩補注》卷二一：徐德占，黄山谷外兄也。山谷稱其「以才略出於深山窮谷，而揭日月於萬夫之上。年四十，大命殞傾，令人短氣！」而曾南豐《兵間》詩，至斥爲傾險小人，以萬人之生徼幸一身之利，其恃才寡謀亦大概可見矣。蓋宋自熙寧以來，用兵西陲，所得葭蘆、吴保、義含、米脂、浮圖、寒門六砦而已；靈州永樂之役，官軍、熟羌死者，前後約六十萬人。雖其後復通和好，而中國財力耗獘已極。追原禍首，皆自喜功好事諸臣致之。公於德占之沒，不一及邊事，獨惜其以有用之身不知自愛，輕於授首，其喪師辱國之罪，固隱然言外矣。

紀昀評《蘇文忠公詩集》卷二一：（起處）似乎快之，立言少體。

馮應榴《蘇文忠公詩合註》卷二一：通首傷德占之聰明自誤，小材大任，以致此也。

香巖批《紀評蘇詩》卷二一：先生本不滿于德占也。

武昌主簿吳亮君采攜其友人沈君十二琴之説與高齋先生空同子之文太平之頌以示予予不識沈君而讀其書如見其人如聞十二琴之聲予昔從高齋先生遊嘗見其寶一琴無銘無識不知其何代物也請以告二子使從先生求觀之此十二琴者待其琴而後和元豐五年閏六月

若言琴上有琴聲，放在匣中何不鳴。若言聲在指頭上，何不於君指上聽。

《蘇詩續補遺》卷下引馮景語：《楞嚴經》：「譬如琴瑟琵琶，雖有妙音，若無妙指，終不能發。汝與衆生，亦復如是。」又偈云：「聲無既無滅，聲有亦非生。生滅二緣離，是則常眞實。」此詩宗旨，大約本此。

紀昀評《蘇文忠公詩集》卷二一：此隨手寫四句，本不是詩，蒐輯者強收入集。千古詩集有此體否？

翁方綱《石洲詩話》卷二：東坡《琴詩》「若言琴上有琴聲」云云，已爲禪偈子矣。而杼山《戛銅椀爲龍吟歌》云：「未必全由戛者功，聲生虛無非椀中。」則更在前。

宋長白《柳亭詩話》卷五：韋左司《贈李儋詩》：「絲桐本異質，音響合自然。吾觀造化意，二物相因緣。」東坡有云：「若言琴上有琴聲（略）。」皆于《楞嚴》三昧有會心處，韋語顯，蘇語密。

李委吹笛

元豐五年十二月十九日，東坡生日，置酒赤壁磯下，踞高峰，俯鶻巢。酒酣，笛聲起於江上。客有郭、古二生頗知音，謂坡曰：「笛聲有新意，非俗工也。」使人問之，則進士李委聞坡生日，作新曲曰鶴南飛以獻。呼之使前，則青巾紫裘，腰笛而已。既奏新曲，又快作數弄，嘹然有穿雲裂石之聲，坐客皆引滿醉倒。委袖出嘉紙一幅，曰：「吾無求於公，得一絕句足矣。」坡笑而從之。

山頭孤鶴向南飛，載我南游到九疑。下界何人也吹笛，可憐時復犯龜茲。

袁宏道評閱譚元春選《東坡詩選》卷五譚元春評：事妙入韻，光景如仙，

陳天定《古今小品》卷一：（引）清景清事，括前後二賦之勝。怪先生此時便無奇句耳。

趙克宜《角山樓蘇詩評注彙鈔》卷一〇：題事佳，詩亦風致。

蜀僧明操思歸書龍邱子壁

久厭勞生能幾日，莫將歸思擾衰年。片雲會得無心否，南北東西只一天。

袁宏道評閱譚元春選《東坡詩選》卷五譚元春評：「擾」字逼眞衰境，後二語略類禪偈。

紀昀評《蘇文忠公詩集》卷二一：亦厭偈頌氣。

紀昀評蘇文忠公詩集卷二十二

次韻孔毅父集古人句見贈五首

汪師韓《蘇詩選評箋釋》卷三：集句詩創自北齊，著於石延年而工於王安石。黃庭堅則目爲百家衣，言如小兒文褓也。是匪富有胸中，豈能親切貫穿？然終非詩家之所貴也。觀此數詩，所以譽之者至矣，言外正自有意在。

紀昀評《蘇文忠公詩集》卷二二：五首皆語雜嘲弄，頗有率句，不爲傑作。

趙翼《甌北詩話》卷五：孔毅父集古人句成詩贈坡，坡答曰：「天邊鴻鵠不易得，便令作對隨家雞。」又云：「路旁拾得半段槍，何必開爐鑄矛戟。」又云：「不如默誦千萬首，左抽右取談笑足。」又云：「千章萬句卒非我，急走捉君應已遲。」似譏集句非大方家所爲。

羨君戲集他人詩，指呼市人如使兒。天邊鴻鵠不易得，便令作對隨家雞。退之驚笑子美泣，問君久假何時歸。世間好句世人共，明月自滿千家墀。

《詩話總龜前集》卷八《評論門四》引《王直方詩話》：荆公始爲集句，多至數十韻，往往對偶親切。蓋以其誦古人詩多，或坐中率然而成，始可爲貴。其後多有人傚之者，但取數部詩集諸家之善耳。故東坡《次韻孔毅夫集句見贈》云：「羨君戲集他人詩（略）。」

胡仔《苕溪漁隱叢話》前集卷三二引蔡條《西淸詩話》云：薛許昌《答書生贈詩》云：「百首如一首，卷初如卷終。」譏其不能變態也。大抵屑屑較量屬句平勻，不免氣骨寒局。殊不知詩家要當有情致，抑揚高下，使氣宏拔，快凌綾紙。又用事皆破觚爲圜，剉剛成柔，始爲有功者，昔人所謂「縛虎手」也。如（略）東坡嘗作詩：「天邊鴻鵠不易得，便令作對隨家鷄。」又有「坐驅猛虎如群羊」之句，眞佳語也。

舊題王十朋《集註分類東坡先生詩》卷一八引次公曰：集古詩，前古未有，王介甫始盛爲之，多者數十韻。蓋以誦古人詩多，或坐中率然而成，往往對偶親切。其後，人多有效之者，但取數十部詩，聚諸家之集耳，故公此詩美之，亦微以譏之耳。蓋「市人」不可使之如兒，「鴻鵠」不可與「家鷄」爲對，猶古人詩句有美惡工拙，其初各有思致，豈可混爲一律邪？

凌揚藻《蠡勺編》卷二三：（東坡）不以是體爲貴矣。

紫駝之峰人莫識，雜以雞豚眞可惜。今君坐致五侯鯖，盡是猩脣與熊白。路旁拾得半段槍，何必開爐鑄矛戟。用之如何在我耳，入手當令君喪魄。

朱翌《猗覺寮雜記》卷上：東坡、孔毅夫集句云：「路旁拾得半段槍，何必開爐鑄柔戟。用之如何在我爾，入手當令君喪魄。」哥舒翰以半段槍破吐蕃，見本傳。

王文誥《蘇文忠公詩編注集成》卷二二：二比落想奇絕。

天下幾人學杜甫，誰得其皮與其骨。劃如太華當我前，跛牂欲上驚崷崒。名章俊語紛交衡，無人巧會當時情。前生子美只君是，信手拈得俱天成。

查愼行《初白庵詩評》卷中：毅父有集杜一首，故此章另提出。

王文誥《蘇文忠公詩編注集成》卷二二：（「天下幾人學杜甫」二句）此二句乃從古學杜者定讞。（「劃如太華當我前」二句）此二句乃從古學杜者結局。（「無人巧會當時情」）恢諧得妙。

詩人雕刻閒草木，搜抉肝腎神應哭。不如默誦千萬首，左抽右取談笑足。夜吟石鼎聲悲秋，可憐好事劉與侯。何當一醉百不問，我欲眠矣君歸休。

膏明蘭臭俱自焚，象牙翠羽戕其身。多言自古爲數窮，微中有時堪解紛。癡人但數羊羔兒，不知何者是左慈。千章萬句卒非我，急走捉君應已遲。

張伯綸《淵于日記》庚寅卷：孔毅父武仲集古人句贈東坡，坡答之，有曰：「千章萬句卒非我，急走捉君應已遲。」此詩中之戲幻，非正格也。荆公邀坡公集大研詩，坡公率爾曰：「巧匠斲山骨。」坡非不能，而終不爲，所見高矣。

六年正月二十日復出東門仍用前韻

亂山環合水侵門，身在淮南盡處村。五畝漸成終老計，九重新埽舊巢痕。豈惟見慣沙鷗熟，已覺來多釣石溫。長與東風約今日，暗香先返玉梅魂。

陸游《施司諫註東坡詩序》：（「九重新埽舊巢痕」）昔祖宗以三館養士，儲將相材。及官制行，罷三館。而東坡蓋嘗直史館，然自謫爲散官，削去史館之職久矣。至是史館亦廢，故云：「新掃舊巢痕」。其用事之嚴如此。而「鳳巢西隔九重門」，則又李義山詩也。

《瀛奎律髓彙評》卷一〇《春日類》方回評：又次年正月三日尚在黃州，復出東門，仍和韻云：「亂山環合水侵門，身在淮南盡處村。五畝漸成終老計，九重新掃舊巢痕。」謂元豐官制行，罷廢祖宗館職立秘書省，以正字、校書郎等爲差除資序，而儲士之意淺矣。觀此等語，豈惟可考大賢之出處，卻亦可見時事之更張，仁廟之所以遺宴安于後世者，何其盛！熙豐之政所以大有可恨者，何其頓衰！坡下句云：「豈惟貫見沙鷗喜，已覺來多釣石溫。」又可痛。坡翁一謫數年，甘心于漁樵而忘返也。「新掃舊巢痕」事，陸放翁爲施宿注坡詩作序，記所對范致能語，學者可自檢觀。

馮應榴《蘇文忠公詩合註》卷二二引何焯語：「舊巢痕」三字，本義山《越燕》詩，此老可謂之無一字無來處也。（「暗香先返玉梅魂」）韓致光《湖南梅花一冬再發偶題》，其三、四云：「玉爲通體依稀見，香號返魂容易回。」結云：「夭桃莫倚東風勢，調鼎何曾用不才。」詩意本此。蓋公之在黃，猶致光之阨于崔昌遐而在湖南然。時相雖力擠之，而神宗獨爲保全，亦猶致光之見知于昭宗。「先返玉梅魂」，蓋以神宗之必不忍絕棄也。而語意渾然，恰是收足「復出東門」意。此老詩誠非淺人所能讀也。

汪師韓《蘇詩選評箋釋》卷三：詞旨溫厚，意味深長。在集內近體詩中，更進一格。至於陸游之解，方回之評，俱似索解過高，然不可謂非解音知己者也。

紀昀評《蘇文忠公詩集》卷二二：溫雅可誦。

王文誥《蘇文忠公詩編注集成》卷二二：解杜與解蘇不同，杜無考，故易；蘇事事有考，故難。（「九重新掃舊巢痕」）公後以追憶罷制科取士，再作《王中甫哀辭》云：「堪笑東坡癡頓老，區區猶記刻舟痕。」其押「痕」字，與此詩用意一轍，可爲陸（游）說之證。（「暗香先返玉梅魂」）公歷陳仕迹狀云：「先帝復對左右，哀憐獎激，意欲復用，而左右固爭，以爲不可。臣雖在遠，亦具聞之。」此段語適當其時，正此句之本意，所謂「暗香先返」者也。義門雖比擬迂遠，不能指出確據，而所見與詩近，以方求仁者流，則已日月至焉矣。

又《蘇文忠公詩編注集成》卷二四：（「區區猶記刻舟痕」）「九重新掃舊巢痕」句，因罷三館而發，前人論之詳矣。

又《蘇海識餘》卷一：若熙寧六年正月「暗香先返玉梅魂」句，則又屢聞德音而發，非空言也。（略）以上諸句，乃黃州一集詩之間架，通其故，則前之杭、密、徐、湖，後之元祐三召，紹聖兩黜，不獨詩旨歸一，而公之心迹亦皆血脈貫通。若邵註欲以餞杜例了當此集，乃是凝兒說夢也。

趙克宜《角山樓蘇詩評注彙鈔》卷一〇：（「五畝漸成終老計」二句）語意和平，斯爲風人之旨。

陳衍《宋詩精華錄》卷二：寫景中要有興味，所謂有人存也。「亂山環合」、「十日春寒」各首皆是。又讀五、六兩句，覺《旄丘》（按：《詩・邶風》篇名）之何多日也，何其久也，殊少含蓄矣。

又見卷二四《王中甫哀辭》王文誥評。

食甘

一雙羅帕未分珍，林下先嘗愧逐臣。露葉霜枝翦寒碧，金槃玉指破芳辛。清泉蔌蔌先流齒，香霧霏霏欲噀人。坐客殷勤爲收子，千奴一掬奈吾貧。

紀昀評《蘇文忠公詩集》卷二二：（「千奴一掬」）四字求新得拙。

紀昀評：結句不佳。

又張載華評：《補註》：「劉孝標《送橘啓》：『采之風味照座，擘之香霧噀人。』」

又查慎行評：采之綠霧噀人，見六朝人《謝賜柑啓》中，非臆說也。

又馮舒評：此老絕無惡氣，山谷非其敵也。

《瀛奎律髓彙評》卷二七方回評：讀此詩便覺齒舌津液，不啻如望梅林也。

大寒步至東坡贈巢三

春雨如暗塵，春風吹倒人。東坡數間屋，巢子誰與鄰。空牀斂敗絮，破竈鬱生薪。相對不言寒，哀哉知我貧。我有一瓢酒，獨飲良不仁。未能赬我頰，聊復濡子脣。故人千鍾祿，馭吏醉吐茵。那知我與子，坐作寒蟹呻。努力莫怨天，我爾皆天民。行看花柳動，共享無邊春。

莊綽《鷄肋編》卷上：世謂西北水善而風毒，故人多傷于賊風，水雖冷，飲無患。東南則反是，縱細民在道路，亦必飲煎水，卧則以首外向。檐下籬壁，皆不泥隙。四時未嘗有烈風。又春多暴雨淋淫，秋則常苦旱暵。如東坡詩云：「春雨如暗塵，春風吹倒人。」皆不施于浙江也。

黃溍《跋東坡贈巢三詩》（《文獻集》卷四）：右蘇文忠公墨跡，上有秦熺私印，蓋其家藏物也。章、蔡、秦氏父子，人品無大相遠，或與公同時而不相容，或異世而相慕愛之如此。談者以爲公論須久而後定，豈不然者？

查慎行《初白庵蘇詩補注》卷二二：施氏原注：「此詩墨蹟刻石成都府治。」一瓢（「我有一瓢酒」），石刻「一尊」，乃元祐間所書也。」此段新刻本刪去，今補錄。

紀昀評《蘇文忠公詩集》卷二二：（起處）沈痛之言，不傷忠厚。本集「活火生薪聊一快」，即「生柴」之意。（「努力莫怨天」二句）推過一步作寬解，則當下難堪，不言已見。

王文誥《蘇文忠公詩編注集成》卷二二：（「破竈鬱生薪」）謂欲以火禦寒，而柴澀不可燒，徒有煙而無火也，下「鬱」字之意如此。曉嵐以「薪」爲新，謂不火故如新，此與氣如霄相類，似當時相尚爲《字說》者之吐屬也。諸本無作「新」字者，其說非是。

趙克宜《角山樓蘇詩評注彙鈔》卷一〇：「相對不言寒」句，透過一層，寫得深至。

元修菜

菜之美者有吾鄉之巢，故人巢元修嗜之，余亦嗜之。元修云：使孔北海見，當復云吾家菜耶。因謂之元修菜。余去鄉十有五年，思而不可得。元修適自蜀來見余於黃，乃作是詩使歸致其子，而種之東坡之下云。

彼美君家菜，鋪田綠茸茸。豆莢圓且小，槐芽細而豐。種之秋雨餘，擢秀繁霜中。欲花而未萼，一一如青蟲。是時青裙女，採擷何匆匆。烝之復湘之，香色蔚其饛。點酒下鹽豉，縷橙芼薑葱。那知雞與豚，但恐放箸空。春盡苗葉老，耕翻煙雨叢。潤隨甘澤化，暖作青泥融。始終不我負，力與糞壤同。我老忘家舍，楚音變兒童。此物獨嫵媚，終年繫余胸。君歸致其子，囊盛勿函封。張騫移苜蓿，適用如葵菘。馬援載薏苡，羅生等蒿蓬。懸知東坡下，塉鹵化千鍾。長使齊安民，指此說兩翁。

舊題王十朋《集註分類東坡先生詩》卷一四引次公曰：此篇紀叙爲詳，頗爲形容之工。巢菜，蜀人皆識之，內地人非親見巢菜者，不知其工也。

葛立方《韻語陽秋》卷一九：蜀中食品，南方不知其名者多矣，而況其味乎？東坡所謂「豆莢圓且小，槐牙細而豐」者，巢菜也。所謂「贈君木魚三百尾，中有鵝黃子魚子」者，棕筍也。是二物者，蜀川甚貴重。東坡在黃州時，去鄉已十五年，思巢菜而不可得，會巢元修自蜀來，使歸致其子而種之東坡之下。又作棕筍酢浸蜜漬，可致千里外，嘗以餉殊長老，則此二物之珍可知矣。蒟醬，蜀醬也。《蜀都賦》所謂「蒟醬流味」是也。苞蘆，蜀鮓也，老杜所謂「香飰兼苞蘆」是也。

吳師道《東坡贈巢谷詩墨蹟跋》（《禮部集》卷一六）：蘇文忠公贈巢谷凡二詩，此篇與《元脩菜》皆元豐六年在黃州時作。吳興施元之及其子宿，吳郡顧景蕃同注公詩，後出頗精。篇中第十六句作「寒螿呷」（此作「寒蛩」），又云「今成都府治石刻，『一飄』字作『一尊』」，及元祐間所書者如此。」則公手書是詩非一，豈其不忘相從憂患中故邪？覽卷使人想其風槩。

紀昀評《蘇文忠公詩集》卷二二：質而不俚，細而不瑣。此由筆力不同。（「張騫移苜蓿」以下）有襯貼，便不單窘，否則收不住一篇長詩。

張道《蘇亭詩話》卷五《補注類》：盛如梓《老學叢談》：「巢菜有大巢小巢，大巢即豌豆之不實者，小巢生稻畦中，東坡所賦元脩菜也。吳中名漂搖草，一名野蠶豆，人不知取食耳。放翁詩曰：『此行忽似蟆津路，自候風爐煮小巢。』」

趙克宜《角山樓蘇詩評注彙鈔》卷一〇：一路直如說話，而筆意自覺老健。

三月三日點燈會客

江上東風浪接天，苦寒無賴破春妍。試開雲夢羔兒酒，快瀉錢塘藥玉船。蠶市光陰非故園，馬行燈火記當年。冷煙濕雪梅花在，留得新春作上元。

釋惠洪《冷齋夜話》卷四：對句法，詩人窮盡其變，不過以事、以意、以出處具備謂之妙。如荆公曰：「平昔離愁寬帶眼，迄今歸思滿琴心。」又曰：「欲寄歲寒無善畫，賴傳悲壯有能琴。」乃不若東坡微意特奇，如曰：「見說騎鯨游汗漫，亦曾捫蝨話辛酸。」（《和王斿二首》）又曰：「蠶市風光非故國，馬行燈火記當年。」又曰：「龍驤萬斛不敢過，漁舟一葉縱掀舞。」以「鯨」爲「蝨」對，以「龍驤」爲「漁舟」對，大小氣焰之不等，其意若玩世，謂之秀傑之氣終不可沒者，此類是也。

馮應榴《蘇文忠公詩合註》卷二二：末二句，追憶當年景事也。又先生律詩首句韻通用者多，至如此詩之末韻通用者絕少。

王文誥《蘇文忠公詩編注集成》卷二二：此題王、施、查三註，皆作「二月」，《合註》作「三月」，據詩乃正月作，首二句皆正初江上氣象，二、三月非「苦寒無賴破春妍」時也，亦不得如《合註》以「追憶」論也。今首定爲正月作。結二句顯係正月初三日所作。《合註》謂「追憶當年景事」，此詩並無本年、當年界限，若如其說，則前四句皆屬追憶，而次聯乃指會客情事，與題不類。

日日出東門

日日出東門，步尋東城游。城門抱關卒，笑我此何求。我亦無所求，駕言寫我憂。意適忽忘返，路窮乃歸休。懸知百歲後，父老說故侯。古來賢達人，此路誰不由。百年寓華屋，千載歸山邱。何事羊公子，不肯過西州。

蘇軾《記所作詩》（《蘇文忠公全集》卷六八）：吾有詩云：「日日出東門，步尋東城游。城門抱關卒，怪我此何求。吾亦無所求，駕言寫我憂。」章子厚謂參寥曰：「前步而後駕，何其上下紛紛也？」僕聞之曰：「吾以尻爲輪，以神爲馬，何曾上下乎？」參寥曰：「子瞻文過有理似孫子荆。子荆曰：『所以枕流，欲洗其耳，所以漱石，欲礪其齒。』」

朱承爵《存餘堂詩話》：作詩凡一篇之中，亦忌用自相矛盾語。東坡有「日日出東門，步尋東城游。城門抱關卒，笑我此何求。我亦無所求，駕言寫我憂。」章子厚評之云：「前步而後駕，何其上下紛紛也？」東坡聞之曰：「吾以尻爲輪，以神爲馬，何曾上下乎？」參寥子謂其文過，似孫子荆曰：「所以枕流，欲洗其耳。」然終是詩病。

紀昀評《蘇文忠公詩集》卷二二：渾渾有古致。（「笑我何所求」二句）接法入古。

香巖批《紀評蘇詩》卷二二：（「意適忽忘返」數句）平淡處妙造自然。

王文誥《蘇文忠公詩編注集成》卷二二：（「我亦無所求」）此種手法，公少作有之。（「意適忽忘返」）此種鈎勒，在處皆是，誥所謂本家筆也。

南堂五首

江上西山半隱堤，此邦臺館一時西。南堂獨有西南向，卧看千帆落淺溪。

暮年眼力嗟猶在，多病顚毛卻未華。故作明窗書小字，更開幽室養丹砂。

吳子良《荆溪林下偶談》卷下：東坡詩云：「暮年眼力嗟猶在，多病顚毛卻未華。故作明窗書小字，更開幽室養丹砂。」黄魯直注云：按先生《與王定國書》云，近有惠丹砂少許，光彩甚奇，固不敢服。欲其敎以養火，觀其變化，聊以悅神度日。

他時夜雨困移牀，坐厭愁聲點客腸。一聽南堂新瓦響，似聞東塢小荷香。
山家爲割千房蜜，稚子新畦五畝蔬。更有南堂堪著客，不憂門外故人車。
掃地焚香閉閤眠，簟紋如水帳如煙。客來夢覺知何處，挂起西窗浪接天。

魏慶之《詩人玉屑》卷一七引《王直方詩話》：（邢敦夫云）此東坡詩也，嘗題于余扇，山谷初讀以爲是劉夢得所作也。

王士禎《帶經堂詩話》卷九：可追蹤唐賢。

查愼行《初白庵詩評》卷中：（「客來夢覺知何處」二句）想見襟懷。

汪師韓《蘇詩選評箋釋》卷三：境在耳目前，味出酸鹹外。

紀昀評《蘇文忠公詩集》卷二二：此首興象自然，不似前四首，有宋人椏杈之狀。然以爲夢得則未似，不知山谷何所見也。

王文濡《宋元明詩評註讀本》卷四：焚香閉閤，酣然高卧，羲皇上人，當不是過。

次韻子由種杉竹

吏散庭空雀噪簷，閉門獨宿夜厭厭。似聞梨棗同時種，應與杉篁刻日添。糟麴有神熏不醉，雪霜誇健巧相沾。先生坐待淸陰滿，空使人人嘆滯淹。

孔毅父妻挽詞

結褵記初歡，同穴期晚歲。擇夫得溫嶠，生子勝王濟。高風相賓友，古義仍兄弟。從君吏隱中，窮達初不計。云何抱沈疾，俯仰便一世。幽陰凄房櫳，芳澤在巾袂。百年縱得滿，此路行亦逝。那將有限身，長瀉無益涕。君文照今古，不比山石脆。當觀千字誄，寧用百金瘞。

趙翼《甌北詩話》卷五：東坡大氣旋轉，雖不屑屑于句法字法中別求新奇，而筆力所到，自成創格。如（略）《孔毅父妻挽詞》云：「那將有限身，長瀉無益涕。」（略）此雖隨筆所至，自成創格，所謂「風行水上，自然成文」，然未免句法重疊。

初秋寄子由

百川日夜逝，物我相隨去。惟有宿昔心，依然守故處。憶在懷遠驛，閉門秋暑中。藜羹對書史，揮汗與子同。西風忽凄厲，落葉穿戶牖。子起尋裌衣，感歎執我手。朱顏不可恃，此語君莫疑。別離恐不免，功名定難期。當時已悽斷，況此兩衰老。失途既難追，學道恨不早。買田秋已議，築室春當成。雪堂風雨夜，已作對牀聲。

汪薇《詩論》卷下：撫今追昔，倍增骨肉之感。白首宦途，閱人雖多，依然海內一子由耳。

查慎行《初白庵詩評》卷中：（「百川日夜逝」四句）眼前語難得如許親切。（「子起尋裌衣」十句）情文婉摯，令人欲喚奈何。

汪師韓《蘇詩選評箋釋》卷三：五言轉韻能一氣旋折，筆愈轉而情愈深，味愈長。此等詩，他人不能爲，在集中亦惟與子由往復數章僅見耳。

王士禎《癸卯詩卷自序》：嘗讀《東坡先生集》云：「少與子由寓居懷遠驛，一日秋風起雨作，中夜翛然，始有感慨離合之意。嗣是宦游四方，不相見者十八九，每秋風起，木落草衰，輒淒然有所感，蓋三十年矣。」故其《述舊》詩曰：「西風忽淒厲，落葉穿戶牖。子起尋裌衣，感歎執我手。朱顏不可恃，此語君勿疑。別離恐不免，功名定難期。」而其終篇則曰：「雪堂風雨夜，已作對牀聲。」至陳州東府諸篇，一則曰「夜雨何時聽蕭瑟」，一則曰「對牀定悠悠，夜雨空蕭瑟」。子由答坡公詩亦曰：「誤喜對牀尋舊約，不知漂泊在彭城。」

紀昀評《蘇文忠公詩集》卷二二：發端深警。（「西風忽淒厲」以下）音節似香山《桐花》詩，但收斂謹嚴耳。王摩詰《寄祖三詩》亦此格，而氣體各別。

（日本）賴山陽《東坡詩鈔》卷一：自情事起筆，全篇唯是言宿昔之事，而其言即時之景，止結末二語，是此詩之妙，後覺所可法。全詩四句一解，六解六韻，亦是五古變體。（「百川日夜逝」四句）何等起手，四句眞是這老本色。（「朱顏不可恃」）以下四句是子由言。

趙克宜《角山樓蘇詩評注彙鈔》卷一〇：（起處）落筆便極痛快，此公本色。（「憶在懷遠驛」）以下六韻皆追敘所謂「宿昔心」也。（「當時已悽斷」）折入本位，筆筆曲，句句警。

和黃魯直食筍次韻

飽食有殘肉，饑食無餘菜。紛然生喜怒，似被狙公賣。爾來誰獨覺，凜凜白下宰（自注：太和古白下）。一飯在家僧，至樂甘不壞。多生味蠹簡，食筍乃餘債。蕭然映樽俎，未肯雜菘芥。君看霜雪姿，童稚已耿介。胡爲遭暴橫，三嗅不忍嘬。朝來忽解籜，勢迫風雷噫。尙可餉三閭，飯筒纏五采。

黃徹《䂬溪詩話》卷一〇：子建稱孔北海文章多雜以嘲戲，子美亦戲傚俳諧體，退之亦有寄詩雜詼俳，不獨文舉爲然。（略）大體材力豪邁有餘，而用之不盡，自然如此。（略）坡集類此不可勝數。（略）《食笋》云：「紛然生喜怒，似被狙公賣。」（略）皆斡旋其章而弄之，信恢刃有餘，與血指汗顏者異矣。

紀昀評《蘇文忠公詩集》卷二二：（「多生味蠹簡」以下）查云：「巧不傷雅。」（「君看霜雪姿」以下）忽然自寓，不粘不脱。信手無痕，而玲瓏四照。

趙克宜《角山樓蘇詩評注彙鈔》卷一〇：（「君看霜雪姿」）寄託語，妙極自然。（「朝來忽解攀」二句）警策。（「尚可餉三閭」）跟「攀」字生出。

延君壽《老生常談》：（「多生味蠹簡」二句）弄筆生趣，人多知其爲宋人句。

聞子由爲郡僚所捃恐當去官

少學不爲身，宿志固有在。雖然敢自必，用舍置度外。天初若相我，發跡造宏大。豈敢負所付，捐軀欲投會。寧知事大繆，舉步得狼狽。我已無可言，墮甑難追悔。子雖僅自免，雞肋安足賴。低回畏罪罟，黽勉敢言退。若人疑或使，爲子得微罪。時哉歸去來，共抱東坡耒。

魏了翁《跋番陽董氏所藏東坡墨蹟》（《鶴山先生大全文集》卷六三）：蘇文忠雅嗜陶公文，其有感于《歸去來詞》，蓋元豐五年夏，蔡、章被遇，而呂正獻不合之時也。長公在黃，少公在筠，此何時也，而猶可以仕乎。《否》之訟曰：「大人否亨，其遯曰包羞。」然則以亨易羞，果孰爲得失乎。遺墨藏于義天之族子爝，臨邛魏某與之爲寮，因得寓目，因識其後。

紀昀評《蘇文忠公詩集》卷二二：（「捐軀欲投會」）「捐軀」句拙。

次韻王鞏南遷初歸二首

問君謫南賓，野葛食幾尺。逢人癉髮黃，入市胡眼碧。三年不易過，坐睨倚天壁。歸來貌如故，妙語仍破鏑。那能廢詩酒，亦未妨禪寂。願爲尚書郎，還賜上方舄。

葛立方《韻語陽秋》卷四：韋應物《奉謝處士叔》詩云：「高齋樂宴罷，清夜道相存。」東坡《次王鞏韻》云：「那能廢詩酒，亦未妨禪寂。」子由《春盡詩》云：「《楞嚴》十卷幾回讀，法酒三升是客同。」道貴冲寂，宴主懽暢，二者恐不能相兼也。白樂天延樂命酺之時，不忘於佛事，達者至今譏之。

江家舊池臺，修竹圍一尺。歸來萬事非，惟見秦淮碧。平生痛飲處，遺墨鴉棲壁。西來故父客，金印雜鳴鏑。三槐老更茂，花絮春寂寂。中微未可料，家廟藏赤舄。

周密《癸辛雜識》前集卷下《父客》：世稱父之友爲執，則父之賓客宜何稱？按《史記·張耳傳》：外黄女亡其夫，去抵父客。《漢·吴王濞傳》：周亞夫問父絳侯客。東坡贈王定國詩云：「西來故父客。」正用此耳。「父客」二字，甚新。

紀昀評《蘇文忠公詩集》卷二二：起四句用事欠親切。（「江家舊池臺」）江令乃亡國之餘，非謫官也。

孔毅父以詩戒飲酒問買田且乞墨竹次其韻

酒中眞復有何好，孟生雖賢未聞道。醉時萬慮一掃空，醒後紛紛如宿草。十年揩洗見眞妄，石女無兒焦穀槁。此身何異貯酒瓶，滿輒予人空自倒。武昌病飲豈吾意，性不違人遭客惱。君家長松十畝陰，借我一庵聊洗心。我田方寸耕不盡，何用百頃糜千金。枕書睡熟呼不起，好學憐君工雜擬。且將墨竹換新詩，潤色何須待東里。

紀昀評《蘇文忠公詩集》卷二二：隨事作答，自是偶和正格。而限於韻腳，收束處未能圓足。

任師中挽詞

大任剛烈世無有，疾惡如風朱伯厚。小任溫毅老更文，聰明慈愛小馮君。兩任才行不須說，疇昔並友吾先人。相看半作晨星沒，可憐太白配殘月。大任先去冢未乾，小任相繼呼不還。強寄一樽生死別，樽中有淚酒應酸。貴賤賢愚同盡耳，君今不盡緣賢子。人間得喪了無憑，只有天公終可倚。

吳曾《能改齋漫錄》卷八《相望落落如星辰》：《王直方詩話》謂：「東坡（略）任師中《挽詞》云：『相看半作星辰沒，可憐太白與殘月。』」（略）此上皆王說。余按古樂府徐朝云：「兩頭纖纖月初生，半白半黑眼中睛。腷腷膊膊鷄初鳴，磊磊落落向曙星。」故劉夢得作《韋處厚集序》亦云：「古今相望，落落然如騎星辰。」乃知二蘇所用本古樂府，豈直方忘之耶？

費袞《梁谿漫志》卷四《東坡識任德翁》：蜀人任孜字遵聖，以學問氣節雄鄉里，兄弟皆從老蘇游，東坡所謂「大任剛烈世無有，疾惡如風朱伯厚」者。

紀昀評《蘇文忠公詩集》卷一二：亦是凡語。

子由作二頌頌石臺長老問公手寫蓮經字如黑蟻且誦萬遍脅不至席二十餘年予亦作二首

眼前擾擾黑蚍蜉，口角霏霏白唾珠。要識吾師無礙處，試將燒卻看暄無。

眼睛心地兩虛圓，脅不沾牀二十年。誰信吾師非不睡，睡蛇已死得安眠。

吳曾《能改齋漫錄》卷六《煩惱睡蛇》：東坡《石臺長老脅不至席二十年贈詩》云：「誰信吾師非不睡，睡蛇已死得安眠。」按，《遺教經》：「煩惱毒蛇，睡在汝心。睡蛇既出，乃可安眠。」坡取此。

紀昀評《蘇文忠公詩集》卷二二：二首太偈頌氣。

鄧忠臣母周氏挽詞

微生眞草木，無處謝天力。慈顏如春風，不見桃李實。古今抱此恨，有志俯仰失。公子豈先知，戰戰常惜日。吾君日月照，委曲到肝鬲。哀哉人子心，吾何愛一邑。家庭拜前後，粲然發笑色。豈比黃壤下，焚瘞千金璧。若人道德人，視此亦戲劇。聊償曾閔意，遽與仙佛寂。孤𡼏卧江渚，永望墳墓隔。作詩相楚挽，感動淚再滴。

《蘇亭詩話》卷二：東坡既不得歸，每有先壟之思。在黃州云（略）「孤𡼏卧江諸，永望墳墓隔。」

徐君猷挽詞

一舸南游遂不歸，清江赤壁照人悲。請看行路無從涕，盡是當年不忍欺。雪後獨來栽柳處，竹間行復采茶時。山城散盡尊前客，舊恨新愁只自知。

紀昀評《蘇文忠公詩集》卷二二：（「請看行路無從涕」二句）三、四太拙。

趙翼《甌北詩話》卷五《蘇東坡詩》：坡詩有云「清詩要鍛錬，方得鉛中銀」。然坡詩實不以鍛錬爲工，其妙處在乎心地空明，自然流出，一似全不著力而自然沁入心脾。此其獨絕也。今第就七言律論之，如（略）「請看行路無從涕，盡是當年不忍欺。」（略）此數十聯乃是稱心而出，不假雕飾，自然意味悠長。即使事處，亦隨其意之所欲出，而無牽合之迹。此不可以聲調、格律求之也。

洗兒戲作

人皆養子望聰明，我被聰明誤一生。惟願孩子愚且魯，無災無難到公卿。

郎瑛《七修類稿》卷三八：吾杭先輩瞿存齋宗吉一詩云：「自古文章厄命窮，聰明未必勝愚蒙。筆端花與胸中錦，賺得相如四壁空。」其意本東坡《洗兒詩》來，然自慨不露圭角，似過東坡。

錢謙益《反東坡洗兒詩》（《牧齋初學集》卷九）：東坡養子怕聰明，我爲癡呆誤一生。但願生兒獧且巧，鑽天驀地到公卿。

褚人穫《洗兒詩》（《堅瓠首集》卷一）：明楊月湖廉反其意曰：「東坡但願生兒蠢，只爲聰明自占多。媿我生平愚且魯，生兒那怕過東坡。」雖出于游戲，總不如少陵所云「有子賢與愚，何必掛懷抱」爲曠達也。

查愼行《補註東坡編年詩》卷二二：詩中有玩世嫉俗之意。

紀昀評《蘇文忠公詩集》卷二二：此種豈可入集？

和蔡景繁海州石室

芙蓉仙人舊遊處，蒼藤翠壁初無路。戲將桃核裹黃泥，石間散擲如風雨。坐令空山作錦繡，倚天照海花無數。花間石室可容車，流蘇寶蓋窺靈宇。何年霹靂起神物，玉棺飛出王喬墓。當時醉臥動千日，至今石縫餘糟醑。仙人一去五十年，花老室空誰作主。手植數松今偃蓋，蒼髯白甲低瓊戶。我來取酒酹先生，後車仍載胡琴女。一聲冰鐵散巖谷，海爲瀾翻松爲舞。爾來心賞復何人，持節中郎醉無伍。獨臨斷岸呼日出，紅波碧巘相呑吐。徑尋我語覓餘聲，拄杖彭鏗叩銅鼓。長篇小字遠相寄，一唱三歎神悽楚。江風海雨入牙頰，似聽石室胡琴語。我今老病不出門，海山巖洞知何許。門外桃花自開落，牀頭酒甕生塵土。前年開閤放柳枝，今年洗心歸佛祖。夢中舊事時一笑，坐覺俯仰成今古。願君不用刻此詩，東海桑田眞旦暮。

舊題王十朋《集註分類東坡先生詩》卷三引次公曰：自首句至此，皆以言石曼卿也。

何孟春《餘冬詩話》卷下：李太白詩：「岸夾桃花錦浪生。」韓退之：「種桃到處惟問花，川原遠近蒸紅露。」蘇子瞻（按：下引「戲將桃核裹黃泥」四句）。皆狀桃花之盛，而妙語各臻其極。（略）聚三詩而觀花境，信可愛也。

查慎行《初白菴詩評》卷中：（「芙蓉仙人舊遊處」六句）敘事生色。

汪師韓《蘇詩選評箋釋》卷三：石延年通判海州，使人以泥裹桃核，彈擲山嶺之上。一二歲間花發滿山，誠爲勝舉。詩援此說入，自首句至「蒼髯白甲低瓊戶」以上皆言石事。繼述舊遊，而以和詩之意終焉。舒展春容，有「大海迴波生紫瀾」之妙。

紀昀評《蘇文忠公詩集》卷二二：（起處）情往興來，處處有宛轉關生之妙，東坡得意之筆。（「我來取酒酹先生」四句）只四語，而淋漓酣足。（「徑尋我語覓餘聲」四句）前後縈拂，有情致，亦有法度。（「江風海雨入牙頰」）鉤心鬬角，觸手玲瓏。（「夢中舊事時一笑」以下四句）收亦滿足。

翁方綱《石洲詩話》卷三：東坡《和蔡景繁海州石室》「後車仍載胡琴女」云云，施注引東坡在黃有《答景繁帖》云：「某嘗攜家一遊，時有胡琴婢，就室中作《濩索涼州》，凜然有冰車鐵馬之聲。婢去久矣，因公復起一念。」云云。此與篇中「前年開閤」云云相合。而《中州集》載党承旨《弔石曼卿》詩，自注云：「曼卿嘗通守朐山，攜妓飲山石間，鳴琴爲冰車鐵馬聲。」則以此事爲曼卿，豈傳訛耶？

又：東坡《和蔡景繁海州石室》詩，阮亭不取入七言詩選，蓋以爲音節非正調也。然此間呼吸消納，自不得不略通其變，其于正調之理一也。詩二十韻，單句以仄押句尾者凡十一句，單句第五字用仄者凡十七句，此則所以與對句第五字相爲吐翕，而可以不須皆用仄矣。蘇詩似此者尚多，可以類推。《古夫于亭問答》所載：「張蕭亭論單句住腳字，如以入爲韻，則第三句或用平，第五或用上，第七或用去，必錯綜用之，方有音節。」其言雖是，然猶未盡其竅卻也。

曾國藩《曾文正公全集·讀書錄》卷九《東坡文集》：「蒼髯白甲低瓊戶」以上，叙石曼卿種桃。「我來」四句，叙公嘗攜家一遊，有婢彈胡琴。「爾來」十句，因蔡寄詩，復念及胡琴婢。

趙克宜《角山樓蘇詩評注彙鈔》卷一〇：（起處）叙來歷。（「坐令空山作錦繡」）寫景俊偉。（「當時醉臥動千日」）曼卿嗜酒，故篇中多以酒字作映帶。（「我來取灑酹先生」）自叙昔游。（「持節中郎醉無伍」）入蔡景繁。（「洪波碧巘相吞吐」）句亦俊偉。（「似聽石室胡琴語」）綰合敏妙。（「我今老病不出門」數句）一氣卷盡前文，清出和意，十分酣暢。

橄欖

紛紛青子落紅鹽，正味森森苦且嚴。待得微甘回齒頰，已輸崖蜜十分甜。

朱翌《猗覺寮雜記》卷上：東坡《橄欖》詩：「待得餘甘回齒頰，已輸崖蜜十分甜。」王立之《詩話》云：崖蜜櫻桃，出《金樓子》。坡意正爲蜜爾，言餘甘者，甘味有餘，非果中餘甘心。立之見餘甘爲果，遂以崖爲櫻桃。杜詩云：「充腸多薯蕷，崖蜜亦易求。」又云：「崖蜜松花白。」皆蜜蜂之蜜也。然則崖蜜豈專是櫻桃？且櫻桃非十分甜者，又不與橄欖同時。

吳曾《能改齋漫錄》卷一五《采橄欖》：王立之《詩話》云：「東坡《橄欖》詩『紛紛青子落紅鹽』之句，范景仁言：『橄欖木高大難采，以鹽擦木身，則其實自落，此所以有紅鹽之句也。』」予按，江鄰幾《嘉祐雜志》云：「橄欖木，其花如樗。將采其實，剝其皮，以姜汁涂之，則盡落。」范說乃爾，何耶？豈咸辣皆可用歟？

王楙《野客叢書》卷一七《崖蜜》：東坡《橄欖》詩曰：「待得微甘回齒頰，已輸崖蜜十分甜。」《冷齋夜話》謂事見《鬼谷子》，崖蜜，櫻桃也。漫叟、漁隱諸公，引《本草》「石崖間蜂蜜」爲證。僕謂坡詩爲橄欖而作，疑以櫻桃對言，世謂棗與橄欖爭曰：「待你回味，我已甜了。」正用此意。蜂蜜則非其類也。固自有言蜂蜜處，如張衡《七辯》云：「沙餳石蜜。」乃其等類。閩王遺高祖石蜜十斛，此亦一石蜜也。僕嘗考之，石蜜有數種，《本草》謂崖石間蜂蜜爲石蜜，又有所謂乳餳爲石蜜者，《廣志》謂蔗汁爲石蜜，其不一如此。崖石一義，又安知古人不以櫻桃爲石蜜乎？觀魏文帝詔曰：「南方有龍眼、荔枝，不比西園蒲萄、石蜜。」以龍眼、荔枝相對而言，此正櫻桃耳，豈餳蜜之謂邪？坡詩所言，當以此爲證。

陳鵠《耆舊續聞》卷二徐師川云：「東坡《橄欖》詩云：『紛紛青子落紅鹽。』蓋北人相傳，以爲橄欖樹高難取，南人用鹽擦，則其子自落。」今南人取橄欖雖不然，然猶有此語也，東坡遂用其事。正如南海子魚，出于莆田通應王祠前者，味最勝。詩人遂云：「通印子魚猶帶骨。」又云：「子魚俎上通三印。」蓋亦傳者之訛也。世只疑「紅鹽」二字，以爲別有故事，不知此即《本草》論鹽有數種：北海青、南海赤。橄欖生于南海，故用紅鹽也。又《太平廣記》云：「交河之間，平磧中掘數尺，有末鹽紅紫，色鮮味甘。本朝建炎間，亦有貢紅鹽者。「紅鹽」字雅，宜用之。

史繩祖《學齋佔畢》卷一《詩人詠物》：東坡謂詩人詠物，至不可移易之妙，如「桑之未落，其葉沃若」是也。故坡之詠《橄欖》詩云：「紛紛青子落紅鹽。」蓋凡果之生也必青，及熟也必變色，如「梅杏半傳黃，朱果爛枝繁」是也。惟有橄欖雖熟亦青，故謂之青子，不可他用也。

楊愼《橘柚蒲桃橄欖》（《楊升庵全集》卷七九）：東坡作《橄欖》詩：「待得餘甘回齒頰，已輸崖蜜十分甜。」北人不喜橄欖，南人語之曰：「橄欖回味。」北人笑曰：「待他回味時，我棗兒已甜了半日矣。」坡詩蓋戲用此言。

汪師韓《蘇詩選評箋釋》卷三：味美於回，故味不可味，非爲苦嚴扼惜也。曰「正味」，曰「十分甜」，筆法自寓。

紀昀評《蘇文忠公詩集》卷二一：未免傖氣。

何日愈《退庵詩話》卷四：（「待得微甘回齒頰」二句）余最喜其蘊藉有味。

東　坡

雨洗東坡月色淸，市人行盡野人行。莫嫌犖确坡頭路，自愛鏗然曳杖聲。

紀昀評《蘇文忠公詩集》卷二二：風致不凡。

王文誥《蘇文忠公詩編注集成》卷二二：（「莫嫌犖确坡頭路」二句）此類句出自天成，人不可學。

趙克宜《角山樓蘇詩評注彙鈔》卷一〇：拈出小境，入神。

陳衍《宋詩精華錄》卷二：東坡興趣佳，不論何題，必有一二佳句，此類是也。

生日王郎以詩見慶次其韻並寄茶二十一片

折楊新曲萬人趨，獨和先生于蔿于。但信櫝藏終自售，豈知盌脫本無橅。朅從冰叟來游宦，肯伴臞仙亦號儒。棠棣並爲天下士，芙蓉曾到海邊郛。不嫌霧谷霾松柏，終恐虹梁荷棟桴。高論無窮如鋸屑，小計有味似連珠。感君生日遙稱壽，祝我餘年老不枯。未辦報君青玉案，建溪新餅截雲腴。

王鳴盛《蛾術編》卷七八：《生日王郎以詩見慶次其韻》云：「棠棣並爲天下士，芙蓉曾到海邊郛。不嫌霧谷霾松柏，終恐虹梁荷棟桴。」（略）同紐字連用二韻，似全無知識之人所爲。集中如此逞筆亂寫者甚多，略舉數章以明之。古人韻本如《廣韻》、《集韻》，皆于同紐字另作一圈，以爲識別，界限甚嚴。若如東坡，則何不概去其圈，混而爲一？蓋在東坡當日，初不知其爲病，一時後生小子，從風而靡，同紐連用。東坡見之，亦不以爲病，且和其韻，存之集中。識既粗極，心又不虛，貽誤千古矣。鶴壽按：古人作詩不避重韻，況同紐乎？（略）同字尙連用之，況同紐乎？（略）然古人不以爲意，今人則嫌其重複矣。東坡之文如萬斛泉源，隨地湧出，未可以用同紐韻少之。

柏石圖詩　陳公弼家藏《柏石圖》，其子慥季常傳寶之，東坡居士作詩以爲之銘。

柏生兩石間，天命本如此。雖云生之艱，與石相終始。韓子俯仰人，但愛平地美。土膏雜糞壤，成壞幾何耳。君看此槎牙，豈有可移理。蒼龍轉玉骨，黑虎抱金梶。畫師亦可人，使我毛髮起。當年落筆意，正欲譏韓子。

紀昀評《蘇文忠公詩集》卷二二：極作意而語不工。

和秦太虛梅花

西湖處士骨應槁，只有此詩君壓倒。東坡先生心已灰，爲愛君詩被花惱。多情立馬待黃昏，殘雪消遲月出早。江頭千樹春欲闇，竹外一枝斜更好。孤山山下醉眠處，點綴裾腰紛不掃。萬里春隨逐客來，十年花送佳人老。去年花開我已病，今年對花還草草。不知風雨捲春歸，收拾餘香還畀昊。

伍涵芬《說詩樂趣》卷一〇引《王直方詩話》：秦少游嘗和黃法曹《憶梅花》詩，東坡稱之，故次其韻，有「西湖處士骨應槁，只有此詩君壓倒」之句。此詩初無妙處，不知坡所愛者何語。和者數四，余獨愛坡兩句云：「江頭千樹春欲闇，竹外一枝斜更好。」後必有辨之者。

許顗《彥周詩話》：林和靖《梅》詩云：「疏影橫斜水清淺，暗香浮動月黃昏。」大爲歐陽文忠公稱賞。大凡和靖集中，梅詩最好，梅花詩中此兩句尤奇麗。東坡和少游梅詩云：「西湖處士骨應槁，只有此詩君壓倒。」僕意東坡亦有微意也。

胡仔《苕溪漁隱叢話》後集卷二一：秦太虛《和黃法曹憶梅花》詩，但只平穩，亦無驚人語。子瞻繼之，以唱首第二韻是「倒」字，故有「西湖處士骨應槁，只有此詩君壓倒」，亦是趁韻而已，非謂太虚此詩眞能壓倒林逋也。林逋「疏影横斜水清淺，暗香浮動月黄昏」之句，古今詩人尚不曾道得到，第恐未易壓倒耳。後人不細味太虚詩，遂謂誠然，過矣。

陳善《捫虱新話》上集卷一《評詩句可作畫本》：東坡《詠梅》有「竹外一枝斜更好」之句，此便是坡作夾竹梅花圖，但未下筆耳。每詠其句，便如行孤山籬落間，風光物彩來照映人，應接不暇也。近讀山谷文字云：「適人以桃杏雜花擁一枝梅見惠，谷爲作詩，不知惠者何人，然能如此安排，亦是不凡。正如市倡東涂西抹中，忽見謝家夫人，蕭散自有林下風氣，益復可喜。」竊謂此語便可與東坡詩對畫作兩幅圖子也。戲錄于此，將與好事者以爲畫本。

蔡正孫《詩林廣記後集・秦少游》：此篇語意亦高妙，如「竹外一枝斜更好」之句，寫出梅花幽獨閑靜之趣，眞不在「暗香」、「疏影」之下也。

魏慶之《詩人玉屑》卷一七引《遯齋閒覽》：凡詠梅多詠白，而荆公獨云：「鬚撚黄金危欲墮，蒂團紅蠟巧能粧。」不惟造語巧麗，可謂能道人不到處矣。又東坡詠梅一句云：「竹外一枝斜更好。」語雖平易，然頗得梅之幽獨閑靜之趣。凡詩人詠物，雖平淡巧麗不同，要能以隨意造語爲工。

《瀛奎律髓彙評》卷二〇《梅花類》方回評：坡梅詩古句佳者有「江頭千樹春欲暗，竹外一枝斜更好」。

韋居安《梅磵詩話》卷下：梅格高韻勝，詩人見之吟詠多矣。自和靖「香影」一聯爲古今絶唱，詩家多推尊之。其後東坡次少游「槁」字韻及謫羅浮時賦古詩三篇，運意琢句，造語入妙，極其形容之工，眞可企孅孤山。以此見騷人詠物，愈出而愈奇也。

王士禎《師友傳習續錄》：（劉大勤）問：「昔人論詩之格曰：『所以條達神氣，吹噓興趣，非音非響，能誦而得之，清氣徘徊于幽林，遇之可愛；微徑紆迴于遙翠，求之逾深。』是何物也？」（王士禎）答：「數語是論詩之趣耳，無關于格。格以高下論，如坡公詠梅『竹外一枝斜更好』，高于和靖之『暗香』、『疏影』，林又高于季迪之『雪滿山中』、『月明林下』。至晚唐之『似桃無綠葉，辨杏有青枝』，則下劣極矣。」（按：「似桃」二句見石曼卿《紅梅》詩，王誤。）

又《帶經堂詩話》卷一二：詠物之作，須如禪家所謂不黏不脫，不即不離，乃爲上乘。古今詠梅花者多矣，林和靖「暗香」、「疏影」之句，獨有千古，山谷謂不如「雪後園林纔半樹，水邊籬落忽橫枝」。而坡公「竹外一枝斜更好」，識者又以爲文外獨絕，此其故可爲解人道耳。

又：梅詩無過坡公「竹外一枝斜更好」七字及「雪後園林纔半樹，水邊籬落忽橫枝」。高季迪「雪滿山中高士卧，月明林下美人來」，亦是俗格。若晚唐「認桃無綠葉，辯杏有青枝」，直足噴飯。

王偁《匡山叢談》卷四：（「竹外一枝斜更好」）雖平淡語，然頗得梅之幽獨閒靜之趣。凡詩詠物，平淡巧麗固不同，要能以隨意造語爲工。

田同之《西圃詩說》：梅花詩，東坡「竹外」七字及和靖「雪後」一聯，自是象外孤寄。若唐釋齊己「前村風雪裏，昨夜一枝開」，明高季迪「流水空山見一枝」，不落刻畫，亦堪並響。楊升庵云：「梅花詩被宋人做壞，令人見梅枝可憎而香影無味，安得誦劉方平詩及梁元帝、徐陵、陰鏗諸詠，一洗梅花之辱乎？」余謂不然，「雪後園林纔半樹，水邊籬落忽横枝」，又「竹外一枝斜更好」，非宋人詩乎？亦何得一概抹殺耶？

查慎行《初白庵詩評》卷中：（「多情立馬待黄昏」四句）自成冷艷。（「孤山山下醉眠處」二句）二語不似先生口吻。（原注：附錄陸辛齋先生評「多情立馬待黄昏」四句云：數語壓逋翁。）

汪師韓《蘇詩選評箋釋》卷六：集中梅花詩，有以清空入妙者，如《和秦觀梅花詩》云「竹外一枝斜更好」是也。（略）軾嘗稱秦觀詩有云：「西湖處士骨應槁，只有此詩君壓倒。」觀詩豈能過之，毋亦自道其所得耳。

沈德潛《説詩晬語》卷下：詠梅詩應以庾子山之「枝高出手寒」，蘇子瞻之「竹外一枝斜更好」爲上。林和靖之「雪後園林纔半樹，水邊籬落忽横枝」，高季迪之「流水空山見一枝」，亦能象外孤寄，餘皆刻畫矣。

又東坡詩「幽尋盡處見桃花」，又云「竹外桃花三兩枝」，自是桃花名句。

紀昀評《蘇文忠公詩集》卷二二：（「江頭千樹春欲闇」二句）實是名句，謂在和靖「暗香」「疏影」一聯上，固無愧色。（「萬里春隨逐客來」二句）悲壯似高、岑口吻。

翁方綱《石洲詩話》卷三：即《和秦太虛梅花》詩末句押「昇昊」，「昇昊」恐又是一種神氣，似乎不甚稱。在先生之大筆，固是不規規於尺度，然後學正未可藉口。

《歷代詩發》卷二四：不甚著意梅花，而蕭散之神已自無心透露，正所謂粗服亂頭都好也。

方東樹《昭昧詹言》卷一二：梅詩無過坡公「竹外一枝斜更好」七字及「雪後園林纔半樹，水邊籬落忽橫枝。」

趙克宜《角山樓蘇詩評注彙鈔》卷一〇：（「江頭千樹春欲暗」）一點不着色相，所以爲高。

朱庭珍《筱園詩話》卷四：東坡《松風亭梅花》長句及《和秦太虛梅花》作，高唱入雲，放翁《蜀院梅花》，亦是奇作，然皆七古，非律詩也。律詩則蘇、陸二鉅公梅花諸作，皆不出色，況他人乎？

丁儀《詩學淵源》卷七：詩詠物最難工，須要略其貌，全其神，有題外旨、弦外音者乃佳。昔人謂東坡詠梅詩「竹外一枝斜更好」，勝林逋「疏影」、「暗香」多多，即爲此也。

又：獨坡公「竹外一枝斜更好」一句，不言梅而舍梅無他屬，韻清而古，毫不費力，實足與杜詩「幸不折來傷歲暮，若爲看去亂鄉愁」句匹敵，則較爲勝矣。

再和潛師

化工未議蘇羣槁，先向寒梅一傾倒。江南無雪春癉生，爲散冰花除熱惱。風清月落無人見，洗粧自趁霜鐘早。惟有飛來雙白鷺，玉羽瓊枝鬭清好。吳山道人心似水，眼淨塵空無可埽。故將妙語寄多情，橫機欲試東坡老。東坡習氣除未盡，時復長篇書小草。且撼長條餐落英，忍饑未擬窮呼昊。

紀昀評《蘇文忠公詩集》卷二二：（「風清月落無人見」以下）先著四語，入參寥便覺有情。

海棠

東風渺渺泛崇光，香霧空濛月轉廊。只恐夜深花睡去，故燒高燭照紅妝。

釋惠洪《冷齋夜話》卷五：至于荆公、東坡、山谷，盡古今之變。（略）東坡《海棠》詩云：「只恐夜深花睡去，故燒高燭照紅妝。」（略）山谷曰：「此皆謂之句中眼，學者不知此妙語，韻終不勝。」

方岳《深雪偶談》：東坡詩：「東風渺渺泛崇光（略）。」不爲事使，居然可愛。

胡應林《藝林學山》卷一：坡詩題海棠也，次句言霧，雖不主海棠，亦詩之病，詩家不必深忌，亦不可不知。

袁宏道評閱譚元春選《東坡詩選》卷五譚元春評：服中郎（袁宏道）之力去此詩也。

查愼行《初白庵詩評》卷中：此詩極爲俗口所賞，然非先生老境。

馬位《秋窗隨筆》：李義山詩「客散酒醒深夜後，更持紅燭賞殘花」，有雅人深致。蘇子瞻

「只恐夜深花睡去，故燒高燭照紅妝」，有富貴氣象。二子愛花興復不淺。或謂兩詩孰佳？余曰：李勝，蘇微有小疵，既「香霧空濛月轉廊」矣，何必「更燒紅燭」？此就詩之全體言也。

馮應榴《蘇文忠公詩合註》卷二二：家大人注李義山詩「客散酒醒深夜後，更持紅燭賞殘花」二句云：「東坡詩『故燒高燭照紅妝』，從此脫出也。」

王文誥《蘇文忠公詩編注集成》卷二二：（「東風渺渺泛崇光」）施注既以「嫋嫋」爲「渺渺」，即不當以白樂天「青雲高渺渺」句釋詩，雲高可見，風高不可見也。《楚辭》「嫋嫋兮秋風」，謂風細而悠揚也。公《赤壁賦》「餘音嫋嫋，不絕如縷」，其命意正同。由是推之，則此句正用《楚辭》也。

次韻曹九章見贈

蘧瑗知非我所師，流年已似手中蓍。正平獨肯從文舉，中散何曾靳孝尼。賣劍買牛眞欲老，得錢沽酒更無疑。雞豚異日爲同社，應有千篇唱和詩。

查愼行《初白庵詩評》卷中：曹字演甫，彭城人。其子漢，子由婿也。

又《初白庵蘇詩補注·例略》：施元之、顧景繁生南渡時，去先生之世未遠，排纂尙有舛錯。

（略）《次韻曹九章》一首，黃州所作，而入守湖州時。

又卷二二：此詩起三句（「遽瑗知非我所師，流年已似手中蓍」）當是元豐甲子作。先生丙子生，至甲子，年四十九，故用遽伯玉事及《周易·繫辭》語。

紀昀評《蘇文忠公詩集》卷二二：（「賣劍買牛眞欲老」）屢用此事，實不親切。

上巳日與二三子攜酒出遊隨所見輒作數句明日集之爲詩故辭無倫次

薄雲霏霏不成雨，杖藜曉入千花塢。柯邱海棠吾有詩，獨笑深林誰敢侮。三杯卯酒人徑醉，一枕春眠日亭午。竹間老人不讀書，留我閉門誰教汝。出簷蘩枳十圍大，寫眞素壁千蛟舞。東坡作塘今幾尺，攜酒一勞農工苦。卻尋流水出東門，壞垣古塹花無主。臥開桃李爲誰妍，對立鵁鶄相媚嫵。開尊藉草勸行路，不惜春衫汚泥土。褰裳共過春草亭，扣門卻入韓家圃。轆轤繩斷井深碧，秋千挂索人何所。映簾空復小桃枝，乞漿不見應門女。南上古臺臨斷岸，雪陣翻空迷仰俯。故人餽我玉葉羹，火冷煙消誰爲煮。崎嶇束縕下荒徑，婭姹隔花聞好語。更隨落影盡餘尊，卻傍孤城得僧宇。主人勸我洗足眠，倒牀不必聞鐘鼓。明朝門外泥一尺，始悟三更雨如許。平生所向無一遂，茲游何事天不阻。固知我友不終窮，豈弟君子神所予。

查愼行《初白庵詩評》卷中：（「平生所向無一遂」二句）着此二語，全篇方有結束。

查愼行《初白庵蘇詩補注》卷二一：《名勝志》：「柯山在赤壁高寒亭之東。」《圖經》云：「柯山四望，南直高邱，故名柯邱。」按先生詩云：「欲賣柯氏林。」又云：「柯邱海棠吾有詩。」即此地也。

紀昀評《蘇文忠公詩集》卷二二：此永叔所謂「一林亂石，天然位置」者也。其法始自元、白，而筆力則非元、白所及。

王文誥《蘇文忠公詩編注集成》卷二二：此題不作轉韻體，亦見其才之崛強矣。詩家天骨開張，眞乃一生受用不盡。

趙克宜《角山樓蘇詩評注彙鈔》卷一〇：（「轆轤繩斷井深碧」四句）寫荒園景色如見。

劉監倉家煎米粉作餅子余云爲甚酥潘邠老家造逡巡酒余飲之云莫作醋錯著水來否後數日攜家飲郊外因作小詩戲劉公求之

野飲花間百物無，杖頭惟挂一葫蘆。已傾潘子錯著水，更覓君家爲甚酥。

周紫芝《竹坡詩話》：東坡在黄州時，嘗赴何秀才會，食油果甚酥。因問主人，此名爲何。主人對以無名。東坡又問爲甚酥，坐客皆曰：「是可以爲名矣。」又潘長官以東坡不能飲，每爲設醴，坡笑曰：「此必錯着水也。」他日忽思油果，作小詩求之云：「野飲花前百事無，腰間惟繫一葫蘆。已傾潘子錯着水，更覓君家爲甚酥。」李端叔嘗爲余言，東坡云：「街談巷語，皆可入詩，但要人熔化耳。」此雖一時戲言，觀此亦可以知其熔化之功也。

紀昀評《蘇文忠公詩集》卷二一：此亦後人炫博捃拾，轉爲古人之累者。

趙翼《甌北詩話》卷五：孔毅父集古人句成詩贈坡，坡答曰（略）。似譏集句非大方家所爲。然（略）劉監倉家作餅，坡曰：「爲甚酥？」潘邠老家釀酒甚薄，坡曰：「莫錯著水否？」因集成句云：「已傾潘子錯著水，更覓君家爲甚酥。」則一時戲笑，村俚之言，亦並入詩。

和參寥

芥舟只合在坳堂，紙帳心期老孟光。不道山人今忽去，曉猨啼處月茫茫。

紀昀評蘇文忠公詩集卷二十三

別黃州

病瘡老馬不任鞿，猶向君王得敝幃。桑下豈無三宿戀，尊前聊與一身歸。長腰尚載撑腸米，闊領先裁蓋癭衣。投老江湖終不失，來時莫遣故人非。

紀昀評《蘇文忠公詩集》卷二三：婉轉清切，薄而不弱。敝帷埋馬非老馬，微嫌不倫，然不大礙。（「來時莫遣故人非」）「來時」作「將來」解，「非」字作「非議」解。（「投老江湖終不失」二句）既邀量移，似乎漸可自遂，故有此句。

王文誥《蘇海識餘》卷一：殆京師傳公病歿，神宗方進食，輟飯而起，自此卒出手詔內遷，故其《別黃州》詩又云：「投老江湖終不失」也。以上諸句，乃黃州一集詩之間架，通其故，則前之杭、密、徐、湖，後之元祐三召，紹聖兩黜，不獨詩旨歸一，而公之心迹亦皆血脈貫通。若邵註欲以餞杜例了當此集，乃是凝兒說夢也。

過江夜行武昌山聞黃州鼓角

清風弄水月銜山，幽人夜度吳王峴。黃州鼓角亦多情，送我南來不辭遠。江南又聞出塞曲，半雜江聲作悲健。誰言萬方聲一槩，鼉憤龍愁爲余變。我記江邊枯柳樹，未死相逢眞識面。他年一葉泝江來，還吹此曲相迎餞。

費袞《梁谿漫志》卷四：東坡平生宦遊，多在淮、浙間。其始通守餘杭，後又爲守，杭人樂其政，而公樂其湖山。嘗過壽星院，怳然記若前身遊歷者。其於是邦，每有朱仲卿桐鄉之念。謫居於黃凡五年，移汝。既去黃，夜行武昌山上回望東坡，聞黃州鼓角，凄然泣下，賦詩云：「黃州鼓角亦多情，送我南來不辭遠。」

汪師韓《蘇詩選評箋釋》卷三：已去之地，鼓角多情。新至之處，曲聲悲健。妙是半雜江聲，通彼我之懷，覺行役宵中，有聲有色。

紀昀評《蘇文忠公詩集》卷二三：（起處）語特深秀。（「幽人夜渡吳王峴」）屢以「幽人」自稱，其實假借。此何不直曰「行人」？（「誰言萬方聲一槩」二句）是量移時語。（「我記江邊枯柳樹」二句）縈拂有致。（「他年一葉泝江來」二句）仍結本位，密。

翁方綱《石洲詩話》卷三：「半雜江聲作悲健」，改「悲壯」爲「悲健」，「壯」雖與「健」同意，而用法神氣，似乎不同。似未可以出自先生，而從爲之辭。

方東樹《昭昧詹言》卷一二：此可爲流連光景等法。「誰言」句用杜精切。收四句仙氣。

趙克宜《角山樓蘇詩評注彙鈔》卷一一：題本偶觸，寫來卻有味。

陳衍《宋詩精華錄》卷二：鼓角送行，未經人道過。

張佩綸《澗于日記》辛卯下：開合動盪，節短韻長，所謂「鼉憤龍愁爲余變」，先生自道其詩境也。

岐亭五首

元豐三年正月，余始謫黃州，至岐亭北二十五里，山上有白馬青蓋來迎者，則余故人陳慥季常也。爲留五日，賦詩一篇而去。明年正月，復往見之，季常使人勞余於中途。余久不殺，恐季常之爲余殺也，則以前韻作詩爲殺戒以遺，季常自爾不復殺而岐亭之人多化之，有不食肉者。其後數往見之，往必作詩，詩必以前韻。凡余在黃四年，三往見季常，季常七來見余，蓋相從百餘日也。七年四月，余量移汝州，自江淮徂洛，送者皆止慈湖，而季常獨至九江，乃復用前韻通爲五首以贈之。

方勺《宅泊編》卷七：東坡《岐亭》詩凡二十六句，而押六韻，或云無此格。退之有《雜詩》一篇，亦二十六句，押六韻。

黃朝英《靖康緗素雜記》卷一〇《古詩不拘韻》：世俗相傳，古詩不必拘于用韻。余謂不然，如杜少陵《早發射洪縣南途中作》「緝」字韻詩，皆用緝字一韻，未嘗用外韻也。及觀東坡《與陳季常》「汁」字韻，一篇詩而用六韻，殊與老杜異。其他側韻詩多如此。以其名重當世，無敢訾議。

胡仔《苕溪漁隱叢話》前集卷三八：黃朝英之言非也。老杜側韻詩，何嘗不用外韻，如《戲呈元二十一曹長》末字韻，一篇詩而用五韻。（略）其他如此者甚衆。今若以一篇詩偶不用外韻，遂爲定格，則老杜何以謂之能兼衆體也。黃既不細考老杜諸詩，又且輕議東坡，尤爲可笑。

周煇《清波雜志》卷二：律詩而用兩韻，叩于能詩者，云：詩格不一，如李誠之《送唐子方》亦兩押「山」、「難」字韻，政不必拘也。而坡《岐亭》詩凡二十六句，而押六韻，或云無此格，韓退之有《雜詩》一篇，二十六句押六韻。

張佩綸《澗于日記》辛卯下：更于《岐亭》五首參之，分觀則一首各具一義，合觀則五首同具一義，亦具五首之中，萬象渟涵，衆峰複亘。

昨日雲陰重，東風融雪汁。遠林草木暗，近舍煙火溼。下有隱君子，嘯歌方自得。知我犯寒來，呼酒意頗急。撫掌動鄰里，遶村捉鵝鴨。房櫳鏘器聲，蔬果照巾羃。久聞蔞蒿美，初見新芽赤。洗盞酌鵝黃，磨刀削熊白。須臾我徑醉，坐睡落巾幘。醒時夜向闌，唧唧銅缾泣。黃州豈云遠，但恐朋友缺。我當安所主，君亦無此客。朝來靜菴中，惟見峰巒集。

魏慶之《詩人玉屑》卷七《陵陽謂對偶不必拘繩墨》：嘗與公論對偶，如「剛腸欺竹葉，衰鬢怯菱花」，以鏡名對酒名，雖爲親切，至如杜子美云「竹葉于人旣無分，菊花從此不須開」，直以菊花對竹葉，便蕭散不爲繩墨所窘。公曰：「枸杞因吾有，鷄棲奈汝何。」蓋借枸杞以對鷄棲。「冬溫蚊蚋在，人遠鳧鴨亂。」人遠如鳧鴨然，又直以字對而不對意。此皆例子，不可不知。子瞻《岐亭》云：「洗盞酌鵝黃，磨刀削熊白。」是用例者也。

查愼行《初白庵詩評》卷中：（「磨刀削熊白」）「熊白」二字，黃山谷以對「蟹黃」。

汪師韓《蘇詩選評箋釋》卷三：從呼酒說到徑醉而復醒，寫出嘯傲自適，頽然兀然，眞不知何者是主，何者是客。

紀昀評《蘇文忠公詩集》卷二三：（「唧唧銅瓶泣」）「泣」字押得深而穩。（「朝來靜庵中」二句）結得超逸。

王文誥《蘇文忠公詩編注集成》卷二三：（「遶村捉鵝鴨」）客有過韻山堂舉此句者云：「後篇戒殺，此句何不禁逋耶。」答曰：本集尙有「殺盡西村鷄」句，亦多有殺牛之語，此即《詩・大雅

・雲漢》「周餘黎民，靡有孑遺」之意，不以辭害義也。且此乃叙初至季常家，舉家欣動之情，已見其妻不妬。要知客在堂而內妬，欲求甘旨不失飪者鮮矣。後詩戒殺，乃明年重到所作，正以其前此多殺故也，與此尤可參看。

趙克宜《角山樓蘇詩評注彙鈔》卷一一：（「遠林草木暗」二句）寫得逼真。（「我當安所主」二句）綰結圓密。

我哀籃中蛤，閉口護殘汁。又哀網中魚，開口吐微溼。刳腸彼交病，過分我何得。相逢未寒溫，相勸此最急。不見盧懷慎，烝壺似烝鴨。坐客皆忍笑，髡然發其羃。不見王武子，每食刀几赤。琉璃載烝豘，中有人乳白。盧公信寒陋，衰髮得滿幘。武子雖豪華，未死神已泣。先生萬金璧，護此一蟻缺。一年如一夢，百歲眞過客。君無廢此篇，嚴詩編杜集。

蘇軾《書贈陳季常詩》（《蘇文忠公全集》卷六八）：余謫黃州，與陳慥季常往來，每過之，輒作「汁」字韻詩一篇。季常不禁殺，故以此諷之。季常既不復殺，而里中皆化之，至有不食肉者。皆云「未死神已泣」，此語使人凄然也。

邵博《邵氏聞見後錄》卷一六：又《過岐亭陳季常》詩：「不見盧懷慎，烝壺似烝鴨。」按《盧氏雜記》：鄭餘慶約客食，戒中廚爛烝去毛，勿拗項折。客爲烝鵝鴨。既就食，各置烝壺蘆一枚於前。則烝壺似烝鴨者鄭餘慶，非盧懷愼，亦誤也。（略）東坡信天下後世者，寧有誤邪？予應之曰：「東坡累誤千百，倘信天下後世也。」童子更曰：「有是言，凡學者之誤亦許矣。」予曰：「爾非東坡，奈何？」

胡仔《苕溪漁隱叢話》前集卷三八：余憂患之餘，久亦戒殺，細味東坡此詩，欣然會意，故錄全章，益以自警。

《容齋四筆》卷一六《嚴有翼詆坡公》：嚴有翼所著《藝苑雌黃》，該洽有識，蓋近世博雅之士也。然其立說頗務譏詆東坡公，予嘗因論玉川子《月蝕詩》，誚其輕發矣。又有八端，皆近于蚍蜉撼大木，招後人攻擊。如《正誤篇》中，（略）鄭餘慶烝胡蘆爲盧懷愼云，如此甚多。坡詩所謂抉云漢，分天章，萬斛泉源不擇地而出。（略）用餘慶爲懷愼，不失爲名語，于理何害？公豈一一如學究書生，案圖索駿，規行矩步者哉！

袁宏道評閱譚元春選《東坡詩選》卷六袁宏道評：（「我哀籃中蛤」四句）天然。譚元春評：（「嚴詩編杜集」）獨此「集」字押得不是。

尤侗《香林廣詠序》（《西堂雜俎》卷四）：幼讀坡公語「書室前竹柏叢生，鳥有巢于低枝者，其鷇可俯而窺也」，欣然樂之。讀《岐亭》詩至「未死神已泣」，使人淒然。里中有不食肉者，遂永持殺戒。乃知此老能以悲喜作佛事也。

汪師韓《蘇詩選評箋釋》卷三：通篇俱爲戒殺而作，「未死神已泣」一語，尤惻惻動人。中用鄭餘慶事，誤作盧懷愼，《藝苑雌黃》指摘之，然未足爲此詩病也。

紀昀評《蘇文忠公詩集》卷二三：（起處）純是香山門徑。（「未死神已泣」）五字警策。結二句未免率率。

王文誥《蘇文忠公詩編注集成》卷二三：（「未死神已泣」）公極自賞此句，嘗以告之王定國。

張道《蘇亭詩話》卷一：東坡詩，體物有極細處。如「我哀籃中蛤，閉口獲殘汁。又哀網中魚，開口吐微溼。」（略）今人賦物，第疏物狀，東坡則善體物情，故妙出不窮。

趙克宜《角山樓蘇詩評注彙鈔》卷一一：此篇專勸其戒殺。（結處）強韻，轉押轉勝。

吳文溥《南野堂筆記》卷一《偶錄東坡黃州戒殺詩事》：僕謂此詩眞天地父母之心，悍者以革，忍者以慈，不知幾千萬物命，全活于其筆端，詩豈小技哉。自非坡公，亦不能如是其言之痛也。

君家蜂作窠，歲歲添漆汁。我身牛穿鼻，卷舌聊自溼。二年三過君，此行眞得得。愛君似劇孟，扣門知緩急。家有紅頰兒，能唱綠頭鴨。行當隔簾見，花霧輕羃羃。爲我取黃封，親拆官泥赤。仍須煩素手，自點葉家白。樂哉無一事，十年不蓄幘。閉門弄添丁，哇笑雜呱泣。西方正苦戰，誰補將帥缺。披圖見八陣，合散更主客。不須親戎行，坐論教君集。

紀昀評《蘇文忠公詩集》卷二三：此首有補湊之痕。

馮應榴《蘇文忠公詩合註》卷二三：（「君家蜂作窠」二句）似喻其屋小而人增也，與下「添丁」意合。

張道《蘇亭詩話》卷一：東坡詩，體物有極細處。如（略）「我身牛穿鼻，卷舌聊自溼。」（《岐亭》）（略）今人賦物，第疏物狀，東坡則善體物情，故妙出不窮。

趙克宜《角山樓蘇詩評注彙鈔》卷一一：（「家有紅頰兒」）寫自得光景，語頗瀏亮。結亦就季常生情，觀《方山子傳》可見。「君集」，自謂也。

酸酒如虀湯，甜酒如蜜汁。三年黃州城，飲酒但飲溼。我如更揀擇，一醉豈易得。幾思壓茆柴，禁網日夜急。西鄰推甕盎，醉倒豬與鴨。君家大如掌，破屋無遮冪。何從得此酒，冷面妒君赤。定應好事人，千石供李白。爲君三日醉，蓬髮不暇幘。夜深欲踰垣，卧想春甕泣。君奴亦笑我，鬢齒行禿缺。三年已四至，歲歲遭惡客。人生幾兩屐，莫厭頻來集。

袁宏道評閱譚元春選《東坡詩選》卷五袁宏道評：愈奇，至此入神矣。譚元春評：用韻不已，須令作者段段有精神，字字無勉強，如此五詩中押「濕」字，便妙絕矣。

紀昀評《蘇文忠公詩集》卷二三：此首亦眞樸。（「醉倒豬與鴨」）豈有此理！語亦不雅。

趙克宜《角山樓蘇詩評注彙鈔》卷一一：此篇全從酒生情，少遜前首。

枯松強鑽膏，槁竹欲瀝汁。兩窮相値遇，相哀莫相濟。不知我與君，交遊竟何得。心法幸相語，頭然未爲急。願爲穿雲鶻，莫作將雛鴨。我行及初夏，煮酒映疏冪。故鄉在何許，西望千山赤。茲游定安歸，東泛萬頃白。一歡寧復再，起舞花墮幘。將行出苦語，不用兒女泣。吾非固多矣，君豈無一缺。各念別時言，閉戶謝衆客。空堂淨掃地，虛白道所集。

汪師韓《蘇詩選評箋釋》卷三：臨別互相勸勉，匡其所不及，不徒作依依戀戀之詞。同心之言，其誼古，其情深矣。

紀昀評《蘇文忠公詩集》卷二三：此首最深至。（「吾非固多矣」二句）此古人臨別贈言之義，不似後人，但以好語相媚。（「各念別時言」以下）更歷憂患之言。

趙克宜《角山樓蘇詩評注彙鈔》卷一一：（「故鄉在何許」數句）情至語，一往淋漓，曲折深透，不復知爲疊韻。

張佩綸《澗于日記》辛卯下：結之曰：「空堂淨掃地，虛白道所集。」非結岐亭，乃結黃州一案，猶之以「滋游奇絕冠平生」，結南海一案也。蓋統觀東坡詩，則一首之中，忽縱忽斂；分觀坡詩，則一生之中，幾縱幾斂。言其道則用行舍藏，言其詩則神明規矩。世人但知其縱，不知其斂；亦但喜其縱，不喜其斂。豈徒皮相汗血，直是自墮野狐禪耳。

初入廬山三首

青山若無素，偃蹇不相親。要識廬山面，他年是故人（自注：山面川南也）。

自昔懷清賞，神游杳靄間。如今不是夢，眞箇是廬山。

芒鞵青竹枝，自挂百錢游。可怪深山裏，人人識故侯。

蘇軾《自記廬山詩》（《蘇文忠公全集》卷六八）：僕初入廬山，山谷奇秀，平日所未見，殆應接不暇，遂發意不欲作詩。已而見山中僧俗，皆云蘇子瞻來矣，不覺作一絕云：「芒鞋青竹杖，自挂百錢游。可怪深山裏，人人識故侯。」既而哂前言之謬，復作兩絕句云：「青山若無素，偃蹇不相親。要識廬山面，他年是故人。」又云：「自昔懷清賞，神游杳靄間。如今不是夢，眞箇在廬山。」

紀昀評《蘇文忠公詩集》卷二三：隨意口占，無甚出色。

贈東林總長老

溪聲便是廣長舌，山色豈非清淨身。夜來八萬四千偈，他日如何舉似人。

釋惠洪《冷齋夜話》卷七：東坡游廬山，至東林，作偈曰（下引此首及《題西林壁》）。魯直曰：「此老人于《般若》橫説豎説，了無剩語。非其筆端，能吐此不傳之妙哉！」

俞文豹《吹劍三錄》：山谷改曰：「溪聲廣長舌，山色清淨身。八萬四千偈，如何舉似人。」時謂上二句腰斬，下二句處斬。

阮閲《詩話總龜》後集卷四五引《西清詩話》：《贈東林長老》云（略）。如此等句，雖宿禪衲不能屈也。

孫奕《履齋示兒編》卷一〇：東坡《贈東林總長老》云：「溪聲便是廣長舌，山色豈非清淨身。」以溪山見僧之體，以「廣長舌」、「清淨身」見僧之用，誠古今絶唱。

趙克宜《角山樓蘇詩評注彙鈔》卷一一：起二語作偈甚佳，入詩不稱。

題西林壁

橫看成嶺側成峰，遠近高低各不同。不識廬山眞面目，只緣身在此山中。

蘇軾《自記廬山詩》（《蘇文忠公全集》卷六八）：僕初入廬山，（略）往來山南北十餘日，以爲勝絕不可勝談，擇其尤者，莫如漱玉亭、三峽橋，故作二詩。最後與總老同遊西林，又作一絕云：「橫看成嶺側成峰，到處看山了不同。不識廬山眞面目，只緣身在此山中。」僕廬山之詩，盡於此矣。

釋惠洪《冷齋夜話》卷七：「橫看成嶺側成峰，遠近看山了不同。不識廬山眞面目，只緣身在此山中。」魯直曰：「此老人于《般若》橫說豎說，了無剩語。非其筆端，能吐此不傳之妙哉！」

《捫虱新話》上集卷一《因登山而感所見》：孔子登東山而小魯，登泰山而小天下，所登愈高，所見愈大，天下之理固自如此。雖然，孔子豈但登泰山而後知天下之小哉！此孟子所以有感于是也。東坡嘗用其意作《廬山》詩曰：「橫看成嶺側成峰，遠近看山總不同。不識廬山眞面目，只緣身在此山中。」知此則知孔子登山之意矣。無爲楊次公奉使登泰山絕頂，鷄一鳴，見日出，由是而言，則世之不見日者尚多也。

楊愼《宋儒論天》（《楊升庵全集》卷七三）：（「不識廬山眞面目」二句）蓋處于物之外，方見物眞也。

汪師韓《蘇詩選評箋釋》卷三：能作如是語，始是認取眞面目者。妙高峰三日不見，而見之別峰，與此參看。

紀昀評《蘇文忠公詩集》卷二三：亦是禪偈，而不甚露禪偈氣，尚不取厭。以爲高唱，則未然。

馮應榴《蘇文忠公詩合註》卷二三：《西溪叢語》：南山宣律師《感通錄》云：「廬山七嶺，共會于東，合而成峰。」因知東坡「橫看成嶺側成峰」之句，有自來矣。又朱休度曰：「此句用唐楊筠松《撼龍經》「橫看是嶺側是峰，此是貪狼出陣龍」也。

趙翼批沈德潛《宋金元三家詩選·蘇東坡詩選》下卷：廬山詩名作如林，若再實做，斷難出色。坡公想落天外，巧于以偏師取勝。

王文誥《蘇文忠公詩編注集成》卷二三：凡此種詩，皆一時性靈所發，若必胸有釋典，而後鑪錘出之，則意味索然矣。《合註》、施註以《感通錄》、《華嚴經》坐實之，詩皆化爲糟粕，是謂顧註不顧詩。

陳衍《宋詩精華錄》卷二：此詩有新思想，似未經人道過。

圓通禪院先君舊游也四月二十四日晚至宿焉明日先君忌日也乃手寫寶積獻蓋頌佛一偈以贈長老僊公僊公撫掌笑曰昨夜夢寶蓋飛下著處輒出火豈此祥乎乃作是詩院有蜀僧宣逮事訥長老識先君云

石耳峰頭路接天，梵音堂上月臨泉。此生初飲廬山水，他日徒參雪竇禪。袖裏寶書猶未出，夢中飛蓋已先傳。何人更識嵇中散，野鶴昂藏未是儋。

汪師韓《蘇詩選評箋釋》卷三：詩簡於題，題中之意，詩無剩語。題外之意，詩有餘情。體贍律調，咀味無盡。

子由在筠作東軒記或戲之爲東軒長老其壻曹煥往筠余作一絶句送曹以戲子由曹過廬山以示圓通慎長老慎欣然亦作一絶送客出門歸入室趺坐化去子由聞之仍作二絶一以答余一以答慎明年余過圓通始得其詳乃追次慎韻

君到高安幾日回，一時斗擻舊塵埃。贈君一籠牢收取，盛取東軒長老來（自注：予送曹詩）。

大士何曾有生死，小儒底處覓窮通。偶留一吷千山上，散作人間萬竅風（自注：予次慎韻）。

紀昀評《蘇文忠公詩集》卷二三：此眞偈子矣。

余過溫泉壁上有詩云直待衆生總無垢我方清冷混常流問人云長老可遵作遵已退居圓通亦作一絶

石龍有口口無根，自在流泉誰吐吞。若信衆生本無垢，此泉何處覓寒溫。

查愼行《初白庵詩評》卷中：此老據地頗高，正恐願大難成佛，奈何！

紀昀評《蘇文忠公詩集》卷二三：亦是偈子。此種偶作，何妨？但入集，則須斟酌矣。

趙翼《甌北詩話》卷五：至於摹彷佛經，掉弄禪語，以之入詩，殊覺可厭，不得以其出自東坡，遂曲爲之說也。（略）《過溫泉》詩：「石龍有口口無根，自在流泉誰吐吞。若信衆生本無垢，此泉何處覓寒溫。」（略）此等本非詩體而以之説禪理，亦如撮空，不過彷禪家語錄機鋒，以見其旁涉耳。

世傳徐凝瀑布詩云一條界破青山色至爲塵陋又僞作樂天詩稱羨此句有賽不得之語樂天雖涉淺易然豈至是哉乃戲作一絶

帝遣銀河一派垂，古來惟有謫仙詞。飛流濺沫知多少，不與徐疑洗惡詩。

蘇軾《自記廬山詩》（《蘇文忠公全集》卷六八）：僕初入廬山，（略）是日有以陳令舉《廬山記》見寄者，且行且讀，見其中有云徐凝、李白之詩，不覺失笑。開先寺主求詩，爲作一絕云：「帝遣銀河一派垂，古來唯有謫仙詞。飛流濺沫知多少，不與徐凝洗惡詩。」

葛立方《韻語陽秋》卷一三：徐凝《瀑布》云：「千古猶疑白練飛，一條界破青山色。」或謂樂天有「賽不得」之語，獨未見李白詩耳。李白《望廬山瀑布》詩云：「飛流直下三千尺，疑是銀河落九天。」故東坡云：「帝遣銀河一派垂，古來惟有謫仙詩。」以余觀之，銀河一派，猶涉比類，未若白前篇云：「海風吹不斷，江月照還空。」鑿空道出，爲可喜也。

楊萬里《又跋東坡太白瀑布詩示開先序禪師》：東坡太白兩詩翁，詩到廬山筆更鋒。倒挂銀河分一派，擘開玉峽出雙龍。天孫織錦機全別，仙子裁雲手自縫。界破青山安用洗，涴他瀑布卻愁儂。

《詩話總龜前集》卷九《評論門五》引《王直方詩話》：東坡云：世傳徐凝《瀑布》詩，至爲塵陋，又僞作樂天詩，稱美此句，有「賽不得」之語。樂天雖涉淺易，豈至是哉！乃作絕云：「帝遣銀河一派垂，古來惟有謫仙詞。飛流濺沫知多少，不與徐凝洗惡詩。」余以爲比之相去，何啻九牛一毛也。

何夢桂《徐祥叔詩序》（《潛齋文集》卷五）：徐凝《廬山瀑布》非惡詩也，坡翁「飛泉濺沫」之句欲與凝之洗惡，蓋其泄漏太甚，故爲廬山解嘲，非惡凝詩也。

瞿佑《歸田詩話》卷中《廬山瀑布》：太白《廬山瀑布》詩後，徐凝有「一條界破青山色」之句。東坡云：「帝遣銀河一派垂（略）。」意氣偉然，眞可以追太白矣。

安磐《頤山詩話》：徐凝《瀑布》詩，自謂得意。潘若冲《雅談》亦謂凝詩膾炙人口。至東坡始不然之，曰：「飛流濺沫知多少，不與徐凝洗惡詩。」謂爲惡詩似過，然語意鄙俗，未足爲佳，而凝之自負，與時之膾炙者何也？

《秋窗隨筆》：徐凝《廬山瀑布》詩，子瞻厭其塵陋，有「飛流濺沫知多少，不與徐凝洗惡詩」句。按《全唐詩話》載：張祜與凝同試，祜誦其「樹影中流見，鐘聲兩岸聞」等句，凝曰：「美則美矣，爭如老夫『今古長如白練飛，一條界破青山色』。」蓋其得意作也，而不見賞於子瞻。如太白「海風吹不斷，江月照還空」，坡老安得不拜倒？按《芥隱筆記》云：凝用《天台山賦》「瀑布飛流而界道」，子瞻非不知有所自也，用古亦有善否耳。

紀昀評《蘇文忠公詩集》卷二三：樂天所稱，如章八元慈恩浮圖之類，多不可解，不但此詩，不必僞作也。（「不與徐凝洗惡詩」）亦詆之太過。此自有意翻案，非持平之論也。

趙克宜《角山樓蘇詩評注彙鈔》附錄卷下：徐凝句雖不超，亦不爲塵陋，此東坡客氣語也。太白「銀河」之句亦淺甚，不如「海風吹不斷，江月照還空」之聯爲佳。

書李公擇白石山房

偶尋流水上崔嵬，五老蒼顏一笑開。若見謫仙煩寄語，匡山頭白早歸來。

胡仔《苕溪漁隱叢話》後集卷二八：用杜詩《不見李白》云：「匡山讀書處，頭白早歸來。」東坡嘗作《李氏山房藏書記》云：「余友李公擇，少時讀書于廬山五老峰下白石庵之僧舍。公擇既去，而山中之人思之，指其所居爲李氏山房，藏書凡九千卷。」此詩雖言謫仙，實指公擇，以事與姓皆同故也。（略）東坡作詩，用事親切如此，他人不及也。

紀昀評《蘇文忠公詩集》卷二三：本地風光，點染殊妙。

廬山二勝

余游廬山南北，得十五六奇勝，殆不可勝紀，而懶不作詩，獨擇其尤佳者作二首。

趙克宜《角山樓蘇詩評注彙鈔》卷一一：《嫩玉亭》、《三峽橋》二詩，能狀奇景，而語意俊傑廉悍，洵屬出色之作。

開先漱玉亭

高巖下赤日，深谷來悲風。擘開青玉峽，飛出兩白龍。亂沫散霜雪，古潭搖清空。餘流滑無聲，快瀉雙石硔。我來不忍去，月出飛橋東。蕩蕩白銀闕，沈沈水精宮。願隨琴高生，腳踏赤鯶公。手持白芙蕖，跳下清泠中。

胡仔《苕溪漁隱叢話》後集卷二九：予謂東坡此語似成于太白矣。大率東坡每題詠景物，于長篇中只篇首四句，便能寫盡，語仍快健。（略）如《廬山開先漱玉亭》首句云：「高巖下赤日，深谷來悲風。擘開青玉峽，飛出兩白龍。」

劉壎《隱居通議》卷一〇：東坡先生蘇文忠公《題廬山漱玉亭》詩云：「高巖下赤日，深谷來悲風。擘開青玉峽，飛出兩白龍。」此等句語，雄奇峭健，宜必有超軼絕塵之句以終之。而其末乃不過曰「願從琴高生，腳踏赤鯶公。手扶白芙蕖，跳下清泠中」。且意度卑甚，殊無歸宿，與起句如出兩手。豈非坡公天才橫縱，肆筆成書，非若拘譾者以排布鍛鍊爲工，故若是邪？

瞿佑《歸田詩話》卷中：意氣偉然，眞可以追蹤太白矣。

查愼行《初白庵詩評》卷中：南唐中主年十五時，以萬金買野人所獻地爲書堂。及即位，舍爲寺，以獻地爲有國之祥，故名「開先」。

汪師韓《蘇詩選評箋釋》卷三：青峽白龍，紙上聲光勃發。「高巖下赤日」以下寫瀑布，奇勢迭出，曲盡其妙。此巨靈開山手，徐凝惡詩眞不足道耳。

紀昀評《蘇文忠公詩集》卷二三：不必定有深意，直是氣象不同。與《三峽橋》詩俱奇警。此近太白，彼近昌黎。初白謂三峽橋詩似杜，未然。寫瀑布奇勢迭出，曲盡其妙。此巨靈開山手！徐凝惡詩，誠不足道。

王文誥《蘇文忠公詩編注集成》卷二三：（「蕩蕩白銀闕」二句）挺得闊大，故能折出後四句。此詩前亦易辨，後四句陡然便佳，有非神工鬼斧所及。他人縱來得，亦了不得也。

張佩綸《澗于日記》壬辰上：敬齋于蘇詩用典錯誤處亦頗有指謫，然亦無傷坡之全體，且可爲學蘇者作箴砭。其一條云：徐凝《廬山瀑布》詩云：「千古長如白練垂，一條界破青山色。」坡笑之，謂之惡詩。及坡自題云：「擘開青玉峽，飛出兩白龍。」予謂東坡之「擘開」與徐凝之「界破」，其惡一也。此宇文叔通《濟陽雜記》云爾。冶近讀坡集，其《游灊山》詩：「擘開翠峽出風雷，裁破奔崖作潭洞。」然則坡之詩，峽凡兩度擘開矣。殊不知「擘開」用巨靈事，豈得與徐凝同譏乎？

棲賢三峽橋

吾聞太山石，積日穿綫溜。況此百雷霆，萬世與石鬬。深行九地底，險出三峽右。長輸不盡溪，欲滿無底竇。跳波翻潛魚，震響落飛狖。清寒入山骨，草木盡堅瘦。空濛煙靄間，澒洞金石奏。彎彎飛橋出，瀲瀲半月彀。玉淵神龍近，雨雹亂晴晝。垂餅得清甘，可嚥不可漱。

桑喬《廬山紀事》：「七尖山東北，有大谷，爲棲賢谷。中有棲賢寺，本唐李渤讀書之地。後舍宅爲寺，故名「棲賢」。二詩一擬青蓮，一擬少陵，各極其妙。

胡仔《苕溪漁隱叢話》後集卷二九：又《棲賢三峽橋》詩，有「清寒入山骨，草木盡堅瘦」之句，此等語精研絕韻，其他人道不到也。

王偁《匡山叢談》卷五：如東坡「清寒入山骨，草木盡堅瘦」之句，精研絕韻，後人焉能易議。

汪師韓《蘇詩選評箋釋》卷三：奇景以精理通之，發爲高談，結爲幽艷，絡繹間起，使人應接不暇。

紀昀評《蘇文忠公詩集》卷二三：（「長輸不盡溪」二句）此種皆韓句。（「清寒入山骨」二句）「清寒」十字絕唱。

趙翼批沈德潛《宋金元三家詩選·蘇東坡詩選》下卷：筆如百石弩，作詩者當于此等處得其神理，自入大家徑路。

趙翼《甌北詩話》卷五：東坡大氣旋轉，雖不屑屑于句法字法中別求新奇，而筆力所到，自成創格。如（略）《棲賢三峽橋》云：「長輸不盡溪，欲滿無底竇。」（略）此雖隨筆所至，自成創格，所謂「風行水上，自然成文」，然未免句法重疊。

王文誥《蘇文忠公詩編注集成》卷二三：（「況此百雷霆」二句）總括，下乃分疏。五字瘦勁，確是三峽橋草木。

趙克宜《角山樓蘇詩評注彙鈔》卷一一：（「清寒入山骨」數句）此東坡獨到語，其餘刻畫猶人力所可及，此則全從妙悟得來。

高步瀛《唐宋詩舉要》卷一：清新出奇。

自興國往筠宿石田驛南廿五里野人舍

谿上青山三百疊，快馬輕衫來一抹。倚山修竹有人家，橫道清泉知我渴。芒鞵竹杖自輕軟，蒲薦松牀亦香滑。夜深風露滿中庭，惟有孤螢自開闔。

汪師韓《蘇詩選評箋釋》卷三：孤螢開闔之句，較「暗飛螢自照」爲更冷然。

紀昀評《蘇文忠公詩集》卷二三：（起處）語自俊逸，不嫌其剽。（「夜深風露滿中庭」二句）結亦幽絕。

王文誥《蘇文忠公詩編注集成》卷二三引紀昀語：（「橫道清泉知我渴」）恰如人意，謂之知可也。東坡詩「知我理荒薈」同意。

過建昌李野夫公擇故居

彭蠡東北源，廬阜西南麓。何人修水上，種此一雙玉。思之不可見，破宅餘修竹。四鄰戒莫犯，十畝森似束。我來仲夏初，解籜呈新綠。幽鳥向我鳴，野人留我宿。徘徊不忍去，微月掛喬木。遙想他年歸，解組巾一幅。對牀老兄弟，夜雨鳴竹屋。卧聽鄰寺鐘，書窗有殘竹。

胡仔《苕溪漁隱叢話》前集卷三六引《王直方詩話》：東坡喜韋蘇州「不知風雨夜，復此對牀眠」之句，（略）又云：「對牀老兄弟，夜雨鳴竹屋。」此其兄弟所賦也，相約退休，可謂無日忘之，然竟不能成其約。

查慎行《初白庵詩評》卷中：（「遙想他年歸」至末）有此一段，方知野夫兄弟，宦遊未歸；不然，竟似弔故宅矣。

又《初白庵蘇詩補注》卷一六：施氏原注：「公擇在濟南，東坡赴彭城過之。公擇罷濟南，復過東坡於彭城，唱酬甚多。故云：『此年兩見之，賓主更獻酬。』野夫，公擇之兄，名莘，嘗爲江西轉運使。東坡自黃移汝，道建昌，過其故居，有詩云：『何人修水上？種此一雙玉。』謂其兄弟也。」新刊刪去，今補錄之。

紀昀評《蘇文忠公詩集》卷二三：（「四鄰戒莫犯」四句）二李之爲人可知。若直作贊詞，即是凡筆。查云：「有此一結（「徘徊不忍去」以下），方知野夫兄弟宦遊未歸，不然，竟是弔故宅矣。」此批固是，然東坡之意只爲補寫二李生平，以虛筆託出耳。前路說二李處，都是隱隱躍躍，未明言爲何如人也。

王文誥《蘇文忠公詩編注集成》卷二三：（「彭蠡東北源」二句）拓出大勢，公之待野夫、公擇，可謂厚矣。

趙克宜《角山樓蘇詩評注彙鈔》卷一一：（「四鄰戒莫犯」）全從旁面寫出，脫化愛屋及烏之意。（「遙想他年歸」）空際設想，二李之人品，公及二李之交情，一一可見。

將至筠先寄遲适遠三猶子

露宿風餐六百里，明朝飲馬南江水。未見豐盈犀角兒，先逢玉雪王郎子（自注：時道逢王郎於建昌，方北行也)。對牀欲作連夜語，念汝還須戴星起。夜來夢見小於兔(自注：遠，小名虎兒)，猶是髡髦垂兩耳。憶過濟南春未動，三子出迎殘雪裏。我時移守古河東，酒肉淋漓渾舍喜。而今憔悴一羸馬，逆旅擔夫相汝爾。出城見我定驚嗟，身健窮愁不須恥。我爲乃翁留十日，掣電一歡何足恃。惟當火急作新詩，一醉兩翁勝酒美。

胡仔《苕溪漁隱叢話》前集卷三六引《王直方詩話》：東坡喜韋蘇州「不知風雨夜，復此對牀眠」之句，(略)又曰：「對牀欲作連夜雨。」(略)此其兄弟所賦也，相約退休，可謂無日忘之，然竟不能成其約。

紀昀評《蘇文忠公詩集》卷二三：(起處)筆伎跳脱之至。(「對牀欲作連夜語」句以下)隨手撇過，隨手急入。(「先逢玉雪王郎子」)借襯，非正文。(「念汝還須戴星起」)「汝」字非指王郎也。

王文誥《蘇文忠公詩編注集成》卷二三：(「憶過濟南春未動」四句)公罷密，赴河中，過濰、青二州，大雪，有詩。至濟南，子由已委家而去，故惟三子出迎殘雪之中。此因追濰往事，而且有盛衰之感，是作詩本旨也。

方東樹《昭昧詹言》卷一二：起，筆伎跳脱有韻。

端午遊真如遲适遠從子由在酒局

一與子由別，卻數七端午。身隨綵絲繫，心與昌歜苦。今年匹馬來，佳節日夜數。兒童喜我至，典衣具雞黍。水餅既懷鄉，飯筒仍愍楚。謂言必一醉，快作西川語。寧知是官身，糟麴困熏煮。獨攜三子出，古剎訪禪祖。高談付梁、羅（自注：梁、羅，遲、适小名也），詩律到阿虎。歸來一調笑，慰此長齟齬。

查慎行《初白庵詩評》卷中：（「詩律到阿虎」）先生詩有「夜來夢見小於菟」之句。阿虎，乃遠小名。

紀昀評《蘇文忠公詩集》卷二三：（詩題）「從」字絕句。詩亦清老，苦不出色。

王文誥《蘇文忠公詩編注集成》卷二三：（「一與子由別」二句）公之意，謂以端午論，與子由別已七度矣，若己未正月之別于陳州，六月之別于齊安，皆不在此內論也。先是熙寧十年丁巳四月，子由從公至徐，過中秋始去，是端午同一處也。其後自元豐戊午至癸亥，已越六端午，今年同一處矣，又以其困于下僚，不能同游，而酒務在江口，距城內廨宇甚遠，朝出暮歸，不復能見，故並是以別爲論，則七端午矣。此乃戲之之詞，卻是作詩本旨，其下寫至終篇，皆申明此意，並不重游眞如也。

趙克宜《角山樓蘇詩評注彙鈔》卷一一：即從端午生情，此之謂切，語亦洗鍊。

別子由三首兼別遲

紀昀評《蘇文忠公詩集》卷二三：三首語皆眞至，雖短幅，而情理曲鬯。

翁方綱《石洲詩話》卷三：元豐七年甲子，先生授汝州團練副使，五月由九江至筠州與子由別，有《別子由三首兼別遲》，皆七言古詩；又有《初別子由至奉新作》五言古一首。

一知君念我欲別難，我今此別非他日。風裏楊花雖未定，雨中荷葉終不濕。三年磨我費百書，一見何止得雙璧。願君亦莫嗟留滯，六十小劫風雨疾。

查愼行《初白庵詩評》卷中：（「風裏楊花雖未定」二句）劉須溪云：兩語漸俗。

王文誥《蘇文忠公詩編注集成》卷二三：公在黃，嘗謂「杜子美在困窮之中，一飲一食，未嘗忘君，詩人以來，一人而已。僕不肖，亦庶幾彷彿于此。」今讀是詩，而知其終身行之者，蓋無地不然矣。

先君昔愛洛陽居，我今亦過嵩山麓。水南卜築吾豈敢，試向伊川買修竹。又聞緱山好泉眼，傍市穿林瀉冰玉。遙想茅軒照水開，兩翁相對淸如鵠。

蘇軾《題別子由詩後》（《蘇文忠公全集》卷六八）：「先君昔愛洛城居（略）。」元豐七年，余自黃遷汝，往別子由於筠，作數詩留別，此其一也。其後雖不過洛，而此意未忘，因康君郎中歸洛，書以贈之。元祐元年三月十六日，軾書。

查愼行《初白庵蘇詩補注》卷二三引施氏原注：「康孟師石刻」，「卜築」（「水南卜築吾豈敢」）作「卜宅」，「遙想茅軒」（「遙想茅軒照水開」）作「想見茅簷」，與集本互異。

兩翁歸隱非難事，惟要傳家好兒子。憶昔汝翁如汝長，筆頭一落三千字。世人聞此皆大笑，愼勿生兒兩翁似。不知樗櫟薦明堂，何似鹽車壓千里。

紀昀評《蘇文忠公詩集》卷二三：前二首別子由。此首（第三首）兼別遲。

初別子由至奉新作

雙鵲先我來，飛上東軒背。書隨好夢到，人與佳節會。一歡難把玩，回首了無在。卻渡來時溪，斷橋號淺瀨。茫茫暑天闊，靄靄孤城背。青山眊矂中，落日淒涼外。盛衰豈我意，離合非所礙。何以解我憂，粗了一事大。

葛立方《韻語陽秋》卷一二：東坡《奉新別子由》詩云：「何以解我憂，粗了一事大。」（略）如此等句，雖宿禪老衲不能屈也。

查愼行《初白庵詩評》卷中：（「靄靄孤城背」）「背」字重叶。據《欒城集》和詩音倍，固不重也。

紀昀評《蘇文忠公詩集》卷二三：（起處）曲折深至，語皆警策。

王文誥《蘇文忠公詩編注集成》卷二三：（「青山眊矂中」二句）有景有人，一幅絕妙畫圖。（「何以解我憂」二句）凡此類詩，皆以詩無出路，借作歇手也。若認眞當一事看，即爲所給。凡言理學者，指此類爲贓證，皆如癡兒爲所紿也。

趙克宜《角山樓蘇詩評注彙鈔》卷一一：一起數語追叙，藹然情深。「來時溪」三字寫得有情。

（「靄靄孤城背」二句）情景相融，語極雅淡。

白塔鋪歇馬

甘山廬阜鬱相望，林隙熹微漏日光。吳國晚蠶初斷葉，占城早稻欲移秧。迢迢澗水隨人急，冉冉巖花撲馬香。望眼儘從飛鳥遠，白雲深處是吾鄉。

趙克宜《角山樓蘇詩評注彙鈔》卷一一：已逗劍南一派，要之不失雅音。

同年程筠德林求先墳二詩

思成堂

宰樹連山谷，祠堂照路隅。養松無觸鹿，助祭有馴烏。歸夢先寒食，兒啼到白鬚。遙知鄰里化，醉叟道争扶。

紀昀評《蘇文忠公詩集》卷二三：（「養松無觸鹿」）拙句。

歸真亭

舊笑桓司馬，今師鄭大夫。不知徂歲月，空覺老楸梧。祭禮傳家法，阡名載版圖。會看千字誄，木杪見龜趺。

《石林詩話》卷中：學者多議子瞻「木杪見龜趺」，以爲語病，謂龜趺不當出木杪。殊未之思。此題程筠先墓歸眞亭也，東南多葬山上，碑亭往往在半山間，未必皆平地，則下視之龜趺出木杪，何足怪哉！

何薳《春渚紀聞》卷七《王子直謏疵坡詩》：《王子直詩話》云：「東坡先生作程筠《歸眞亭》，有『會看千字誄，木杪見龜趺。』龜趺是碑座，不應見于木杪。」指以爲病。不知亭在山半，自下望碑，則龜趺正在木杪，豈眞在木上耶？杜子美《北征》詩：「我行已水濱，我僕猶木末。」豈亦子美僕留掛木杪，如猿猱也？

陶驥子駿佚老堂二首

文舉與元禮，尙得稱世舊。淵明吾所師，夫子乃其後。挂冠不待年，亦豈爲五斗。我歌歸來引（自注：余增損淵明《歸去來》以就聲律，謂之《歸來引》），千載信尙友。相逢黄卷中，何似一杯酒。君醉我且歸，明朝許來否。

紀昀評《蘇文忠公詩集》卷二三：（起處）無情處生情，善於弄筆。

趙克宜《角山樓蘇詩評注彙鈔》卷一一：起得伉爽。

我從廬山來，目送孤飛雲。路逢陸道士，知是千歲人。試問當時友，虎溪已埃塵。似聞佚老堂，知是幾世孫。能爲五字詩，仍戴漉酒巾。人呼小靖節，自號葛天民。

紀昀評《蘇文忠公詩集》卷二三：（起處）亦是無中生有。

趙克宜《角山樓蘇詩評注彙鈔》卷一一：結亦雅潔。

和李太白

李太白有《潯陽紫極宫感秋》詩。紫極宫，今天慶觀也。道士胡洞微以石本示余，蓋其師卓玘之所刻。玘有道術，節義過人，今亡矣。太白詩云：「四十九年非，一往不可復。」予亦四十九，感之，次其韻。玉芝一名瓊田草，洞微種之七八年矣，云更數年可食，許以遺余，故並記之。

寄臥虛寂堂，月明浸疏竹。泠然洗我心，欲飲不可掬。流光發永歎，自昔非余獨。行年四十九，還此北窗宿。緬懷卓道人，白首寓醫卜。謫仙固遠矣，此士亦難復。世道如弈棋，變化不容覆。惟應玉芝老，待得蟠桃熟。

胡仔《苕溪漁隱叢話》後集卷二九《東坡四》：苕溪漁隱云：李太白《潯陽紫極宮感秋》云：「何處聞秋聲，翛翛北窗竹。回薄萬古心，攬之不盈掬。」東坡和韻云：「寄臥虛寂堂，月明浸疏竹。泠然洗我心，欲飲不可掬。」予謂東坡此語似優於太白矣。大率東坡每題詠景物，於長篇中，只篇首四句，便能寫盡，語仍快健。

紀昀評《蘇文忠公詩集》卷二三：非東坡不敢和太白。妙于各出手眼，絕不觀摹。（「緬懷卓道人」以下）忽拉出卓道人，唱歎有神，映發有致；不然，便是泛泛一首懷古詩。

王文誥《蘇文忠公詩編注集成》卷二三：（「惟應玉芝老」二句）結到洞微，乃先入卓道人本意。

延君壽《老生常談》：和古人詩，用古人韻，當於自家現在所處之地，所遇之人，一一盤算，聽我處分，然後是自家詩，攙不到古人集中。東坡《和李白潯陽紫極宮感秋詩序》略云「紫極宮，今天慶觀也。道士胡洞微以石本示余，蓋其師卓玘之所刻。玘有道術，節義過人，今亡矣。太白詩云：『四十九年非，一往不可復。』今予亦四十九，感之，次其韻」云云。句云：「緬懷卓道人，白首寓醫卜。謫仙固遠矣，此士亦難復。」余謂此和太白詩也，乃從一卓道人倒落出太白來，用筆奇橫不測。若只追想太白，則人人能之矣。

次韻道潛留別

為聞廬岳多眞隱，故就高人斷宿攀。已喜禪心無別語，尙嫌剃髮有詩斑。異同更莫疑三語，物我終當付八還。到後與君開北戶，舉頭三十六青山。

贈江州景德長老

白足高僧解達觀，安排春事滿幽欄。不須天女來相試，總把空花眼裏看。

郭祥正家醉畫竹石壁上郭作詩爲謝且遺二古銅劍

空腸得酒芒角出，肝肺槎牙生竹石。森然欲作不可回，吐向君家雪色壁。平生好詩仍好畫，書牆涴壁長遭罵。不嗔不罵喜有餘，世間誰復如君者。一雙銅劍秋水光，兩首新詩爭劍鋩。劍在牀頭詩在手，不知誰作蛟龍吼。

周必大《題張志寧所藏東坡畫》（《廬陵周益國文忠公集·平園續稿》卷七）：蘇文忠公詩云：「空腸得酒芒角出，肝肺槎枒生竹石。森然欲作不可留，寫向君家雪色壁。」英氣自然，乃可貴重。五日一石，豈知此耶。

查慎行《初白庵詩評》卷中：（「空腸得酒芒角出」四句）稜角四射。

汪師韓《蘇詩選評箋釋》卷三：畫從醉出，詩特爲醉筆洗剔精神，讀起四句森然動魄也。句句巉絕，在集中另闢一格。

周亮工《書影》卷一〇：蘇文忠詩云：「空腸得酒芒角出，肝肺槎牙生竹石。森然俗作不可留，寫向君家雪色壁。」不必見其畫，覺十指酒氣，沸沸滿壁。

葉矯然《龍性堂初集》：子瞻（略）《畫竹石壁》云：「枯腸得酒芒角出，肝肺槎牙生竹石。森然欲作不可回，吐向君家雪色壁。」亦可謂手快風雨，筆下有神者矣。

紀昀評《蘇文忠公詩集》卷二三：（起處）奇氣縱橫，不可控制。

（日本）賴山陽《東坡詩鈔》卷三：此等詩，所謂寸鐵殺人者，短古絶調。書題簡潔，此等尤可法者。（「空腸得酒芒角出」二句）起得奇絶。得芒角槎牙等字，而詩劍如始相與者。（「吐向君家雪色壁」）自「空腸」、「肺肝」等字來。（「一雙銅劍秋水光」）言劍只是一句，是蜻蜓點水法。（「劍在牀頭詩在手」二句）何等結法。

又附《書韓蘇古詩後》：世服蘇之廣長舌，不知其收舌不盡展者更好。（略）《畫竹》，（略）皆豐約合度，姿態可觀。

趙翼批沈德潛《宋金元三家詩選·蘇東坡詩選》下卷：落想在天外，筆更爽極，如劍鋩不可逼視。

宋長白《柳亭詩話》卷五：（「空腸得酒芒角出」四句）眞有酒氣拂拂從十指出之意。

趙克宜《角山樓蘇詩評注彙鈔》卷一一：落想絶奇。

高步瀛《唐宋詩舉要》卷三引吳汝綸評：（「空腸得酒芒角出」）突起。（「吐向君家雪色壁」）倒落。（「平生好詩仍好畫」）逆接。（「不嗔不駡喜有餘」）逆接。（「世間誰復如君者」）倒落。

龍尾硯歌

余舊作《鳳咮石硯銘》，其略云：「蘇子一見名鳳咮，坐令龍尾羞牛後。」已而求硯於歙，歙人云：「子自有鳳咮，何以此爲？」蓋不能平也。奉議郎方君彥德有龍尾大硯奇甚，謂余：「若能作詩少解前語者，當奉餉。」乃作此詩。

黃琮白琥天不惜，顧恐貪夫死懷璧。君看龍尾豈石材，玉德金聲寓於石。與天作石來幾時，與人作硯初不辭。詩成鮑謝石何與，筆落鍾王硯不知。錦茵玉匣俱塵垢，擣練支牀亦何有。況瞋蘇子《鳳咮銘》，戲語相嘲作牛後。碧天照水風吹雲，明窗大几清無塵。我生天地一閑物，蘇子亦是支離人。麤言細語都不擇，春蚓秋蛇隨意畫。願從蘇子老東坡，仁者不用生分別。

黃徹《䂬溪𢈔話》卷六：（「黃琮白琥天不惜」四句）窮本探妙，超出準繩外，不特狀寫景物也。

查愼行《初白庵詩評》卷中：（「碧天照水風吹雲」四句）忽爲硯吐語，筆法開展，匪夷所思。

汪師韓《蘇詩選評箋釋》卷三：前用解嘲，後更諷以通人之論，雄姿逸態，奇矯無前。集中

《鳳咮硯三銘》，各以遒鍊爲工，不可無此作蕩潏之氣。

紀昀評《蘇文忠公詩集》卷二三：（起處）語自清辨。（「與天作石來幾時」以下）「與天」四語意好，而落筆太快，便入香山門徑。（「錦茵玉匣俱塵垢」以下）查云：「信手曲折，善於解嘲。」

王文誥《蘇文忠公詩編注集成》卷二三：（「黃琮白琥天不惜」）黃琮白琥，以比鳳咮、龍尾也。題是龍尾，詩乃雙起，蓋以引爲題也。（「顧恐貪夫死懷璧」）貪夫，自謂也。「死懷璧」，指《鳳咮銘》也。「顧恐」二字，疾解前語，如當頭棒喝。落墨如此高捷，豈尋常法家眼下所能管顧。（「君看龍尾豈石材」四句）明抬龍尾，完他題面，但下句「與天」一問，鳳咮又暗渡矣。若前四韻皆作龍尾，活囫圇讀過，便是騃漢。（「詩成鮑謝石何與」二句）雖道龍尾，然已將鳳咮一齊帶倒，故其後皆迎刃而解也。此種手法，惟公有之。曉嵐不悟，故獨取後之查（愼行）說，于此二句，則有「落筆太快，便入香山門徑」之論。兩家不于動手處著眼，而沾沾于後半論解嘲，落論宗第二義矣。香山是易不是快，以二句地位繩之，香山尚來不及。其說非是。自「黃琮」至此句（「戲語相嘲作牛後」），爲三節，解硯已畢。（「麤言細語都不擇」）點銘詩如上作代硯語，其下不可貫結。（「願從蘇子老東坡」二句）若以二蘇子作硯語，則前之蘇子轇轕不清。自「碧天」句至終，爲二節，乃自解作銘也。「碧天」雖是提筆，而詩已歇氣，所謂一天雲霧散矣。曉嵐所折衷者，未喻其意。

趙克宜《角山樓蘇詩評注彙鈔》卷一一：（「玉德金聲寓于石」）一語品題已定。

張近幾仲有龍尾子石硯以銅劍易之

我家銅劍如赤蛇，君家石硯蒼璧橢而窪。君持我劍向何許，大明宮裏玉佩鳴衝牙。我得君硯亦安用，雪堂窗下《爾雅》箋蟲蝦。二物與人初不異，飄落高下隨風花。蒯緱玉具皆外物，視草玄無等差。君不見秦趙城易璧，指圖睨柱相矜誇。又不見二生妾換馬，驕鳴啜泣思其家。不如無情兩相與，永以爲好，譬之桃李與瓊華。

紀昀評《蘇文忠公詩集》卷二三：多用長句，而尚不失雅音，頗覺縱横有氣。長句始於漢樂府，成於鮑明遠，而縱横變化於太白。不善學之，非萎弱冗沓，即生硬粗野。然冗弱之病易見，有筆力人，往往以生硬粗野爲豪，則不可救藥矣。（「二物與人初不異」二句）即前詩之意。

曾國藩《曾文正公全集·讀書錄》卷九《東坡文集》：此等爲後世惡詩所藉，最不宜學。

趙克宜《角山樓蘇詩評注彙鈔》卷一一：集中不多用長句，如《石屛風》詩長句絶佳，此亦不失其爲清穩。

張作詩送硯反劍乃和其詩卒以劍歸之

贈君長鋏君當歌，每食無魚歎委蛇。一朝得見暴公子，櫑具欲與冠爭峨。豈比杜陵貧病叟，終日長鑱隨短簑。斬蛟刺虎老無力，帶牛佩犢吏所訶。故將換硯豈無意，恐君雕琢傷天和。作詩反劍亦何謂，知君欲以詩相磨。報章苦恨無好語，試向君硯求餘波。詩成劍往硯應笑，那將屋漏供懸河。

查慎行《初白庵詩評》卷中：（「恐君琱琢傷天和」）一語轉到作詩，矯健。

紀昀評《蘇文忠公詩集》卷二三：（起處）清辨滔滔，曲折如意。

去歲九月二十七日在黃州生子遯小名幹兒頎然穎異至今年七月二十八日病亡於金陵作二詩哭之

吾年四十九，羈旅失幼子。幼子眞吾兒，眉角生已似。未期觀所好，蹁躚逐書史。搖頭卻梨栗，似識非分恥。吾老常鮮歡，賴此一笑喜。忽然遭奪去，惡業我累爾。衣薪那免俗，變滅須臾耳。歸來懷抱空，老淚如瀉水。

紀昀評《蘇文忠公詩集》卷二三：（「歸來懷抱空」二句）佳得沉痛。

我淚猶可拭，日遠當日忘。母哭不可聞，欲與汝俱亡。故衣尚懸架，漲乳已流牀。感此欲忘生，一卧終日僵。中年忝聞道，夢幻講已詳。儲藥如丘山，臨病更求方。仍將恩愛刃，割此衰老腸。知迷欲自反，一慟送餘傷。

阮閱《詩話總龜》後集卷四五引《西清詩話》：《哭遯兒》云：「中年忝聞道，夢幻講已詳。」（略）如此等句，雖宿禪衲不能屈也。

紀昀評《蘇文忠公詩集》卷二三：此首不免窠臼，然亦別無出路。故此種是第一難題。（「漲乳已流牀」）「漲乳」句情眞而語太俚。

趙翼《甌北詩話》卷五：東坡大氣旋轉，雖不屑屑于句法字法中別求新奇，而筆力所到，自成創格。如（略）《哭子遯》云：「仍將恩愛刃，割此衰老腸。」（略）此雖隨筆所至，自成創格，所謂「風行水上，自然成文」，然未免句法重疊。

王文濡《宋元明詩評註讀本》卷一：平易近情，最易學步。

葉濤致遠見和二詩復次其韻

紀昀評《蘇文忠公詩集》卷二三：二首習徑。

平生無一女，誰復嘆耳耳。滯留生此兒，足慰周南史。那知非眞實，造化聊戲爾。煩惱初無根，恩愛爲種子。煩公爲假說，反覆相指似。欲除苦海浪，先乾愛河水。棄置一寸鱗，悠然笑侯喜。爲公寫餘習，缾罍一時恥。

趙翼《甌北詩話》卷五：東坡大氣旋轉，雖不屑屑于句法字法中別求新奇，而筆力所到，自成創格。如（略）「欲除苦海浪，先乾愛河水。」（略）此雖隨筆所至，自成創格，所謂「風行水上，自然成文」，然未免句法重疊。

張道《蘇亭詩話》卷二《故事類》上：東坡《哭幹兒》詩：「平生無一女，誰復嘆耳耳。」時年四十九，則是無女矣。末後乃有小二娘，其婿爲胡仁修，見北歸時《與胡郎書》，是女或五十前後所生，至是年亦十六七矣，但不知是朝雲女否？又子由《代東坡祭王虢州文》云：「我遷于南，一往六年，歸來執手，白髮侵顏。遂以息女，許君長子。朋友惟舊，親戚惟始。」是東坡尚有女嫁王廷老之長子者，則又爲小二娘之妹矣。

聞公少已悟，拄杖久倚牀。笑我老而癡，負鼓欲求亡。庶幾東門子，柱史安敢望。嗜毒戲猛獸，慮患先不詳。囊破蛇已走，尙未省齧傷。妙哉兩篇詩，洗我千結腸。黠鼉不作繭，未老輒自僵。永謝湯火厄，泠然超無方。

紀昀評蘇文忠公詩集卷二十四

次荆公韻四絶

紀昀評《蘇文忠公詩集》卷二四：東坡、半山，旗鼓對壘。似應別有佳處，方愜人意。

青李扶疏禽自來，清眞逸少手親栽。深紅淺紫從爭發，雪白鵝黃也鬭開。

斫竹窗花破綠苔，小詩端爲覓榿栽。細看造物初無物，春到江南花自開。

紀昀評《蘇文忠公詩集》卷二四：（「細看造物初無物」）太腐氣。

趙翼《甌北詩話》卷五《蘇東坡詩》：又如和荆公絕句云「春到江南花自開」，（略）覺千載下，猶有深情，何必以奇驚雄驁見長哉！

騎驢渺渺入荒陂，想見先生未病時。勸我試求三畝宅，從公已覺十年遲。

胡仔《苕溪漁隱叢話前集》卷三五《半山老人三》引《潘子眞詩話》：東坡得請宜興，道過鍾山，見荆公。時公病方愈，令坡誦近作，因爲手寫一通以爲贈。復自誦詩俾坡書以贈己，仍約坡卜居秦淮。故坡和公詩云：「騎驢渺渺入荒陂（略）。」

呂希哲《呂氏雜記》卷下：荆公熙寧、元豐間，旣閒居，多騎驢遊肆山水間，賓朋至者，亦給一驢。蘇子瞻詩所謂「騎驢渺渺入荒陂」是也。

又：東坡自黃州歸，路由金陵，荆公見之大喜，與之出遊，因贈之詩。坡依韻和云：「騎驢渺渺入荒陂（略）。」

甲第非眞有，閒花亦偶栽。聊爲淸淨供，卻對道人開（自注：公病後捨宅作寺）。

半山亭

登嶺勢巍巍，蓮峰太華齊。凭欄紅日蚤，回首白雲低。松柏月中老，猿猴物外啼。禪師吟絕後，千古指人迷。

紀昀評《蘇文忠公詩集》卷二四：不似東坡筆墨，何也？馮就榴《蘇文忠詩合註》卷二四：此詩似非先生作。

張庖民挽詞

東晉巾車令，西京執戟郎。甘心向山水，結髮事文章。故自輕千戶，何曾羨一囊。天高鬼神惡，骨朽姓名芳。庾嶺銘旌暗，秦淮舊宅荒。吾詩不用刻，妙語有黃香（自注：黃魯直爲庖民作哀辭）。

紀昀評《蘇文忠公詩集》卷二四：（「何曾羨一囊」）不出「錢」字，則「一囊」何物？

王文誥《蘇文忠公詩編注集成》卷二四：此詩後六句，乃至金陵有慨而作，或因黃魯直詩而發，必非聞訃作也。

次韻葉致遠見贈

欲求五畝寄樵蘇，所至遲留似賈胡。信命不須歌去汝，逢人未免嘆猶吾。人皆勸我杯中物，我獨憐君屋上烏。一伎文章何足道，要知摩詰是文殊。

紀昀評《蘇文忠公詩集》卷二四：（「人皆勸我杯中物」二句）此格創自義山，殊非雅音。

趙翼《甌北詩話》卷五：詩人遇成語佳對，必不肯放過。坡公尤妙于翦裁，雖工巧而不落纖佻，由其才分之大也。如（略）「信命不須歌去汝，逢人未免嘆猶吾。」（《答葉致遠》）此等詩雖非坡公著意之作，然自然湊泊，觸手生春，亦見其學之富而筆之靈也。

次韻致遠

長笑右軍稱草聖，不如東野以詩鳴。樂天自愛吟淮月，懷祖無勞聽角聲。

次韻杭人裴維甫

餘杭門外葉飛秋，尚記居人挽去舟。一別臨平山上塔，五年雲夢澤南州。凄涼楚些緣吾發，邂逅秦淮爲子留。寄謝西湖舊風月，故應時許夢中游。

查愼行《初白庵蘇詩補注》卷二四：施氏原注：「東坡倅杭官滿，以九月離錢塘，故云：『餘杭門外葉飛秋。』在黃五年，至是復與維甫邂逅於秣陵也（「邂逅秦淮爲子留」）。

紀昀評《蘇文忠公詩集》卷二四：清婉可誦。（「淒涼楚些緣吾發」）宋玉作《招魂》時，屈原猶無恙，故東坡用以比裴詩。後人不考本原，遂以爲諱。

次韻段縫見贈

季子東周負郭田，須知力穡是家傳。細思種薤五十本，大勝取禾三百廛。若得與君連北巷，故應終老忘西川。短衣匹馬非吾事，只擬關門不問天。

胡仔《苕溪漁隱叢話》後集卷二七引《藝苑雌黃》：《前漢（書）·龔遂傳》有令民種一百本薤，五十本葱之說。坡詩《和段縫》詩云：「細思種薤五十本，大勝取禾三百廛。」則誤以一百本爲五十本矣。

洪邁《容齋四筆》卷一六《嚴有翼詆坡公》：嚴有翼所著《藝苑雌黃》，該洽有識，蓋近世博雅之士也。然其立說頗務譏詆東坡公，予嘗因論玉川子《月蝕詩》，誚其輕發矣。又有八端，皆近于蚍蜉撼大木，招後人攻擊。如《正誤篇》中，摭其用五十本葱爲「種薤五十本」，（略）如此甚多。坡詩所謂抉雲漢，分天章，萬斛泉源不擇地而出。若用葱爲薤，（略）不失爲名語，于理何害？

公豈一一如學究書生，案圖索駿，規行矩步者哉！

葉大慶《考古質疑》卷五：大慶因而觀坡詩，錯誤尤多，前輩嘗論之矣，今總序于此。（略）又按《龔遂傳》：「令民種一百本薤，五十本葱。」坡詩云：「細思種薤五十本，大勝取禾三百廛。」則誤以葱爲薤矣。

袁枚《隨園詩話》卷五：宋嚴有翼詆東坡詩誤以葱爲薤，以長桑君爲倉公，以摸金校尉爲摸金中郎，所用典故，被其捃摘，幾無完膚。然七百年來，人知有東坡，不知有嚴有翼。

潘德輿《養一齋詩話》卷九：坡詩「中郎解摸金」、「倉公飲上池」，駁于李冶，先駁于嚴有翼，此皆無可辭之責備。而容齋以爲「坡詩抉雲漢，分天章，萬斛泉源，不擇地而出。如用五十本葱爲薤五十本，鄭餘慶蒸葫蘆爲盧懷愼，及倉公、中郎等，皆不失爲名語。有翼《藝苑雌黄》歷詆坡公用事之誤，意見甚淺。」余謂未免左袒太過也。容齋論坡公《二疏贊》云：「作議論文字，須考引事實無差忒，乃可傳信。」今詩句之失，原非文比，然必一一文飾之，恐亦非坡公意。

題孫思邈真

先生一去五百載，猶在峨眉西崦中。自爲天仙足官府，不應尸解坐蝙蟲。

紀昀評《蘇文忠公詩集》卷二四：（後二句）自寓兀傲。
趙克宜《角山樓蘇詩評注彙鈔》卷一一：翻用事已寓己意。

戲作鮰魚一絕

粉紅石首仍無骨，雪白河豚不藥人。寄語天公與河伯，何妨乞與水精鱗。

紀昀評《蘇文忠公詩集》卷二四：（「雪白河豚不藥人」）俚甚。
趙克宜《角山樓蘇詩評注彙鈔》附録卷下：此眞惡詩，不値徐凝一笑矣。

同王勝之遊蔣山

到郡席不暖，居民空惘然。好山無十里，遺恨恐他年。欲款南朝寺，同登北郭船。朱門收畫戟，紺宇出青蓮（自注：荆公宅已爲寺）。夾路蒼髯古，迎人翠麓偏。龍腰蟠故國，鳥爪寄層顛。竹杪飛華屋，松根泫細泉。峰多巧障日，江遠欲浮天。略彴横秋水，浮圖插暮煙。歸來踏人影，雲細月娟娟。

蔡絛《西清詩話》：元豐中，王荆公在金陵，東坡自黄北遷，日與公遊，盡論古昔文字，閑即俱味禪悦。公嘆息，謂人曰：「不知更幾百年方有如此人物。」東坡渡江，至儀眞，賦此詩，亟取讀之，至「峰多巧障目，江遠欲浮天」，乃撫几曰：「老夫平生無此二句。」

吴沆《環溪詩話》卷上：（張）右丞云：「不是如此，杜詩妙處，人罕能知。凡人作詩，一句只説得一件物事，多説得兩件。杜詩一句能説得三件、四件、五件物事。常人作詩，但説得眼前，遠不過數十里内。杜詩一句能説數百里，能説兩州軍，能説半天下，能説滿天下，此其所以爲妙。（略）」環溪因取前輩之詩，參而考之，謂東坡（略）疊句至如『峰多巧障日，江遠欲浮天』（略）等語，句雖佳，而每句不過用二物而已。（略）然竟無一句能用五物者。至半天下、滿天下之説求之，尤未見其有也。然後知詩道之難如此，而古今之美，備在杜詩，無復疑矣。

趙與時《賓退録》卷一〇：（前引《環溪詩話》）此論尤異。以此論詩，淺矣！杜子美之所以高于衆作者，豈謂是哉？若以句中事物之多爲工，則必皆如陳無己「桂椒楠櫨楓柞樟」之句，而後可以獨步，雖杜子美亦不容專美。若以「乾坤日夜浮」爲滿天下句，則凡句中言「天地」、「華夷」、「宇宙」、「四海」者，皆足以當之矣，何謂無也。

查慎行《初白庵詩評》卷中：勝之以龍圖學士守金陵，視事一日，移官南都，見先生《漁家傲》詞自注。故此云：「到郡席不暖。」須溪批此詩，謂先生自寫其好事如此，訛矣。

汪師韓《蘇詩選評箋釋》卷三：次第寫景，不必作崚嶒鬱屈之勢，而斲削精潔，神彩飛揚，自無一孱筆剩語，不獨「峰多」、「江遠」一聯差肩杜老。

紀昀評《蘇文忠公詩集》卷二四：風神秀削。

趙克宜《角山樓蘇詩評注彙鈔》卷一一：次聯言好山去郭無十里，若不往游，恐他年尚有遺恨也。緊從「席不暖」句生出。（「峰多巧障目」二句）語不必深，景眞更妙。

至真州再和二首

老手王摩詰，窮交孟浩然。論詩曾伴直，話舊已忘年。北上難陪驥，東行且趁船。離亭花映肉，醉眼鷺窺蓮。柂轉三山沒，風回五兩偏。荒祠過瓜步，古甃墮松顛。聞道淸香閣，新篘白玉泉。莫教門掩夜，坐待月流天。小院檀槽鬧，空庭樺燭煙。公詩便堪唱，爲付小嬋娟。

查愼行《初白庵詩評》卷中：（「老手王摩詰」二句）摩詰指勝之，浩然公自謂。

紀昀《蘇文忠公詩集》卷二四：亦淸整。

趙克宜《角山樓蘇詩評注彙鈔》卷一一：此首叠韻，最爲自如。

公顔如雪柏，千載故依然。笑我無根柳，空中不待年。肯留歸闕旆，坐待逆風船。特許門傳籥，那知箭起蓮。相逢月上後，小語坐西偏。流落千帆側，追思百尺巔。躬耕懷谷口，水石羨平泉。茅屋歸元亮，霓裳醉樂天。行聞宣室召，歸近御爐煙。未用歌池上，隨宜教李娟。

《蘇文忠公詩集》卷二四：此覺湊泊。

趙克宜《角山樓蘇詩評注彙鈔》卷一一：「鷺窺蓮」所以比醉眼也。

次韻答寶覺

芒鞵竹杖布行纏，遮莫千山與萬山。從來無腳不解滑，誰信石頭行路難。

趙翼《甌北詩話》卷五：至於摹彷佛經，掉弄禪語，以之入詩，殊覺可厭，不得以其出自東坡，遂曲爲之説也。（略）《答寶覺》詩：「從來無腳不解滑，誰信石頭行路難。」（略）此等本非詩體而以之説禪理，亦如撮空，不過彷禪家語錄機鋒，以見其旁涉耳。

眉子石硯歌贈胡誾

君不見成都畫手開十眉，橫雲卻月爭新奇。游人指點小顰處，中有漁陽胡馬嘶。又不見王孫青瑣橫雙碧，腸斷浮雲遠山色。書生性命何足論，坐費千金買消渴。爾來喪亂愁天公，謫向君家書硯中。小窗虛幌相嫵媚，令君曉夢生春紅。毗耶居士談空處，結習已空花不住。試教天女爲磨鉛，千偈瀾翻無一語。

黃徹《䂬溪詩話》卷一〇：晨牝妖鴟，索家生亂，自古而然，故夏姬亂陳，費無極亂楚。李義山詠《北齊》云：「小蓮玉體橫陳夜，已報周師入晉陽。」東坡：「成都畫手開十眉，橫雲卻月爭新奇。遊人指點小顰處，中有漁陽胡馬嘶。」熟味此詩，則「吳人何苦怨西施」，豈足稱詠史哉？等而下之，凡移於此物者，皆可以爲戒。

胡仔《苕溪漁隱叢話》前集卷四八引《童蒙詩訓》：學古人文字，須得其短處。如杜子美頗有近質野處，如《封主簿親事不合》詩之類是也。東坡詩有汗漫處，魯直詩有太尖新、太巧處，皆不可不知。東坡詩如「成都畫手開十眉」，（略）皆窮極思致，出新意于法度表，前賢所未到。然學者專力于此，則亦失古人作詩之意。

張邦基《墨莊漫錄》卷五：徽宗見硯石有紋如眉者，謂之眉子石。東坡嘗作《眉子石硯歌》，極有連娟彎環可愛者。東海宮聲應中有一硯，尉氏孫宗鑒少魏舍人爲作銘曰：「襄城愁，京兆嫵。北窗散黛，東家翠羽。棱棱筆鋒，與此等伍。胡不累子，英氣妙語。」又曰：「夕鋒既去，碧落方暮。澹疏星之微明，橫青霞之數縷。想像沉寥，夷猶毫楮。俾子之文，萬丈軒翥。」梁冀孫壽封襄城君，作《愁眉啼妝》詩云：「北窗朝向鏡，錦帳復斜縈。嬌羞不肯出，猶言妝未成。散黛隨眉廣，胭脂逐臉生。試將持出衆，定向可憐名。」宋玉《好色賦》「東家之子，眉如翠羽。」用斯事也。

何汶《竹莊詩話》卷一〇引《禁臠》：《豆粥》詩、《眉子石硯歌》，可謂分布用事法，凡二事比類于前，而後發其宏妙也。

趙秉文《題東坡眉子石詩眞跡》（《閑閑老人滏水文集》卷三）：東坡袖裏平原手，忠義胸藏筆發之。世俗卧筆取妍媚，書意乃似東鄰施。何曾夢見麒麟兒，天骨不似駑駘肥。傾囊倒軸妙如此，世間唯有眉子石硯吾家詩。

王若虛《滹南詩話》卷二：山谷《題嚴溪釣灘》詩云：「能令漢家九鼎重，桐江波上一絲風。」說者謂東漢多名節之士，賴以久存，迹其本原，正在子陵釣竿上來。予謂論則高矣，而風何與焉？嘗質之吾舅周君，君笑曰：「想渠下此字時，其心亦必不能安也。」或曰詩人語不當如是論，曰：固也，然亦須不害于理乃可。如東坡《眉石硯》詩指胡馬于眉間，與此是一個規模也，而豈有意病哉。（略）自賦詩不必此詩之論與，作者誤認而過求之，其弊遂至于此。（略）東坡《眉石硯》、

《醉道士石》等篇，可謂橫放而曠遠，然亦未嘗去題也。而論者猶戒其專力于是，則秉筆者曷少貶乎？

紀昀評《蘇文忠公詩集》卷二四：（「生費千金買消渴」）文君不曾費千金。（「爾來喪亂愁天公」二句）迂曲，不醒豁。

《御定佩文齋書畫譜》卷七七《宋蘇軾書眉子石硯歌》：右蘇長公所書《眉子石硯歌》一卷。卷後題云「開府密國公家藏」。後有跋文一通，中引漳水野翁言甚悉，末但書樗軒二字，亦不著其名氏。鄭君仲舒以讀者或未之知也，持以相示，俾濂得以詳識之。濂按：蘇公此歌，爲胡誾作。傅藻述公紀年，其所爲詩歲月多可知，獨在翰林日，莫能定其先後，蓋公以元祐元年丙寅十月十二日入翰林，知制誥。四年己巳二月三日，上章乞越州。三月始得旨，以龍圖閣學士、左朝奉郎知杭州。此歌之作，龍溪錢氏謂在元祐初年，其必有所考矣。

香巖批《紀評蘇詩》卷二四：（《贈潘谷》）勝于《豆粥》、《眉子石硯》矣，妙在以意遣詞耳。張道《蘇亭詩話》卷五《補注類》：《負暄野錄》：「歙石有四種，三曰眉子，上有黃黑紋，如眉。」按此則應補入《眉子石硯歌贈胡誾》題注。

以玉帶施元長老元以衲裙相報次韻二首

病骨難堪玉帶圍，鈍根仍落箭鋒機。欲教乞食歌姬院，故與雲山舊衲衣。

邵博《邵氏聞見後錄》卷一八：韓熙載畜妓樂數百人，俸入爲妓爭奪以盡，至貧乏無以給。夕則敝衣履，作瞽者，負獨弦琴，隨房歌鼓以丐飲食。東坡《謝元長老衲裙》詩云：「欲教乞食歌姬院，故與雲山舊衲衣。」用其事也。然予獨未達東坡之意。

何孟春《冬餘詩話》卷下：東坡以玉帶贈寶覺，寶覺酬以舊衲，坡作詩謝之曰：「病骨難堪玉帶圍（略）。」被衲持鉢，就諸姬乞食，江南韓熙載事也。坡公雖用自戲，然非君子所宜。

《許彥周詩話》：韓熙載仕江南，每得俸給，盡散後房歌姬。熙載披衲持鉢，就諸姬乞食，率以爲常。東坡以玉帶贈寶覺，寶覺酬以舊衲，東坡作詩謝之曰：「病骨難堪玉帶圍（略）。」《江南野史》亦載韓事，與此小異。

黄朝英《靖康緗素雜記》卷一〇《求乞》：韓熙載本高密人。後主即位，頗疑北人，鴆死者多。而熙載且懼，愈肆情坦率，不遵禮法，破其財貨，售集妓樂，迨數百人，日與荒樂。蔑家人之法，所受月俸，至即散爲妓女所有，而熙載不能制之，以爲喜。而日不能給，遂弊衣履，作瞽者，持獨弦琴，俾舒雅執板挽之，隨房歌鼓求丐，以足日膳。旦暮亦不禁其出入，或竊與諸生糅雜而淫，熙載見之，趨過而笑曰「不敢阻興」而已。及夜奔客寢者，其客詩云：「苦是五更留不住，向人頭伴着衣裳。」時人議謂北齊徐之才豁達無以過之。故東坡詩云：「欲教乞食歌姬院，故與雲山舊歸衲衣。」蓋用熙載求丐事也。

此帶閭人如傳舍，流傳到我亦悠哉。錦袍錯落差相稱，乞與佯狂老萬回。

洪邁《容齋三筆》卷六《東坡詩用老字》：東坡賦詩，用人姓名，多以老字足成句。如（略）《元長老衲裙》云「乞與佯狂老萬回」，（略）是皆以爲助語，非眞謂其老也。大抵七言則于第五字用之，五言則于第三字用之。

次韻滕元發許仲塗秦少游

二公詩格老彌新，醉後狂吟許野人。坐看青邱呑澤芥，自慚黃潦薦溪蘋。兩邦旌纛光相照，十畝鋤犂手自親。何似秦郎妙天下，明年獻頌請東巡。

《容齋四筆》卷一六《嚴有翼詆坡公》：嚴有翼所著《藝苑雌黃》，該洽有識，蓋近世博雅之士也。然其立說頗務譏詆東坡公，予嘗因論玉川子《月蝕詩》，誚其輕發矣。又有八端，皆近于蚍蜉撼大木，招後人攻擊。（略）最後一篇遂名曰《辨坡》，謂（略）「坐看青丘呑澤芥」，（略）非草芥之芥。（略）如此論文章，其意見亦淺矣。

胡仔《苕溪漁隱叢話》後集卷二七引《藝苑雌黄》：《次韻滕元發寄詩》云：「坐看青邱吞澤芥，自慚黄潦薦溪蘋。」按相如《子虛賦》云：「秋田乎青邱，徬徨乎海外，吞雲夢者八九于其胸中，曾不蔕芥。」蔕芥，刺鯁也，非草芥之芥。西湖詩亦有「青邱已吞雲夢芥」之説，皆非也。

葉大慶《考古質疑》卷五：大慶因而觀坡詩，錯誤尤多，前輩嘗論之矣，今總序于此。（略）又《次韻滕元發等》詩：「坐看清邱吞澤芥，自慚黄潦薦溪蘋。」（略）按相如《子虛賦》：「秋田乎青邱，彷徨乎海外，吞雲夢者八九，于其胸中曾不芥蔕。」芥蔕，刺鯁也，非草木之芥，坡詩云爾，豈非誤歟！

查慎行《初白庵蘇詩補注》卷二四：此詩起句「二公」（「二公詩格老彌新」）屬滕許；次句「野人」（「醉後狂吟許野人」），先生自謂。以下四句，兩兩分説。時滕知湖州，許知潤州，故云「兩邦旌纛」（「兩邦旌纛光相照」）。先生將乞常州居住，故有「十畝鋤犂」（「十畝鋤犂手自親」）之句。結處方説到少游。章法首尾開合如此。王氏注訛認次句中「許」字作姓，遂謂「許野人」指仲塗。一字失解，通篇節節俱礙矣。施氏補注，亦未能確證其謬，今駁正。

紀昀評《蘇文忠公詩集》卷二四：（「坐看青邱吞澤芥」）割裂，不妥。

王文誥《蘇文忠公詩編注集成》卷二四：（「兩邦旌纛光相照」）此句頂二公。（「十畝鋤犂手自親」）此句頂野人。（「何似秦郎妙天下」）詩以少游作結。

送金山鄉僧歸蜀開堂

撞鐘浮玉山，迎我三千指。衆中聞謦欬，未語知鄉里。我非箇中人，何以默識子。振衣忽歸去，隻影千山裏。涪江與中泠，共此一味水。冰盤薦琥珀，何似糖霜美。

洪邁《容齋五筆》卷六《糖霜譜》：糖霜之名，唐以前無所見，自古食蔗者始爲蔗漿，宋玉《招魂》所謂「胹鱉炮羔有柘漿」是也。（略）歷世詩人模奇寫異，亦無一章一句言之，唯東坡公過金山寺，作詩送遂寧僧圓寶云：「涪江與中泠，共此一味水。冰盤薦琥珀，何似糖霜美。」則遂寧糖霜見於文字者，實始二公（蘇、黃）。

查愼行《初白庵蘇詩補注》卷二四：洪邁曰：（略）蔗有四色：曰杜蔗，曰西蔗，曰芬蔗，（略）曰紅蔗（略）。惟杜蔗紫嫩，味極厚，專用作霜。（略）紫爲上，深琥珀次之，淺黃又次之，淺白爲下。（略）」按前說：宋時糖霜色貴紫，與今不同。故公詩云：「金盤薦琥珀，何似糖霜美？」與洪說正合，故詳錄。

送沈逵赴廣南

嗟我與君皆丙子，四十九年窮不死。君隨幕府戰西羌，夜渡冰河斫雲壘。飛塵漲天箭灑甲，歸對妻孥眞夢耳。我謫黃岡四五年，孤舟出沒煙波裏。故人不復通問訊，疾病饑寒疑死矣。相逢握手一大笑，白髮蒼顏略相似。我方北渡脫重江，君復南行輕萬里。功名如幻何足計，學道有涯眞可喜。勾漏丹砂已付君，汝陽甕盎吾何恥。君歸赴我雞黍約，買田築室從今始。

汪師韓《蘇詩選評箋釋》卷四：境遇本各不同，即就不同處形容盡致，而以「道有涯」作無聊解脫之詞，覺滿紙毫飛墨噴，一時怡然冰釋。

紀昀評《蘇文忠公詩集》卷二四：（「嗟我與君皆丙子」中之「我」與「君」）雙綰到底，雖薄而清。

方東樹《昭昧詹言》卷一二：起筆突兀。「君隨」六句分，「故人」四句合，「相逢」二句，神來氣來。「學道有涯」，「涯」當作「牙」，用劉禹錫詩。

又：贈人寄人之詩，如此首暨（略）《送沈逵》（略）皆入妙。

香巖批《紀評蘇詩》卷二四：入格。

趙克宜《角山樓蘇詩評注彙鈔》卷一一：純以直語勝，然質而不俚。

高步瀛《唐宋詩舉要》卷三：極頓挫抑揚之致。又引吴汝綸評：奇趣横生。

豆粥

君不見滹沱流澌車折軸，公孫倉皇奉豆粥。濕薪破竈自燎衣，饑寒頓解劉文叔。又不見金谷敲冰草木春，帳下烹煎皆美人。萍虀豆粥不傳法，咄嗟而辦石季倫。干戈未解身如寄，聲色相纏心已醉。身心顛倒不自知，更識人間有眞味。豈如江頭千頃雪色蘆，茅簷出沒晨煙孤。地碓舂秔光似玉，沙缾煮豆軟如酥。我老此身無著處，賣書來問東家住。卧聽雞鳴粥熟時，蓬頭曳履君家去。

胡仔《苕溪漁隱叢話》後集卷二八：東坡于飲食，作詩賦以寫之，往往皆臻其妙。如《老饕賦》、《豆粥》詩是也。

邵博《邵氏聞見後錄》卷一六：又《豆粥》詩：「溼薪破竈自燎衣，飢寒頓解劉文叔。」按《漢史》，王郎起，光武自薊東南馳，至南宫縣，遇大風雨，引車入道旁空舍，馮異抱薪，鄧禹爇火，光武對竈燎衣。馮異進麥飯，非豆粥，若蕪蔞亭豆粥，則無溼薪破竈燎衣等事，亦誤也。

（略）東坡信天下後世者，寧有誤邪？予應之曰：「東坡累誤千百，尙信天下後世也。」童子更曰：「有是言，凡學者之誤亦許矣。」予曰：「爾非東坡，奈何？」

舊題王十朋《集註分類東坡先生詩》卷二五引次公曰：（「干戈未解身如寄」二句）上句以結光武之豆粥，下句以結石崇之豪富也。

何汶《竹莊詩話》卷一〇引《禁臠》：《豆粥》詩、《眉山石硯歌》，可謂分布用事法，凡二事比類于前，而後發其宏妙也。

查愼行《初白庵詩評》卷中：按結四句，豆粥當有主人，而題中不及，何也？

汪師韓《蘇詩選評箋釋》卷四：波騰雷動，起伏開闔，氣偉采奇，靑蓮無以過。

紀昀評《蘇文忠公詩集》卷二四：牽光武、石崇二事，強生意義，支綴成篇，殊無眞實本領。

（日本）賴山陽《東坡詩鈔》卷三：韻腳皆牢。（「干戈未解身如寄」）文叔。（「聲色相纏心已醉」）季倫。（「豈如江頭千頃雪色蘆」）（「豈如」）二字運動全篇。（「茅簷出沒晨煙孤」）如畫，乃炊粥之煙。（「沙餅煮豆軟如酥」）此句下不着一語，是詩品。（「我老此身無著處」）轉得音節大妙。（「賣書來問東家住」）自杜五律出來。

《歷代詩發》卷二四：兩拈舊事相比，反覺茅簷眞味爲勝。古人貴不如賤，富不如貧，此意得之。

香巖批《紀評蘇詩》卷二四：（《贈潘谷》）勝于《豆粥》、《眉子石硯》矣，妙在以意遣詞耳。

香巖批《紀評蘇詩》卷二七：五六極趣。坡公慣作寒乞語，如（略）「卧聽鷄鳴粥熟時」二句，與此皆一例。

趙克宜《角山樓蘇詩評注彙鈔》附錄卷下：初無情思，僅從豆粥使事，故不免泛塡。

秦少游夢發殯而葬之者云是劉發之柩是歲發首薦秦以詩賀之劉涇亦作因次其韻

君看三代士執雉，本以殺身爲小補。居官死職士死綏，夢尸得官眞古語。五行勝己斯爲官，官如草木吾如土。仕而未祿猶賓客，待以純臣蓋非古。餽焉曰獻稱寡君，豈比公卿相爾汝。世衰道微士失己，得喪悲歡反其故。草袍蘆箠相嫵媚，飲酒嬉游事羣聚。曲江船舫月燈毬，是謂舞殯而歌墓。看花走馬到東野，餘子紛紛何足數。二生年少兩豪逸，詩酒不知軒冕苦。故令將仕夢發棺，勸子勿爲官所腐。塗車芻靈皆假設，著眼細看君勿誤。時來聊復一飛鳴，進隱不須煩伍舉。

葛立方《韻語陽秋》卷一一：晉樂廣曰：「人未嘗夢乘車入鼠穴，搗虀噉鐵杵，以無想因也。」自樂論之，則凡夢皆出于想爾。而殷浩乃曰：「官本臭腐，故將官而夢尸。」是豈出于想耶？《周官》有六夢，夢非止于思而已。劉發方赴舉也，秦少游夢有發殯而葬之者，云是劉發之柩。是歲發首薦，少游以詩賀之曰：「世傳夢凶常得吉，神物戲人良有旨。全美聲名海縣聞，閉久當開乃其理。」少游所原，乃一時褒美贊喜之詞，非殷浩之意也。東坡云（下引「世衰道微士失已」六句、「故令將仕夢發棺」二句）。全篇二百餘言，皆浩意，可謂巧于遣詞者矣。

查愼行《初白庵詩評》卷中：（「仕而未祿猶賓客」四句）人皆讀《禮》，孰能闡發精義如此？（「世衰道微士失已」六句）科目盛於唐，士氣亦從此不振，可爲浩歎。

汪師韓《蘇詩選評箋釋》卷四：說得通透，使人心融神釋。凡經史傳記百家之言，信手拈來，無不貫穿協合。前古詩人未嘗有此，此所謂「詩到蘇黃盡」也。

紀昀評《蘇文忠公詩集》卷二四：純入論宗矣。然此種題不入論宗，如何下語？既入論宗，不透快發洩，如何能暢達其旨？此皆勢之不得不然，不能復以含蓄不露繩之者。

王文誥《蘇文忠公詩編注集成》卷二四：（「五行勝己斯爲官」二句）下句自釋上句。（「故令將仕夢發棺」二句）卓哉名言，妙在從棺上生發，如戲語也。

趙克宜《角山樓蘇詩評注彙鈔》卷一一：此篇純以思路勝，有運用以佐其議論，一往駿利，不復知題之纖仄，韻之束縛。（「待以純臣蓋非古」）謂純以臣禮待之也。（「是謂舞殯而歌墓」）語極奇快。

金山夢中作

江東賈客木棉裘，會散金山月滿樓。夜半潮來風又熟，卧吹簫管到揚州。

黄徹《䂬溪詩話》卷六：「東來賈客木棉裘（略）。」集中題云「夢中作」。蓋坡嘗衣此，坐客誤云：「木棉裘俗。」飲散，乃出此詩，且云：「雖欲俗，不可得也。」坐客大慚。賈客事乃《南史》：孔覬二弟頗營產業，請假東歸，覬出渚迎之。輜重十餘船，皆棉絹紙席之屬。覬僞喜，因命置岸側。既而正色曰：「汝輩忝預士流，何至還東作賈客耶？」命燒盡乃去。

曾季貍《艇齋詩話》：唐人詩云：「惟有河堤衰柳樹，蟬聲相送到揚州。」東破詩云：「夜半潮來風又熟，卧吹簫管到揚州。」參寥詩：「波底鯉魚來去否，尺書寄汝到揚州。」皆用「到揚州」三字，各有思致。

潘德輿《養一齋詩話》卷九：容齋取張文潛愛誦杜公「溪回松風長」五古，坡公「梨花淡白柳深青」七絕，以爲美談。二詩何嘗有一字求奇，何嘗有一字不奇。僕少年不學，鹵莽于詩，不謂容齋鉅手，久已爲此。必知容齋述文潛之意，方于詩學有少分相應耳。予又考坡公七絕甚多，而合作頗少。其才高博學，縱横馳驟，自難爲弦外之音。「梨花淡白」一章，允爲傑出。文潛所賞，足稱隻眼。然坡之七絶高唱，猶有數章，漫識于此，供愛者之諷誦焉。「江東賈客木綿裘（略）。」

紀昀評《蘇文忠公詩集》卷二四：此有感而託之夢作耳。一氣渾成，自然神到。（「夜半潮來風又熟」）今海舶有「風熟」之語。蓋風之初作，轉移不定；過一日不轉，則方向定，謂之「風熟」。

趙克宜《角山樓蘇詩評注彙鈔》卷一一：風調自佳。

陳衍《宋詩精華錄》卷二：公與蔡忠惠、歐陽文忠皆有夢中作，詩境皆奇。

次韻周穜惠石銚

銅腥鐵澀不宜泉，愛此蒼然深且寬。蟹眼翻波湯已作，龍頭拒火柄猶寒。薑新鹽少茶初熟，水漬雲蒸蘚未乾。自古函牛多折足，要知無脚是輕安。

紀昀評《蘇文忠公詩集》卷二四：（「蟹眼翻波湯已作」）銚。（「龍頭拒火柄猶寒」）石。（「薑新鹽少茶初熟」）銚。（「水漬雲蒸蘚未乾」）石。

次韻蔣穎叔

月明驚鵲未安枝，一棹飄然影自隨。江上秋風無限浪，枕中春夢不多時。瓊林花草聞前語，罨畫溪山指後期（自注：蔣詩記及第時瓊林苑宴坐中所言，且約同卜居陽羨）。豈敢便爲雞黍約，玉堂金殿要論思。

曾季貍《艇齋詩話》：東坡：「江上秋風無限浪，枕中春夢不多時。」蓋用白樂天詩。白樂天云：「秋風江上浪無限，夜雨舟中酒一尊。」

紀昀評《蘇文忠公詩集》卷二四：三、四好。

趙翼《甌北詩話》卷五《蘇東坡詩》：坡詩有云「清詩要鍛鍊，方得鉛中銀」。然坡詩實不以鍛鍊爲工，其妙處在乎心地空明，自然流出，一似全不著力而自然沁入心脾。此其獨絕也。今第就七言律論之，如（略）「江上秋風無限浪，枕中春夢不多時。」（略）此數十聯乃是稱心而出，不假雕飾，自然意味悠長。即使事處，亦隨其意之所欲出，而無牽合之迹。此不可以聲調、格律求之也。

王文誥《蘇文忠公詩編注集成》卷二四：（「月明驚鵲未安枝」）用曹操「繞樹三匝，無枝可棲」，因訪求田宅未遂發也。

龜山辯才師

此生念念浮雲改，寄語長淮今好在。故人宴坐虹梁南，新河巧出龜山背。木魚呼客振林莽，鐵鳳橫空飛綵繪。忽驚堂宇變雄深，坐覺風雷生謦欬。羨師遊戲浮漚間，笑我榮枯彈指內。嘗茶看畫亦不惡，問法求詩了無礙。千里孤帆又獨來，五年一夢誰相對。何當來世結香火，永與名山供井磑。

紀昀評《蘇文忠公詩集》卷二四：應酬詩之不俗者。（「忽驚堂宇變雄深」二句）寫出辯才。

方東樹《昭昧詹言》卷一二：起妙。

趙克宜《角山樓蘇詩評注彙鈔》卷一一：語有力量，全從妙悟得來。若無此聯（「忽驚」一聯），此詩雖不作可也。

贈潘谷

潘郎曉踏河陽春，明珠白璧驚市人。那知望拜馬蹄下，胸中一斛泥與塵。何似墨潘穿破褐，琅琅翠餅敲元笏。布衫漆黑手如龜，未害冰壺貯秋月。世人重耳輕目前，區區張李爭媸妍。一朝入海尋李白，空看人間畫墨仙。

《捫虱新話》上集卷四《東坡南遷之讖》：坡又嘗《贈潘谷》詩云：「一朝入海尋李白，空看人間畫墨仙。」潘後數年果因醉赴于井中，趺坐而死，人皆異之。坡固不獨自讖，且又讖殺潘谷耶！

何薳《春渚紀聞》卷八《潘谷墨仙揣囊知墨》：潘谷賣墨都下。元祐初，余爲童子，侍先君居武學直舍中。谷嘗至，負墨篋而酣詠自若，每笏止取百錢，或就而乞，探篋取斷碎者與之，不吝也。其用膠不過五兩之制，亦遇濕不敗。後傳谷醉飲郊外，經日不歸，家人求之，坐于枯井而死，體皆柔軟，疑其解化也。東坡先生嘗贈之詩，有「一朝入海尋李白，空看人間畫墨仙」之句，蓋言其爲墨隱也。山谷道人云：「潘生一日過余，取所藏墨示之，谷隔錦囊揣之曰：『此李承宴軟劑，今不易得。』又揣一曰：『此谷二十年造者，今精力不及，無此墨也。』取視，果然。」其小握子墨，醫者云可入藥用，亦藉其眞氣之力也。

紀昀評《蘇文忠公詩集》卷二四：起四句與《豆粥》詩同一落想，皆無聊之牽引。（「何似墨潘穿破褐」）錯在借一姓潘人，轉成小樣。如以此意泛泛說入，卻不失大方。（「布衫漆黑手如龜」二句）二語卻警。

張道《蘇亭詩話》卷五《補注類》：《墨史》：「陳無己云：『往于秦少游家見李墨，不爲文理，質如金石，亦裕陵所賜。王平甫所藏者，其子斿以遺少游，潘谷見之載拜云：眞廷珪所作也！世惟王世四學士有之，與此爲二矣。』」按《贈潘谷》詩：「區區張李爭媸妍。」查氏注引《後山叢談》，略有小異。又《墨史》于潘谷條亦記此事，特文不同。

香巖批《紀評蘇詩》卷二四：勝于《豆粥》、《眉子石硯》矣，妙在以意遣詞耳。

徐大正閒軒

冰蠶不知寒，火鼠不知暑。知閒見閒地，已覺非閒侶。君看東坡翁，懶散誰比數。形骸墮醉夢，生事委塵土。蚤眠不見燈，晚食或敧午。卧看盜取氈，坐視麥漂雨。語希舌頰強，行少腰腳傴。五年黃州城，不蹋黃州鼓。人言我閒客，置此閒處所。問閒作何味，如眼不自睹。頗訝徐孝廉，得閒能幾許。介子願奉使，翁歸備文武。應緣不耐閒，名字挂庭宇。我詩爲閒作，更得不閒語。君如汗血駒，轉盼略燕楚。莫嫌鑾輅重，終勝鹽車苦。

查愼行《初白庵詩評》卷中：（「知閑見閑地」二句）入手撇題。（「人言我閑客」四句）熟於佛經，方有如許境界。（「應緣不耐閑」四句）舌本靑蓮，瀾翻不竭。

汪師韓《蘇詩選評箋釋》卷四：爲閒字轉語，轉轉無竭，是問是答，兩無縛脫。以偈頌體入詩，自雪堂始也。
紀昀評《蘇文忠公詩集》卷二四：（起處）純用議論，亦殊揮斥自如。此種不易學，無其心思筆力，而強爲之，便成禪偈，與靜照堂詩同一翻案，此較和平耳。（首四句）入手撇過。
趙翼評沈德潛《宋金元三家詩·東坡詩選》卷上：（「君如汗血駒」四句）反結。
趙克宜《角山樓蘇詩評注彙鈔》卷一一：一起難得此兩證，否則議論無根。（「君看東坡翁」）闌入自己作襯。（「問閑作何味」）頓筆，與起處相應。（「頗訝徐孝廉」）至此方入徐。

蒜山松林中可卜居余欲僦其地地屬金山故作此詩與金山元長老

魏王大瓠無人識，種成何翅實五石。不辭破作兩大尊，只憂水淺江湖窄。我材濩落本無用，虛名驚世終何益。東方先生好自譽，孟賁子路幷爲一。杜陵布衣老且愚，信口自比契與稷。暮年欲學柳下惠，嗜好酸鹹不相入。金山也是不羈人，蚤歲聞名晚相得。我醉而嬉欲仙去，旁人笑倒山謂實。問我此身何所歸，笑指浮休百年宅。蒜山幸有閒田地，招此無家一房客。

紀昀評《蘇文忠公詩集》卷二四：極力做出，卻不十分自如。

王文誥《蘇文忠公詩編注集成》卷二四：（「杜陵布衣老且愚」四句）公論詩云：「子美自比稷與契，人未必許也。然其詩云：『舜舉十六相，身尊道益高。秦時用商鞅，法令如牛毛。』此自是契、稷輩人口中語。又云：『知名未足稱，局促商山芝。』乃知子美詩外尚有事在。」以上皆公語也。子美以不愚爲愚，而公詩仍其意。客有過韻山堂論詩，謂公詆子美太過者，不覺失笑。因曉之曰：公作此詩在廢中。自「我材本無用」句後所列數人，皆借以自託，至「暮年欲學」句，即一概攬歸于己，及以「不羈人」入元老，而前已截清，與元老無涉矣。時方以杜自託，寓與世不合之意，肯詆之乎？

趙克宜《角山樓蘇詩評注彙鈔》附錄卷下：爲欲卜居詩，安得如此泛衍？（「金山也是不羈人」二句）比例不倫。（「旁人笑倒山謂實」）「山謂實」語更拙。

王中甫哀辭

仁宗朝以制策登科者十五人，軾忝冒時，尚有富彥國、張安道、錢子飛、吳長文、夏公酉、陳令舉、錢醇老、王中父，並軾與家弟轍九人存焉。其後十有五年，哭中父於密州，作詩弔之，則子飛、長文、令舉歿矣。又八年軾自黃州量移汝海，與中父之子沇之相遇於京口，相持而泣，則十五人者獨三人存耳，蓋安道及軾與家弟而已。嗚呼悲夫！乃復次前韻，以遺沆之。時沆之亦以辠謫家於錢塘云。

生芻不獨比前人，束藁端能廢謝鯤。子達想無身後念，吾衰不復夢中論。已知毅豹爲均死，未識荆凡定孰存。堪笑東坡癡鈍老，區區猶記刻舟痕。

吳聿《觀林詩話》：東坡《王平父哀詞》：「已知毅豹爲均死，未識荆凡定孰存。」雖拘詩律易「楚」爲「荆」，然古人多以荆、楚二字互用。如《後漢·臧洪論》云：「可謂懷哭秦之節，存荆則未也。」亦不云楚而云荆也。

紀昀評《蘇文忠公詩集》卷二四：純是宋格，而氣體渾闊，無江西生硬之痕。

翁方綱《石洲詩話》卷三：《王中甫哀辭》，自次前韻，結句云：「區區猶記刻舟痕。」固是收裹全篇之意，然於自次前韻，亦復即離關合。蘇詩之妙，皆此類也。

王文誥《蘇文忠公詩編注集成》卷二四：（「區區猶記刻舟痕」）「九重新掃舊巢痕」句，因罷三館而發，前人論之詳矣。此句亦因罷制科而發，而其意更深，幾無蹤迹可尋矣。

趙克宜《角山樓蘇詩評注彙鈔》卷一一：末聯用意，蓋追憶罷制科取士而作此慨也。

蔡景繁官舍小閣

使君不獨東南美，典型尚記先君子。戲嘲王叟短轅車，肯爲徐郎書紙尾。三年弭節江湖上，千首放懷風月裏。手開西閣坐虛明，目淨東溪照清泚。素琴濁酒容一榻，落霞孤鶩供千里。大舫何時繫門柳，小詩屢欲書窗紙。文昌新構滿鵷鸞，都邑正喧收杞梓。相逢一醉豈有命，南來寂寞君歸矣。

紀昀評《蘇文忠公詩集》卷二四：（「戲嘲王叟短轅車」）王叟杜撰，蓋避蔡家諱耳。

香巖批《紀評蘇詩》卷二四：入格。

十一月十三日與幾先自竹西來訪慶老不見獨與徐君卿供奉蟾知客東閣道話久之惠州追錄。

卷卷長廊走黃葉，席簾垂地香煙歇。主人待來終不來，火紅銷盡灰如雪。

邵伯梵行寺山茶

山茶相對阿誰栽，細雨無人我獨來。說似與君君不會，爛紅如火雪中開。

高郵陳直躬處士畫雁二首

汪師韓《蘇詩選評箋釋》卷四：色斯舉矣，語隱而不發。前作更從未起時見其意之先改，竊疑處士雖善畫，未必能逮此詩。後作又於安翔徐行處見意，動靜各得其微。詩中畫，畫中詩，二難並矣。

野雁見人時，未起意先改。君從何處看，得此無人態。無乃槁木形，人禽兩自在。北風振枯葦，微雪落璀璀。慘澹雲水昏，晶熒沙礫碎。弋人悵何慕，一舉渺江海。

張謙宜《絸齋詩談·評論二·蘇東坡》：《高郵孫直躬處士畫雁》：「野雁見人時，未起意先改。君從何處看，得此無人態。」此十字句法。

紀昀評《蘇文忠公詩集》卷二四：（起處）一片神行，化盡刻畫之迹。

（日本）賴山陽《東坡詩鈔》卷一：此詩于前五首中尤勝者，妙想妙語，非公不能道出。（「北風振枯葦」以下）下半篇不出一雁字，言景物而雁在其中。（「一舉渺江海」）暗說君人。

吳喬《圍爐詩話》卷一：詩貴活句，賤死句。石曼卿《詠紅梅》云：「認桃無綠葉，辨杏有青枝。」于題甚切，而無豐致，無寄托，死句也。明人充棟之集，莫非是物，二李爲尤甚耳。子瞻能識此病，故曰：「賦詩必此詩，定非知詩人。」其題畫云：「野雁無人時，未起意先改。君于何處看，得此無人態？」措詞雖未似唐人，而能于畫外見作者魚鳥不驚之致，乃活句也。

張道《蘇亭詩話》卷一：東坡詩，體物有極細處。如（略）「野雁見人時，未起意先改」。

趙克宜《角山樓蘇詩評注彙鈔》卷一一：落想超絕。

高步瀛《唐宋詩舉要》卷一引吳汝綸評：起四語，坡公獨到妙處，他人所無。

衆禽事紛爭，野雁獨閑潔。徐行意自得，俯仰若有節。我衰寄江湖，老伴雜鵝鴨。作書問陳子，曉景畫苕霅。依依聚圓沙，稍稍動斜月。先鳴獨鼓翅，吹亂蘆花雪。

紀昀評《蘇文忠公詩集》卷二四：此首蛇足。

香巖批《紀評蘇詩》卷二四：無此一首，則祇詠雁，非題畫矣。

和王斿二首　自注：斿，平甫子。

異時長怪謫仙人，舌有風雷筆有神。聞道騎鯨游汗漫，憶嘗捫蝨話悲辛。氣呑餘子無全目，詩到諸郎尙絕倫。白髮故交空掩卷，淚河東注問蒼旻。

釋惠洪《冷齋夜話》卷四：對句法，詩人窮盡其變，不過以事、以意、以出處具備謂之妙。如荆公曰：「平昔離愁寬帶眼，迄今歸思滿琴心。」又曰：「欲寄歲寒無善畫，賴傳悲壯有能琴。」乃不若東坡微意特奇，如曰：「見說騎鯨游汗漫，亦曾捫蝨話酸辛。」（《和王斿二首》）（略）又曰：「龍驤萬斛不敢過，漁舟一葉縱掀舞。」以「鯨」爲「蝨」對，以「龍驤」爲「漁舟」對，大小氣焰之不等，其意若玩世，謂之秀傑之氣終不可沒者，此類是也。

陳巖肖《庚溪詩話》卷下：宋景文有詩曰：「捫虱須逢英俊主，釣鰲豈在牛蹄灣。」以小物與大爲對，而語壯氣勁，可嘉也。而東坡一聯曰：「聞說騎鯨游汗漫，憶嘗捫蝨話悲辛。」則律切而語益奇矣。

紀昀評《蘇文忠公詩集》卷二四：純以氣勝。（「憶嘗捫蝨話悲辛」）第四句逆挽法。

賀裳《載酒園詩話・蘇軾》：《哭王斿父平甫》曰：「聞道騎鯨游汗漫，憶嘗捫蝨話悲辛。」使事妙無痕跡，眞鉅匠也。

嫋嫋春風送度關，娟娟霜月照生還。遲留歲暮江淮上，來往君家伯仲間。未厭冰灘吼新洛，且看松雪媚南山。野梅官柳何時動，飛蓋長橋待子閒。

查慎行《初白庵詩評》卷中：（「飛蓋長橋待子閑」）在泗州。

查慎行《初白庵蘇詩補注》卷二四：施氏原注謂「東坡過金陵，與介甫相唱和，故詩云：『來往君家伯仲間』。」予考平甫之歿在熙寧十年，王斿乃介甫猶子，豈得稱伯仲？詩中所云，只是說元鈞、元龍兄弟耳。施注一段雖經新刻本刪去，而舊本所有，故爲辨正。

次韻張琬

新落霜餘兩岸隆，塵埃舉袂識西風。臨淮自古多名士，樽酒相從樂寓公。半日偸閒歌嘯裏，百年暗盡往來中。知君不向窮愁老，尙有淸詩氣吐虹。

紀昀評《蘇文忠公詩集》卷二四：（「新落霜餘兩岸隆」）「隆」字腐甚！此等不是不通，只是不佳。如近代蓮洋山人用「柳花」作「柳葩」，「葩」字何嘗非花，然是底語？

次韻王定國南遷回見寄

土暈銅花蝕秋水，要須悍石相礱砥。十年冰蘗戰膏粱，萬里煙波濯汍綺。歸來詩思轉清激，百丈空潭數魴鯉。逝將桂浦擷蘭蓀，不記槐堂收劍履。卻思庾嶺今何在，更說彭城眞夢耳（自注：來詩述彭城舊遊）。君知先竭是甘井，我願得全如苦李。妄心不復九迴腸，至道終當三洗髓。廣陵陽羨何足較（自注：余買田陽羨，來詩以爲不如廣陵），只有無何眞我里。樂全老子今禪伯（自注：謂張安道也，定國其壻），掣電機鋒不容擬。心通豈復問云何，印可聊須答如是。相逢爲我話留滯，桃花春漲孤舟起。

王楙《野客叢書》卷二三《集注坡詩》：《集注坡詩》有未廣者，（略）坡詩又曰：「桃花春浪孤舟起。」程注：「《杜欽傳》：去年桃花水。」趙注：「三月桃花浪，見《前漢志》。」不知此事已見《月令》：「仲春之月，桃始華，雨水生。」

袁宏道評閱譚元春選《東坡詩選》卷五譚元春評：袁（宏道）極賞首四語。

查愼行《初白庵詩評》卷中：（「十年冰蘗戰膏粱」四句）登少陵之堂，入昌黎之室。

汪師韓《蘇詩選評箋釋》卷四：盤空硬語，具體昌黎。

紀昀評《蘇文忠公詩集》卷二四：(起處)筆筆精鋭。(「十年冰蘗戰膏粱」四句)盤空硬語，具體昌黎。

方東樹《昭昧詹言》卷一二：奇起。「卻思」四句，神到氣到之作。

又：贈人寄人之詩，如此首暨(略)《次韻王定國南遷回見寄》篇皆入妙。

趙克宜《角山樓蘇詩評注彙鈔》卷一一：(「十年冰蘗戰膏粱」)四句快語，東坡本色，未見似韓。(「君知先竭是甘井」二句)此聯是篇中樞紐。

贈梁道人

采藥壺公處處過，笑看金狄手摩挲。老人大父識君久，造化小兒如子何。寒盡山中無曆日，雨斜江上有漁簑。神仙護短多官府，未厭人間醉踏歌。

黄朝英《靖康緗素雜記》卷一〇《銅人》：《魏略》曰：「明帝景初元年，徙長安鐘虡、駱駝、銅人、承露盤，盤折，銅人重不可致，留于霸城，大發卒鑄作銅人二，號曰翁仲，列坐司徒門外。」又《漢晉春秋》曰：「帝徙盤，盤折，聲聞數十里，金狄或泣，因留霸城。」又唐李賀《金銅仙人辭漢歌》序云：「魏明帝青龍九年八月，詔宫官牽車，西取漢孝武捧露盤仙人，欲立置前殿。宫官既拆盤，仙人臨載，乃潸然泪下。」歌曰：「茂陵劉郎秋風客，夜聞馬嘶曉無迹。畫欄桂樹懸秋香，三十六宮土花碧。魏官牽車指千里，東關酸風射眸子。空將漢月出宮門，憶君清泪如鉛華。衰蘭送客咸陽道，天若有情天亦老。攜盤獨出月荒涼，渭城已遠波聲小。」案《明帝紀》，青龍五年三月，改爲景初元年，是歲徙長安銅人，重不可致。而李賀以謂青龍九年八月，蓋明帝以青龍五年三月改爲景初元年，至三年而崩，則無青龍九年明矣，疑李誤也。酈元《水經注》云：「魏文帝黃初元年，徙咸陽始皇所鑄金人十二，重不可致，因留霸城南。」即與明帝所徙銅人事略同，意未詳其旨。《史記》秦始皇二十六年，有大人長五丈，足履六尺，皆夷狄服，凡十二人，見于臨洮。是歲，始皇初併六國，反喜以爲瑞，銷天下兵器，作金人十二以象之。後十四年而秦亡。又後漢薊子有神異之道，時有百歲翁，自說爲兒童時，已見子訓賣藥于會稽市，顏色不異于今。後人復于長安東霸城見之，與一老翁共摩挲銅人，相謂曰：「適見鑄此，而已近五百歲矣。」注云：「秦始皇二十六年，收天下兵器聚咸陽，鑄金人十二，重各千石，置宮庭中，至此四百二十餘年。」故東坡《贈梁道人》詩云：「鶴骨飄飄紫府仙，摩挲金狄不知年。」皆用此也。

雍秀才畫草蟲八物

紀昀評《蘇文忠公詩集》卷二四：八首皆借物寓意，亦山谷《演雅》之類。

趙克宜《角山樓蘇詩評注彙鈔》卷一一：八詩寄託顯然，但鑿定某首比某人，恐亦未確。

促織

月叢號耿耿，露葉泣溥溥。夜長不自暖，那憂公子寒。

蟬

蛻形濁污中，羽翼便翾好。秋來間何闊，已抱寒莖槁。

蝦蟆

睅目知誰瞋，皤腹空自脹。慎勿困蜈蚣，饑蛇不汝放。

紀昀評《蘇文忠公詩集》卷二四：（「皤腹空自脹」）「脹」字，唐薛能詩嘗用之，然終非佳字。如「瞪目」字，唐人亦屢用之，究是近俚，不可訓也。

蜣蜋

洪鐘起暗室，飄瓦落空庭。誰言轉丸手，能作殷牀聲。

天水牛

兩角徒自長，空飛不服箱。爲牛竟何事，利吻穴枯桑。

蝎　虎

跂跂有足蛇，脈脈無角龍。爲虎君勿笑，食盡蠆尾蟲。

趙克宜《角山樓蘇詩評注彙鈔》卷一一：此首獨不貶蝎虎，别是一意。

蝸　牛

腥涎不滿殼，聊足以自濡。升高不知回，竟作黏壁枯。

蔡正孫《詩林廣記》後集卷三引趙彥材語：《蝸牛》、《鬼蝶》雖不用事與語，而《蝸牛》之戒登高，（略）皆有深意矣。

鄧椿《畫繼》卷四：雍秀才，不知何許人。坡有詠所畫《草蟲八物》詩，詩意每一物譏當時用事者一人，如「升高不知回，竟作黏壁枯」，以比介甫。

陳秀明《東坡詩話錄》卷下引《王直方詩話》：東坡作《蝸牛》詩云：「中弱不勝獨，外堅聊自郛。升高不知疲，竟作黏壁枯。」後改云：「腥涎不滿殼，聊足以自濡。升高不知回，竟作黏壁枯。」余亦以爲改者勝。

鬼　蝶

雙眉卷鐵絲，兩翅暈金碧。初來花爭妍，忽去鬼無跡。

蔡正孫《詩林廣記》後集卷三引趙彥材語：《蝸牛》、《鬼蝶》雖不用事與語，而（略）《鬼蝶》之嘆倏忽者，皆有深意矣。

鄧椿《畫繼》卷四：「初來花爭妍，忽去鬼無跡」，以比章惇。

泗州南山監倉蕭淵東軒二首

汪師韓《蘇詩選評箋釋》卷四：有幽邃之趣，蕭條高寄，盡得風流。

紀昀評《蘇文忠公詩集》卷二四：二詩俱清切。

偶隨漁父採都梁（自注：南山名都梁山，山出都梁香故也），竹屋松扉試乞漿。但見東軒堪隱几，不知公子是監倉。溪中亂石牆垣古，山下寒蔬七箸香。我是江南舊遊客，挂冠知有老蕭郎。

洪邁《容齋三筆》卷六《東坡詩用老字》：東坡賦詩，用人姓名，多以老字足成句。如（略）《東軒》云「掛冠知有老蕭郎」，（略）是皆以爲助語，非眞謂其老也。大抵七言則于第五字用之，五言則于第三字用之。

汪師韓《蘇詩選評箋釋》卷四：前首結句用老蕭郎，亦本香山「能文好飲老蕭郎」之句。容齋引老元爲例而不引此，疏矣。

趙克宜《角山樓蘇詩評注彙鈔》卷一一：溯其先世作結，與「公子」字相應。

北望飛塵苦晝霾，洗心聊復寄東齋。珍禽聲好猶思越，野橘香清未過淮。有信微泉來遠嶺，無心明月轉空階。一官倉庾眞堪老，坐看松根絡斷崖。

周必大《跋東坡詩帖》（廬陵周益國文忠公集·省齋文稿》卷一九）：瀏陽丞新喻蕭君一致五世從祖潛夫元豐七年監盱眙倉，坡公歲除前過其東軒，留題二詩，蓋量移汝州時也。按盱眙隸泗州，州在淮北，其縣治即淮陰故都梁，號淮南第一山，景物清曠。公既樂之，而潛夫諱淵，蓋慕陶靖節者，其人亦可知矣。此公所爲賦詩也。

查慎行《初白庵蘇詩補注》卷二四：施氏原注：「此詩猶存蕭氏，墨蹟刻石成都。『珍禽聲好猶思越』作『杯越』，未知即蕭氏所藏，或是别本也。」

趙克宜《角山樓蘇詩評注彙鈔》卷一一：託意在即離之間，語有雋味。

泗州除夜雪中黄師是送酥酒二首

暮雪紛紛投碎米，春流咽咽走黄沙。舊遊似夢徒能說，逐客如僧豈有家。冷硯欲書先自凍，孤燈何事獨生花。使君夜半分酥酒，驚起妻孥一笑譁。

紀昀評《蘇文忠公詩集》卷二四：（「投碎米」）三字不雅。（「舊遊似夢徒能說」二句）三四呼起末二句。（末二句）點得輕便，恰引起第二首。

趙翼《甌北詩話》卷五《蘇東坡詩》：坡詩有云「清詩要鍛鍊，方得鉛中銀」。然坡詩實不以鍛鍊爲工，其妙處在乎心地空明，自然流出，一似全不著力而自然沁入心脾。此其獨絶也。今第就七言律論之，如（略）「舊遊似夢徒能說，逐客如僧豈有家。」（略）此數十聯乃是稱心而出，不假雕飾，自然意味悠長。即使事處，亦隨其意之所欲出，而無牽合之迹。此不可以聲調、格律求之也。

《歷代詩發》卷二四：脈緊神完，渾然一氣。

關右土酥黃似酒，揚州雲液卻如酥。欲從元放覓拄杖，忽有麴生來坐隅。對雪不堪令飽暖，隔船應已厭歌呼。明朝積玉深三尺，高枕牀頭尙一壺。

邵博《邵氏聞見後錄》卷一六：又《謝黃師是送酒》詩：「偶逢元放覓柱杖，不覺麴生來坐隅。」檢《左慈元放傳》，無拄杖酒事。按抱朴子《列仙傳》，孔元方每飲酒，以拄杖卓地倚之，倒其身，頭在下，足在上。則拄杖酒事乃孔元方，非左元放，亦誤也。（略）東坡信天下後世者，寧有誤邪？予應之曰：「東坡累誤千百，尙信天下後世也。」童子更曰：「有是言，凡學者之誤亦許矣。」予曰：「爾非東坡，奈何？」

趙與時《賓退錄》卷六引孫覿《復曾端伯書》：東坡《橄欖》詩云：「已輸崖蜜十分甜。」惠洪以崖蜜爲櫻桃。又有俗子假東坡名註杜詩，云「金城土酥靜如練」爲蘆菔根者。東坡《地黃》詩云：「崖蜜助甘冷，山薑發芳辛。」製地黃法，當用姜與蜜，而用櫻桃可乎？黃師是守泗時，以酥酒遺東坡，答詩云：「關右土酥黃似酒，揚州雲液卻如酥。」謂土酥爲蘆菔根可乎？公著論斥其妄，良有益于後人耳目也。

袁文《甕牖閑評》卷五：蘇東坡詩云：「關右玉酥黃似酒。」碑本乃作「土酥」，「土」字是也。况末句又云：「明朝積玉高三尺。」無用兩「玉」字之理，則是「土」字無疑。

紀昀評《蘇文忠公詩集》卷二四：此首未佳。（「明朝積玉深三尺」二句）雙綰作收好。

章錢二君見和復次韻答之二首

黃昏已作風翻絮，半夜猶驚月在沙。照汴玉峰明佛刹，隔淮雲海暗人家。來牟有信迎三白，薝蔔無香散六花（自注：薝蔔，梔子花也，與雪花皆六出）。欲喚阿咸來守歲，林烏櫪馬鬬喧譁。

分無纖手裁春勝，况有新詩點蜀酥。醉裏冰髭失纓絡，夢回布被起廉隅。君應旅睫寒生暈，我亦饑腸夜自呼。明日南山春色動，不知誰佩紫微壺。

紀昀評《蘇文忠公詩集》卷二四：（「我亦饑腸夜自呼」）「呼」字不妥。

紀昀評蘇文忠公詩集卷二十五

正月一日雪中過淮謁客回作二首

十里清淮上，長堤轉雪龍。冰崖落屐齒，風葉亂裘茸。萬頃穿銀海，千尋度玉峰。從來修月手，合在廣寒宮。

《御選唐宋詩醇》卷三四：要之，「玉樓」爲肩，「銀海」爲目，必作如是解，詩意乃通。若集中詩尚有《雪中過淮謁客》詩云：「萬頃穿雲海」，（略）則又不當與此一例解也。

紀昀評《蘇文忠公詩集》卷二五：通體凡近，五六尤俗。

攢眉有底恨，得句不妨清。霽霧開寒谷，饑鴉舞雪城。橘聲春市散，塔影暮淮平。不用殘燈火，船窗夜自明。

書劉君射堂

蘭玉當年刺史家，雙鞬馳射笑穿花。而今白首閒驄馬，只有清尊照畫蛇。寂寂小軒蛛網徧，陰陰垂柳雁行斜。手柔弓燥春風後，置酒看君中戟牙。

紀昀評《蘇文忠公詩集》卷二五：（「只有清尊照畫蛇」）用事無謂，只趁韻耳。

王文誥《蘇文忠公詩編注集成》卷二五：（「只有清尊照畫蛇」）此句謂刺史已故，不復馳射，但遺弓在壁間耳。次聯押畫蛇甚當，而曉嵐以爲趁韻，彼乃忘卻題是「射堂」，故發此糊塗也。

孫莘老寄墨四首

紀昀評《蘇文忠公詩集》卷二五：四詩皆老重深穩。

張道《蘇亭詩話》卷五《補注類》：二十五卷《孫莘老寄墨》題下，施注言東坡蓄墨最富，壞于海舟事。今按陸友《墨史》云：「子瞻自儋耳歸至廣州，舟敗，亡墨四篋，平生所寶皆盡，僅于諸子處得李墨一丸，潘谷墨兩丸，自是至毗陵捐館舍，所用皆此三墨也。」陸氏所述，較施注特詳，宜補入。

徂徠無老松，易水無良工。珍材取樂浪，妙手惟潘翁（自注：潘谷作墨，雜用高麗煤）。魚胞熟萬杵，犀角盤雙龍。墨成不敢用，進入蓬萊宮。蓬萊春晝永，玉殿明房櫳。金箋灑飛白，瑞霧縈長虹。遙憐醉常侍，一笑開天容。

紀昀評《蘇文忠公詩集》卷二五：此首叙墨之來由，落到莘老，是第一章。

張道《蘇亭詩話》卷五《補注類》：《孫莘老寄墨》詩云：「易水無良工。」按《墨史》「晁氏云：『古人用墨多自制造，故匠氏不顯。唐之匠氏，惟聞祖敏。』按《唐書·地理志》，易州土貢墨。意當時治墨者不特祖氏。其後奚、李、張、陳皆出易水，制作之盛，有由來矣。」據陸氏亦本《墨譜》，獨著祖敏名，王、施注兩引俱不言敏，故補之。又按查氏節引《墨史》，辨庭珪有奚、李二人。今檢《墨史》後數則，仍引衆說爲奚即李，如云：「廷珪本易水人，其父超，唐末流離渡江，睹歙中可居造墨，故有名焉。」又引蔡君謨云：「超與其子庭珪，唐末自易水渡江至歙州，地多美松，因而留居，遂以墨名家，本姓奚，江南賜姓李氏。」又云：「廷珪本燕人，奚初姓，後涉江南，其初未奇，久而益佳，故李主寵其能，賜之姓也。」則陸氏仍不廢舊說云。

張道《蘇亭詩話》卷五《補注類》：《墨史》：「高麗貢墨，猛州爲上，順州次之。舊作大挺，不善合膠，脆軟不光，後稍得膠法，作小挺差勝，然其煙極輕細。往時潘谷嘗取高麗煤再杵入膠，遂爲絕等。」按：此則可補注《孫莘老寄墨》詩「珍材取樂浪，妙手惟潘翁」二句下。又東坡自注云高麗煤，此云墨，略異。

趙克宜《角山樓蘇詩評注彙鈔》卷一二：（「遙憐醉常侍」）運用佳。

谿石琢馬肝，剡藤開玉版。嘘虛雲霧出，奕奕龍蛇綰。此中有何好，秀色紛滿眼。故人歸天祿，古漆窺蠹簡。隃麋給尙方，老手擅編剗。分餘幸見及，流落一歎赧。

紀昀評《蘇文忠公詩集》卷二五：此首敘到莘老寄，是第二章。

我貧如饑鼠，長夜空齩齧。瓦池研竈煤，葦管書柹葉。近者唐夫子，遠致烏玉玦（自注：唐林夫寄張遇墨半丸）。先生又繼之，圭璧爛箱篋。晴窗洗硯坐，蛇蚓稍蟠結。便有好事人，敲門求醉帖。

紀昀評《蘇文忠公詩集》卷二五：（「近者唐夫子」二句）此首拉一陪客，蹙起波瀾，落到自己，是第三章。

趙克宜《角山樓蘇詩評注彙鈔》卷一二：（「晴窗洗硯坐」）語不必深，自然淸峭。

吾窮本坐詩，久服朋友戒。五年江湖上，閉口洗殘債。今來復稍稍，快癢如爬疥。先生不譏訶，又復寄詩械。幽光發奇思，點黠出荒怪。詩成自一笑，故疾逢蝦蟹。

袁宏道評閱譚元春選《東坡詩選》卷五譚元春評：偶然戲筆，亦自快。然不可爲典要，學其落韻，便當誤後生。

紀昀評《蘇文忠公詩集》卷二五：此首以自己作收，是第四章。凡連章詩，須篇法井然，不可增減移置。（「先生不譏訶」）斗合有力。

趙克宜《角山樓蘇詩評注彙鈔》卷一二：「幽光」一聯沈着，足以鎮紙。得此乃不傷于剽。

留題蘭皐亭

雪後東風未肯和，扣門還客夜經過。不知舊竹生新筍，但見清伊換濁河。無復往來乘下澤，聊同語笑說東坡。明年我亦開三徑，寂寂兼無雀可羅。

紀昀評《蘇文忠公詩集》卷二五：中四句虛字平頭。

和人見贈

只寫東坡不著名，此身已是一長亭。壯心無復春流起，衰鬢從教病葉零。知有雪兒供筆硯，應嗤竈婦洗盆缾。回來索酒公應厭，京口新傳作客經。

和田仲宣見贈

頭白江南醉司馬，寬心時復喚殷兄。寒潮不應淮無信，客路相隨月有情。未許低頭拜東野，徒言飲酒勝公榮。好詩惡韻那容和，刻燭應須便置觥。

紀昀評《蘇文忠公詩集》卷二五：（「好詩惡韻那容和」二句）結弩末。

和王勝之三首

城上湖光暖欲波，美人唱我踏春歌。魯公賓客皆詩酒，誰是神仙張志和。

紀昀評《蘇文忠公詩集》卷二五：隱然自負，風調殊佳。

齊釀如澠漲綠波，公詩句句可絃歌。流觴曲水無多日，更作新詩繼永和。

紀昀評《蘇文忠公詩集》卷二五：此首便敷衍。

要知太守憐孤客，不惜陽春和俚歌。坐睡尊前呼不應，爲公雕琢損天和。

紀昀評《蘇文忠公詩集》卷二五：此首更湊泊。

南都妙峰亭

千尋挂雲闕，十頃含風灣。開門弄清泚，照見雙銅鐶。池臺半禾黍，桃李餘榛菅。無人肯回首，日暮車斑斑。使君非世人，心與古佛閒。時要聲利客，來洗塵埃顏。新亭在東阜，飛宇臨通闤。古甃磨翠壁，霜林散煙鬟。孤雲抱商邱，芳草連杏山。俯仰盡法界，逍遙寄人寰。亭亭妙高峰，了了蓬艾間。五老壓彭蠡，三峰照潼關。均爲拳石小，配此一掬慳。煩公爲標指，免使勤躋攀。

王鳴盛《蛾術編》卷七八：《南都妙峰亭》云：「新亭在東阜，飛宇臨通闤。古甃磨翠壁，霜林散煙鬟。」（略）同紐字連用二韻，似全無知識之人所爲。集中如此逞筆亂寫者甚多，略舉數章以明之。古人韻本如《廣韻》、《集韻》，皆于同紐字另作一圈，以爲識別，界限甚嚴。若如東坡，則何不概去其圈，混而爲一？蓋在東坡當日，初不知其爲病，一時後生小子，從風而靡，同紐連用。東坡見之，亦不以爲病，且和其韻，存之集中。識既粗極，心又不虛，貽誤千古矣。鶴壽按：古人作詩不避重韻，況同紐乎？（略）同字尙連用之，況同紐乎？（略）然古人不以爲意，今人則嫌其重複矣。東坡之文如萬解泉源，隨地湧出，未可以用同紐韻少之。

紀昀評《蘇文忠公詩集》卷二五：（「日暮車斑斑」）「斑」當作「班」。（「煩公爲標指」二句）結得少味。

記夢

樂全先生夢人以詩三篇示之，字皆旁行而不可識。旁有人道衣古貌，爲讀其中一篇云：

「人事且常在，留質悟圓間。」凡四句，覺而忘其二，以告其客蘇軾，軾以私意廣之云。

圓間有物物間空，豈有圓空入井中。不信天形眞箇樣，故應眼力自先窮。連環已解如神手，萬竅猶號未濟風。稽首問公公大笑，本來誰礙更求通。

紀昀評《蘇文忠公詩集》卷二五：太似偈頌，便無復詩意。

趙翼《甌北詩話》卷五：至於摹彷佛經，掉弄禪語，以之入詩，殊覺可厭，不得以其出自東坡，遂曲爲之說也。（略）《記夢》詩：「圓間有物物間空（略）。」此等本非詩體而以之說禪理，亦如撮空，不過彷禪家語錄機鋒，以見其旁涉耳。

寄蘄簟與蒲傳正

蘭溪美箭不成笛，離離玉筯排霜脊。千溝萬縷自生風，入手未開先慘慄。公家列屋閑蛾眉，珠簾不動花陰秋。霧帳銀牀初破睡，牙籤玉局坐彈碁。東坡病叟長羈旅，凍卧饑吟似饑鼠。倚賴春風洗破衾，一夜雪寒披故絮。火冷燈青誰復知，孤舟兒女自嚘咿。皇天何時反炎燠，媿此八尺黃琉璃。願君淨埽清香閣，卧聽風漪聲滿榻。習習還從兩腋生，請公乘此朝閶闔。

曾季貍《艇齋詩話》：東坡《蘄竹簟》詩云「愧此八尺黃瑠璃」。瑠璃，世人但知有青色，而不知有五色。顏師古注《西域傳》辨之甚詳，引大秦國五色瑠璃，且破孟康注言青色是指藥燒者，非眞瑠璃也。

黃徹《䂬溪詩話》卷一〇：子建稱孔北海文章多雜以嘲戲，子美亦戲傚俳諧體，退之亦有寄詩雜詼俳，不獨文舉爲然。（略）大體材力豪邁有餘，而用之不盡，自然如此。（略）坡集類此不可勝數。《寄蘄簟與蒲傳正》云（下引「東坡病叟長羈旅」四句，略）。皆斡旋其章而弄之，信恢刃有餘，與血指汗顏者異矣。

汪師韓《蘇詩選評箋釋》卷四：蒲性奢靡，故因寄簟特作饑寒之語以諷之，古人之誼也。昔鄭群當暑之時贈簟與昌黎，而韓有「倒身甘寢百疾愈，卻願天日恆炎曦」之句，妙想獨造。此則當春寒之候寄簟與傳正，乃云「皇天何時反炎燠，愧此八尺黃琉璃」，命筆略同，然一則美其適用，一則愧其無用，雖脱胎而仍是翻案也。

紀昀評《蘇文忠公詩集》卷二五：語自秀整，然無深致。

（日本）賴山陽《東坡詩鈔》附《書韓蘇古詩後》：蘇古詩，有意與韓鬬，（略）《贈簟》鬬于《謝琴》。

曾國藩《曾文公全集·讀書錄》卷九《東坡文集》：翻從寒冷時倒映出炎熱，得簟之妙，亦自昌黎「卻願天日長炎曦」句脫胎。

香巖批《紀評蘇詩》卷二七：坡公慣作寒乞語，如「倚賴春風洗破衾」二句。

寄怪石石斛與魯元翰

山骨裁方斛，江珍拾淺灘。清池上几案，碎月落杯盤。老去懷三友，平生困一簞。堅姿聊自儆，秀色亦堪餐。好去髯卿舍，憑將道眼看。東坡最後供，霜雪照人寒。

漁父四首

袁宏道評閱譚元春選《東坡詩選》卷五譚元春評：可選，然是塡詞矣。坡公塡詞，如此清澆者亦少。

紀昀評《蘇文忠公詩集》卷二五：四首語皆超妙，然此是長短句，不宜入之詩集。

漁父飲，誰家去，魚蟹一時分付。酒無多少醉爲期，彼此不論錢數。

漁父醉，蓑衣舞，醉裏卻尋歸路。輕舟短棹任橫斜，醒後不知何處。

漁父醒，春江午，夢斷落花飛絮。酒醒還醉醉還醒，一笑人間今古。

王文誥《蘇文忠公詩編注集成》卷二五：（「酒醒還醉醉還醒」）此句用白樂天《醉吟先生傳》，否則出之太易，即非公之所爲也。凡此等句，又當數典以實之，與得諸性靈之詩，不可以典註實者不同。

漁父笑，輕鷗舉，漠漠一江風雨。江邊騎馬是官人，借我孤舟南渡。

李憲仲哀詞

同年友李君諱惇字憲仲，賢而有文，不幸早世。軾不及與之遊也，而識其子廌有年矣。廌自陽翟見余於南京，泣曰：「吾祖母邊、母馬、前母張與君之喪皆未葬，貧不敢以饑寒爲戚，顧四喪未舉，死不瞑目矣。」適會故人梁先吉老聞余當歸陽羨，以絹十匹、絲百兩爲賻，辭之不可，乃以遺廌。曰：「此亦仁人之餽也。」既又作詩以告知君與廌者，庶幾皆有以助之。廌年二十五，其文曄然，氣節不凡，此豈終窮者哉？

大夢行當覺，百年特未滿。遑哀已逝人，長眠寄孤館。念我同年生，意長日月短。鹽車困騏驥，烈火廢圭瓚。後生有奇骨，出語已精悍。蕭然野鶴姿，誰復識中散。有生寓大塊，死者誰不窾。嗟君獨久客，不識黃土煖。推衣助孝子，一溉滋湯旱。誰能脫左驂，大事不可緩。

羅大經《鶴林玉露》甲編卷一：古詩云：「人生不滿百，常懷千歲憂。」而淵明以五字盡之，曰「世短意常多」是也。東坡云「意長日月促」，則倒轉陶句爾。

紀昀評《蘇文忠公詩集》卷二五：代爲募疏，殊乏精采。（「意長日月短」）「意長」句自佳。（「不識黃土煖」）「不識」句亦警。

王文誥《蘇文忠公詩編注集成》卷二五：（「意長日月短」）《鶴林》之說，迂遠不類。

贈眼醫王彥若

鍼頭如麥芒，氣出如車軸。間關脈絡中，性命寄毛粟。而況清淨眼，內景含天燭。琉璃貯沆瀣，輕脆不任觸。而子於其間，來往施鋒鏃。笑談紛自若，觀者頸爲縮。運鍼如運斤，去翳如拆屋。常疑子善幻，他技雜符祝。子言吾有道，此理君未矚。形骸一塵垢，貴賤兩草木。世人方重外，妄見瓦與玉。而我初不知，刺眼如刺肉。君看目與翳，是翳要非目。目翳苟二物，易分如麥菽。寧聞老農夫，去草更傷穀。鼻端有餘地，肝膽分楚蜀。吾於五輪間，蕩蕩見空曲。如行五軌道，並驅無擊轂。空花誰開落，明月自朏朒。請問樂全堂，忘言老尊宿（自注：彥若，樂全先生門下醫也）。

曾季貍《艇齋詩話》：東萊喜東坡《贈眼醫王彥若》詩，王履道亦言東坡自負此詩，多自書與人。予讀其詩，如佛經中偈贊，眞奇作也。

洪邁《容齋三筆》卷六《東坡詩用老字》：東坡賦詩，用人姓名，多以老字足成句。如（略）《贈眼醫》云「忘言老尊宿」，（略）是皆以爲助語，非眞謂其老也。大抵七言則于第五字用之，五言則于第三字用之。

何汶《竹莊詩話》卷九引呂本中語：詩欲波瀾之闊，須放規模令大，涵養吾氣而後可。規模既大，波瀾自闊，少加持擇，功已倍于古矣。試取東坡黃州以後詩，如（略）《眼醫》之類便可見。

袁宏道評閱譚元春選《東坡詩選》卷五袁宏道評：決非子美所能道，無一字不妙。

又譚元春評：胸中透邃，手底奇快，果然無一字不妙。但使老杜爲之，亦決各有妙理，不必定以一首詩長短二公也。

查愼行《初白庵詩評》卷中：（「而我初不知」八句）游刃有餘，汪洋自恣，漆園之言也。不謂有韻之文，亦能馳騁至此。

汪師韓《蘇詩選評箋釋》卷四：一意翻騰，發難送解，險語奇詞，絡繹奔會，令人可怖可喜，忘其爲有韻之文。李之儀所謂「極天地之變化」者，此種是也。

紀昀評《蘇文忠公詩集》卷二五：只得如此作收，再無更進一層之理可以闡發矣。

（日本）賴山陽《東坡詩鈔》附《書韓蘇古詩後》：《饋歲》、《守歲》、《泛潁》、《眼醫》等，韓集亦無此妙語也。

趙克宜《角山樓蘇詩評注彙鈔》卷一二：以文爲詩，唐人亦有之，不過樸實叙述而已，未有于纖仄之境發揮詳盡者也。此則筆鋒所觸，無堅不破，無微不入，無隱不顯，全從《南華》、《楞嚴》得來，其妙殆不容學。（「琉璃貯沆瀣」）形容入妙。（「常疑子善幻」）故意頓挫。（「吾于五輪間」數句）議論透極，語勢亦足。

與歐育等六人飲酒

忽驚春色二分空，且看樽前半丈紅。苦戰知君便白羽，倦游憐我憶黄封。年來齒髮老未老，此去江淮東復東。記取六人相會處，引杯看劍坐生風。

查慎行《初白庵詩評》卷中：（「且看樽前半丈紅」）「半丈紅」未詳。

觀杭州鈐轄歐育刀劍戰袍

青綾衲衫暖襯甲，紅線勒帛光遶脅。禿襟小袖雕鶻盤，大刀長劍龍蛇柙。兩軍鼓譟屋瓦墜，紅塵白羽紛相雜。將軍恩重此身輕，笑履鋒鋩如一插。書生只肯坐帷幄，談笑毫端弄生殺。叫呼擊鼓催上竿，猛士應憐小兒黠。試問黃河夜偷渡，掠面驚沙寒霎霎。何如大艦日高眠，一枕清風夢苕霅。

李冶《敬齋古今黈》卷八：東坡先生，神仙中人也。其篇什歌詠，冲融浩翰，庸何敢議爲。然其才大氣壯，語太峻快，故中間時時有少隉杌者。如牏廁、廁牏之倒，滹沱河、蕪蔞亭之誤皆是也。今聊疏其一二，可以爲峻健者之戒。（略）《觀歐陽鈐轄刀劍戰袍》云：「書生只肯坐帷幄，談笑毫端弄生殺。叫呼擊鼓催上竿，猛士應憐小兒黠。」此雖有激而出，然使不知道者觀之，能無失倫之嫌乎？

查愼行《初白庵詩評》卷中：（「將軍恩重此身輕」六句）李陵《答蘇武書》，雖屬後人假托，中肯處正在刀筆弄文數語，眞令壯士灰心。

汪師韓《蘇詩選評箋釋》卷四：將軍輕履鋒鋩，而書生帷幄談笑，如爲文吏牽掣，深其扼腕者。黄河驚沙掠面，不如苕霅一枕清風。豈誠閒寂爲高，乃其嘆息痛恨之至也。筆力峭崒，殆如刃發於硎。

紀昀評《蘇文忠公詩集》卷二五：語意頗遒。後半太露不平。（「試問黄河夜偸渡」以下）頗寓厭兵之意，不但以閒忙相照。

王伯敭所藏趙昌花四首

紀昀評《蘇文忠公詩集》卷二五：四詩皆清歷。

梅　花

南行度關山，沙水清練練。行人已愁絶，日暮集微霰。殷勤小梅花，彷彿吳姬面。暗香隨我去，回首驚千片。至今開畫圖，老眼凄欲泫。幽懷不可寫，歸夢君家倩。

王文誥《蘇文忠公詩編注集成》卷二五：（「行人已愁絶」二句）從「去年此日關山路，細雨梅花欲斷魂」句化出，乃自以舊作爲典實也。

黄葵

弱質困夏永，奇姿蘇曉涼。低昂黄金杯，照耀初日光。檀心紫成暈，翠葉森有芒。古來寫生人，妙絶誰似昌。晨粧與午醉，眞態含陰陽。君看此花枝，中有風露香。

《許彦周詩話》：寫生之句，取其形似，故詞多迂弱。趙昌畫黄蜀葵，東坡作詩云：「檀心紫成暈，翠葉森有芒。」揣摸刻骨，造語壯麗，後世莫及。

查愼行《初白庵蘇詩補注》卷二五：《本草》：「黄蜀葵似蜀葵，别是一種。夏末開花，淺黄色。葉心下有紫檀色。」（略）愼按許彦周《詩話》云：「寫生之句、取其形似，故詞多遷弱。東坡黄葵詩云：『檀心紫成暈，翠葉森有芒。』揣摹刻骨，造語壯麗，後世莫及」云云。據此，則「自成暈」當作「紫成暈」，與《本草》方合。向來諸刻本俱訛，今改正。

汪師韓《蘇詩選評箋釋》卷四：微加渲染，自饒遠神。

王文誥《蘇文忠公詩編注集成》卷二五：（「檀心紫成暈」）「檀」字已爲設色，「檀心自成暈」，其「紫」字色澤已到，妙在藏去「紫」字，而以五字出之也。若將「紫」字填實，則上之「檀心」，下之「成暈」，作意俱無，即爲初學詩者重叠板實之劣句矣。且下句加意剪刻，上句亦有意以「自」剪刻出之，其對「森」字，在輕重毫釐之間，若用「紫」字，即與「森」字輕重不倫矣。

芙蓉

清飇已拂林，積水漸收潦。溪邊野芙蓉，花水相媚好。坐看池蓮盡，獨伴霜菊槁。幽姿強一笑，暮景迫摧倒。凄涼似貧女，嫁晚驚衰蚤。誰寫少年容，樵人劍南老。

查慎行《初白庵詩評》卷中：（「幽姿強一笑」）才人晚遇者，不堪多讀。

汪師韓《蘇詩選評箋釋》卷四：於衰落處寫其豐韻。「貧女」之喻，凄然感懷。

趙克宜《角山樓蘇詩評注彙鈔》卷一二：隨手設譬，語近而味永，拍合寫生亦輕倩。

山茶

蕭蕭南山松，黃葉隕勁風。誰憐兒女花，散火冰雪中。能傳歲寒姿，古來惟邱翁。趙叟得其妙，一洗膠粉空。掌中調丹砂，染此鶴頂紅。何須誇落墨，獨賞江南工。

查慎行《初白庵詩評》卷中：偏能離俗。

張道《蘇亭詩話》卷五《補注類》：《王伯敭藏趙昌花山茶》一首，有「掌中調丹砂」句。《事實類宛》：「趙昌善畫花，每晨朝露下時，繞欄諦玩，手中調采色寫之。」查氏于此句失注，見所注《書鄢陵王主簿所畫折枝》詩「趙昌花傳神」句下，宜移注此。

寄吳德仁兼簡陳季常

東坡先生無一錢，十年家火燒凡鉛。黃金可成河可塞，只有霜鬢無由元。龍邱居士亦可憐，談空說有夜不眠。忽聞河東獅子吼，拄杖落手心茫然。誰似濮陽公子賢，飲酒食肉自得仙。平生寓物不留物，在家學得忘家禪。門前罷亞十頃田，清溪繞屋花連天。溪堂醉卧呼不醒，落花如雪春風顛。我遊蘭溪訪清泉，已辦布襪青行纏。稽山不是無賀老，我自興盡回酒船。恨君不識顏平原，恨我不識元魯山。銅駝陌上會相見，握手一笑三千年。

胡仔《苕溪漁隱叢話》前集卷三八引《潘子眞詩話》：吳瑛德仁，襟懷高遠，遵路之子，淑之孫也。未五十以虞部員外郎致仕，歸隱蘄春。元祐間，朝廷聞其高，聘之，不起。（下引「稽山不是無賀老」六句）東坡爲德仁作也。苕溪漁隱曰：《寄吳德仁兼簡陳寄常》詩，全篇云（略）。詩中所云龍丘居士，即陳季常也。濮陽公子，即吳德仁也。又云：「我遊蘭溪訪清泉，已辦布襪青行纏。稽山不是無賀老，我自興盡回酒船。」蓋欲往訪德仁未成也。李白云：「稽山無賀老，卻棹酒船回。」用此事也。又云「恨君不識顏平原」，東坡自謂也。「恨我不識元魯山」，謂德仁也。「銅駝陌上會相見，握手一笑三千年。」蓋言終當相見，如薊子訓之徒。此一篇詩意，本末次序，有倫有理，可謂精緻矣。潘子真但只言「稽山不是無賀老」以下六句，不知濮陽公子復是何人，無乃與詩題相戾乎？

《西清詩話・東坡戲陳季常畏內》：東坡謫黃州，與陳慥季常游。季常自以飽禪學，而妻柳氏頗悍，季常畏之。客至，或詬罵未已，聲達於外。東坡因詩戲云：「誰似龍丘居士賢，談空說有夜不眠。忽聞河東獅子吼，拄杖落手心茫然。」

洪邁《容齋三筆》卷三《陳季常》：陳慥字季常，公弼之子，居于黃州之岐亭，自稱「龍丘先生」，又曰「方山子」。好賓客，喜畜聲妓，然其妻柳氏絕凶妒，故東坡有詩云：「龍丘居士亦可憐，談空說有夜不眠。忽聞河東師子吼，拄杖落手心茫然。」河東師子，指柳氏也。坡又嘗醉中與季常書云：「一絕乞秀英君。」想是其妾小字。黃魯直元祐中有與季常簡曰：「審柳夫人時須醫藥，今已安平否？公暮年來想漸求清淨之樂，姬媵無新進矣，柳夫人比何所念以致疾邪？」又一帖云：「承諭老境情味，法當如此，所苦既不妨游觀山川，自可損藥石，調護起居飲食而已。河東夫人亦能哀憐老大，一任放不解事邪？」則柳氏之妒名，固彰著于外，是以二公皆言之云。

袁宏道評閱譚元春選《東坡詩選》卷五譚元春評：作詩中用不得文章中語。

查慎行《初白庵詩評》卷中：（「門前罷亞十頃田」句以下）筆挾仙氣，故是太白後身。

汪師韓《蘇詩選評箋釋》卷四：以己之學仙引起陳慥之學禪，更由慥之學禪引起吳瑛之不學仙而得仙，不學禪而得禪。瑛見《宋史·隱逸傳》。「門前罷亞」以下言瑛歸蘄州，其勝情至致，有足令人企羨者。結處「恨君不識顏平原」句，如以顏比陳，蓋顏亦用心仙佛故也。若胡仔謂東坡自謂，則文義就吳瑛一直說下，於陳慥絕無照應。而前幅「龍邱居士」四句但值詼嘲，豈簡之之意耶？

紀昀評《蘇文忠公詩集》卷二五：（起處）蓬蓬勃勃，氣如湧出，眞興到之作！（「門前罷亞十頃田」四句）得此四語，意境乃活，如畫山水者烘以雲氣。

方東樹《昭昧詹言》卷一二：起，妙品神到。三句用事精切。「門前」四句，起棱象外。先生嘗至蘄州，欲訪吳未果，彼此兩不相識。

又：贈人寄人之詩，如此首暨（略）《寄吳德仁》（略）皆入妙。

趙克宜《角山樓蘇詩評注彙鈔》卷一二：（「門前罷亞十項田」）敘事之中插入景語，有姿態。（「恨君不識顏平原」）接筆極有興會。用二古人並非有所取義，只爲起下文耳。結語從薊子訓導中化出，與前路學仙相應。

高步瀛《唐宋詩舉要》卷三引吳汝綸評：音節琅然，可歌可誦。機趣橫生，而風采復極華妙。

題王逸少帖

顛張醉素兩禿翁，追逐世好稱書工。何曾夢見王與鍾，妄自粉飾欺盲聾。有如市娼抹青紅，妖歌嫚舞眩兒童。謝家夫人澹丰容，蕭然自有林下風。天門蕩蕩驚跳龍，出林飛鳥一掃空。爲君草書續其終，待我他日不悤悤。

葛立方《韻語陽秋》卷一四：東坡評張顛、懷素草書云：「顛張懷素兩禿翁，追逐世好稱書工，有如市倡抹青紅。」卑之甚矣。至評六觀老人草書則云：「云如死灰實不枯（略）。」則知坡之所喜者，貴于自然，雕鐫而成者非所貴也。然張顛自言，見公主擔夫爭道而得筆法，觀公孫大娘舞劍器而得神俊。僧懷素自言，吾觀夏雲多奇峰，輒師之。謂夏雲因風變化無常勢，草書亦當爾。則二人筆法，固亦出于自然。而坡去取之異如此，何耶？

紀昀評《蘇文忠公詩集》卷二五：短章而甚有筆力。（「顛張醉素兩禿翁」）張何以亦稱「禿翁」？（「爲君草書續其終」二句）題此詩必作行楷，故末二句云然。

王文誥《蘇文忠公詩編注集成》卷二五：（「顛張醉素兩禿翁」四句）顛張醉素，書家魔道，貶之自是特識。（「爲君草書續其終」二句）入題作結，而仍收到帖，迴斡疾甚，又若颺下者然，故其餘韻長也。

趙克宜《角山樓蘇詩評注彙鈔》卷一二：結小有致。

書林逋詩後

吳儂生長湖山曲，呼吸湖光飲山綠。不論世外隱君子，傭奴販婦皆冰玉。先生可是絕俗人，神清骨冷無由俗。我不識君曾夢見，瞳子瞭然光可燭。遺篇妙字處處有，步遶西湖看不足。詩如東野不言寒，書似西臺差少肉。平生高節已難繼，將死微言猶可錄。自言不作封禪書（自注：逋臨終詩云：「茂陵他日求遺草，猶喜初無封禪書。」），更肯悲吟白頭曲。我笑吳人不好事，好作祠堂傍修竹。不然配食水仙王，一盞寒泉薦秋菊。

《永樂大典》卷八二二一引袁文《甕牖閒評》：蘇東坡《送江公著》詩押兩「耳」字，一云「忽憶釣臺歸洗耳」，一云「亦念人生行樂耳」。其《題林逋詩後》押兩「曲」字，一云「吳人生長湖山曲」，一云「更肯悲吟白頭曲」。然東坡于「耳」字詩則注云「其義不同」，雖重押無害。于「曲」詩又卻不注，何也？

田汝成《西湖游覽志餘》卷八：此詩景慕和靖甚切，但祠堂修竹，亦不失體，而遽以吳人不好事病之，頗牽強矣。其後朱淑眞有《弔林和靖》詩云：「每逢清景夜歸時，月白風清易得詩。不識釣泉拈菊意，一庭寒翠藹空祠。」蓋祖述東坡之遺意也。

汪師韓《蘇詩選評箋釋》卷四：將以稱美林逋，乃至謂吳儂之傭販皆如冰玉，深一層說入，而林之「神清骨冷」，其爲高節難繼處，不待羅縷矣。軾論文章，嘗有郊寒島瘦之目，其《讀孟郊詩》有云：「何苦將兩耳，聽此寒蟲號。」又嘗論西臺御史李建中之書，以爲「雖可愛，終可鄙；雖可鄙，終不可棄」。若此篇所言，則謂其詩如東野而能不至於寒，如西臺而又不至於肉，是兼有孟、李之長，盡去孟、李之所短也。後人多於西臺句誤會其意，此未深考耳。

紀昀評《蘇文忠公詩集》卷二五：起手如未睹佛像，先現圓光。結得夭矯。（「好作祠堂傍修竹」四句）「修竹」「秋菊」，皆取高潔相配，非圖趁韻。

（日本）賴山陽《東坡詩鈔》卷三：此詩用筆如題跋，又可當一篇後序。凡大家之作，皆健俊縱逸，而少清脆之氣，雖如老杜能兼之，而猶過豪奇。如東坡此詩，自出別調，而過清脆者，故今撰之。（「不論世外隱君子」）此句既逗林逋。（「先生可是絶俗人」）唧接。（「我不識君曾夢見」二句）二句化凡爲奇，非東坡不能言。（「自言不作封禪書」）東坡之取林逋，不爲其愛梅，雀特有此事耳，是不可不出者。（「不然配食水仙王」）黃州有水仙王廟。（「一盞寒泉薦秋菊」）承篇首血脈來，結法是題跋筆法。

又附《書韓蘇古詩後》：世服蘇之廣長舌，不知其收舌不盡展者更好。（略）《林逋詩後》，

（略）皆豐約合度，姿態可觀。

張道《蘇亭詩話》卷五《補注類》：《皇宋書錄》：「山谷云：『林和靖字畫尤工，筆意殊類李西臺，而清勁處尤妙。』又云：『林處士詩，清氣照人，其端勁有骨，亦似斯人涉世也。』晁氏讀書記云：『善行書，有法帖兩卷，刻于豫章漕廨之觀風堂。』」

方東樹《昭昧詹言》卷一二：妙。

趙克宜《角山樓蘇詩評注彙鈔》卷一二：（「傭奴販婦皆冰玉」）是加一倍寫法。

和仲伯達

歸山歲月苦無多，尙有丹砂奈老何。繡谷只應花自染，鏡潭長與月相磨。君方傍海看初日，我已橫江擊素波。人不我知斯我貴，不須雷雨起龍梭。

査愼行《初白庵詩評》卷中：（「繡谷只應花自染」二句）刻畫過巧，駸駸乎離晚唐而趨宋矣。

紀昀評《蘇文忠公詩集》卷二五：（「人不我知斯我貴」）太腐氣！

春日

鳴鳩乳燕寂無聲，日射西窗潑眼明。午醉醒來無一事，只將春睡賞春晴。

紀昀評《蘇文忠公詩集》卷二五：頗有情致，但格不高耳。又：（《過文覺顯公房》）頗有風致，不似前《春日》詩之甜熟。

贈袁陟

是身如虛空，萬物皆我儲。胡爲強分別，百金買田廬。不見袁夫子，神馬載尻輿。游乎無何有，一飯不願餘。官湖爲我池，學舍爲我居。何以遺子孫，此身自籧篨。薰風暗楊柳，秋水靜芙蕖。應觀我知子，不怪子知魚。

紀昀評《蘇文忠公詩集》卷二五：味如醇酒之中微和以水，雖美而薄。

王文誥《蘇文忠公詩編注集成總案》卷二四：詳玩此詩，皆逆旅過客之意，顯因寄寓而發。

王文誥《蘇文忠公詩編注集成》卷二五：（「官湖爲我池」二句）公本挈家而行，飄泊無所，時袁陟以學舍假公，因留家于眞，喘息稍定，此作詩之本旨也。連下二句讀，其義更明。若以爲歸常道中作，則大可笑矣。

蘇子容母陳夫人挽詞

蘇陳甥舅眞冰玉，正始風流起頹俗。夫人高節稱其家，凜凜寒松映修竹。鷄鳴爲善日日新，八十三年如一晨。豈惟家室宜壽母，實與朝廷生異人。忘軀殉國乃吾子，三仕何曾知慍喜。不須擁笏強垂魚，我視去來皆夢爾。誦詩相挽眞區區，墓碑千字多遺餘。他年太史取家傳，知有班昭續漢書。

紀昀評《蘇文忠公詩集》卷二五：（「雞鳴爲善日日新」）太凡鄙。

神宗皇帝挽詞三首

文武固天縱，欽明又日新。化民何止聖，妙物獨稱神。政已三王上，言皆六籍醇。巍巍本無象，刻畫媿孤臣。

查愼行《初白庵詩評》卷中：立言有體，爲王荆公洗刷新法。未易名堯德，何須數舜功。小心仍致孝，餘事及平戎。典禮從周舊，官儀與漢隆。誰知本無作，千古自承風。接統眞千歲，膺期止一章。周南稍留滯，宣室遂凄涼。病馬空嘶櫪，枯葵已泫霜。餘生卧江海，歸夢泣嵩邙。

許顗《彥周詩話》：東坡受知神廟，雖謫而實欲用之。東坡微解此意，論賈誼謫長沙事，蓋自況也。後作《神廟挽詞》云：「病馬空思櫪，枯葵已泫霜。」此非深悲至痛，不能道此語。

過文覺顯公房

爛斑碎玉養菖蒲，一勺清泉滿石盂。淨几明窗書小楷，便同《爾雅》注蟲魚。

查慎行《初白庵蘇詩補注》卷二五：此詩季氏原本不載，《補注》編續補下卷。以外集考之，載在第六卷，題云：「過楊州壽寧文覺顯公房」。今據此移編。

紀昀評《蘇文忠公詩集》卷二五：頗有風致，不似前《春日》詩之甜熟。

歸宜興留題竹西寺三首

王文誥《蘇文忠公詩編注集成》卷二五：公流竄七年，至是喘息稍定，勢不能無欣喜之意。此三詩皆發于情之正也，故其意興灑落，倍于他時。

十年歸夢寄西風，此去眞爲田舍翁。剩覓蜀岡新井水，要攜鄉味過江東。

紀昀評《蘇文忠公詩集》卷二五：點綴有致。

道人勸飲雞蘇水，童子能煎鶯粟湯。暫借藤牀與瓦枕，莫教辜負竹風涼。

此生已覺都無事，今歲仍逢大有年。山寺歸來聞好語，野花啼鳥亦欣然。

蘇轍《辨兄軾竹西寺題詩劄子》（《續資治通鑑長編》卷四六三）：伏見趙君錫狀，言與賈易各論臣兄軾作詩事。臣問兄軾，云：實有此詩，然自有因依。乙丑年三月六日在南京聞裕陵遺制，成服，後蒙恩許居常州。既南去，至揚州。五月一日在竹西寺門外道傍，見十數父老說話，內一人合掌加額曰：「聞道好箇少年官家。」臣兄見有此言，中心實喜，又無可語者，遂作二韻詩記之於寺壁，如此而已。今君錫等加誣，以爲大惡。兼月日相遠，其遺制豈是山寺歸來所聞之語？伏望聖慈體察。今日進呈君錫等文字，臣不敢與。

葉夢得《避暑錄話》卷上：子瞻《山光寺》「野花鳴鳥亦欣然」之句，其辯說甚明，蓋爲哲宗初即位，聞父老頌美之言而云。神宗奉諱在南京，而詩作于揚州。余嘗至其寺，親見當時詩刻，後書作詩日月，今猶有其本，蓋自南京回陽羨時也。始過揚州，則未聞諱，既歸自揚州，則奉諱在南京，事不相及，尚何疑乎？近見子由作《子瞻墓志》，載此事，乃云：「公至揚州，常州人爲公買田，書至，公喜而作詩，有『聞好語』之句。」乃與辯辭異。且聞買田而喜，可矣，野花啼鳥何與，而亦欣然？不可有二，以啓後世之疑。余在許昌時，志猶未出，不及見，不然，當以告迨與過也。

袁文《甕牖閑評》佚文：蘇東坡在揚州作詩云：「此生已覺都無事，今歲仍逢大有年。山寺歸來聞好語，野花啼鳥亦忻然。」其年神宗上仙，當時謗者遂謂東坡以遷謫之故，忻幸神宗上仙而作是詩，故東坡有《辯謗劄子》云：「是三月六日，臣在南京，聞先帝遺詔，舉哀挂服了。至五月間，往揚州竹西寺，見百姓父老十數人，相與道旁語笑，其間一人以手加額云：『纔見好一個少年官家。』又是時淮浙所在豐熟，因作是詩，其時去神宗上仙已兩月，決非山間始聞之語，事理甚明。」及觀其弟子由作東坡墓志乃云：「公之自汝移常也，授命于宋。會神宗晏駕，哭于宋而南至揚，常人與公買田書至，公喜作詩，有『聞好語』之句，言者妄謂公聞諱而喜，乞加深譴，然詩刻石有時日，朝廷知言者之妄，皆逐。」

王文誥《蘇文忠公詩編注集成》卷二五：賈易謂原題「山寺」二句在前，「此生」二句在後，公不自安，後乃倒其前後句。今此二十八字具在，不論何人，試倒讀之，通得去否？

趙翼《甌北詩話》卷五：後黃州赦回，值神宗昇遐之後，途次揚州，作詩題壁，又有「山寺歸來聞好語，野花啼鳥亦欣然」之句。此何時而作此詩耶？還朝後爲學士，發策試館職，則又以王莽、曹操爲問。其掌二制，更奮筆攘袂于竄逐諸小人謫詞，申明罪狀，略無包荒，以致群小側目，即朔黨、洛黨等號爲君子者，亦群起而攻之。先擊去其所薦引黃魯直、王定國、秦少游、歐陽叔弼等以撼之，賈易、趙君錫遂摘其「山寺聞好語」之句，以爲幸先帝厭代。賴宣仁后辨明，得乞郡去。（略）其後身遭貶竄，萬里投荒，猶曩時之餘毒也。或疑坡既早見及此，何以作詩草制，不加檢點，稍爲諸人留餘地？蓋才人習氣，落筆求工，必盡其才而後止，所謂矢在弦上，不得不發也。然如詠檜而及地下之蟄龍，當遏密之後而有「花鳥欣然」之語，亦太不檢矣。

張道《蘇亭詩話》卷五《考摘類》：元祐六年八月戊子朔，賈易摭詩語劾奏云：「先帝厭代，軾別作詩自慶曰：「山寺歸來聞好語，野花啼鳥亦欣然。此生已覺都無事，今歲仍逢大有年。」書于揚州上方僧寺，自後播于四方。軾內不自安。又增以別詩二首（即集中「十年歸夢寄西風」、「道人勸飲鷄蘇水」二首），換詩版于後，復倒其先後之句（今集本以「此生」二句作起），題以元豐八年五月一日，從而語諸人曰：「我託人置田，書報已成，故作此詩。」且置田極小事，何至「野花啼鳥亦欣然」哉？又先帝山陵未畢，人臣泣血號慕正劇，軾以買田而欣踴如此，其義安在？」東坡上劄子辨云：「是歲三月六日聞先帝遺詔，舉哀掛服了當，迤邐往常州。至五月初，因往揚州竹西寺，聞百姓父老十數人道旁語笑，一人以手加額云：『見說好箇少年官家。』臣實喜聞百姓謳歌吾君之子，出于至誠云云。」是時子由奏事延和面對，與東坡劄辨語同，後子由誌東坡墓乃云：「公至揚州，常州人爲公買田書至，公喜作詩，有『聞好語』之句，不知何以適合賈奏，不用劄辨？」葉石林《避暑錄》云：「近見子由作子瞻墓志云云，與辨辭異，豈爲誌時未嘗深考而誤耶？然此言出于子由，不可有二，以啓後世之疑。余在許昌時，誌猶未出，不及見，不然，當以吉迨與過也。」又按此詩集本作《留題竹西寺》，與子由面對所云「臣兄見有此言，心中實喜，又無可語者，遂作二韻詩記之于寺壁」相合，而東坡劄辨以爲書之當塗僧舍壁上，葉石林以爲山光寺詩，其不同又如此。又東坡《和曾子開從駕》詩：「輦路歸來聞好語，共驚堯顙類高辛」。亦同此意。

廣陵後園題申公扇子

露葉風枝曉自勻，綠陰青子淨無塵。閒吟遶屋扶疏句，須信淵明是可人。

邵博《邵氏聞見後錄》卷一九：呂申公帥維揚，東坡自黃岡移汝海，經從見之，申公置酒，終日不交一語。東坡昏睡，歌者唱：「夜寒斗覺羅衣薄。」東坡驚覺，小語云：「夜來走卻羅醫博也。」歌者皆匿笑。酒罷，行後圃中，至更坐，東坡即几案間筆墨，書歌者團扇云：「雨葉風枝曉自勻（略）。」申公見之亦無語。

紀昀評《蘇文忠公詩集》卷二五：亦是信筆寫出，而無應酬俗態。

與孟震同遊常州僧舍三首

年來轉覺此生浮，又作三吳浪漫遊。忽見東平孟君子，夢中相對說黃州。

湛湛清池五月寒，小山無數碧巑岏。稺杉戢戢三千本，且作凌雲合抱看。

知君此去便歸耕，笑指孤舟一葉輕。待向三茅乞靈雨，半篙流水送君行。

常州太平寺法華院薝蔔亭醉題

六花薝蔔林間佛，九節菖蒲石上仙。何似東坡鐵拄杖，一時驚起野狐禪。

贈常州報恩長老二首

碧玉盌盛紅瑪瑙，井華水養石菖蒲。也知法供無窮盡，試問禪師得飽無。

薦福老懷眞巧便，淨慈兩本更尖新。憑師爲作鐵門限，準備人間請話人。

次韻答賈耘老

五年一夢南司州，饑寒疾病爲子憂。東來六月井無水，仰看古堰橫奔牛。平生管鮑子知我，今日陳蔡誰從邱。夜航爭渡泥水澀，牽挽直欲來瓜洲。自言嗜酒得風痺，故鄉不敢居溫柔。定將泛愛救溝壑，衰病不復從前樂。今年太守眞卧龍，笑語炎天出冰雹。時低九尺蒼鬚髯，過我三間小池閣。故人改觀爭來賀，小兒不信猶疑錯。爲君置酒飲且哦，草間秋蟲亦能歌。可憐老驥眞老矣，無心更秣天山禾。

查慎行《初白庵詩評》卷中：「自言以下直至末，皆述耘老語。

紀昀評《蘇文忠公詩集》卷二五：（「今日陳蔡誰從邱」）直押孔子諱，太不檢點，不得以六朝唐人借口。（「自言嗜酒得風痺」）「自言」以下述賈語。（「今年太守眞臥龍」以下）後四句則喜其見禮於太守，而悲其無復仕進之意，徒爲太守所禮而已。初白謂至末乃述賈語，恐無此章法。

王文誥《蘇文忠公詩編注集成》卷二五：（「自言嗜酒得風痺」）自此句起，至「過我三間小池閣」句，皆代賈收語也。（「今年太守眞臥龍」）自此以下四句，乃代賈收述元發過訪水閣也。（「故人改觀爭來賀」）自此以下，皆公語也。故人，公自謂也。時已復朝奉郎，起知登州，故曰「改觀」。滕元發既以書報，又使賈收至常，故曰「爭來賀」也。（「草間秋蟲亦能歌」）此句謂我即不出，亦無妨于吟詠也。蓋以起自制科，而自傷流落至老也。其下陡接「可憐」，深情自見。（「可憐老驥眞老矣」）此謂老馬識塗而倦于馳騁，即赴文登亦無心進取也。

墨　花

世多以墨畫山水竹石人物者，未有以畫花者也。汴人尹白能之，爲賦一首。

造物本無物，忽然非所難。花心起墨暈，春色散毫端。縹緲形纔具，扶疏態自完。蓮風盡顛倒，杏雨半摧殘。獨有狂居士，求爲黑牡丹。兼書平子賦，歸向雪堂看。

王文誥《蘇文忠公詩編注集成》卷二五：（「歸向雪堂看」）公無時不以雪堂爲歸，不必定黃州作也。此句蓋取其黑白相形之意。

送竹几與謝秀才

平生長物擾天眞，老去歸田只此身。留我同行木上坐，贈君無語竹夫人。但隨秋扇年年在，莫鬭瓊枝夜夜新。堪笑荒唐玉川子，暮年家口若爲親。

吳曾《能改齋漫錄》卷六《木上座》：東坡詩：「留我同行木上座，贈君無語竹夫人。」按，慧日至夾山，夾山問：「與甚么人同行？」曰云：「有個木上座。」蓋謂拄杖也。

袁宏道評閱譚元春選《東坡詩選》卷五譚元春評：木上坐、竹夫人，絕好打油詩料耳。如退之《木居士》，便自鄭重。

溪陰堂

白水滿時雙鷺下，綠槐高處一蟬吟。酒醒門外三竿日，臥看溪南十畝陰。

吳幵《優古堂詩話·東坡本李端詩》：東坡詩：「白水滿時雙鷺下，午陰清處一蟬鳴。」唐李端《茂陵山行陪韋金部》詩云「盤雲雙鶴下，隔水一蟬鳴」。東坡本此。

胡仔《苕溪漁隱叢話》前集卷九《杜少陵四》引《高齋詩話》：子美詩云：「兩箇黃鸝鳴翠柳，一行白鷺上青天。窗含西嶺千秋雪，門泊東吳萬里船。」東坡《題眞州范氏溪堂》詩云（略）。蓋用老杜詩意也。

查愼行《初白庵詩評》卷中：（「酒醒門外三竿日」二句）無意作聯，自爾合拍。

又《初白庵蘇詩補注》卷二五：《高齋詩話》云：「東坡過眞州范氏溪堂詩云云，蓋用老杜『兩個黃鸝鳴翠柳』一首詩意也。」據此，則溪陰堂當在眞州。但以詩語考之，與先生過眞州時，景物不合。姑仍依施氏原本編此。

汪師韓《蘇詩選評箋釋》卷四：勝語不由補假，氣象澄鮮。

王文誥《蘇文忠公詩編注集成》卷二五：此類偶同甚多，作者多不自覺也。

次韻許遵

蒜山渡口挽歸艎，朱雀橋邊看道裝。供帳已應煩百兩，擊鮮毋久溷諸郎。問禪時到長干寺，載酒閒過綠野堂。此味只憂兒輩覺，逢人休道北窗涼。

查愼行《初白庵詩評》卷中：玩詩意，許必從潤州罷官而歸金陵者。既用「諸郎」，復用「兒輩」，未免生複。

王文誥《蘇文忠公詩編注集成》卷二五：詩意乃送許遵罷潤州赴金陵也，故有「挽艎」、「供帳」二句。如去後寄和，即無此二句矣。餘皆設想語。

贈章默

章默居士字志明，生公侯家，才性高爽，棄家求道，不蓄妻子，與世無累。而父母與兄之喪，貧不能舉，以是眷眷世間，不能無求於人。余深哀其志，既有以少助之，又取其言爲詩以贈其行，庶幾有哀之者。

章子親未葬，餘生抱羸疾。朝吟噎鄰里，夜淚腐茵席。前年黑花生，今日白髮出。身隨日月逝，恨與天地畢。願求不毛田，親築長夜室。難從王孫裸，未忍夏后堲。五陵多豪士，百萬付一擲。心知義財難，甘就貧友乞。不辭毛髮施，行自邱山積。此志茍朝遂，夕死眞不戚。誓求無生理，不踐有爲迹。棄身尸陀林，烏鳶任狼藉。

查愼行《初白庵詩評》卷中：（「心知義財難」二句）氣骨凜然，讀之起敬。

汪薇《詩論》卷下：人生自急其急，無如葬親之急；君子急人之急，無如助人之急也。坡公詩感動人心，定能濟居士之事，何必麥舟，乃爲佳話。

紀昀評《蘇文忠公詩集》卷二五：較勝《李憲仲哀詞》，然亦非高作。竟住得好。若再下語，便是香山門徑。

張道《蘇亭詩話》卷五《補注類》：又作《章默詩》，意益深，辭益哀。今之人親喪未舉，豈免求哀于時，豈假是名因以爲利，或廣求以侈其葬，恐失脫驂之本意也。

趙克宜《角山樓蘇詩評注彙鈔》卷一二：篇中多沈痛語。（「五陵多豪士」）二語見身分。

《蘇詩彙評》

精裝四冊定價新臺幣二八〇〇元

前人對蘇詩的研究遠遠超過對蘇詞、蘇文的研究。從宋代起，蘇詩就既有分類注，又有編年注，清人更是評、注蘇詩成風，而紀昀幾乎盡評蘇詩。本書即以李香巖手批（此爲編者所藏孤本）紀昀評《蘇文忠公詩集》爲底本，彙集歷代有關蘇詩的評論資料和背景資料。涉及單篇者皆錄於各篇之後；不涉及單篇而綜論蘇詩者，附於單篇作品之後。因蘇詩幾乎篇篇有評，爲使讀者得一完整的紀昀評《蘇文忠公詩集》，故少數無評者亦予收錄。爲便讀者檢索，書末附有〈蘇詩篇名索引〉。

《蘇詞彙評》

精裝一冊定價新臺幣五〇〇元

編纂本書的目的，在於爲蘇詞研究者和蘇詞愛好者，提供盡可能全的有關蘇詞的資料，以省大家的翻檢之勞。本書雖名之曰《蘇詞彙評》，但所收不限於評論資料，有關背景資料也一并收錄。因蘇詞字數不多，故即使沒有資料的蘇詞原作也予以收錄，以使讀者有一部完整的蘇詞。所收蘇詞原文文字，以《全宋詞》中的〈蘇軾詞〉爲準，編排則按詞牌略作調整。不涉及單篇而泛論蘇詞者，皆附於單篇作品之後；蘇軾對詞的看法，對理解蘇詞亦很有用，故把蘇軾論詞的詩文及詩話、筆記中蘇軾論及他人詞的記載也予以收錄。因詞多數無題，詞序長短不一，詞牌又多重複，爲便檢索，故書末附〈蘇詞首句索引〉。

《蘇文彙評》

精裝一冊定價新臺幣七〇〇元

蘇軾的各體散文、駢文都取得了很高的藝術成就，因此爲歷代文學愛好者所喜好，歷代專選或兼選蘇文的選本很多，並往往附有該文的評論、背景資料，歷代文集、詩話、文話、賦話、四六話以及各種筆記中也有不少蘇文的評論、背景資料。本書把這些資料按篇彙在一起，不涉及單篇而泛論蘇文者總附於單篇之後。詩、詞字數不多，蘇詩又幾乎篇篇有評（紀昀），故全部收了原詩原詞。文章一般較長，故只是讀者面大而資料又較多的少數名篇收原文，多數文章則只在篇名下附資料，而不收原文。所收蘇文原文文字，以《全宋文》中的〈蘇軾文〉爲準，編排順序也大體按《全宋文》分類編排。書末附有本書有評論資料的蘇文的〈篇名索引〉，以便讀者查閱所需之篇的資料。